[美]戈特弗里德·冯·哈伯勒(Gottfried Von Haberler) ◎著　朱应庚 ◎译

Prosperity and Depression

繁荣与萧条

经济周期运动的盛衰交替

全国百佳出版社
中央编译出版社
CCTP Central Compilation & Translation Press

图书在版编目(CIP)数据

繁荣与萧条:经济周期运动的盛衰交替/(美)哈伯勒(Haberler, G.)著;朱应庚译.—北京:中央编译出版社,2011.9

书名原文:Prosperity and Depression:A Theoretical Analysis of Cyclical Movements

ISBN 978-7-5117-1001-7

Ⅰ.①繁… Ⅱ.①哈… ②朱… Ⅲ.①资本主义—经济周期分析 Ⅳ.①F039

中国版本图书馆 CIP 数据核字(2011)第 187059 号

繁荣与萧条:经济周期运动的盛衰交替

出 版 人	和 龑
责任编辑	郑 锦　韩栋娟
责任印制	尹 珺
出版发行	中央编译出版社
地　　址	北京西城区车公庄大街乙 5 号鸿儒大厦 B 座(100044)
电　　话	(010)52612345(总编室)　(010)52612336(编辑部)
	(010)66161011(团购部)　(010)52612332(网络销售)
	(010)66130345(发行部)　(010)66509618(读者服务部)
网　　址	www.cctpbook.com
E - mail	edit@cctpbook.com
经　　销	全国新华书店
印　　刷	北京凯达印务有限公司
开　　本	700×1000 毫米　1/16
字　　数	480 千字
印　　张	24.5
版　　次	2011 年 10 月第 1 版第 1 次印刷
定　　价	39.80 元

本社常年法律顾问:北京建元律师事务所首席顾问律师　鲁哈达
凡有印装质量问题,本社负责调换。电话:010-66509618

目录
Content

再版前言 / Ⅲ
译　序 / Ⅶ
原　序 / Ⅹ
绪　论 / Ⅻ

第1篇
对经济周期理论的系统分析

第1章　前　言 / 3
第2章　纯货币理论 / 10
第3章　投资过度论 / 22
第4章　危机与萧条的原因——成本变动、横的失调与负债过度 / 79
第5章　消费不足论 / 89
第6章　"心理理论" / 107
第7章　农业与经济周期——收获论 / 114
第8章　关于新近发展的经济周期理论研究 / 126

第2篇
关于经济周期性质和原因的综合说明

第9章　经济周期的意义与测定 / 191

第10章 扩张过程与紧缩过程 / 208
第11章 两种转折点——危机与复苏 / 253
第12章 经济周期的国际方面 / 298

第3篇
影响经济稳定的货币因素与实际因素
——对现代经济理论某些倾向的评论

第13章 影响经济稳定的货币因素与实际因素 / 333
附录一 略谈经济周期理论的当前发展形态 / 353
附录二 再谈庇古论点 / 365

再版前言

云南财经大学校长　博士生导师　汪戎

　　得知朱应庚先生早年翻译的《繁荣与萧条》将要再版,十分欣喜。记得改革开放后,云南大学经济系恢复,朱先生任系主任。不久,我留校,在朱先生领导下工作,而后又考上了研究生,也接受了朱先生的教诲。

　　那时,国外原版的经济学名著在校园里是找不到的,有几本翻译的书也是很少见的了,哈伯勒的《繁荣与萧条》是不多的译本之一。更因为该书是朱先生的译著,我们就格外珍视,并引以为荣,当然更是要先睹为快了。我相信,当时经济系的研究生们,不管是经济学说史专业还是其他专业,都读过这本书。也因此,都有了对经济周期理论的基本理解。这无疑对我和我的同学们今后的学术或各种生涯都产生了有益的影响。正是这样的原因,尽管我不是研究经济周期理论的,也愿意为这本书写些文字,以纪念已过世的哈伯勒和朱应庚先生,以纪念那个渴求知识、追求真理的年代。

　　戈特弗里德·冯·哈伯勒(Gottfried Von Haberler),美国著名经济学家,1900年出生于奥地利维也纳,1923年获维也纳大学政治学博士学位,1925年获法学博士学位。1936~1957年,他任哈佛大学经济学教授,其间,于1950~1951年当选国际经济协会会长,1955年任美国国家经济研究局(National Barean of Economic Research,简称 NBER)局长。之后,于1957~1971年担任盖伦·斯通国际贸易讲座教授,1965~1970年为《经济学季刊》编辑,1965~1978年出任美国财政顾问,1980年成为第一个获得安东尼奥·费尔特里内利奖的经济学家。

　　哈伯勒的主要著述有:《指数的意义》(1927年),《国际贸易》(1933年),《国际贸易理论及其在商业政策上的应用》(1936年),《繁荣与萧条》(1937年),《经济增长与稳定》(1974年)等。

　　哈伯勒是20世纪最有影响的经济学家之一。他的《国际贸易理论及其在商业政策上的应用》是国际贸易理论发展史上的一座划时代的里程碑。他第一次用机会成本概念重新阐述比较成本原理,将比较成本的古典理论置于一般均衡分析的框架中,批判性地完善和补充了传统自由贸易理论,而且用现代经济学语言建立了更加精确的分析范式,至今仍是国际贸易理论的经典。

而《繁荣与萧条》是哈伯勒研究经济周期理论的重要著作。就他本人的理论贡献而言,与他先前关于国际贸易理论的著作在经济学发展史上具有同样的划时代意义。本书原为英文版,初版发表于1937年,由国际联盟(联合国前身)印行。初版问世后,在西方经济理论界掀起了关于经济周期问题的热烈讨论,并因此由国际联盟先后四次重印,1957年首次由私人出版商印行。

哈伯勒的《繁荣与萧条》一书可谓研究经济周期理论的集大成之作。

首先,哈伯勒对19世纪20~30年代的经济周期理论进行了系统的总结和梳理。自1825年英国爆发世界上第一次经济危机以来,经济增长过程中繁荣与萧条的交替现象引起了众人关注,关于经济周期的著述也可谓汗牛充栋,各种争论十分激烈。在这样的背景下,哈伯勒产生了写作本书的动机:"只限于分析现存的各种经济周期理论,从而对经济波动的性质及其各种可能的原因作出综合的说明。"哈伯勒研究了此前各种不同的经济周期理论,并将凯恩斯之前出现的经济周期理论划分为五大类别:纯货币理论、成本改变论、消费不足论、心理理论、农作物收获论。其中的第8章,哈伯勒专门对凯恩斯《就业、利息和货币通论》观点进行了介绍,并评述了凯恩斯、罗宾逊与瑞典学派的争论。其实,这些争论并没有本质上的分歧,只是名词和概念的不同。

1936年,凯恩斯《就业、利息和货币通论》出版,一时风行欧美。应当说,凯恩斯的国民收入决定理论为经济周期的深入研究提供了宏观经济的理论基础,一个新的研究方向明晰了。因此,哈伯勒十分赞赏凯恩斯理论。他认为,所有理论都可以用凯恩斯的术语来表达,凯恩斯的理论工具与任何一种周期理论或周期中的某些阶段都是相融的。因此,哈伯勒的研究和表述都表明,是否以凯恩斯宏观经济分析为理论基础,已成为经济周期研究的分界线。此前的经济周期理论统称为传统经济周期理论,此后的经济周期理论则称为现代经济周期理论。也就是说,哈伯勒总结的经济周期理论被称为传统经济周期理论。由此,经济周期理论进入到现代经济周期理论研究时代。

其次,哈伯勒首次对经济周期理论的研究框架和逻辑作了明确的统一的论证。在本书的第9~12章的分析中,哈伯勒主张对经济周期的研究围绕七个环节进行阐述:一般特征、高涨、危机、萧条、复苏、反复性和周期性等现象产生的原因、国际复杂关系。同时,哈伯勒在书中首次提出了关于一般意义上的经济周期与学术意义上的经济周期的区别。而且他还进一步指出,一般意义上的经济周期是指繁荣与萧条的更迭,而学术意义上的经济周期是指从繁荣走向萧条时的转折点。

对于经济周期的判断标准,哈伯勒认为鉴于经济福利、利润、损失是笼统的措辞或者欠明确的概念,容易引起误解,因此坚持就业标准和生产标准,主张用已消费的实际收入、已生产的实际收入和就业率三个明确的概念来研究经济周期。

再次,本书在研究方法上立足于调和,侧重于综合。在第1章中,哈伯勒就强调对各家经济周期理论要博采众长,集中继承各自所长,并以长补各自所短。

事实上,经济周期的原因具有多样性,因而表现出的特征和过程就必然是纷繁复杂的。他认为,一种理论可以解释经济现象的一般特点,因而有适用于一切现象的力量,但同样也有许多理论的不同解释同时存在的事实,因此应当进行综合,使理论更有解释力。总的来看,哈伯勒对此前的各种经济周期理论都进行了全面评述,但是,主要的目的还是对各种理论尽可能地加以调和与综合。

最后,尽管他自己也承认,"对于经济周期理论的发展形态要加以评述,现在比以前任何时候似乎更为困难",但是,哈伯勒还是在附录里对当时的经济周期理论发展形态进行了评述。对于经济周期理论发展形态,哈伯勒提出了研究方法上的未来发展态势,认为应该从局部均衡向一般均衡转向、宏观与微观统一、静态分析转向动态分析,如罗宾逊的时序分析、伦德堡的时次模式等。这些观点对周期理论以后的发展起到了积极作用。在本书中,哈伯勒也谈到了现有经济周期理论研究中的不足。他认为,经济周期理论作为一个动态理论,如果要在精确依据下作出充分的研究,使之与现实世界的极度复杂目标相契合,那就需要高度复杂的数理技术,要能从纯粹的形式逻辑观点来说明长远和重大的问题。

自《繁荣与萧条》问世之后,经济周期的研究便更加系统和深入了。相当多的经济学家关注的问题,不仅仅是经济周期的特征和阶段的划分,而是集中在周期的产生和变化的影响因素、稳定周期的政策等问题上。

经济学家们深入探讨了由繁荣走向萧条、再由复苏至繁荣的机理。大多数西方宏观经济学家都相信,总需求减少直接导致衰退或萧条,尽管也有总供给的扰动而产生周期变动的现象,但周期变动的基本影响因素是总需求的变动。

然而,卢卡斯在弗里德曼货币主义基础上作了进一步发展,提出了新古典经济学的早期经济周期理论,用总产量和就业的变动解释了周期波动,从而就总供给方面论证了周期的存在原因。希克斯经济周期模型也证明了充分就业曲线受到资源要素条件的限制,也就是受到供给的约束。从这个意义上说,总供给的变动是经济周期出现的重要原因。

周期理论的新发展使我们更深地体会到哈伯勒《繁荣与萧条》的理论价值,而在理解中国经济波动的原因和机理的研究中,哈伯勒的理论也给予了许多启迪和帮助。

例如,他从投资的角度分析经济周期的形成时指出过:"生产资料或资本品的工业,相对生产消费品的工业,有了过度的发展。"这在我国经济周期中也能得到证实。

理论的意义就在于它是否具有跨越时空的存在价值。应当说,《繁荣与萧条》做到了。

译 序

哈伯勒所著《繁荣与萧条》一书,是西方经济学家有关经济周期问题的著作中比较重要的一种。初版发表于1937年,由国际联盟出版。这一版中仅包含两篇:第1篇共分7章,分别论述了在当时西方的经济学家中盛行的经济周期理论;第2篇共分4章——作者在这一篇里,以第1篇各章所论述的经济周期理论为基础,依据自己的见解,对经济周期问题作出了一种综合的评述。

自从本书初版问世后,关于经济周期的问题在西方国家中引起热烈的讨论。与此同时,1936年出版的凯恩斯的《就业、利息和货币通论》(以下或简称为《通论》)一书正风行欧美,并且受到了政治家和经济学家的普遍重视和喝彩。因此,自1936年后,凯恩斯的理论变成了西方经济学家(以及政治家等)学习、讨论和宣传的中心,分析和简述凯恩斯理论的著作大量问世。在本书于1939年再版时,哈伯勒曾把1937~1939年这一时期以凯恩斯理论作为指导思想的经济学论著加以整理并使之系统化,组成了1939年版中的第8章。

本书1939年版在1937~1943年期间,先后由国际联盟刊印过4次(即1937年版、1939年版、1941年版、1943年版)。1943年版仅校正了1941年版的个别字句,内容没有变动。1946年的联合国版本是1943年版的翻版,内容完全相同。1957年后,本书初次由出版商出版。1958年新版中,第1篇、第2篇完全未动,原来的第3篇和两个附录被删去,代之以哈伯勒于1956年在罗马举行的国际经济协会第一届代表会议上的讲演记录,这个记录经过改写,成为新版的第3篇,这一版还增添了两个附录。这个中文译本是根据1958年新版本翻译的。

本书的目的在于研究现存的经济周期理论,找出它们的共同点,然后对经济周期的发生和发展作出一种综合的说明,以便为"避免"经济危机找到经济政策的理论依据。西方经济学家曾经长期追寻危机的原因,并且提出了形形色色的经济危机理论。

最初,西方经济学家是从商业(或贸易)的繁荣和萧条以及物价的涨落不定中看到经济周期现象的,因而他们把经济周期叫做"商业循环"或"贸易循环"。由于物价同货币流通有关,而银行的信用政策又直接关系到货币流通的数量,于是有的西方经济学家就把货币、信用、物价同商业联系起来,对经济周期的原因加以系统说明。本书第2章所谈到的霍特里的理论以及第3章所谈到的货币投资过度论者哈耶克等人的理论就是如此。他们把经济危机看做是在流通领域中发生的,因而认为可以通过稳定货币和信用的方式来防止危机的出现。此外,在第3章中所谈到的非货币投资过度论者斯庇索夫及卡斯耳等人认为:经济危机的发生是由生产资料的生产过多而消费资料的生产不足所引起的,因而,只要使生产资料的生产和消费资料的生产两者保持相对的均衡,就可以解决了。同这种论点相类似,熊彼特提出"技术革新论"的观点来说明经济周期的发生和发展的过程:某些企业家因采用了新技术而获取厚利,引起了其他企业家的羡慕和仿效,他们争先投资,于是在采用新技术的部门中出现了繁荣。到了一定的时期,该部门的生产过剩了,于是经济失调,危机发生。熊彼特认为,似乎经济周期是一种偶然的技术革新现象。

本书第4章对庇古等人的理论作了叙述。这些经济学家认为:经济周期的出现是因为资本家对投资作了"错误的估计"。由于估计错误,因而引起了对资源的错误使用,结果造成生产结构的失调。这种理论和第6章中所谈到的心理论者拉文顿等人的理论颇为近似。他们一致强调生产者的"主观因素",例如期望、悲观或乐观等,认为生产者感到悲观时,不愿投资,于是引起经济的萧条;而当生产者感到乐观时,愿意多投资,则会引起经济的繁荣。这种观点在凯恩斯的理论中得到了进一步的发展。凯恩斯在《就业、利息和货币通论》中宣称:"在估计投资的前途方面,我们必须注意到:投资的前途主要是取决于进行自发投资活动的人们的神经和歇斯底里,甚至取决于他们的消化和对天气的反应。"照这种论点看来,似乎经济周期的出现完全取决于资本家的喜、怒、哀、乐。

本书第5章谈到了霍布森、莱德勒等人的消费不足理论。这些经济学家认为"消费不足"是由于"储蓄过多"。他们主张用信用膨胀的办法来刺激经济繁荣。

本书第8章以凯恩斯的理论为中心,叙述了凯恩斯在其所著《就业、利息和货币通论》一书中的基本论点,以及凯恩斯和罗伯逊等人同瑞典学派(奥林等)之间的争论。这种争论并不牵涉问题在本质上的分歧,而只是一些名词和概念的游戏而已。

本书第9、第10、第11、第12章等,是哈伯勒对前8章中的各种理论的一种综合叙述。在论点方面,并没有什么新颖的东西。最后一篇(即第13章)和两个附录,是哈伯勒对西方经济理论某些倾向的评论和对经济周期最近一些演变的概括和评价。

在本书各章中叙述西方经济学家们关于资本主义再生产的周期问题的理论时,

哈伯勒曾发表自己的一些看法。他把各种不同的理论尽可能地加以调和,即使是对某种理论表示异议,也不是什么根本性的分歧。例如,书中描述了货币信用制度在资本主义再生产周期中所起的作用和不良后果,并且对凯恩斯学派在货币问题上所持的见解表示了不同的意见。但是哈伯勒不是从生产领域去寻求危机的原因,而试图通过消除货币信用制度所造成的后果来防止或缓和经济危机。在研究各种投资过度的理论时,哈伯勒肯定生产资料的生产较消费资料的生产"加速度"的增长是造成经济增长的一个因素,但只强调一般生产的物质技术条件。在评述消费不足论时,他认为危机产生的原因不是消费落后于生产,而是消费过多,并得出结论,要缓和"周期性波动",就得压低工资。

哈伯勒的这本书广泛地收集了当代西方各国经济学家有关经济危机的理论,并对每一种理论作了概括的叙述,有助于学术界进行研究。因此,我们把它作为一本现成的资料书翻译出来,供读者参考。

本书全部译稿曾由蔡受百同志详加校订,译者谨在此表示谢意。

朱应庚
1962 年 9 月于昆明云南大学

原　序

最初写这本书是出于亚历山大·洛夫戴伊的建议,那时他是国际联盟金融组和经济组组长,我作为国际联盟秘书处的一个成员,待在日内瓦。我的工作是比这个工作规模更大的计划下的一个部分,计划在于找出萧条的原因和挽救方法。这一计划在洛克菲勒基金的资助下进行的,后一部分的成果是廷柏根教授有名的两卷本《经济周期理论的统计实验》[①]。

《繁荣与萧条》的初稿是在1936年夏季写成的。我很幸运,在这一年8月获得了机会,把我的原稿提交给一个专家组成的讨论会,请他们鉴定,专家组有安德森、克拉克、汉森、摩根斯滕、奥林和廷柏根。通过他们的批评和建议,我对原稿进行了大量修改。在这次讨论会以前,我还从以下几位提出的批评和建议中,获得了极大帮助。这几位是:已故的福耳克·希尔革特、已故的里非特·提拉纳、康德利夫、马克斯·弗莱明、亚历山大·洛夫戴伊、勒格纳·纳克斯和卢易斯·拉斯明斯基。这部书的初版于1937年问世。

我还想乘此机会对驻日内瓦那个团体的几位卓越的经济学家略表敬仰之忱。这个团体在洛夫戴伊有力的领导下,在很有限的财力(这是与战后期间对一般国际机构所供给的经费对照而言)的支持下,提供了大量让人产生极深刻印象的分析资料与统计资料,资料内容关系到国际贸易、经济发展、商业、金融与货币政策等方面的问题,同时又对许多国家的政府提出了在经济问题上的种种建议。通过这个团体的努力,创造了高度有利于学术发展的环境,使秘书处的一些临时成员,包括我自己在内,以及在日内瓦的无数访问者,能够从中获得极大帮助。

本书经过大量修改并在内容方面有所补充的第2版于1939年出版。在这一版里新添了一章——第8章——对凯恩斯著作进行了广泛的讨论。在凯恩斯的《就业、利息和货币通论》出现以前,本书的初版实际上已经竣稿,因此关于凯恩斯的著作,只能在初版的少数几个注释里提到一些。

---

① 第1卷和第2卷,国际联盟经济研究组1939年版。

本书第 3 版出版于 1941 年,仍然是在国际联盟的主持之下出版的。在这一版里,第 1 篇和第 2 篇内容没有变动,即照第 2 版原样重印,但新添上了一个第 3 篇,所讨论的是随后看到的一些理论发展,如国外贸易乘数、乘数—加速模式等。这一版后来曾由联合国翻印,我对于它的好意深表感谢。

现在这本书初次由私营出版处印行。不幸的是,这一次对本书内容无法作重大修改。因此决定第 1 篇和第 2 篇的内容完全不动,将原来的第 3 篇删去,代之以曾经在别处发表的三篇论文。在这几篇文章里,对于经济周期理论的某些最近演变我试图加以概括,并加以评价。

为了尽可能缩减本书的篇幅,以前三个版本中洛夫戴伊先生的序言以及原来的两个附录,这次都没有重印。

戈特弗里德·冯·哈伯勒

哈佛大学,1957 年 9 月

绪 论

1. 本书的目的

在序言中已经说明,本书乃是国际联盟秘书处经济情报组针对经济萧条时期反复出现的种种原因所作的一项比较广泛的研究工作的第一步。

本书所研究的只限于分析现存的各种经济周期理论,从而对经济波动的性质及其各种可能的原因作出综合的说明。但是这一研究工作的下一阶段——对于种种因果假设,尽可能地加以量的测验——曾深切地影响到本书对初步问题进行探讨时所采用的方式。本书只是范围更大的整个研究中的一部分,这一点是要请读者在检阅本书时时刻刻关注的。

2. 各种理论的分析

本书研究的范围,从总的方面看来,第 1 篇——《对经济周期理论的系统分析》——的目的,并不是要介绍有关周期问题的经济思想的发展史(虽然曾尽了最大努力,尽可能正确地说明所论及的各种理论的原作者的见解),也不是要提供一份关于经济周期理论的详尽的书目,而是在于把各种说明的假设集合起来,检验它们逻辑上的一贯性,检验它们彼此之间以及与公认的那些经济原理之间的相容性。关于经济波动的各种可能有的解释,我想给读者描绘出一个完整的轮廓,并希望通过学理上的推论,能够去芜存菁,使这类可能有的解释在数目上大大地减少。

3. 对周期性质的综合说明

本书第 2 篇——《关于经济周期性质和原因的综合说明》——是根据第 1 篇的理论分析所作的广泛的解释。上面已经提到,我们并不认为这里所提供的是一种全新的理论,而只不过是就现有的种种理论(在它们可能综合的范围内)加以综合和引申而已。此外,第2篇所论述的,并不是一个封闭的、固定的经济体系,而是一个开放的、有伸缩余地的经济体系。因此,在很多方面我们还不能提出明确的解决方案,不过,凡是存在着许多可能的解决方案的地方,我们都将予以指出。这时对于各种各样的解决方案,只能根据经验上的考察来加以取舍。只依据个人偶尔知道的一些笼统的事实,并没有经过统计或历史方面的考察而作出的理论上的推论,可能仅适合于在一些情况下提出有理性的问题,但是,却很难明确地解答这些问题。

对各种不同的周期理论进行分析以后,关于经济周期的某些问题虽未能获得解决,在另一些情况下还可能得出不同的答案,然而有许多问题却可以由此澄清;但这里必须预先假定,所分析的各种理论之间的差异,并不是像人们有时想象的那样显著。实际上我们所假定的是,各派之间意见上真正的分歧往往被夸大了;关于某些重大问题,在各个学派的学家之间所能达成的协调,往往超过了肤浅的观察者所想象的程度,甚至也超过了这些学家本人所愿意承认的程度。多数学家所愿意着重讨论的,总是一些争而未决的问题,而不是已经获得普遍同意的一些论点,这种现象是极其自然的。在这方面,我所采取的原则恰好相反。在以下各章中,我将要证明,何以那些乍看起来似乎是互相对立的种种理论,有时候仍然是可以统一起来的。

PROSPERITY AND DEPRESSION

1

对经济周期理论的系统分析

第1章 前 言

第1节 对经济周期的解释

关于经济周期有种种不同的理论,在阐述这些理论之前,对周期任何解释的一般逻辑性和对各种可能有的解释(理论)相互间的关系作出一些说明,也许是必要的。本书对这方面的种种原理如何发挥作用,以下将有详细叙述,这里所作的这些观察包含的意义,只有依据下面的叙述才能充分认识。但是为了避免误解,在一开始便谈一谈这些问题似乎是有帮助的。如能把以下这些一般性的说明记在心里,那么,研究本书提到的各种理论时,便可获得更大的效果。

- **原因的多样性**

经济周期几乎要牵涉经济体系的一切内容,像这样复杂的现象,是不可能用任何一种个别的因素来说明的。即使我们在开始时假定,无论是在高度工业化的西欧各国和美国,或是在像新西兰或罗马尼亚那样一些工业比较落后的国家,无论是在20世纪或是19世纪初期,都可以用同样一种解释去说明经济周期的现象,那么,我们也很难完全正确地讲出经济周期唯一的原因来。只有很少的学家敢于冒昧地把经济周期唯一的原因,尤其是萧条的唯一原因归结于某种单独的因素。事实上以单独原因为依据的那些解释,已经越来越失去人们的信任,应当用怀疑的态度对待它们。大多数现代学家对这个问题都抱着谨慎的态度。他们指出,繁荣与萧条的更替是由一系列因素引起的,而且在不同情况下,各种因素的结合,看来也不是始终一致的。不同的理论家之间存在着的意见分歧,往往是一种把重点放在不同因素上的分歧,而不是在促进繁荣与萧条的原因和条件细目方面的分歧。

有些学家的理论,把经济周期的原因归结为一个单独的因素,如农业收获的变动、新的发明、派生需求的加速、需求的变化或乐观心理与悲观心理的起伏等,即使是这样的学家,也不得不承认,他们所说的那个唯一的因素,只能在一定的经济制度环境下发生作用。他们所公开或暗含假定的经济环境,种种不一,如交换经济下的某种结构、工资与契约的某种刚性、投资者的某种行为、企业家所具备或缺乏的某种程度的智力与远见、某种货币组织等。按照这样的说法:(1)假使那些"活动"力量(农业收获的变动、新发明、需求的变化等)并不存在,或者,(2)经济制度组织下某一个或几个重大特征有了改变,周期现象就有可能全然不会发生。例如,假使工资与契约具有充分的灵活性,假使企业家按另外的方式去行动,假使他们具有正确的远见,或者说,假使货币组织与现有的不同,并且货币行政当局能够采取步骤,防止这些"活动"力量的种种反应的后果——总之,假使各方面的动态跟实际上所表现的全然不同,周期现象就可以避免。

由此可以断言,造成周期现象的原因,是我们经济体系的刚性,或者是经济体系的金融与货币的结构,或者是后者的某种特征,正同新的发明或收获量变动或需求变化足以促进周期现象发生的情形是一样的。

● **理论分歧主要由于彼此重点不同**

在通常的情况下,经济周期这样一种复杂的现象,是由许多因素所造成和决定的。即使同一理论可以适用于一切周期现象,也仍然可以有许多"不同的"解释同时存在的余地,这些解释并不一定在逻辑上是相互排斥或相互矛盾的。它们各自强调这一个或那一个有关的因素和条件,把它叫做"主导的"或"有因果关系的"因素和条件。其余因素则一概置之不顾,认为这些因素是不会变动或不能变动的,或者由于某种原因,认为不宜把这些因素(例如新发明)看成是易变的,或者认为其间的变化难以作进一步的解释(至少不能由经济学家来解释),因此只好把它们看成是理所当然的。这些彼此不同的见解,实际上往往并没有多大出入,特别是关于经济周期的货币与非货币两种解释,往往是可以取得一致的。主张非货币论的理论家强调的是例如新发明的影响,或由于派生需求变动剧烈而引起的需求变动的影响,他们往往暗含着假定——或者可以说,根据他们的推论应当假定——银行体系是愿意并且有能力在现有的条件下扩张信用的;而主张货币论的理论家则把新发明或需求变动这类干扰因素看做是当然的情况,只是埋怨财政当局没有能及时调整信用条件。

● **有关因素的分类**

以上的考察指出,将有关的因素在某些类型上加以区别对问题分析是有帮助的。例如,我们可以在主动因素与被动因素之间,或者可以说在原因与条件之间或派生条件与必要条件之间划一条界线。新的发明、农业收获的变动、需求的变化,这些都是主动的因素;而上述的一些制度方面的情况,则是被动的因素。这样的划分,有时候很有用;但在两种类型的因素之间要划出一条清楚的界线,往往很困难,或者简直是不可能的。当银行方面的任何活动,例如当准备金增长时降低贴现率,或是当信用需求增长时(即"自然利息率"有所提高时)没有提高利息率,怎样能确定这些活动是"主动的"还是"被动的"呢?这显然是一个术语使用上的问题,要在每一个单独事例上寻根究底是不会有什么结果的。

在某些情况下,真正的区别是在于可控制的与不可控制的因素①两者之间。例如气候是无法控制的,而制度方面的各种因素至少在理论上说是可以控制的。而且,有些因素在原则上是可以控制的,但由于种种原因,我们不希望加以控制或加以排除,例如种种新发明,或者领取收入的人把他的收入花掉或储蓄起来的自由,或者关于他在消费上、工作上选择的自由等。至于哪些因素宜于控制,或应当有所行动使之受到影响,不用说,在这一点上的意见随时不同,也是因人而异的。

还有一种分类,比较常见而实用性较少,是以经济体系的内因或外因作为区别的标准。外在起因的例子是战争、新的发明、农业收获的变动(所以会发生变动,这里指的单是由于气候,而不是由于需求、价格或成本变化所引起的经济调整)、自发需求的变动(变动的原因,这里指的单是由于爱好方面的变化,而不只是由于供应情况变化而引起的反应)等。经济起因的例子是,由于需求情况变化而引起的生产变动,由于成本提高而引起的价格变动,由于消费品需求变化而引起的对生产品需求的增长等。但是哪些应当叫做经济的、哪些应当叫做非经济的因素或情况,往往是一个习惯上的而不是一个论证上的问题。

● **外生理论与内生理论**

经济周期理论有"外生"与"内生"的区别,这一点跟经济因素与非经济因素的区别是密切相关的。各种外生的理论,就是那些为了要解释经济周期而认为有种种外在的干扰因素,如农业收获的变动、新的发明等。各种内生的理论,则完全以能从经济方

---

① J. M. 克拉克:《经济周期的关键因素》,纽约1935年版,第4~5页及其他有关各节。

面来说明的那些动态作为依据。然而这种区别,跟上节所说的情形一样,也不是始终明确的。货币理论是根据银行当局方面某种行动或某种政策来说明周期现象的,这种理论应当看做是外生的还是内生的呢?假使银行降低利息率,从而引起了信用扩张,它们的行动大体上就可以看做是一种外生因素。但是,假使它们面对着信用需求的增长(例如,是由某些新发明引起的),而并不将利息率充分提高,从而同样造成了信用扩张的结果,这样的行动是不是一种外生因素呢?

有些人企图将外生理论与内生理论作进一步明确的区别,认为前者是从作为论据的事实而产生行动的,而后者则假定作为论据的事实是不变的[①]。当某一作者所据以建立经济周期理论的那些一般理论体系一旦被确定并为人们接受以后,上述的区别在这样的理论体系下是完全正确的;但事先无法断然确定的是,哪些现象可以看做是已为人们接受的事实,哪些量值还有待于根据这些事实来加以解释,加以确定。被昨天的理论家所接受的一些事实,在今天却会发生疑问,会有加以解释的必要;我们在今天所建立起来的一些自变数(作为论据的事实),明天也许会变成因变数。要在作为论据的事实与由此得出的结果这两者之间作出一个明确的区别,就不免要使我们回到上面说到的那些概念中去,把"非经济"性质的,或对经济体系说来是"外在的"那些力量或行动看做是经济理论的"作为论据的事实"。但是这种"经济"现象与"非经济"现象之间的区别,完全是由习惯而来的。为什么没有被列入经济性的那些力量或行动与经济性的力量或行动不同就不能成为一般理论中的"因变数"或"有待解释的"变量,其间并没有明确的理由。

一切对周期现象的认真解释,几乎绝少例外,总是既非纯外生性,也非纯内生性的。几乎在一切周期理论中"初发因素"与"企业体系的各种反应"(用克拉克的措辞)[②],两者都是要发挥作用的。从一方面说,纯外生理论事实上是无法成立的。即使人们假设有一种气候周期的存在,那么为什么在企业体系中会引起特殊反应,从而把农业收获的变动转化为普遍繁荣与萧条的起伏现象,这一点还是有待于解释的。从另一方面说,纯内生理论也极难使人满意,不借助于外在的种种冲力而周期动态会持久存在,这是很难说通的。即使这种动态在这样的情况下继续获得发展,在发展过程中也必然要受到外在冲力的深刻影响——那就是说,必然要受到事实变化的影响(虽然这些冲力或事实也许可以用经济上解释的各种变数来作定义和规定范围)。

外生力量与内生力量相互间的影响作用是错综复杂的,由此产生的可能后果是

---

① 特别是廷柏根:《关于经济周期数量论的一些提示》,载《计量经济学》第3卷,第3期,1935年7月号,第241页。

② J. M. 克拉克:《经济周期的关键因素》,有关各节。

种种不一的。但是我们在这里不准备一开始就抽象地来讨论这些问题。关于理论上的探讨,在以下继续深入以后,特别是在本书的第2篇,关于这些问题将获得解答。

● 经济体系固有的不稳定性

这里处于初步讨论阶段时,我们可以从只凭经验的探讨方法入手,随后再加以充分论证。由于种种原因,当从事经济周期的解释时,对于外在干扰的影响,似乎越少侧重越好。首先,在我们实际生活中所看到的有时走向繁荣和有时趋于萧条的那种大幅度振动,单凭外生力量来解释是很困难的;并且,当所谓"干扰力量"本身并不显示波状动向时,要这样来解释就会感到困难更大,有时简直是不可能的。即使假定其间存在着一种周期性(例如关于农业收获或新发明等方面的情况),这样的假设也是充满困难的。乍看起来,所以会形成经济周期,好像经济体系的反应比外在的冲力更为重要。其次,历史经验似乎已经证明,即使没有那些表面上被认为是起因的显著的外在力量,周期运动也仍然有继续存在的强烈的倾向①。由此说明,在我们的经济体系中存在着一种固有的不稳定性,有着走向这一方或那一方的趋势。假使有可能(像我们所相信的那样)证明这样的趋势是存在的,并指出引起这种趋势的条件,那么要使一切类型的外在干扰(包括一切方式的政府干预)与理论体系相适应,这件事就会相对容易些。这时外生力量将成为内生程序的发动者或干扰者,对于经济体系的内生动向,会发挥加速、推迟、阻碍或扭转的作用。②

● 以机械作比喻

这里可以引用一个常用的比喻,不是为了要证明什么,而是为了要把上述的意义加以进一步的澄清。我们可以把经济体系比做一个钟摆或一把摇椅。这把摇椅从外面受到的刺激(冲力)即使是极端的无规律,而使它作相当有规律的摆动也未尝不可。(此外,我们还可以想象,这把摇椅有一种机械装置,使它在没有外在力量的影响时也能摆动。)因此,我们解释摇椅的动态时,对两种因素应加以区别:一种是摇椅自身的结构,还有一种是来自外界的刺激,前者是内生因素,后者是外生因素。上述外在无规律的冲力之所以能转化为相当有规律的摆动,关键就在于摇椅自身的结构。这时作为

---

① 哪些可以认为是"显著的",哪些可以看做是"表面的",当然是一个大有争论余地的问题。随时随地总是有些事端在发生的,也总是可以找到些外在事件作为试行解释的依据。

② 由于这个原因,关于周期动向,在振幅的期间、强度以及一些并发征象方面,说是会有充分规律性,那是全然不可能的。

一把普通的椅子，通常将发生完全不同的反应——虽然，我们可以想象到，某类特种刺激（有规律的推力与引力）也会使它作有规律的摆动。

当然，摇椅的构造——因此也就是基于外在冲力而产生的摆动的性质——在具体情况下也许是千差万别的。经济体系也可以是这样构成的，一经冲击以后，如果任其自然，就会产生不断的有规律的摆动。或者这种摆动将逐渐消失，这就是一把普通摇椅所会发生的情况。我们把这种情况称为"挫抑振动"（damped oscillations），而且可以把挫抑的不同程度加以区别。也许会发生相反的情况，摆动会越来越激烈，这样的波动叫做"爆发性的"或"反挫抑的"振动，那就是说，体系是处于不稳定平衡状态的。

根据上面提出的研究方法，得出的结论是这样的：我们假定，为了解释经济体系相当有规律的摆动（如同摇椅的那种摆动一样），比较重要的是研究这个体系的特有结构，也就是研究对外在冲力会发生的反应，而不是去寻求这种冲力出现的规律性。这样的假设是否恰当，能获得认可还是将被否定，当然有待于随后的证明。

在以下各章，关于那些外在影响大都谈得很少，特别是关于政府或其他公共团体在经济活动中的种种干预方式，在经济学家、政治家以及经济期刊上的论文中是极受关注的题材，而这里也很少提到。尽管这样，但绝不可由此认为：在我们看来，或是在经我们提到的那些理论的作者们看来，这些因素就不会影响到经济局势。实际并不是这样，我们的目的，首先在于把经济体系的各种反应隔离开来，以便使研究的对象得以突出，使我们可以从容描绘受到外力影响的环境。

第2节 本书所采用的分析方法

● 选择的原则

关于本书对周期理论的分析范围，在上面引言里已经有所确定①，因此，说明的方法也已经在大体上确定了。我们对于各种周期理论，不打算按年代先后依次提出，对于各位学家的理论背景与社会背景，也不打算叙述（除非是为了学理上的阐明，才有必要这样做）。为了力求分析时具有系统，我们对于各种理论的叙述采取了由浅入深

---

① 根据这一确定范围，说明了本书的解释方法与下面一些作品对理论与理论家的分类为什么有所不同。这些作品是：汉森：《经济周期论》，波士顿1927年版；柏森斯：《经济波动论》，纽约1931年版，载《经济学季刊》，第41卷，并转载《经济周期预测》；哈耶克：《货币理论与经济周期》，伦敦1933年版；麦克菲：《经济周期论》，伦敦1934年版。

的方法,尽可能地从比较简单的开始,然后逐渐进入比较复杂的理论。往往会有这样的情况,前者所强调的一些因素后者都已计及,而后者所注意的一些其他的因素则被前者所忽视,或者由于前者为了使假设简化,把它们看成是无关的而搁置一旁(例如,借助于"其他情况不变"这一句话,就省略过去)。

为了说明种种不同的思想体系,应当举哪些学家、哪些作品为例,是必须进行选择的。我们的方针是尽量选取近代的作品、易得的作品,而没有理由采取相反的方针。我们也没有打算对一切假设、一切派别的思想寻根究底,找出它们在经济学说史上的根源。

有些学家,如密契尔、庇古、罗伯逊,他们自己对各派理论已经作了一些综合,已经把不止一派的思想体系并入了他们自己的体系,因此当我们提到有关各派时,就不免要在多处提到他们的作品。有些学家对于我们讨论中的问题作出了有价值的贡献,但我们没能处处都提到他们。我们并不打算在这次研究中对各个学家著作的创造性与重要性作出公平的评判,本书所使用的研究方法,也就是从这一点出发的。各家学说各有长短,这里并不想从中加以评价,我们的企图只是将说明问题的种种假设作一次评述与分析。

● 分析中的几个要点

我们把研究中的整个问题归纳成几个要点,对各家学说是尽可能以下述几个要点进行分析的:

一般特征

高涨(upswing,繁荣)的解释

高潮转折点(upper turning-point,危机)的解释

低落(downswing,萧条)的解释

低潮转折点(lower turning-point,复苏)的解释

反复性、周期性等现象产生的原因

国际复杂关系

第2章 纯货币理论

第1节 引 言

● MV 的周期波动

货币与信用,在我们的经济体系中占着如此重要的地位,以至于几乎可以断言,不论是作为一种推动力或决定因素,在促成经济周期方面都起着重要的作用。当处于高涨时,生产与交易的实际量提高,价格将上涨,或者在某些例外的情况下,价格也会保持不变。[①] 这就是说,以货币计算的交易量提高了。当萧条时期,以货币计算的交易量便降低。换个说法,货币所必须完成,而且事实上的确完成的工作,是随着经济周期的起伏而增减的。[②] 由此推定,货币量(M)及其流通速度(V)之积(MV),就必然会上升和下降。这一点的意思并不一定是说,M 和(或)V 的升降在所有的情况下都是市场情况变动的主动原因,它同样也可能是一个被动因素,或者甚至仅仅是一种征象。很有可能的是,MV 会随着生产交易量的变动而自动调整,它自身并不发生任何影响。但是,不管怎样,以货币因素作为论证因果关系的中心而进行的理论分析,就几乎必然会显示出经济周期的各种重要的特征,这一点是任何适当的综合研究所不能忽略的。

[①] 关于市况趋于繁荣而物价不涨的一个显著的例子是 1926~1929 年美国的一次繁荣。然而当时价格的稳定,也只是限于批发价格水平的方面。至于比较概括性的物价指数(如卡尔·斯奈德先生所编制的)就表现了显著的涨势。

[②] 应当注意,繁荣与萧条的定义并不含有这一意义。与生产量升降的同时,也可以发生相反的价格动向,这时生产量或交易量的货币价值,一般将保持不变,甚至会发生与实际量趋向相反的变化。

第 2 节　霍特里先生的理论——一般特征

● 消费者支出的重要性

霍特里先生对经济周期提出了最充分、坚决的纯货币解释。[①] 在他看来，经济周期乃是"一种纯货币现象"，意思是说，经济活动之所以会有变化，繁荣与萧条之所以会此起彼伏，市面之所以转好转坏，"货币流动"是唯一的具有充分理由的原因。当以货币计算的商品需求（即货币流动）增长时，商业即趋于活跃，生产将提高，价格将上涨。当需求减退时，商业即趋于呆滞，生产将萎缩，价格将下跌。货币流动，也就是以货币计算的商品需求，大体上是取决于"消费者支出"，也就是取决于收入项下的支出。[②]

然而，消费者支出所包含的，并不单是对消费品的支出，还有用作新投资品的支出，也就是消费者收入项下供作储蓄和投资的那个部分。（在欧文·费希尔提出的那个有名的交换方程里，"V"的定义是"交易速度"；如果换一个说法，将"V"的定义作为"收益速度"，我们就可以用 MV 代替消费者支出。但是，V 既经规定为消费者支出对货币量的比率，这两个量值——MV 和消费者支出——按照定义就彼此相同；用这一个说法来代替那一个说法，结果就不会有多大意义。）

至于非货币因素，如地震、战争、罢工、农产歉收等，也许会引起普遍的贫困状态；而另外一些因素，如农业收获变动、某些行业的过度发展（例如建筑业投资过度），也许会引起只限于个别行业的局部萧条。但是要形成带有经济周期意义的普遍萧条——即资源闲置与工人失业成为普遍存在的情况——单凭非货币力量或变故是无

[①] 参阅霍特里先生下列著作：《好贸易与坏贸易》，伦敦 1913 年版；《货币改造问题》，1923 年版，1926 年第 2 版；《通货与信用》，1919 年、1923 年、1928 年版；《商业与信用》，1928 年版；《商业萧条和解脱的方法》，1931、1933 年版；《中央银行经营技术》，1932 年版；《金本位制理论与实践》，1933 年第 3 版；《资本和就业》，1937 年版。

[②] 参阅，特别是《中央银行经营技术》，伦敦 1932 年版，第 3 章。此外，艾伯特·哈恩教授，在各不相谋的情况下，也曾在他的早年作品中表示了极其相似的意见。参阅他的《银行信用与国民经济》，1924 年第 1 版，1930 年第 3 版。但是随后他的见解有了很大的改变。

霍特里先生有很多论点，在本书随后所提到的，尤其是关于利率与价格间关系的见解，有很悠久的历史根源；这类见解曾由马歇尔于 1887 年在金银委员会作证时提出。（见马歇尔的《官方文件》，1926 年版，第 52 及第 131 页，后来又由他自己将原文加以充实，载入他的《货币、信用与商业》，第 75~76 页，又第 254~257 页。）

能为力的,除非能由此引起消费者支出下降,即货币流量萎缩。

● 货币与信用的不稳定性

消费者支出的变动主要是由于货币量的变动。如果货币流量突然减少,如果发生了明显的通货紧缩,这对经济活动将发生不利的影响;反之,如果通货有了增长,形成通货膨胀,则将产生刺激作用,这一点是没有人会否认的。

生产者是按照对通常需求情况的预测而从事生产的,如果货币量减少,需求衰退,他们平日的产量就不能按照预期价格脱手。于是,一连串的不幸现象将接踵而至,存货呆滞、由盈转亏、产量降低、失业增加、还得经过工资与其他收入降低的痛苦过程,生产才能恢复平衡。

通货膨胀具有相反的效果。需求超过了预期的数量,存货减少,商人向生产者增加订货量,价格则扶摇直上。生产扩大了,闲置生产因素就逐渐获得了使用的机会。

这就是"国家通货膨胀或通货紧缩"下惯有的景象。按照霍特里先生的看法,经济周期不过是显著的通货膨胀或通货紧缩一个比较缩小了的翻版而已。萧条是由于通货量萎缩造成的消费者支出减退而引起的,是由于货币流通速度减退而变本加厉。另一方面,在周期中的繁荣阶段,通货膨胀过程则是占优势的。

如果可以使货币流动稳定,经济局势的波动就可以避免。但是要使货币流动达到稳定,这件事并不容易,因为我们的现代货币与信用体系本来就是不稳定的。任何方面脱离了平衡时,任何细微的差离都会造成扩大的倾向。

霍特里先生从这样一种假定出发:他认为在现代,银行信用是主要的支付工具。流通的媒介主要是银行信用,法偿币只是属于辅助性的。创造信用并调节信用量的是银行体系,调节的手段是贴现率,是在公开市场买卖证券。当然,扩张信用的权力并不属于每个个别的银行,而是属于作为一个整体的银行系统。单单一个银行,要凭它自己的力量扩张信用,并不会有多大效力,但就整个银行体系说来,却是有这个力量的,而且有一种趋势,会使整个体系一步一步地顺着同一方向移动。如果一个银行或一组银行从事扩张信用,别的银行就会发现,它们自己的准备力量加强了,这就会诱使它们,有时候简直使它们不得不共同参加扩张信用的活动。这就说明,单单一个银行,或是一组银行,有时是会带动整个银行系统的。①

---

① 以上这些都是研究现代银行理论的人所熟知的论点。详细说来,其间还有许多应补充的地方,这里似乎不必深究。参阅凯恩斯在《货币论》中作出的解释。关于这一问题的思想史,在以下两部书里写得极详细——华格纳:《信用学说史》,维也纳 1936 年版;马吉特:《价格论——对货币理论中心问题的再度探讨》第 1 卷,纽约 1938 年版。

第3节 高涨

- 信用扩张的推动力

经济周期的高涨是由信用扩张引起的。只要信用扩张情况继续存在,或者至少没有转趋萎缩,这一高涨势头就可以坚持。信用扩张,是由于银行在放宽了的条件下对客户进行贷款所造成的。可以通过各种不同的方式鼓励借款,银行对担保品要求的严格程度可以降低,贷款期限可以放长,对客户借入资金的用途如何也可以不加审择。但扩张的主要工具是降低贴现率,而其他一些措施实际上等于降低了借款的费用。

- 商人所处的战略地位

霍特里先生留意到人们经常提出来的反对意见:银行将贷款利率降低1%或2%,对企业经营者的盈亏说来,关系实在太小,作为一个普通的企业经营者,未必就会因此受到鼓励,去多借资金,扩大业务。霍特里先生对这种反对意见的答复是,企业经营者这一阶层中有一种人,他们甚至对利息率细微的变动也非常敏感,这就是从事互通有无的商人。商人买卖大于他自己所有的资本数量的商品,并在他买进的商品上附加了细微的价值,那就是他的利润。利息负担如果有了1%~2%的进出,生产者也许不以为意,但对一个商人来说是不容忽视的。当然,不容否认的,足以促使商人在借款和存货方面有所增减的那些因素,并不只有利息率这一项,还有些别的方面的考虑。如果预期价格将上涨或下跌,这时利息率的降低,也许不能或不够对商人产生影响。但是,除了由于信用扩张或紧缩的后果之外,足以促使多数商人不顾利息率的微小变动而增减其借款数额的情况是不大会发生的,这一点将在后文讨论。

因此,按照霍特里先生的见解,商人是处于战略地位的。如果利息率充分降低——通常略有降低即可——就足以促使商人增加存货,他们会向生产者订购更多的货物。生产的增加,引起了消费者的收入与支出的提高。这就是说,"一般商品的需求将普遍地提高,商人的存货就要减少。结果是向生产者进一步扩大订货量,使生产活动、消费者收入与支出以及一般需求都进一步地提高,而存货则更加减少。加速生产活动足以提高需求,需求提高又足以刺激生产活动。这样就形成了恶性的周期现象,使生产活动变成累积性的扩张"，①而支持并推进这种扩张的，却是不断的信用扩张。

● 价格上涨的后果

"生产活动是不能无限制推进的。当这种累积性的推进过程使各种工业的生产力先后达到了极限时，生产者所索取的价格将越来越高。"② 价格提高，商人借入资金就受到了进一步的鼓励。上升中的价格与下降中的利息负担，是有着同样作用的：商人的利润有了增长，为了从进一步的价格上涨中取利，将多备存货。同样的情况，生产者也受到了鼓励，要扩大生产，要更加大胆地借债，以便为增长中的生产筹集资金。这种累积的扩张随着价格的累积上涨就会加速。

● 货币流通速度的不稳定性

此外，还有一个加速因素。除通货扩张外，通货的流通速度也会有所增加。当价格上涨、业务活跃的时候，商人和生产者不仅会多多借入资金，对于原来闲置着的可以由他们自由处置的一切余额，也将尽量利用。闲置余额是从前一萧条时期遗留下来的。如果数额相当巨大，"也许可以使消费者的收入与支出增长，而现有的银行信用则不必有所扩张，或者只需作极有限的扩张"。

"由此可见，这里存在着一个货币流通速度不稳定的原理，是与信用不稳定原理全然不同的，但很容易引起严重的后果。"③

总之，扩张是一个累积过程，它一旦开始，就会靠它自身的动力继续前进。这时就不再需要银行从旁鼓动。在银行方面，更应采取谨慎态度，不要使扩张趋势一发而不可收拾，变成了疯狂的通货膨胀。这时就应当急剧地提高利息率；如果价格上涨，并且预测要继续上涨，将利息率略微提高是无济于事的，不会制止人们的借入企图。这时的情况所体现的就是，累积过程自身已经有了一种动力。同样的贴现率，当扩张过程开始时是足够制止扩张的，到有了进一步演变时，要扭转趋势，就会觉得太低了。

---

① 见《中央银行经营技术》，第 167 页。
② 同上书。
③ 同上书。

第4节 高潮转折点

• 信用限制的作用

信用扩张中止以后，繁荣也就到了尽头。当听任扩张过程演变到一定的高速度时，只有加以猛烈冲击才能制止，因此就往往有一种危险，不免要矫枉过正。就是说，冲击的结果，有时不仅制止扩张，还会发生相反的趋势，转向萎缩过程，而这一过程自身也是累积性的。（这里还有别的原因，下面将加以讨论。）

"如果不实行限制信用，经济周期中活跃的一面，就可以无限期延续下去，这时毫无疑问，付出的代价是，价格将无限制上涨，结果将不得不放弃金本位。"①

• 工资调整迟滞、现金枯竭与金本位制

对货币流通量的人为限制，也就是由法律与习惯规定的限制，构成了一种障碍，使我们当前的经济体系无法摆脱周期运动及其一切不良的后果。只要金本位制依然存在，或者对法偿币的供应有其他限制（例如，当企图对另一个不扩张信用的国家稳定汇兑率时，由此引起的对法偿币供应的限制），银行迟早总是要被迫阻止信用扩张甚至从事紧缩信用。

现金，即法偿币，主要是用以满足小额交易和零星交易的。由于信用通货的安全性较差，而在这类用途上又并不能发挥它所具有的较大的便利性，使它的优点与缺点相抵，因此现金就有了需要。在流通中现金的数量，主要是取决于工人的收入、支出和贮藏的需要。信用扩张迟早将引起从银行保有额内吸取现金的现象，收益和工资率提高以后，现金余额在数量上将不断增加。然而这是一个缓慢的过程，因为工资的增长是迟滞的，将远远落后于信用扩张与价格及利润的提高。一方面中央银行因急于保持汇兑稳定，将拒绝无限制地以现金供应商业银行。因此后者就不得不停止其信用扩张。但是当商业银行开始停止扩张信用时，劳动者手里的现金保有量仍然在继续增长中——由于他们收入的提高总是落后于信用扩张的——即使在信用扩张局面已经完全过去以后，这方面的增长趋势仍然没有停止。这就会促使银行对信用不仅停止扩

---

① 《商业与信用》，伦敦1928年版，第98页。

张,而且将进一步加以紧缩。于是萧条将由此开始。

第5节 低 落

● 向下转折

紧缩过程也是累积性的,在这一点上并不亚于扩张过程。"当信用状况有了明确的转向,由扩张转为紧缩,这时即使利息率按照通常标准已经算是很低,而价格下跌趋势仍然足以使紧缩局面保持不变。"①

这是由于以下的原因。当价格在下跌时,商人就会预期价格将进一步跌落。于是他们设法减少存货,向生产者减少订货,甚至完全停止订货。消费者收入与支出降低了,需求减退了,存货尽管设法减少而结果却越积越多了,借入数额越来越缩减了。于是一个漫长而痛苦的经历就从此开始。原来足以促进高涨的一切因素,现在却一致地推进紧缩过程。这种恶性的、螺旋式的向下推移,在一切方面都是那种恶性的、螺旋式的向上推移的对立面。演变的细节这里也就无须重复了。

第6节 复 苏

● 信用扩张的能力

在萧条时期,贷款陆续清偿,资金逐渐退出流通,回到了银行作为准备金。银行的准备金比例达到了正常状态,进而逐渐超过了正常标准,这时利息率降到极低的水平;但是价格在下跌,悲观情绪弥漫市场,即使利息率非常之低,也仍然不能引起人们借债的兴趣。然而按照霍特里先生的看法,愿意扩大欠款额的人,几乎不论在什么时候总是有的,这就可以使银行渡过难关。但是,如果情况当真这样恶化,萧条达到这样的深度,悲观情绪这样普遍,以致任何高于零点的利息率都不能引起信用扩张时,中央银行还拥有另一个武器,足以应对企业社会不愿意利用现有信用设备的心情,这就

---

① 《通货与信用》,伦敦1928年第3版,第153页。

是在公开市场收买证券。

当中央银行在公开市场收买证券时,现金就涌进了商业银行,使它们在运用资金灵活程度上有了提高。一时之间,新增的资金也许会用来偿还银行的债务,因此当时的唯一结果是,银行的资产构成将发生变化(现金增加,放款减少)。但霍特里先生所深信的是,只要收买证券的方针贯彻到足够的程度,新增的资金终将找到出路,投入流通,于是消费者的收入与支出将会增长,一个自身不断加强的信用扩张过程也将由此开始。霍特里先生认为,只需依靠银行政策中的通常措施,如贴现政策和公开市场活动,就足以引起复苏现象,所以要发动信用扩张,就无须借助于进一步的激烈手段(例如进行公共土木工程)。他的看法跟他的理论密切相关。他所持的理论是,利息率变动,必须通过对流动资本的影响来发挥作用,而不是通过对固定资本投资的刺激来发挥作用。下面我们还要提到这个论点,因为这个论点跟我们还要讨论到的许多别的研究者的理论是尖锐对立的。

● 信用的停顿

霍特里先生在他早年的著作中就已经提到,信用完全陷于停顿,在理论上是有可能的。处于这种情况时,即使是极低的利息率,也无法激起市场对信用的新需求。这时银行政策所采取的一些普通手段,就会完全失效。他在《好贸易与坏贸易》[1]一书中说,这种现象是这样的,"价格的下跌"也许会如此迅速,以致"银行方面一筹莫展,无论如何,都不能引起借款人的兴趣",使货币流通趋于活跃。

霍特里先生在他较晚的一些作品中,由于增加了20世纪30年代一次严重萧条的印象,他的见解有了一些改变。[2] 这时,他已怀疑是否能够合理地认为:"预期价格下跌的心理,常常是由于物价长期实际跌落的经验所造成的"[3];以及是否能够合理地认为:除非是出于通货膨胀一度混乱以后的反应,否则这样的呆滞情况是不可能的。[4]

他仍然认为"低利贷款政策不能造成复苏现象是极少见的事",但他承认"自从1930年以后,商业萧条已经成为遍及全世界的灾难,使我们碰到许多问题,这些问题以毁灭性的力量威胁着现存的文化体制"。[5]

---

[1]《好贸易与坏贸易》,1913年版,第186页。
[2] 参阅霍特里的《商业萧条和解脱的方法》,第2版,第29~31及第133~135页;《资本和就业》,第85~87页,《信用停顿》篇;论文《信用的停顿》,载《货币的经验教训》(盖尔编),第129~145页。
[3]《货币的经验与教训》,第131页。
[4] 同上书,第131页;又见《货币改造问题》,第133页。
[5]《资本和就业》,第86页。

霍特里先生认为，靠着银行政策下的传统方法足以使萧条局面转向复苏，他对这一点有着牢不可破的乐观态度。有许多人不同意这个见解，而他上述解释和补充，又对反对的意见作了有力的答复。

- **工资落后与银行政策**

除上述情况外，当霍特里先生描述由萧条转向繁荣时，是以战前金本位制度下典型的经济周期为依据的。在萧条时期，资金开始向银行回笼，但是在信用动向的背后，依然存在着现金流动迟滞的现象。当信用扩张时，现金并不会立即跟着银行外流；同样情况，当信用紧缩时，现金向银行内流的动作也是落在后面的。结果是，当银行的准备金已经达到所期望的水平、紧缩政策可以停止时，现金向银行内流的过程还没有结束，人们的现金余额反应迟缓。而当信用紧缩已经停止以后的一个很长期间，现金还在不断流入银行。于是准备金不断累积，有了剩余，这项超额准备就形成了一种诱惑力，促使银行随后从事于过度的信用扩张，又一周期即从此开始。

第7节 规律性和周期性

- **刚性的准备比例**

霍特里先生的理论，说明了为什么环绕着平衡状态不仅有小幅度振荡，而且还有向这一方或那一方的大幅度波动。之所以如此，是由于扩张和紧缩过程具有累积的、自身持续的性质。平衡线窄得就像剃刀的刀口一样，细微的差离，就会造成进一步脱离平衡的危险。

但霍特里先生认为，即使是这样，崩溃局面的反复出现，并不是不可避免的。假使货币量的增加没有限制，那么信用扩张就可以无止境地继续下去。归根结底，经济崩溃之所以反复出现，是由于金本位制。在金本位制度下，使银行不能及时中止扩张或紧缩政策的，就是这种人们所保有现金余额反应的缓慢。"如果信用资金的增减能够迅速引起现金需求相应的增减，银行就不会被拖到通货膨胀的境地，也不会再把相应的紧缩过程进行到那样不必要的程度。"人们保有的现金余额反应迟缓，"只要信用是按照准备比例调整的，经济周期现象就势难避免"。[1]

---

[1]《货币改造问题》，伦敦1926年第2版，第135页。

在金本位制的自动演进下，"周期的长短，取决于周期过程进展的速度，也就是扩张时吸收通货与紧缩时通货回笼的速度。"[1]

- **第一次世界大战后不曾出现经济周期**

1914年以后，自动演进的金本位制不复存在。经过战时及战后的通货膨胀，金本位制——一种管理金本位制——再度恢复；但是经过了一次莫大的打击，它又被推翻了。因此，按照霍特里先生的看法，在繁荣与萧条、扩张与紧缩的更迭下，以前那种明显的规律性与周期性已经不会再出现，事实上已经不复存在。如果"周期"的意思指的是有显著规律性的周期运动，那么"暂时就不会有经济周期"。当然，繁荣时期与萧条时期还是有的，因为信用制度仍然是生来就不稳定的，况且还存在着比以前更为加强的力量，这种力量的作用足以助长扩张或紧缩。但是扩张与紧缩的交替出现，原来是有它的规律性的，而造成那种规律性的错综的机械结构，现在已经完全被打乱了。

但是按照霍特里先生的理论目的来说，周期性并不是主要的。相反，他有理由声明，他的理论并没有明确假定周期动向有一定的期间和规律性。有规律的周期总是可以被非周期力量所间断的。必须承认，对周期现象作出解释时，在周期这一点上带上些伸缩性——假使在别的方面没有抵触的话——总会比僵硬的解释好些。

第8节 霍特里先生理论的特点

- **固定资本投资的波动**

上面已经指出，霍特里先生的理论跟许多别的有关理论处于对立的地位，因为它认为，利息率变动影响到经济体系时，并不是通过对固定资本的投资发生直接影响，而是借助于保证流动资本，特别是保证存货所必要的资金而发生影响的。至于别的理论怎样说，本书将在随后讨论。

按说在周期的趋势下，生产品工业受到周期的影响大于消费品工业，这是一个无可置疑的事实。这里我们必须究问一下，霍特里先生对这一点是怎样解释的呢？

---

[1]《通货与信用》，第3版，第155页。

他作出的解释是这样的：经济活动的结果为企业带来了超额利润，而利润（不论是由企业组织用来进行再投资或分配给股东）是储蓄的主要来源，这时可以用于资本支出的储蓄项下的资金，也就有了相应的增长。因此，生产品工业的不均衡波动，是消费者收入与支出有了变动的结果，而不是由于（像许多研究者所想象的那样）信用扩张直接或间接通过长期利息率的变动、对固定资本投资所发生的反应。霍特里先生并不绝对否认信用扩张对固定资本投资有一定的影响，但认为与那种对商人、对流动资本发生的直接影响对照，这种影响是次要的。

- **银行政策的目的**

为了对霍特里先生的理论获得一个比较全面的印象，关于银行方面应采取什么样的政策来消除信用周期以及随之而来的经济周期这一点，还得提一提。银行，尤其是银行体系的领导——中央银行，所主要关注的不应当是准备金比例，而是购买力的流动。具有重大意义的是商品需求和资金流动，而不是货币的现有总额。银行政策的目的，应当在于使消费者支出——包括（像上面已经指出的）对新投资的支出——固定不变。但是还应当考虑到生产因素的变动，应考虑的不仅是人口的增长，还有资本的增长；关于各级熟练工人的比率以及适当数额的租税，也应加以估量。

总之，政策目的不是在于追求商品价格水平的稳定，而是在于追求生产因素价格水平的稳定。①

第9节 国际的复杂关系

从经济周期的纯货币解释出发，来说明种种国际的复杂关系是比较方便的。要对任何涉及两国或两国以上的经济集体关系加以分析，势必牵涉到这些国家的货币供应将受到何种影响的问题。从解释周期的观点来说，这类分析还没有被人们系统地完成，但是分析的工具却是现成的。关于在各种不同的货币制度下国际货币结构的理论，现在已经有了很大的发展，是经济学科中研究得最充分的问题之一。②

---

① 参阅霍特里的论文《货币与物价指数》，载《皇家统计学会学报》，1930年，转载入《中央银行经营技术》，第303~332页。
② 见后文第3章第8节、第16节，及第2篇第11章。

第10节 结 语

霍特里先生关于经济周期的货币理论,其间格外有意味的一个特点是,对扩张过程与紧缩过程的累积性这一点的论证和分析。我们随后将看到,在这一点上,在各派理论家之间有着很大的一致性。霍特里先生的这一论点,大部分是从马歇尔和剑桥传统得来的,在许多研究者的理论中都占有地位。①

关于霍特里先生理论的另外一些特点,是比较有疑问的。他认为繁荣之所以趋于崩溃,其间的原因总是货币性的,认为货币供应额如果能取之不尽,繁荣时期就可以延长,萧条就可以永久防止。这个看法受到了多数经济学者的攻击。

以下谈到周期现象的非货币理论时,还要直接地或间接地提到关于纯货币解释的这些特征和其他一些特征。

---

① 这里并没有对学术流传分别先后次序的企图,也无意于追溯各派思想的历史根源。

第3章 投资过度论

第1节 一般特征

● 纵的失调与横的失调

在这一节里,我们打算分析许多研究者所提出的某些相互间有着密切关联的理论,这些理论可以概括地叫做"投资过度论"。

这些理论的中心论点是,生产资料或资本品的工业,相对生产消费品的工业,有了过度的发展。这些理论全都从普遍公认的一种事实出发,即资本品工业受到经济周期的影响,远比那些生产日常消费品的工业更为严重。当处于周期向上发展阶段时,生产品产量的增长,以及处于向下发展阶段时它的萎缩,在程度上远远超过了非耐用消费品产量在同期间的变动。至于耐用性消费品,如房屋和汽车,则处于特殊地位,与资本品的情况相近。

按照投资过度论的说法,这种现象是在高涨时期发展起来的一种严重失调的症状。据说是,资本品工业有了比较过度的发展,资本品生产与消费品生产相较,超过了实际局势所能长期忍受的程度。因此,促使繁荣趋于崩溃的原因,是生产结构实际上的失调,并非仅仅是由于银行准备不充分而形成的资金不足。由此可见,繁荣发展以后,逆势的到来,是不能凭货币措施来长期阻挡的。

根据投资过度论者的见解,可以把繁荣时期发展起来的这种情况叫做生产结构的"纵的不平衡或失调",与这一点相对的是生产结构的"横的不平衡或失调"。纵的失调与横的失调两者之间的区别,可以作如下的说明。

假定借助于某种手段,使总货币流量保持不变,这时如果用于各种用途的生产因素的分配与货币流量——也就是各个工业部门产品的货币需求——的分配相适应,那么生产结构的平衡就可以保持。概括地说,货币流量的分配取决于以下3点:①人们关于支出和储蓄的决定,②消费者关于各类消费品之间支出分配的决定,③生产者于每一阶段在投入量的不同形式之间分配成本支出的决定。如果生产结构与上述第1类决定不相适应,就发生了纵的失调。说它是纵的,是因为在不协调情况下发展起来的各种工业,是在成本和产品的"纵的"次第上相互关联的。也可以把生产说成是处于"较高"和"较低"或"较前"和"较后"的阶段。在这种情况下,"较低"和"较后"的意思就是说"比较接近消费"。如果生产结构与上述第2类或第3类决定不相适应,就发生了横的失调,也就是以对消费的距离来衡量时,属于同一"行列"的工业彼此之间的失调。

● 货币与生产结构

资本品工业的周期动态,表现得要猛烈得多。我们已经看到,霍特里先生对这一点也是不否认的。但在他看来,这只是货币流量(消费者收入与支出)波动的结果,它本身并不是一件坏事。按照投资过度论的看法,投资的波动是经济周期的原因,引起扩张的这种力量(在很大程度上是货币性的),对投资——(主要是)对固定资本的投资——有直接的影响。投资的波动引起了消费者收入的波动,而不是消费者收入的波动引起投资的波动。

因此,根据这些理论,经济周期并不是一个纯货币现象。但并不排除这种可能性,即货币在引起周期,在定期地促成真正的失调方面,仍起着决定性作用。投资过度论的某些成员认为货币力量是干扰平衡的推进因素。还有些成员则认为,某些货币措施是制约因素,这些因素并不主动地干扰平衡,却是一种手段,通过这种手段,非货币性的那些主动力量就会发生作用。

● 投资过度论的几个派别

我们可以把投资过度论这个学派的理论家们分成三派,但每派在细节上还有着更多的差别。①

(甲)这一派认为,生产之所以会发生在较低阶段与较高阶段之间的不平衡,是由于在某种信用机构(银行体系)形式下活动的货币力量。

提倡这一类理论的,通常被称为"新魏克赛尔派",由于这一派把干扰平衡的主动原因说成是货币,也许可以列入经济周期货币解释的范围。但对这派说来,经济周期还不只是一个纯货币现象。通过货币因素,造成了实际上的失调,结果使繁

---

① 当然,还可以有别的分类方法,但这里所采用的似乎是最自然、最适用的。

荣趋于崩溃,所以会发生危机和萧条。通货紧缩虽然可以成为一个从属的、演进的因素,但不能单单用这一现象来解释。属于这一派的代表人物是哈耶克、马克路普、密塞斯、罗宾斯、罗柏凯和斯特里尔。魏克赛尔为这一派提供了理论基础,但他本人更像是属于下一派(乙派)的,而罗伯逊则介于甲乙两派之间。

(乙)这一派的理论,并不以货币为依据。他们所着重的是属于生产范围内的那些因素,如新发明、新发现、新开辟的市场等等,也就是为新投资提供机会的那些环境。他们之中有些只是偶然提到货币因素,对这类因素存有轻视的意思。但有一点可以指出(实际上也往往为这一派所承认):对他们所强调的、产生预期效果的那些主动因素来说,某些货币力量仍然是不可缺少的。这一派的主要学家是卡斯耳、汉森、斯庇索夫和魏克赛尔。至于罗伯逊所处地位,上面已经提到。庇古和熊彼特的分析,则在很大程度上跟这一派理论相接近。

(丙)还有一类见解,为过度投资理论增加了许多力量。这类研究者认为,由于技术上的原因,消费品生产的变动,会引起一般生产品生产——尤其是固定资本设备的生产——发生更为猛烈的波动。这种所谓"派生需求加速与扩大"的原理,被阿夫坦利翁、比克达克、卡弗和庇古等人加以阐述。近年来 J. M. 克拉克和哈罗德解释经济周期时,也极其着重这一点。密契尔、罗伯逊和斯庇索夫则把这一点看成是加强周期动态的一个因素。以下我们还可以看到,对经济周期某一类型的消费不足理论,这一原理也有支持的作用。

甲:货币投资过度论

第 2 节　一般特征与理论基础

● 银行体系与货币供应

这里我们要研究的是以下几位学家的理论:哈耶克[①]、马克路普[②]、密塞斯[③]、

[①]《货币理论与经济周期》,伦敦 1933 年版(译自德文);《价格与生产》,伦敦 1931 年版,1934 年增订版。并可参阅他的作品《价格预测、货币紊乱与投资错误》,载《国民经济杂志》,1935 年(法文译本载《经济学评论》,1936 年)。

[②]《商业信用、工业信用与资本构成》,维也纳 1931 年版。

[③]《货币与信用理论》,伦敦 1934 年版(译自德文);《币值稳定与经济周期政策》,耶那 1928 年版。

罗宾斯①、罗柏凯②和斯特里尔③。这些学家对高涨和向下转折（危机）作出的解释基本上是一样的，主要是在他们后来的出版物中理论有了进一步扩大时，彼此的看法才存在着分歧。但是关于低落和向上转折（复苏）的解释，彼此所见却大不相同。特别是罗柏凯教授，对别的学家关于1929~1936年长期萧条后期现象作出的解释坚决反对。这派学家跟霍特里先生的纯货币理论有一点是一致的，即他们都假设了一种有弹性的货币供应。他们都认为，在现代情况下，流通的媒介主要是银行货币（存款），而银行是凭了变更贴现率与进行公开的市场活动来调节货币量的。人们早已承认，在利息率、货币量变动与价格水平之间存在着一种复杂的职能关系。魏克赛尔对这些关系作了系统的分析，他的理论就是我们以下即将谈到的解释经济周期的基础。④对于即将进行解释的应该再说明一下，关于国际的方面，在叙述中暂时不加以考虑；一个国家利息率有了变动，将影响到其他国家信用资金的流动，这一点也置之不论。因为对理论的阐述有了头绪以后，再顾到这些方面是很容易的。我们在开始时所假定的是一种与外界隔绝的经济体系。

● 自然利率与货币利率

魏克赛尔对利率作出了这样一种区别：一种是货币利率，也就是在银行政策（和其他货币因素）影响下的"市场利率"；还有一种是"自然利率"。他为后者作出的定义是："当贷放资本需求正好与储蓄供应相均等时的利率"。⑤如果银行降低市场利率，把它降低到自然利率（说得准确些，或者应当把它叫做平衡利率）以下，那么信用的需求就要增长，就要超过现有的储蓄额，其间不足之数，势必要靠为此增加的银行信用

---

① 《严重的萧条》，伦敦1934年版。
② 《危机与周期》，1936年版（译自德文）；《德国经济周期政策趋向》，载《经济季刊》，1933年9月号。
③ 《资本与生产力》，维也纳1934年版。
④ 《利息与价格》，伦敦1936年版，译自耶那1898年版德文本；《政治经济学演讲》，伦敦1934年版，第2集，译自瑞典文；《利息率对价格的影响》，载《经济季刊》，1907年6月号。关于魏克赛尔理论的演进经过，可参阅奥林教授为《利息与价格》所作的一篇极其出色的绪言。还有可以参证的是，密尔达尔教授的论文《作为货币理论分析工具的平衡概念》，载《货币理论文集》，哈耶克编，1933年版，这篇文章对近年瑞典学家关于魏克赛尔理论的研究意见作了概括分析；另外，伦德堡《经济扩张理论研究》，伦敦1937年版，也足资参考。马吉特在《价格论》第1卷第7~10章里，对魏克赛尔理论的某些方面及其发展过程，作了详细探讨，他对这一研究工作的其他研究结果发表在第2卷里。
⑤ 见《国民经济学演讲》第2卷，第220页。根据魏克赛尔的著作，也可以把自然利率的定义说成是，在物物交换经济下用实物进行借贷时的利息率。但这一概念会引起理论上很大的困难。因此，我们不予考虑。

来补充，也就是要靠通货膨胀。另一方面，如果市场利率超过了平衡水平，信用需求就要减退，储蓄总额势将有一部分不能获得出路，部分的信用将被清除，于是就形成了通货紧缩局面。①

魏克赛尔还由此证明，如果市场利率低于自然利率，价格将上涨，反之，价格将下跌。

● "自然利率"概念的两种意义

关于上述最后那个论点存在着一种错误。首先指出这种错误的是瑞典经济学家戴维逊。② 在发展着的经济体系中，生产量与交易量不断在增长，这个时候要使价格水平稳定，货币流量就必须随之增长。因此就必须使利息率保持着足够低的水平，从而促使投入流通的货币量可以获得增长。至于足以促使价格水平达到稳定的利息率则未免过低，是低于足以使"贷放资本需求正好与储蓄供应相均等"的那个利息率的。

注意到这样的差别以后，在原理上就可以作出如下的陈述。假定别的情况没有变化，银行降低了利息率，货币收入的流量将扩大，如果货币流量原来是在紧缩，这个紧缩过程由此将中止或趋于缓和；利息率降低以后，价格将上涨，如果价格原来是在下跌，这个下跌过程由此将中止或趋于缓和。假定别的情况不变，银行提高了利息率，货币收入的流量将紧缩，如果货币流量原来是在扩大，这个扩大过程由此将中止或趋于缓和；利息率提高以后，价格将下跌，如果价格原来是在上涨，这个上涨过程由此将中止或趋于缓和。在这种情况下，有一种利息率可以使价格水平保持不变，也有另一种利息率可以使货币收入的流量保持不变。这两种利息率只有在静止的经济体系中才

---

① 贷出的资金可以假定是用于生产（也就是用作投资）的。情形只要是这样，我们就可以说，所谓平衡利率，就是当储蓄——主动储蓄，与"强制储蓄"不同——与投资相均等时的利息率。假使市场利率低于平衡利率，投资将超过储蓄；反之，投资将低于储蓄。在这一点上，我们对储蓄的解释，与凯恩斯先生的说法稍有出入。凯恩斯先生在《货币论》里，为储蓄提出了一个不同寻常的定义，随后在《就业、利息和货币通论》里又把它放弃了。按照他所采用的定义，总储蓄只是总投资的另一面，把两者都说成是产量的货币价值与消费支出之间的差额。但这里所提到的一些学家，他们使用储蓄这个字眼时，所指的并不是这个意义。在他们看来，现时产量增出的部分，并不立即构成可用的收入，因此他们尽可以把储蓄看成与投资是有所不同的。当他们说投资超过了储蓄时，他们的意思是，在产量的币值方面有了膨胀性的增长，但并不是立即转化为收入的增长。当他们说投资低于储蓄时，他们的意思是说，发生了贮藏资金的倾向，产量的币值有了紧缩性的减退。两种术语的使用，究竟哪一种比较方便，如果把储蓄看成必然与投资相均等，这样的看法是否比较可取，目前还是个悬而未决的问题，关于这一点，在后文第8章将作详尽的讨论。

② 参阅布林利·托马斯：《戴维逊教授的货币学说》，载《经济季刊》第45卷，1935年，第36页起；哈耶克：《货币理论与经济周期》。

会是彼此一致的。在发展着的经济体系中,稳定价格水平的利息率,将低于保持货币收入流量不变的利息率。

这里存在着两种利息率,究竟把哪一种叫做"自然利率"或"平衡利率"呢?这一点取决于两者对保持经济体系平衡时所引起的作用,取决于人们对两者之中哪种能起较大作用这一点的看法。我们随后将看到,就这里所论及的一些学家来说,在他们的分析中谈到这一差别时,他们是把保持货币收入流量不变的那种利息率叫做"自然利率"的。但我们暂时将不计及这一差别,上述那些学家自己对这一点也并不是始终重视的。①

第3节 高 涨

● 利息率与价格

根据这里所讨论的理论,市场之所以会趋于繁荣,是由自然利率与货币利率两者之间的差异引起的。至于这种差异是怎样发生的,为什么会在多少带些规律的方式下反复发生,其间有没有什么理由,后文将加以讨论。

如果货币利率低于平衡利率,结果将发生信用扩张。一旦价格开始上涨,由于利息率与价格水平两者之间存在着双重因果关系,因此上涨过程就会变成了累积性的。低的利息水平足以提高价格,反之,高的利息水平足以压低价格;另一方面,在涨势中的价格又足以提高利息率,而在跌势中的价格则足以降低利息率。如果价格上涨,并且预料将继续上涨,人们将更热切地去借款,对信用的需求将更为强烈。还有,在下跌中的价格具有相反的作用。对借入资金者说来,趋涨的价格在意义上无异于一种奖金,而趋跌的价格则无异于一种捐税。因此,欧文·费希尔教授关于利息率作出了这样一种区别,叫做"名义或货币利率"与"实际利率"。② 前者是我们在市场上见到的利息

---

① 霍特里先生在跟魏克赛尔丝毫无关的情况下,在他的最初作品《好贸易与坏贸易》(伦敦1913年版)里,也曾提到关于"自然利率"这一概念。但在他以后的写作中,对这一概念始终没有再提,因此我们总结他的理论时没有谈到这一点。实际上,关于"自然利率"概念(甚至这个字眼),在英国早期的经济著作中也可以找到。

② 参阅欧文·费希尔提出的见解,载《利息理论》,纽约1930年版,第2章;至于他的最初见解,见《价格上涨与利息》,1936年版。并可参阅阿达卡:《费希尔所谈的实质利率》,载《经济季刊》第44卷,1934年,第337页;罗伯逊教授:《工业波动与自然利率》,载上述期刊,第650页起。

率,后者是根据以商品与劳务来衡量的币值变化作了修正以后的货币利率。

据此,如果价格于一年间提高了3%,那么名义利率5%就大致相等于实际利率2%,因为资本总计的购买力已经降低了3%。如果价格于一年间提高了(比方说)10%,那么低于10%的名义利率就等于是负的实际利率。因为以实际购买力来衡量时,借出者在资本方面的所失,超过了在利息方面的收入。否则,如果价格一年下跌10%,则5%的名义利率就大致相等于15%的实际利率。

霍特里先生主张用"利润率"这个词来表达企业的真正利润。所谓企业的真正利润,按照他的说法,是一年间实际使用资本所节约的劳力和消耗于生产成本的劳力(依照价格变动作了修正以后)两者之间的比率。[1]

● 贷放资金的供求

要了解上述这一相当复杂的相互关系,最方便的入手方法是根据信用供求的情况来考虑。信用的来源主要是个人和公司的储蓄,而以扩张的信用为补充。由于银行能够创造信用,使信用的总供量比不存在这一因素时有了较大的弹性。当信用需求有了显著增长时,即使主动储蓄所增不多,或者甚至没有增长,这时利息率不必有很大的提高,也足以应付。信用需求是一个非常复杂、变化多端的现象。以下从事于别的理论的分析时,我们会看到,信用的需求极易遭受来自各个方面突然产生的影响而起迅速的变化。但是为了阐明这里所研究的一套理论,只需假定一点就够了,即:在任何一定的时刻,信用需求对各种因素的反应总是非常敏感的。信用的成本——即利息率——越低,所需的信用量就越大。

我们在开始时假定所处的情况是这样,银行保持着某种利息率的水平,在这种水平的情况下,信用的供应和需求超过了储蓄供量。于是发生了信用扩张,价格随之上涨,价格上涨以后,利润也有了增长。这时对信用的需求提高了。在各种利息率的条件下,现在所需的信用量比以前总是有增无减。但信用扩张并不能使储蓄作同样程度的增进,于是平衡利率有了提高。结果是,银行对利息率如果保持不变,平衡利率与市场利率之间的差距将越来越大,对信用所需的量也将越来越大。随之价格将进一步上涨,利润将进一步提高,恶性的螺旋式的通货膨胀也就由此继续下去。当这种趋向一旦获得了动力,只有凭借银行将利息率大大地提高,才能阻止这种趋向继续演进。

---

[1] 汉森教授曾指出,有很多这类概念,其间所提到的量值,指的实在是"预期的"而不是"现时的"。与货币利息相对照,实在是资本投资项下"预期的"利润或收益。为了公平对待前辈学家,确有必要作出这样的解释;但现代学家叙述到这类问题时,往往着重使用"预期"等字样,一时成了风气。而一些前辈学家,虽然没有使用这类字眼,这样的含义却是隐然存在的。

关于这方面的进程,这里无须详细讨论,因为在这一点上,货币投资过度理论与纯货币理论是一致的。① 其间的唯一区别只是在术语使用的方面。这里使用了"自然利率"或"平衡利率"等名词来表达一种概念,而在霍特里先生的分析中,也同样含有这种概念。

● 资本主义的生产结构

关于高涨的货币方面的情况,要说的只是上面这一些。但就这里所谈的理论来说,所注意的并不只是货币的一面,还有生产的一面,也就是牵涉到生产结构失常和经济资源分配失当的问题,这是和"实质"有关的。

利息率的职能,不只是限于调节货币量。在个人主义经济体系下,它跟任何其他类型的价格一样,还具有进一步基本性的职能,可以作为不同生产部门中生产因素分配的指针。尤其是生产程序纵的结构,更要受利息率的支配。为了说明价格结构的这一组成部分,就必须对资本主义的生产理论作比较深入的观察。

不论在某时某刻,现有的生产资料总是在生产的不同阶段之间,按照某种方式被分配着的。这些生产资料,有的用于制造消费品的工业,有的用在正处于最后阶段之前的工业,有的则用来生产半成品、原料、工具和机器。

分别用于消费品生产与比较早期阶段生产的种种生产因素,其间的分配当然可以变更,而且是在不断变更之中的。现有的生产资源用于早期生产阶段的部分,在比率上应当不断增长,经济进步,大部分就取决于这一点上。在生产过程中,会增加出新的生产阶段,使生产中纵的结构不断扩展。换句话说,生产方式越来越间接,越来越"迂回",越来越"资本化";也就是说,在每一单位的消费品生产中所使用的资本以及如机器、原料、半成品等中间商品,在量上越来越大②。资本累积的最终目的,当然是在于消费品产量的增长。但以增长的比率来说,在消费品工业以外积蓄起来的固定资

---

① 应当注意,这里所讨论的理论,它的发展经过是与霍特里先生的理论无关的。至于这两种理论,跟马歇尔传统以及跟英国与欧洲大陆学家的关系如何,其间是否在历史上有着共同根源,或者同出一源到什么样程度,这里都不打算深入研究。

② 中介品和消费品是用价值单位来计量的。有人认为,关于这些方面,在不同时间下并没有计量价值的共同尺度。但这里所涉及的只是价值此例,因此对这类反对意见可以不必介意。特别是在近几年来,关于资本的"时间度量"问题,曾引起无止境的争论。我们对这一问题不打算深入研究,因为就目前所讨论的这些理论来说,对这一点不必有最后定论。参阅尼古拉斯·卡耳多:《经济理论年度观察——近年关于资本理论的论争》,载《计量经济学》第5卷,1937年,第201页起;奈特的答复和卡耳多的反驳,载同上刊物,第6卷,1938年。并可参阅休·盖茨克尔:《关于生产时期述略》,载《国民经济杂志》第7卷,1936年,又第9卷,1938年。

本,却超过了消费品流量。

概括地说,决定生产过程长短的是储蓄进度;足以体现企业家延长生产过程的信号,是新资本的充裕和利息率的低平。

● 储蓄与利息

如果人们并不把收入的全部用来购买消费品,如果现时收入有一部分是被储蓄起来的,那么对消费品的需求就要减退,生产因素就有了效用。[①] 如果所储蓄的资金并不退出流通,而是在某种方式下投入资本市场,则利息率将降低,由此将诱使企业家从事新投资。因为投资机会总是存在,只是由于缺乏资本而没能充分利用。节约劳力的机器可以设置起来(由此将牵涉到生产过程中新阶段的创立),铁路可以使之电气化,此外还可以用种种方法使生产程序作有利的延长——必要的条件只是充分低的利息率和有求必应的资本。利息率的作用就在于:促使人们在当前无数的投资机会中进行选择,选出那些凭借现有资本(储蓄)的供应就可以使生产过程延长的事业。至于新的迂回生产方法,有些是事实上所许可的,有些是难以进行的,利息率的作用也就是在于促使人们在这两者之间加以判别。

假使有某一投资计划,从技术观点看来似乎颇有生产意义,用处很大,然而只是由于一个原因,使计划无法实现,预期收益与当前利息率对照,使投资不值得进行——因为在这一计划下的利润率低于当前的利息率。但这并不是说我们现在的价格体系存在着缺点,只是说明,为了改进生产程序,其间还有别的投资机会,那些投资的收益率较高,因此衡情度理,应当优先进行。

假使由于储蓄增长而利息率低落,资本需求就可以在较大的程度上获得满足,平衡点将沿着资本需求曲线向下移动。原来在高利率下处于边际以外的那些投资计划,现在就有了实行的可能。生产因素将由生产的较低阶段移向生产的较高阶段。生产程序拉长了,按每一单位的吸入量核计(依据生产的"原始因素"核计)的消费品产量将提高。[②]

[①] 参阅布里西尼·图罗尼:《储蓄论》,载《经济学》第3卷,1936年。

[②] 有人怀疑,像这样的储蓄和投资方式,进行时是否能顺利无阻。有许多研究者认为,这样的储蓄方式势必造成严重干扰。其理由:(1)储蓄会在消费品工业中引起萧条,从而蔓延到处于较高阶段的生产事业;(2)储蓄资金往往会中途消散,而不用于投资(通货紧缩);(3)投资增长以后,最后将促使消费品生产提高,这时除非货币流量增加,否则消费品将无法按照当前价格出售。但我们目前所注意的,并不是这类推断下的摩擦和干扰现象。这些将在后一阶段中讨论。就我们目前所研究的理论来说,储蓄和投资的进行一般是顺利无阻的。根据这些理论家的意见,只有当主动储蓄以外,还另有"膨胀性来源",即增出的银行信用,或来自资金贮藏方面的支出(这就相等于货币流通速度提高),只有在这种情况下,才会引起困难。

● 利息率"人为的"降低

利息率降低如果是由于资本比较充裕，而资本所以充裕并不是由于主动储蓄的增加而是由于银行信用的扩张的话，这在那些想从事新投资计划的企业家看来，情况并没有什么不同。这样用人为的方法来降低资本成本，也可以导致生产程序延长。假定我们在开始时所处的是充分就业情况下的平衡状态，并不存在过剩能量，这时将发生生产资料脱离消费品工业的倾向（我们随后会看到，处于就业不足、生产过剩的情况时，这一论点也同样可以适用）。结果消费品工业将趋于萎缩，而处于较高阶段的生产事业将获得扩充。

这种情况是按照下述方式发生的。想要投资的企业家，由银行方面获得购买力的供应以后，将会互相争夺资本和劳力。于是价格将上涨，或中止低落（关于后一情况，随后将详细讨论）。这时资本品需求已经被新创的购买力所提高，而消费品需求却没有提高，或者即使提高也是很有限的。结果消费品工业，对于它们所惯于使用的那些生产因素，在价格提高后，将无力全部保留，继续使用。它们将不得不放弃一部分生产资料，供作处于较高阶段的生产事业使用，即用来增加资本品产量。①

● 信用扩张与"强制储蓄"

显然，这时难以避免的情况是，消费品需求的增长，并不能跟信用创造与资本品需求的提高保持同样的速度。这时总收入增长的进度将比较迟缓，否则就是——从另一个角度看来也许是同一件事情——收入的增加部分不能立即适应支出的需要（因为收入的取得是断断续续的）。于是价格的涨势，将比可供自由处理的收入的增势更为迅速，因此消费将萎缩。还有一层，某些约定收入，如租金、年金、薪俸等是富有刚性的，由此会影响到收入分配的变动，变动的结果也许会有利于某些阶级，而这些阶级

---

① "强制储蓄"这一概念具有很悠久的历史（参阅哈耶克：《略论强制储蓄说的发展》，载《经济学季刊》，第47卷，第123页）。除属于这里研究范围的一类学家外，熊彼特教授讨论周期中向上发展的阶段时，也把强制储蓄这一问题提到了重要地位。（参阅他的《经济发展理论》，根据德文本译出的英译本，1934年版。德文本初版发行于1911年。）但是他的说法，与主张货币投资过度论的理论家不同，他并不用强制储蓄下那些出于推断的特征来解释危机。这一点以后将谈到。关于强制储蓄学理，近年来受到了凯恩斯先生的攻击（见《通论》，第79~81、第183页）。不过，诚如罗伯逊教授所指出的那样（见《略论凯恩斯先生的就业通论》，载《经济学季刊》，第51卷，1936年，第178页），凯恩斯先生所反对的，只是完全属于字面上的。他摒弃了这个字眼所蕴含的内容，然而在改头换面之下，却也不得不承认。他说，在不能完全预见的那种投资的压力下，也许会发生"边际消费倾向暂时减退"的现象（同上书，第123~124页）。

是有着比较显著的储蓄倾向和动机的,于是消费将进一步萎缩。人们所以会多多储蓄,有时多少是出于强制,有时是出于诱发。这种"强制储蓄"所产生的后果,与主动储蓄所产生的一般后果相同,即消费受到限制,将一部分生产资源解脱出来,从事于生产更多的资本品。换句话说,关于投资方面所需的实际资本,是借助于价格上涨,从消费群众那里强夺得来的。

所谓"强制储蓄"这个词,指的究竟是什么,意见还不尽一致,因此增加了关于这方面理论探讨的复杂性。通常认为"强制储蓄"所体现的是出于通货膨胀的结果,是当资源与收入从债权人转移到债务人、从利息生活者转移到政府、从工资劳动者(至少是暂时地)转移到雇主时所产生的超额储蓄。斯特里尔教授反对这种强制储蓄论点,[①]认为假如那些收入相对固定的人们收入减少了,不得不限制消费,那么其他阶层的人们就会相应的扩大他们收入的数额,除非后者自愿地把消费抑制到必要的程度,就不会发生资本构成净增长的现象。这就是说,世间并没有强制储蓄,只有通常的自愿的储蓄。

但是,足以促进投资的,除了像庇古教授所说的由"过去契约的修正"而形成的那种储蓄的增长之外,还有一个更加直接的途径,这就是增加出来的银行信用。罗伯逊教授在《银行政策与价格水平》的"自动限制"的标题下,对这一点曾着重地讨论过。他说,不论是原有贮存或新创的货币项下的支出,"都足以使日常的流动资金在市场上增加一份,这一份资金,为争取日常流转中的市场商品将与日常流转资金的主流相竞争,结果为提供这项增加出来的日常流转资金的那些人取得了市场商品的一部分,于是消费大众中其余的人们,原来可以享受这部分商品,现在却被剥夺了。"[②]庇古教授谈到银行信用扩张时曾这样说:"实际发生的情况是这样,银行把购买力转给了企业家,通过购买力的移转,就把原来属于别人所有的、以工资品等形式体现的那部分实物也转给了企业家。银行是怎样做到这一点的呢?它们给予企业家以新的货币使用权,同时使别人的货币使用权保留不变,而事实上这就等于银行从别人手里取得了货币使用权转让给企业家一样。"[③]

不论是庇古教授或罗伯逊教授,在他们心目中似乎都不存在总消费减少的观念,他们所想到的只是有利于工资劳动者的消费再分配,使实际工资有所增长,从而促进资本增长。但这里所提到的,跟哈耶克教授与密塞斯教授所观察的实在是出于

---

① 参阅:《资本与生产》,维也纳1934年版,第195页;又是:《信用扩张影响下的生产》,载《社会政策研究会论文汇刊》第173卷,1928年。
② 《银行政策与价格水准》,1932年版,第48页。
③ 《工业波动》,1929年版,第141页。

同一类型的结构,可以以此作为一种手段,使投资方面所吸取的资金超过主动储蓄供额,结果资本的增长却牵涉到了消费品流量的减退。但就后一情况来说,它所暗示的是这一点:由投资增量所产生的收入,并不是立即可以供作支出或储蓄的。

弗朗西斯科·维托教授用"强制储蓄"这个词来表达通常所说的"公司储蓄"。假使一家商号或公司没有能把它的全部利润分给股东,这样也许就可以说,后者是被公司董事"强制"进行储蓄的,这样的储蓄并不是出于他们自愿的。维托教授认为,这种储蓄与哈耶克教授所讨论的相类似,会引起同样的纷扰。[1]

第四节 向下转折(危机)

货币扩张与大量投资演进的结果,为什么必然要趋于崩溃?为什么不能无限期地继续下去,或者逐渐减退,转变为一个比较稳定的局势?

● 过分资本主义化生产过程的中断

按照投资过度理论,要使货币扩张与大量投资无限期继续下去是不可能的。因为通过人为地降低利息率,经济体系势必被导向拉长了的迂回生产方法中去,而这一点是不能长久维持下去的。这就使生产结构处于头重脚轻的状态。于是引起了种种力量,要使事态恢复到原来的安排。银行方面有增无减地贷出资金,使企业家一时得以推进新的迂回生产方法。但是迟早会发现(不过发现得越迟,结果将越糟):新创的生产结构扩张计划是无法完成的,对于新近着手而尚未完成的有关迂回生产的那些工作,不得不半途而废。于是,投资的盛况急转直下,已经投入的资本,有一大部分将丧失。

在详细讨论这种情况怎样发生,它的外表征象如何之前,可以把我们的经济跟中央集权的经济作一对照,这对主要论点的进一步澄清是有帮助的。

苏联的五年计划是一次极大的努力,是要增进生产中的"迂回程度",从而促进消费品在将来的生产。他们不愿意用现有的、带些原始式的方法来生产消费品,他们宁可把供作目前消费的生产减到无可再减的最低度。他们在生产中所着重的不是食品、房屋、衣、鞋等,而是发电厂和钢铁厂,他们所要努力改进的是交通运输系统。总之,他

---

[1] 参阅维托:《强制储蓄与经济周期理论》,载《社会科学国际评论》,1934年;《强制储蓄在周期理论中的意义》,载《周期理论文集》,1936年。

们所要建设的是一套生产设备,这套设备只是在相当长时期以后,才能从事于生产消费品。

但是,我们假定这一远大计划无法贯彻执行。假定在执行中途,政府认为人民已无法忍受,因此决定改变政策。在这种情况下,他们对于实行不久的迂回生产方法将不得不放弃,然后尽可能迅速地从事于生产消费品。这时关于发电厂、钢铁厂、拖拉机等建设工程将不得不中途停顿,而尽量加速从事于制造简单工具,来增加食品、房屋、鞋子等产量。这样就会有大量资本被陷入半途而废的建设工程中,在资本方面将受到巨大损失。①

按照货币投资过度论者的看法,在西方市场经济中,当处于通常的经济周期由繁荣到萧条的转折点时,也同样会发生上述情况。所不同的只是一点:在计划经济为主的国家中,这方面的大政方针是由最高经济会议决定的;而在西方市场经济中,造成这种局势的,只是出于个人单独行动的纯效果,并且是通过价格机构和利息机构来贯彻的。

要说明大意是比较容易的,要将事态的具体演变过程逐步加以探索,却不那么容易;况且当我们分析到这一关键性的阶段时,有关学家的推论也并不是完全清楚、完全一致的。这里要记住的是,我们现在所关怀的,只是当繁荣已经到了尽头时所发生的情况,以及这时必然会出现、从而导向崩溃局面的那些失调现象的性质。至于繁荣转向萧条以后发生的情况怎样,本书将在后面讨论。那时我们会看到,萧条一旦开始,整个经济外貌将完全改变,与之相适应的,将完全是另一套论证。

● 投资资金的不足

繁荣崩溃的近因,几乎没有例外,必然是由于银行方面无力或不愿意继续扩张信用。我们还可以看到,即使仅仅停止扩张,而没有实行紧缩,就很可能会引起严重的纷扰。扩张与投资过程会使银行受到牵制,为将来承受重大的负担——这里的负担是指经济意义上的,不是法律意义上的。那些新近开始的迂回生产方法,只有长期不断获得资本供应才能完成。如果在这方面资本的供应不能源源不绝,新计划即无法实现。这里所谈的迂回生产方法或计划,不应当从过于狭窄的意义上来了解,指的不仅仅是某一项不可分割的投资、某一铁路线、航运线或发电厂的建设工程,由于资本供源不

---

① 本书第1版发行以后,作者偶然发现一本刊物,内容说理十分透彻,也是以"实质"为依据的,但比上面的分析要精当。这部书的作者是马赛耳·拉波德,书名《关于1907年美国的危机,兼论实际资本与名义资本》(根据1908年2月1日《巴黎评论》所载,增修重印),巴黎1908年版。讨论这类问题的整个学术界,完全没有注意到这一重要著作。

继会中途陷于停顿。① 相反,情况要比这个重要得多。假使处于生产结构的较高阶段已经有了很大的发展,那么较低阶段也必须从事于增添设备、扩大规模,才能使较高阶段充分发挥力量,从而全力工作。

举例来说,假使钢铁业已经有了很大的发展,足以适应建筑业或汽车制造业在迅速扩张中的需要;一旦后者即使没有实行紧缩,而只是停止扩张,不再增添设备时,钢铁业就会受到影响,不得不进行紧缩。关于这一论点,在以下谈到所谓"加速原理"时,将作进一步详细的讨论。由扩张状态过渡到稳定状态时,为什么会感到那样困难,可以用这一论点来说明或帮助说明。

上面已经提到,由于货币方面的理由,银行不得不停止扩张信用,而这一点却是使繁荣趋于结束的近因。由于"资本不足"而造成了崩溃,但"资本不足"这个词的使用是有条件的,而且使用时要极其小心。首先,从货币意义上来说,可以把它解释为相等于可投资的资金的不足。

然而整个投资过度学派都否认困难是属纯货币性质的。他们认为,单凭货币上的措施,绝不能避免危机,只能使它延长下去。如果把一切法律上和习惯上的限制完全解除,必要的资金就可以获得供源,货币扩张就可以继续,但价格必然上涨。这个时候,价格的涨势将无止境,它的进展速度将越来越高,跟1921~1923年间德国的通货膨胀情况一样;如果信用扩张不及时制止,货币制度将完全崩溃,这种迅速贬值中的通货,最后将为民众所唾弃,就像德国人民于1923年对待德国马克那样。

● 哈耶克的资本不足理论

有些人曾费了很大气力,用相对价格与不同类型商品供求的变动来解释上述过程。在这方面作出了最精密分析的是哈耶克教授。他的说法大致如下:

在任何时刻,就整个货币流量或购买力流量——也就是每一时间单位以货币计的商品需求——来说,总可以把它从中划分为生产品与消费品两种。由于生产过程是被分裂成无数的相继阶段的,就是说,那些原始因素(不管它们是什么)在准备就绪,供作最后消费以前,必须经过无数次相继的变化。因此,就以时间单位计的生产品交易的货币量来说,是消费品交易的倍数。就每一时间单位来说,花费于一切阶段的生产品的资金,比花费于消费品的资金要多得多。如果收入内的一部分被储蓄起来,并

---

① 罗伯逊教授在《工业波动与自然利率》一文(载《经济季刊》第44卷,1934年,第653页)里所谈的,似乎就是属于"奥地利学派"理论的这种偏于狭义的解释。

且用来作为投资,而其他情形不变,① 这时消费品需求与生产品需求两者之间的比率将有变化,而居于有利地位的是后者;并且这种对后者有利的变动,在性质上必然是恒久的,因为资本存量以及资本品交易量,由于储蓄行为而获得了恒久的增长。

银行信用渗入生产用途以后,用于消费品和用于生产品资金的比率,也可以使之发生相似的变化。但是在这样的情况下,和出于主动储蓄而促成的情况有所不同,这时极有可能的是,个人将倾向于努力恢复原有的比率。"这时的牺牲并非是出于自愿的,作出牺牲的,并不是要想从新投资中获取利益的那些人,而是一般的消费者;由于企业家获得了这项增量,由于来自这方面变本加厉的竞争,一般消费者对于原来所惯于消费的事物,这时就不得不放弃一部分……毫无疑问的是,假使消费者的货币收入重新有了提高,他们将立即努力于扩大消费,扩大到通常的比率。"② 他们的收入迟早是要提高的,因为新增的货币,部分用来雇用工人,部分用来购取各种各样的资本品。不论处于哪一种情况,这项货币——部分是立刻的,部分则经过一个短期以后——将流到生产因素所有者的手里,成为他们收入的增额。

- **会计实务处理上的缺点**

还有一个因素,足以扩大消费品需求。会计处理上有一种成见,对于货币价值,多少总是以固定不变这一假设为依据的。经过了屡次显著的通货膨胀时期,说明这一传统是根深蒂固的,只有经过那些漫长的、痛苦的经验,人们才能感到有必要去改变这种习惯。这种习惯的后果之一是,耐用性生产资料,如机器、厂房等,在会计处理上是按取得时的实际成本记录的,然后在这个依据上进行折旧。如果价格上涨,这个办法就不合理。这时应当用提高了的重置成本来代替当初的取得成本。然而一般都没有这样做,或者也只是在价格高度上涨以后做到了一部分。结果是存品价值折旧削去的部分太少,出现了纸上利润。③ 其影响,足以使企业家增加他的消费。在这种情况下,会

---

① 这句补充的话是必要的,因为还有别的情况会影响到这里所谈的比率。例如,假使有两个或两个以上相继的生产阶段被合并了起来,原来是由两个独立的商号分别经营的,现在却由一个商号来经营,这时中介商品由前一生产阶段转移到后一生产阶段时,就无须再依靠货币来完成。通过这样的合并举动,企业界所需要的货币量将减少。

② 哈耶克:《价格与生产》,伦敦1934年第2版,第57页。

③ 这种纸上利润,很有可能会助长高涨的累积力量,因为它会起一种作用,促使借入者和借出者双方增进借贷数额。因此会使高涨时普遍存在的乐观心理格外受到鼓励,信用扩张的进度格外加速。这种现象,与周期处于低落时的表现遥遥相对。参阅希夫:《周期过程中资本的形成与消耗》,1933年版。又见施密特:《工业周期——一种计算上的错误》,1927年版,他企图凭上述这一因素,构成一个经济周期的完整理论。

把资本当成收入来看待。① 换句话说，消费将超过当前的生产。

● 萧条开始

假使消费品需求与生产品需求在对照下有所提高，那么消费品工业比较有利可图，则将发生一种诱力，使生产因素从生产的较高阶段转向生产的较低阶段。这时劳动价格（工资）以及其他可移动的生产资料价格将上涨，这类资料可用于生产的不同阶段，这时将由生产的较高阶段移向较低阶段。这样就会使货币成本提高，生产中的较高阶段与较低阶段都将受到影响。但是，当较低阶段中的需求增长时，较高阶段中的需求并不增长。因此就发生了亏损，使较高阶段的生产趋于萎缩。繁荣的崩溃，就从此开始。

按说资本品的作用是在于促进消费品生产，它的经济价值是由后者而来的，而消费品需求普遍增长时，对一般资本品生产却会产生不利的影响。这个说法听起来似乎有些不合情理，也使许多学家发生疑惑，但并不难解释。② 第一，只有当一切生产因素都能够获得合理的使用时，或者至少是其中被吸引到消费品工业中的某些生产因素不能在这里获得使用，也未尝不可在别处使用时，这个论点才能站得住脚。换句话说，在充分就业的状态下，消费品生产与生产品生产两者是可以交相替代的。③④ 一般说来，当繁荣趋于终结时，所处的总是相当的充分就业的情况。第二，假定消费品的需求总是随着生产品的需求作相对的增长。这第二个假设使信用不能发生补充性的扩张，因为，如果目的在于取得生产品的信用，可以随着消费品已增长的需求以同样的速度扩张，那么，消费品需求与生产品需求之间的比率会有变

---

① 当企业家向银行偿还欠款时，单就这一点而言，他们看到自己是拥有实际剩额的。因为他们的债务情况不变，而收益等，却由于价格上涨而有了提高。这项剩额，也许且在事实上将在某种程度上被利用来增加消费。罗伯逊教授就曾注意到这个问题。（参阅他的《银行政策与价格水平》，伦敦1932年第2版，第73页。）还有一点，也足以促进消费品的需求，当价格处于上涨趋势时，消费者大都会动用贮藏资金，"赶紧去购买种种商品（如衣服、汽车等），至于实行购入的确切时间，可以在广泛限度内参差不一"。（罗伯逊，同上书，第75页。）

② 参阅汉森与陶特：《经济周期理论下的投资与储蓄》，载《计量经济学》，1933年4月号。

③ 如果劳动市场的竞争与劳动的可动性，两者都是不完全的，充分就业状态将由此趋于松懈。

④ 要扩大消费品生产，只能在减低生产品生产的代价下才能实现，反过来说也是这样——当然，当存在着闲置生产因素时，这个说法就不能成立。还有，这个说法并不排斥这样一个可能情况，在生产品与消费品两类商品之间，除存在着这种物质上的关系以外，还可以有另一性质的关系。例如，当消费品生产有了增长时，也会促进生产品生产，这就是"加速原理"所主张的（参阅本章第17节及以下数节）。否则，两种商品之间，也许会存在着方向相反的因果关系，这就是所谓"乘数"理论所主张的（参阅以下各节）。

动的说法就不能成立。[①] 比率的变动足以使利息率上升，因为消费品工业趋向繁荣以后，使处于较高阶段的生产也有了大好前景。这时处于较高生产阶段的生产者所殷切盼望的是继续延长生产结构，并为实现这一计划而向银行借款，取得必要的资金。于是信用需求有了增长，但信用供应并没有变动，至少没有充分变动——因为假定的是信用停止扩张或不作充分扩张。这就需要提高利息率。根据哈耶克教授的说法，在生产成本方面，较高生产阶段所受到的影响，将比那些较低生产阶段所受到的更为严重。这时所处的情况是，货币成本已经有所提高，而需求则没有提高（或者没有充分提高），因为并没有获得必要的资金。

这就是一般所称的"资本不足"的确切、全面的解释。正是在这样明确的解释下，资本不足才被认为是经济崩溃的真正原因。在这一意义下，"资本不足"实际上就相等于储蓄不足或消费过度。如果人们能多储蓄些，就是说，如果能从自己的收入中对消费品少支出些，对资本品多支出些（通过资本市场的居间），那么，货币流动和生产结构就可以获得协调，崩溃局面就可以避免。

● 繁荣时期的果实会在危机中丧失

如果上述的情况不能达到——实际上是不可能达到的——那么扩张生产结构的新措施就注定要失败。货币投资过度论者得出结论说，每一次扩张信用，都必定引起过度投资，从而也就必定陷于崩溃的局势。虽然他们也承认有少数例外，但他们是把这些例外作为事后的一种谈资，作为理论上一种罕见的例子罢了。他们一再着重说明的是，要借助于强制储蓄使整个社会的资本存量获得持久的增长是不可能的，要借助于膨胀性的信用扩张来实现生产结构的持久扩展，也是办不到的。因此，在上旋倾向时期凭借这种方式建设起来的东西，在崩溃局势下将不可避免地趋于毁灭。[②]

美国1925~1929年间的繁荣是一个特殊的例子，这些学家谈到这一事例时强调说：信用扩张有时不一定会引起价格上涨，但通过信用扩张却足以防止价格下跌，由于产量不断增加，如果没有信用扩张的力量，价格是要下跌的。所以他们认为，他们上

[①] 因此这个论点是不能适用于萧条时期的——萧条时期的情况是，失业蔓延，一切工业部门几乎都有停闭着的工厂，信用供应则非常充沛。

[②] 在高涨时建设起来的耐用生产资料，在繁荣过去以后还依然存在。但问题是，从经济方面来说，这些资料是损失了——在建成以后完全没有使用，或者在它们的边际产物不足与再生产成本相抵的情况下使用的。但是也应当注意到另一种情况，有些持久性商品或工具，它们的维持费用与生产成本相形之下极其微细，关于这些方面应当另作考虑。关于银行信用的"生产力"这一问题的其他见解，可参阅艾利斯：《1905~1933年间德国的货币理论》，1934年版，第425~431页。

述的论点也是同样适用的。但是,关于证明这一论点的企图,似乎没有能够获得多大成功,其理由我们在下面将仔细剖析。

● 奈舍教授的批评

哈耶克教授在他的《价格与生产》里这样说,即使企业家受到了人为的降低信用价格的鼓励而从事于扩大生产结构,即使这项工作当真能够完成,以后也仍然是要回到原来状态的。① 理由是。消费者会"努力把消费扩大到通常的比率",② 而"货币流量将在消费用途与生产用途两者之间进行再分配",③ 并且将按照与货币没有渗入及情况没有失常以前的分配比率相同或大致相同的比率进行再分配。

但是奈舍教授指出,如果新的迂回生产方法已经完成,那就没有理由可以指望它会再度回到原有的状态。④ 新生产方法完成以后,一度暂时降低的消费品流量将重新上升,上升到甚至比扩张开始以前还要高的水平,因此消费者尽可以安然地扩大他们的消费规模。这时就不再需要强制储蓄。为了保持现状,所需要的只是一点,企业家——不是消费者——应避免发生"反投资"行为,不可消耗资本,不可把摊提的部分用于消费。这时并没有理由足以说明,为什么应该把用于消费品支出金额与生产品支出金额两者之间的分配比例恢复到原有的水平。而新投入的货币一下子或过了一会儿就会转变为收入的说法并不正确。货币的一部分必然为企业家所保留,用来偿付中介商品(和原始生产因素的偿付形成对照)。这就是说,新投入的资金只有一部分会转变为收入,其余部分将一直停留在企业范围以内。只有由企业家实行"反储蓄",把一部分资本花光,不把实际上不是净收益的那部分总收入(流动资本和摊提金额)用于投资——只有在这样一个情况下,膨胀前的状态才会获得恢复。

由此可以断言,就我们目前研究的理论来说,它所假定的不外乎两种:一是资本与收入之间的原有比率,将通过实在的资本消耗而获得恢复;二是在新程序没有完成以前扩张必然要中断。这一点补充似乎很重要,因为它对于任何信用扩张不能使生产程序获得持久扩展这一论点引起了探讨的兴趣。我们可以作出一个很合理的假定,当扩张终止时,总会有某些新的程序处于未完成的状态。已完成的可以保留,未完成的只好丢弃。工作上的这种停顿,就是构成危机的主要原因。

---

① 《价格与生产》,第 2 版,第 55 页起。
② 同上书,第 57 页。
③ 同上书,第 58 页。
④ 见《货币扩张与生产结构》,载《社会研究》第 1 卷,纽约,1934 年 11 月号,第 434 页起。皮厄罗·斯拉伐也有相似反驳,见《经济季刊》1932 年 3 月号。

但是，当扩张终止时，为什么就一定会存在着一些未完成的程序呢？哈耶克教授承认有这样一种可能，扩张现象会逐渐消失，使已经开始的程序得以完成，而新程序则一概没有着手（除非还存在着主动储蓄）。但显然，他并不认为这种可能情况具有任何实际的重要意义。主要的一点似乎是决定于扩张的强度，以及某些"不可分性"，这是罗伯逊教授所十分着重的。但是这里所研究的一派学家，对这一点都没有详细讨论，以后在别的场合，我们还有机会提到它。

● 为什么信用扩张必然要终结？

情形很明显，假使信用扩张能够无止境地发展下去，就不会发生崩溃局面。由此推之，假使储蓄额突然减少，在主动储蓄的情况下，危机也同样是不可避免的——这一点是哈耶克教授自己提出来的。但是在这里他坚持说（虽然他的理由不一定令人信服），主动储蓄的突然变动是不大会发生的，而强制储蓄结束时，则必然是猝不及防的。因此就必须追问，信用扩张为什么必然要终结。

哈耶克对这一点作出如下的回答。在关闭的经济体系中，不断地扩张信用将引起累进的价格上涨——至于纯货币方面和纯制度方面的因素（在金本位制或其他法律上、习惯上的限制范围内，银行体系无法不断地扩张信用），那是另一问题，这里且不计及。而累进的价格上涨，以及由此引起货币制度完全崩溃的危险，乃是唯一难以克服的障碍，使信用扩张不能无限期地继续下去。①

信用扩张有种种不同类型，其中比较猛烈的，可以使绝对的价格水平提高，比较缓和的，则作用不过是在于阻止价格下跌；在我们目前所讨论的理论，认为它已经证明两类扩张有着同样的不良后果，但从以上的分析看来，它对这一点似乎没有能作出确切的证明。在发展中的经济体系下，一般商品的产量不断地增长，因此价格将趋于低落，这时在稳定的进度下不断地扩张信用，正大有活动的余地。

● 关于量的假设的必要性

与上述意见相对立的，是下面的论点。② 这个论点认为，由于生产方法的改进，商品产量有了按一定比率的不断提高，在这种情况的经济体系中，通货是可以在稳定的

---

① 参阅哈耶克：《资本与工业波动》，载《计量经济学》第 2 卷，1934 年 4 月号，第 161 页。经转载入《价格与生产》第 2 版，作为附录。并可参阅德宾：《购买力与商业萧条》，伦敦 1933 年版，第 153~155 页。德宾先生断言，危机是纯货币现象，是由银行方面拒绝继续扩张信用引起的。

② 哈耶克：《资本与工业波动》，载《计量经济学》第 2 卷，1934 年 4 月号，第 160~161 页。

进度下扩张的;这就是说,在每一单位时间里,可以有数量不变的新货币投入流通。①但即使这种货币增量很有节制,恰好足以使制成品价格水平保持不变,而生产因素的价格仍然会不断上涨。因此,一方面货币存量不断增长,另一方面可以购入的生产因素的量则不断减退。但是为了要使新开始的生产程序得以完成,必须使处于较高生产阶段的新企业家能够按不变的价格吸收生产因素;如果生产因素价格上涨,要使企业家能够继续进行他的生产新程序,信用扩张的速度就必须提高。结论是,那种有限度的、只是在不变的价格水平范围内进行的通货膨胀,并不足以使在信用扩张刺激下开始的新的迂回生产方法顺利地完成。事态的演变总不外乎两种途径:尽量提高扩张信用的速度,价格扶摇直上,而使不可避免的崩溃局面得以推迟;或者由于资本供应不足,而使繁荣状态立即破灭。

● 欠完整的假设

但是这样的推论并不能令人信服。结果如何,将取决于下面这两个因素之间复杂的量的关系。

(1)经济发展的进度,也就是生产率或产量增长的速度——它决定着适中的、可以不致提高价格水平的信用扩张的进度。(2)资本的供量,这里指的是为了要使已经开始的生产程序得以完成,在此以后的期间所需的资本数额。关于这两个因素,哈耶克教授在论证中提出了某些假设,但这些假设的意义并不十分明显。问题或者还没有清楚地被人们看出,或者还没有叙述明白。关于确定这两个因素的量值的具体情况如何,仍然是模糊的。关于这一点,是否不经过广泛的事实调查就能直接作出推论,这很值得怀疑。

总之,这里研究的理论,在它充分发展的形态下所得出的结论似乎是这一点,即:所以会出现严重的不平衡状态,原因是在于强制储蓄进度方面比较细微的波动。情形既然是这样,接着就引起一个问题:像这样规模的波动,在主动储蓄的进度方面是否会有同样发生的可能。②假使同样会发生,那么即使没有信用扩张,也必然会引起不幸的后果。(以下我们还会看到,在探讨其他派别的理论时,将提到许多别的干扰因素,足以使高涨受到阻碍,转入下坡。这类干扰因素跟上面讨论的强制储蓄或主动储

---

① 德宾先生认为,假使生产提高的进度不变(比方说,每年10%),投入流通的货币量就可以继续增高,而不致引起价格上涨,因为按时间单位计的生产绝对增进额度,已经有所提高(上述10%,是就不断增长中的总额计算的)。显然,这里可以作出不同的量的假设,至于怎样的假设最符合实际是无法断定的。这一学派提出假设时,在量的方面不能十分确切,关于这一点,以下将续会有所评论。

② 参阅布里西尼·图罗尼:《储蓄论》,载《经济学》,1936年,第165页起。

蓄在进度上的波动对照,在激烈程度上相仿,也许更为激烈。)

总结起来我们可以这样说,关于在发展着的经济体系中价格稳定必然会引起生产过剩、危机和萧条这一点,这个理论并没有能提出有力的证明。[1] 从20世纪20年代美国的一次繁荣来看,这一结论具有相当大的实际意义,当时美国繁荣的一个显著的特征是批发价格没有上涨。

第5节 低 落

● 萧条是一种调整过程

货币投资过度学派对繁荣一面的理论发挥得比较充分,对萧条一面似乎要差些。这一派最初认为,萧条是生产结构的一种调整过程,是以非货币性质为依据来解释的。他们认为,在繁荣时期,生产程序被过分地扩展了。要使新的生产结构有存在的可能,就必须矫正原有的生产程序扩展过度的情况,必须将程序缩短,或者必须充分地减少消费品的开支(实现的方法是降低工资以及其他收入,因为这些是全部或大部分用于消费品的)。这样就引起了一个漫长的、痛苦的调整过程。处于较高生产阶段的工人失去了工作,要在较低生产阶段重新获得工作,须经过相当长的时间。特别是在现代,工资制度是没有伸缩性的,在政府的种种干预下,还存在着其他障碍,因此劳动和其他生产资料由这一部门移向那一部门时,在时间上会拖得很长,比纯技术上的原因所需要的时间还拖得更久。[2]

● 派生的通货紧缩

对萧条的这种非货币性质的解释,可以说是不够完整,不能令人满意的。这一派的多数学家,最初很不同意与累积性扩张过程相对应的是累积性紧缩过程这一说法。但最后终于承认,除了因生产结构与货币流量不适应而必然要引起的困难(换句话

---

[1] 有一位货币投资过度理论的主要信徒说了如下很有意味的一段话:"这个理论并没有自以为是,对以往曾经发生的一切周期和一切危机提出的唯一解释,也没有自以为所说的都是具有绝对必然性的。"(马克路普:《奈特教授与"生产时期"》,载《政治经济学报》第43卷,1935年10月号,第622页。)

[2] 参阅,特别是罗宾斯:《严重的萧条》,伦敦1934年版。

说,即货币从生产中较高阶段流向较低阶段发生偏差时所引起的干扰)以外,其间还一定存在着通货紧缩现象,即货币总流量缩小的趋向。当生产结构从事于必要的调整而发生了干扰时,加在这个干扰之上的,就是由货币流量普遍萎缩而引起的困难。为什么萧条会蔓延到工业的一切阶段和一切部门,为什么它不只限于那些过分发展因而最后必须紧缩的行业(较高生产阶段)?而且还要蔓延到那些发展不足因而最后必须扩大的行业(较低生产阶段),如果不作出普遍通货紧缩这一假设,那么对这些问题就无法解释。人们时常讲起的所谓"派生的通货紧缩",意思就是说,这种通货紧缩并不是独立形成的,而是由促成崩溃局面的生产结构失调所引起的。没有后一现象,通货紧缩就绝对不会发生。

这一学派的成员,对于派生性通货紧缩的演化作用并没有作出十分细致的分析。概括地说,有两种见解。

(1)罗柏凯教授对这个问题的研究,曾在各种刊物上发表,① 结论是,通货紧缩有一种累积的、永续的倾向。他认为,从通货紧缩的起源方面来看,它和前期繁荣时的漫无节制以及由繁荣造成的实际失调是有关联的。但通货紧缩程度不一定与投资过度程度相等。他认为,那种通货紧缩(像货币投资过度学派的其他学家带着几分含糊态度所主张的那样)对于生产程序必要的调整(缩短)能起促进作用的说法是不对的。通货紧缩一旦开始以后,就会被它自己的动力和一系列的制度因素不断地推进。至于这里所说的是些什么样的因素,它们怎样发挥作用,我们以后将在其他地方加以较详细的讨论。关于这一现象的解释,有较大贡献的是霍特里、凯恩斯、庇古和罗伯逊。②

有些人认为通货紧缩可以说是有它自己的生命的,和前期繁荣所酿成的不平衡现象大部分是无关的。凡是具有这种看法的人就一定会断言,即使在繁荣时期听任生产结构陷于失调状态,也仍然可以设法直接消除通货紧缩。

(2)还有一派,其中的主要人物是哈耶克、马克路普、密塞斯、罗宾斯和斯特里尔。他们一直认为,通货紧缩是繁荣必然的后果。假使听任繁荣局面发展下去,从而引起了失调现象,那就得在通货紧缩的形式下付出代价。有些人认为,在紧缩过程的某一期间,如果多将货币投入流通,就可以有助于这一过程的缩短。但是随即又提出警

---

① 参阅《危机与周期》,伦敦 1936 年版(译自德文);《货币理论与世界经济危机》,载《德国经济学家》,1931 年 9 月 25 日;《实用的周期政策》,载《世界经济文汇》第 34 卷,1931 年;《德国经济周期政策趋向》,载《经济季刊》,1933 年 9 月号。

② 参阅凯恩斯:《货币论》,伦敦 1930 年版;罗伯逊:《银行政策与价格水准》。并可参阅在《经济季刊》展开的一场论争:罗伯逊:《凯恩斯先生的货币理论》,载 1931 年 9 月号;凯恩斯:《对罗伯逊先生的答辩》,1931 年 9 月号;罗伯逊:《储蓄与贮藏》,1933 年 9 月号;又见《储蓄与贮藏》书后三篇,执笔者凯恩斯、霍特里和罗伯逊,载 1933 年 12 月号。

告,这帖药有极大的危险性,服用时要十分小心,只能在过程中某一阶段使用,而且还得在一定方式的处理之下。如果对这些条款中的任何一条不严格遵守,就会造成灾害。照这样,对货币当局未免要求过高,实际可行的政策是听任通货紧缩自然发展,避免徒使事态恶化的那种干预。

• 对灵活性的争取

属于这一派的萧条理论,其中由斯特里尔教授所提出的要算是最完整的了。[①] 他承认,繁荣崩溃会引起贮藏与通货紧缩倾向。繁荣崩溃以后,银行不仅会停止扩张信用,而且也要紧缩信贷,以提高它们自己在资金方面的灵活性。在人们普遍感到不安全和具有悲观情绪的影响下,企业机构也将力求增强它们的现金准备,并将种种摊提款以灵活形式保存起来,而不用于投资。这种普遍的对灵活性的争取,引起了贮藏倾向。这就是说,作为实际资本投资工具的货币,不能够完成它的职能,而暂时被封存在膨胀了的现金准备中,如果是银行货币(存款),就会使存款完全消灭。随之而来的物价普遍跌落,就会对投资形成进一步的障碍。于是,利润率降低到货币利率之下。这时在过程中最显著的表象,也许就是对极度的灵活性的争取与萧条中出现的金融市场利率极度的降低。利息率所以会这样低落,是由于资金由金融市场流向资本市场时有了无形的障碍,造成这种障碍的是不信任态度和悲观心理。

由于政府以及其他公共团体的种种轻举妄动,如竞争性地提高关税,如为了巩固当前金汇兑本位制而争先恐后地夺取黄金,如旨在维持价格与收入的一些情况相似的措施,所有这些,都足以使通货紧缩的压力加强,时间拖长。当然不用说,这一派学家对上述现象不仅认为是存在的,而且还极端重视,加以夸大。[②]

第6节　　向上转折(复苏)

• 货币的有效量

这个经济体系,如果听其自然,它将逐渐恢复平衡,一切生产资源将获得充分使

[①] 见《资本与生产》,维也纳1934年版,第208页起。
[②] 参阅,特别是罗宾斯:《严重的萧条》,伦敦1934年版。

用。只要银行不再从事新的信用扩张,就是说,只要货币利率能够保持着平衡的水平,平衡状态就能够维持下去。所谓平衡利率,不论在含蓄的或明显的定义下,指的总是足以使实际货币量(MV)保持不变的那种利率。

"货币的有效数量"这一概念是相当复杂的,在理论上不容易下定义,要从统计的角度上去衡量它,更是极度困难的。困难主要是由于因素"V"("流通速度")。这里所指的流通速度并不是交易速度,也不是收益速度。我们或者可以把它叫做"贸易速度"。所谓"贸易",指的是包括一切生产阶段中引起商品交换的全部交易,只是不包括金融交易(例如证券交易)。假使货币量与货币交易速度不变,而同时金融流通方面对货币的需求有了增长,结果将是如上面所定义的货币有效数量的降低。但这些补充说明也还是不够的。还须考虑到生产程序的集中与分散的问题。如果某一行业两个或两个以上相继的生产阶段(如纺纱与织布)原来是由各个独立的企业机构分别进行的,现在由于纵的托拉斯的成立而集中于一个机构,则中介产品从生产的较高阶段转入较低阶段时,原来是要涉及货币交易的,此后也许在新企业机构作一次内部转账,就完成了手续。这里可以看出,由于企业合并的结果,对某一数量的货币也许将不再有需要。这时货币的贸易速度不一定有变化,但货币供应额应当有所限制,否则将引起通货膨胀的后果。①

由此可见,"使货币有效数量保持不变"这一原理,是不容易遵守的。

● 信用需求的恢复

在萧条时期,货币利率与平衡利率之间存在着差离,一旦萧条过去,这种差离就会在相反的方向下出现;我们在这里提到的这一派学家,对这一危险现象是完全了解的。当处于低落时,价格在下跌,普遍存在着悲观与失望情绪,货币利率将高于自然利

---

① 关于这一问题,可参阅霍尔特洛普:《货币的流通速度》,阿姆斯特丹1928年版;又《货币周转速度》,载《货币理论文集》,哈耶克编,维也纳1933年版,第115~211页。并可进一步参阅马沙克:《国民财富与现金需要》,载《社会科学与社会政策文集》第68卷,1932年,第385~419页。又《大范围的货币经济制度》,载同上刊物第69卷,1933年,第492~504页。奈舍:《货币的交换价值》,1928年版;又《货币的周转》,载《世界经济文汇》第33卷,1931年,第365~408页;又《国民财富与现金需要》,载《社会科学与社会政策文集》第69卷,1933年,第484~492页;马吉特:《再论霍尔特洛普的微分系数式及其有关概念》,载《政治经济学报》第41卷,第237~241页;又《货币流通速度与商品流通速度之间的关系》,载同上刊物第40卷,1932年,第289~313页;熊彼特:《社会产品与流通媒介》,载《社会科学与社会政策文集》第44卷,第627~715页。关于这一问题整个文献的评述和综合研究,见艾利斯教授:《1905~1933年间德国的货币理论》第2卷,剑桥(马萨诸塞州)1934年版;马吉特:《价格论——对货币理论中心问题的再度探讨》第1卷,纽约1938年版。

率。当价格停止下跌,前途展望由悲观转为乐观,这时货币利率不一定有所变动,然而不久后就会低于平衡利率。换句话说,这时的平衡利率将上升,很有可能会超过货币利率。① 从供求的角度来看,也可以把这一现象说成是信用需求曲线将向右推移,或者可以笼统地说成是信用需求将有所增长。这时银行在资金灵活运用自如这一点上的情况将有所改进。有种种理由可以预料,它们对于继续增高的信用需求将欣然承应。这时金融市场与资本市场之间的壁垒已经被打破,于是在壁垒后面累积起来的资金,就汹涌地流入到资本市场。②

于是新的高涨就这样在前度繁荣的余烬中重新抬头,这一转变,起初几乎是全无迹象可寻的。这时并无须借助如新发明、新发现、农产品收获量增加等外来的突出的刺激力量。但是我们在下面会看到,属于另一派的学家却认为这类外在因素是必要的。就这一点来说,我们目前讨论的理论,从上面所作的定义来看,在性质上是比较"内生的"理论。实际上,关于高涨的形成,是否必须假定是出于经济体系"内在的"或"外在的"力量,似乎是一个值得商榷的问题,要在这一点上作出严格的规定,似乎是既有困难,也没有多大帮助。

- **从资源得到部分运用的局面开始的信用扩张**

当高涨开始时,会存在着一切未被运用的生产资源,在讨论进行到这一阶段时,提出这一点是很自然的。这里提到的这一派学家,对于高涨,或者不如说是对于繁荣作出解释时,几乎总是从生产资料充分运用的平衡状态谈起的。③ 但是这些学家的论证也不难适用于另一种情况。假定有了未被运用的资源,那么,信用扩张显然就比在一切资源都被运用的情况下更为持久。这时,生产因素就没有必要由生产的较低阶段移向较高阶段,而只是未被运用的资源绝大部分被吸收到那些在信用扩张中格外受刺激的生产阶段中去,也就是被吸收到较高的生产阶段中,即生产资本品的工业中。

---

① 在这一理论发展的初级阶段,曾有相当明确的假定,认为平衡利率与货币利率之间所以会发生差离,总是由货币利率降低引起的。就是说,引起这一差离现象的,总是出于供应的方面。现在在这一点上的看法有了相当普遍的转变,认为情况比较复杂,在心理力量、价格变动、新发明与新发现种种因素的影响下,平衡利率势必向上移动,从而超过货币利率。

② 参阅斯特里尔:《资本与生产》附录1。还有一层,在萧条时期,各种紧缩会累积起种种准备;由于这项后援力量的存在,一旦改变方针采取扩充政策时,即使在银行方面无所资助,或助力很少,靠自己的力量也大有可为。

③ 特别是哈耶克教授,对周期动态进行分析时应遵守的方法曾提出意见,认为讨论时绝不可在存有失业现象的假设下开始,因为这样就会引起失业究竟为什么会存在这一本身尚待证明的问题。这样的规定,不免过分缩小了分析范围,似乎是完全不必要的。

根据这里所讨论的理论，我们就必须假定，未被运用的资源这时主要是用于生产的较高阶段，即生产资本品的工业部门。可是，只要未被运用的资源还有相当存额，那么过量投资——我们已经看到，其间还牵涉到消费品需求的相对增长——就不致引起崩溃，因为这时并没有将生产因素从较高生产阶段抽出的必要。价格不致上涨过甚；信用扩张尽可以继续下去。

这一学派对于在充分就业状态下开始的扩张过程讨论得比较详细，但是对于在上述情况下开始的扩张过程，却始终没有作出仔细的分析。[①] 在同一类型的推论下，我们似乎可以得出这样的结论：在生产的较高阶段与较低阶段之间所以会发生不平衡，是由于未被运用的资源在不同生产阶段中的分配不够适当，没有按照以实现最后平衡为目的时应当采取的方式来进行分配。在生产的较高阶段所吸收的资源，数量过大，大于在主动储蓄一定的进度下最后所能吸收的数量。因此，由萧条的深渊开始的恢复过程，一开端的趋势就不正确。

第7节　规律性与周期性

● 通货膨胀的思想基础

为什么繁荣与萧条的周期现象会反复出现，密塞斯教授对这一问题作出了如下的解答。[②] 所以会发生经济周期，是由于银行方面的行动。如果银行不扩张信用，从而把货币利率压低到自然利率之下，平衡就不至于被打乱，但是银行为什么要一再犯这样的错误呢？"答案必然是这样：因为企业家和政治家普遍存在着这样的思想，把利息率降低看做是经济政策的一个重要目标，把膨胀式信用扩张看做是实现这一目标最好的方法。"[③]"因此，经济周期接二连三地出现，这一现象的根本原因是属于思想性的。"[④]

密塞斯还进一步认为，单单依靠商业银行的力量，没有中央银行作后援，绝不能造成危险的信用扩张。因为商业银行这样做时，会立即丧失现金，周转不灵。只有在中

[①] 然而可以参阅布里西尼·图罗尼：《储蓄论》，载《经济学》，1936年5月号，第172~174页。
[②] 见《币值稳定与经济周期政策》，耶那1928年版，第56~61页。
[③] 同上书，第58页。
[④] 同上书，第60页。

第3章　投资过度论

央银行的支持下，才有可能充分地扩张信用，从而引起危险的繁荣气象。中央银行所以有力量增进货币流通，是由于它拥有发行纸币的权力。假使纸币发行不采取专门方式，假使中央银行这方面的活动改以竞争的方式进行，就是说，假使各个银行都有纸币发行权，发行的纸币都可以兑换法偿币（黄金），那么危险的信用扩张和利息率降低，就不再有发生的可能。不稳健的银行，很快就会被淘汰，而稳健的银行也会从经验中吸取教训，懂得实行扩张政策是会受到破产惩罚的。①

• **怎样的银行政策才能消除周期？**

这一派学家的其他成员认为，要解决周期动向的规律性问题，并不是像上面所说的那样简单。

他们大致都抱有一种信心，认为一定存在着某种方式的银行政策，循着这一政策进行，就可以消除经济周期。但是对这样一个理想政策要提出明确的标准，他们已经越来越意识到其间的困难。认为银行利率有时候过于偏低的说法并不能算是充分的解释。上面已经提到，使平衡利率与货币利率两者之间发生差离的，实在是前者的提高，而不是后者的降低。

由此可见，要为银行所应当采取的政策作出定义，单是以消极的说法主张银行应停止降低利息率是不能解决问题的。必须用积极的说法去说明，即银行应当以这样的方式来改变利率：要做到改变的结果，即使信用需求不断变动，也不会发生信用扩张或信用紧缩。但这样的说法，也只是在表面上看来简单明了。上文曾指出，对于"货币有效量应保持不变"这一说法的意义，即使在理论上作一个确切的定义也是有困难的。除了提供确切标准在理论上有困难以外，还有异常困难的一点，怎样把这些标准应用到具体的事例中。

哈耶克教授曾指出，就各个银行来说，要把出自主动储蓄的存款与出自通货膨胀来源的存款划分清楚，是办不到的。货币，尤其是银行货币（存款）的流通速度可以发生变动，而不必影响到银行准备金。从这里分析的理论观点来看，不论是银行准备金或准备金比例及价格水平，都不是正确的信用政策的可靠标准。即使在银行方面没有任何动作，信用扩张仍然是可以发生的。

---

① 参阅奈舍教授的批评意见，见他的论文：《发行纸币是不是银行的自由？》，载《世界经济文汇》第 32 卷，第 446~461 页；又见维腊·史密斯：《中央银行论》，伦敦 1936 年版。

● 信用的季节性变动

马克路普教授①曾特别注意到一个因素,这一因素有助于(至少是在高涨时的初期)说明周期现象所以会反复发生的原因,并足以使银行的消极作用更加突出。

情况是这样的:在某一时期,比方说一年应当完成的支付,其中很大一部分并不是平均分配的,而是集中在某些日期,有些在月底,有些则在季末。因此就各个企业机构来说,即使在最精密的清算与抵偿的布置下,也无法使笔笔债务全部如期偿清。逢到临界日期,如一月或一季之末,对短期信贷总是有着迫切的需要,结果就造成了金融市场的紧张。银行对于这种按月、按季发生的银根吃紧现象,如果不能够或不愿意用供应临时贷款的方法来力求缓和,各个企业机构将不得不设法进行自助,于平时积聚现金,然后在需要时取用。但银行一般总是愿意借出资金以克服这类困难的。由于银根暂时吃紧而实行扩张信用,一般认为是完全合理、完全安全的,因此企业机构平时就无须积聚现金,这项资金就可以用作投资。

情况很明显,这里就存在着通货膨胀的根源;按照马克路普教授的看法,通货膨胀还不只是限于"上月贷款"最初出现的那一次时机,随后还将反复发生。"既可以利用暂时的剩余资金,又能获得(膨胀性的)银行信用的接济,这就使延长了的生产程序有了在不合理情况下开展的可能;而一旦转入萧条时期,那些难以支持的企业被淘汰以后,这类资金将重新获得解脱。"②当萧条时期,要将这类资金用之于投资是不可能的,于是流入了金融市场;但是企业精神一旦复活以后,市况转趋活跃,就可以利用这项资金来适应需要,由此可以在很长的期间使资金供求持平,可以不必求助或很少求助于银行信用的增量。③

● 结　语

我们可以得出结论,关于经济周期为什么会一个接着一个不断出现这一问题,是不能在我们目前讨论的这个理论基础上用一个简单规则来解答的。关于"强制储蓄—崩溃—萧条"这一连续关系的难以避免,在可信程度上已经有所削弱。人们对于经济衰退的严重程度是严格地随着引起衰退现象的结构失调的程度而变化的这一说法,已经不再深信。关于萧条的无可避免或可以挽救的种种说法,人们已经不再具有以前

---

① 参阅他的著作:《商业信用、工业信用与资本构成》,维也纳1931年版,第161~178页。
② 马克路普:《商业信用、工业信用与资本构成》,维也纳1931年版,第175~176页。
③ 这里存在着通货膨胀可能发生的根源(不管它在量上的重要性达到什么程度),这一点是没有多大疑问的;但是很难从中看出,这一因素究竟有些什么独立的、足以说明周期现象的重要意义。

那样强度的信心。最重要的一点是，现在已经认识到，把银行方面的信用扩张倾向说成是市况转向繁荣的唯一原因，是不符合实情的。即使处于纯现金经济体系中，也会发生贮藏资金与贮藏资金外溢的动向，从而引起经济活动中扩张与紧缩浪潮。因此，关于怎样才能消灭周期这一问题，要把解决方案归纳成几条简单通则，似乎是不可能的。在这一点上原来兴趣很大，想要找到一个明确方案一举解决，现在则已经抱着比较审慎与怀疑的态度了。

第8节　国际的复杂关系

- 几个主导原则

以我们目前所讨论的理论为依据，对经济周期的国际方面作出有系统的说明，这件事到现在还没有人试过。一个国家经济周期的进程，必然要受到它在国际经济中所占地位的影响，这个国家的周期动态，对于它自身的国际贸易以及别的国家的国内情势，也大都要引起反应。关于这些要加以探索（如果我们接受货币投资过度理论），在国际货币结构理论的协助下，是有可能进行的。

如同对经济周期作出纯货币解释时的情形一样，我们首先要探讨的是：一个国家的国际环境有了某种变动时，将怎样影响信用的扩张或紧缩？如果这个国家信用的扩张已经在进展中，这种变动对这个进展趋势将有所影响，影响的作用是使它格外延长还是将加以阻挠？如果信用在紧缩中，而别的国家形势有了某种变动，则这一紧缩过程将受到什么影响？我们可以提出许多问题，然而要把一切可以想象得到的情况逐一列举是不可能的。但是我们可以提出几个原则，举出某些例证。

- 由支付平衡产生的影响

支付平衡方面如果有了任何改进，就是说，某一国家支付工具的需求以别的国家的货币为依据时，如果有了任何增长，将产生扩张影响。这种改进，可能由种种不同的情况造成，如某种商品需求的变动、农作物产量的变动、资本移动，等等。某个国家，如果树立了新的关税壁垒，却没有由此引起别的国家的对抗举动，这时对于提高税率的这个国家的国际金融地位将产生有利的影响。换句话说，这个国家可以实行通货膨胀，而不必损及它的汇兑率。据此则保护贸易措施的直接影响，可能是足以促进繁荣、减轻萧条的。但是必须记住这个论断的有效的必要条件,如果许多国家都同时实行这一政策,促进作用就不复存在。归根结底,关税壁垒的提高就会减损了一切有关国家的国民总收入。① 由此引起的间接影响(例如对资本移动的影响),甚至会使保护措施所提供的直接促进作用也无由产生。最后还有一点,当支付平衡有了改进时,就必然可以用来作为增加黄金与外汇准备的一种手段,而不必借此来扩张通货。

国际影响对扩张或紧缩过程固然可以产生加速或推迟作用,但也同样可以产生阻止或扭转作用。这就是说,国际力量可以使一个国家的经济由枯转荣,也可以促使危机和萧条提早出现。

● **金本位制**

在金本位制条件下,国家存金如果有了外流倾向,货币当局就不得不停止扩张政策。黄金所以会外流,有种种促成的原因——扩张的进展速度也许超过了别的国家,因此价格水平与其他国家对照有了差离;也许别的国家在实行紧缩政策;也许资本有了新的动向(足以造成这一现象的有种种不同原因);也许农产歉收,因此不得不增加输入或减少输出等等。这时国家的对策,如果不主张紧缩通货,也可以采取脱离金本位的办法。如果认为这个办法不十分安全——因为由此可能引起资金逃避——也许可以借助控制外汇来获得补救。总之,可能实行的对策种种不一,这里无法逐项列举,但按照上面指出的方式,对于这类对策很容易进行分析。虽然,在任何具体情况下,要预先知道这些有关的力量和反作用的后果是非常困难的。

由此可见,"国际力量"会在种种方式下导成危机、萧条或复苏现象,而在经济周期理论的研究中,却并没有考虑到这些国际复杂关系。但根据上面的分析可以看出,国际力量对周期进程尽管会有所影响,但并没有使原有的周期理论归于无效。

● **国际资本移动**

以投资过度理论作为讨论周期问题的基础时,对国际资本移动必须格外注意。② 资本在国际方面的移动,不但由于会加速或推迟信用的扩张或紧缩,从而影响到纯货币局势,而且对生产结构也会发生影响。就各个国家来说,当市场转向繁荣需要资金时,这项资金可以全部或部分取之于国外资本的输入,不一定要借

---

① 由此可见,这里的陈述跟自由贸易论点是完全融洽的。这里对树立关税壁垒一节所作出的补充,应当足够说明,保护贸易措施是不在合理防止萧条政策的范围以内的。

② 参阅,特别是讷克斯:《国际资本移动》,维也纳1935年版,第5章,第187~211页。

助于国内信用扩张和强制储蓄。只要这一层办得到,这一派理论所假定的崩溃现象所发生的那种反作用——即对消费品需求的相应增长——就可以避免形成。因此,就各个国家来说,繁荣时期是可以延长的。另一方面,国际资本移动,不免要涉及种种风险和干扰因素,而国内信用扩张却没有这种情况。

● 输出与输入的构成

一个国家输出与输入的构成,在周期的不同阶段会发生怎样的变化,这是一个很有意味的问题。我们可以认为,在高涨时资本输入必然是通过资本品的输入实现的。但一般说来,这个说法并不正确。在任何牵涉到关税和其他情况下,一个国家的输入总是取决于比较成本的情况,或者换个说法,总是取决于各个国家从事于生产不同类型的商品时相对的便利性。这是可以想象得到的,当目的在于投资的资本输入时,它的输入形态不一定是属于资本品(如原料、机器、电力设备等),也可以属于消费品。当一个国家的资本品工业和原料生产相当发展,而消费品工业发展较差时,就会发生这样的情况。[①]

要找出具体的例子来说明这个论点是很困难的,由于实际的情况往往非常复杂。各国的通常情况是,绝不会专门从事于生产一种类型的商品——如消费品、资本品、原料等。另一方面,一个国家的经济设备也总不能十全十美,要在生产的各个方面全面发展,在设备上往往是有欠缺的。虽然通过保护贸易政策,使国家在生产事业的多样化和国际专门化程度上的减轻方面会有不少改进,但一般说来,在生产事业上,一个国家不可能面面俱到。不过整体说来,凡是工业国家,同时也总是资本输出者。因此,这是很自然的,资本移动时,主要应通过机器、铁路材料、电力设备等运送来实现。资本移动,有时是通过食品、其他消费品和原料的输入实现的。这方面的一个显著的例子是,战后和战后通货膨胀时期(即 1924~1928 年)德国所发生的情况。

国际关系情况是千变万化的,但是对于种种不同的实例,可以根据几个原则来进行分析,对于某些特殊情况,可以放在一般原则下进行了解。

[①] 一个国家从事于生产这一类型或那一类型的商品时,之所以会占有优势,其间原因何在,这里我们不必深究。原因是种种不一的,从气候条件和土壤质量到关税结构和社会立法,都可以发生影响作用。参阅奥林:《地方贸易与国际贸易》,剑桥(马萨诸塞州)1933 年版。

第9节 结 语

货币投资过度理论最有价值、最有创造性的贡献是这几点：(1)对于繁荣状态下由信用扩张引起的生产结构失调的分析,(2)对于由失调所引起的崩溃现象的解释。

但是我们的分析也说明,这个理论并不是在一切方面都毫无遗憾的。如果说它绝对正确,不免会有些疑问。举例说,为什么当转向进一步迂回的生产程序时,必然会跟繁荣结合在一起,而回到迂回程度较低的生产程序时,就必然是处于萧条状态？要理解这一点是有些困难的。根据这个理论,最初的膨胀性投资扩张,对消费品生产会引起一些脱节现象,而随后的消费品需求增长,对投资品生产往往会引起更大的脱节现象。这又是出于什么理由呢？[①]

关于萧条,尤其是萧条后期的解释,这一派各个成员之间的见解并不完全一致。但在承认通货紧缩的恶性循环现象是存在的这一前提之下,关于通货紧缩的分析,大体上跟别的学派研究者的分析实在并没有什么两样。

乙：非货币投资过度论

第10节 一般特征

● 主要学家

这一派最杰出的学家是斯庇索夫[②]和卡斯耳[③]。从这两位学家(特别是斯庇索夫)的

[①] 参阅德宾：《信用政策问题》,1935年版；布里西尼·图罗尼：《储蓄论》,载《经济学》,1936年5月号,第175~176页。

[②] 参阅《生产过剩理论引言》,载《立法、行政与国民经济年鉴》,1902年；《危机》,载《政治学手册》,1925年。

[③] 参阅《社会经济理论》第2卷,伦敦1932年改订版(译自德文)。

著作中，我们可以看到一种很重要的渊源于马克思主义思想方面的高度成果。斯庇索夫直接的先驱者是有名的俄国学家杜干·巴拉诺斯基。① 在经济周期的理论方面，斯庇索夫和卡斯耳都曾起过很大的作用，尤其是在德国，② 但在斯堪的那维亚以及盎格鲁撒克逊国家，他们的势力也不小。魏克赛尔自己就采用了斯庇索夫对周期现象所作出的解释。

关于卡斯耳教授，必须指出，我们这里所讨论的主要是他在《社会经济理论》较早的版本中所阐述的理论。在他后来的著作中，尤其是那些通俗刊物中，至少就1929~1936 年那次萧条来说，他已经在一定的程度上接受了纯货币解释。③

斯庇索夫所依据的理论背景，与货币投资过度学派学家以及卡斯耳教授所依据的完全不同，但是对高涨后期状态的解释，对导致崩溃局势的分析，就这些方面来说，却获得了实际上同样的结果，这一点是有深长意味的。

● **强调资本品的生产**

货币投资过度论与非货币投资过度论之间的差别，顾名思义就在于两者在繁荣时期和发生了投资过度现象而引起崩溃与萧条的时期对于货币、货币因素和其他制度所起的作用有不同的评价。这些学家在理论上并不以货币为依据，他们也提到货币力量，但把它放到了从属的地位。然而我们能够看出：为了要证明他们所希望证明的那些，他们才不得不假定通货或信用供应是有弹性的。但对他们说来，货币因素是处于被动地位的，可以看做是当然现象而不是一种推进力量。

斯庇索夫教授和卡斯耳教授都着重说明，经济周期的主要特点是资本品生产的变动，特别是固定资本设备生产的变动。消费品生产在经济周期中并不显示同样有规律的变动。斯庇索夫教授提出了这样一个论点：在高涨已经出现的时期中，消费实际上已经下降了。据他说，当 1845~1847 年和 1848 年间，德国就处于这样的情况，当时农产连续歉收，食品价格上涨，因此工人阶级的经济状况绝对恶化。④ 但农业生产跟工业生产的升降只是间接有关，因此即使不考虑到农业生产的变动，"消费品生产也

---

① 参阅《英国的工业危机》，巴黎 1913 年版(译自俄文)；以及汉森：《经济周期论》，1927 年版，第 4 章。

② 参阅佐治·哈姆教授的文章：《利息问题与金融—资本市场》，载《国民经济与统计年鉴》第 125 卷，1926 年，第 1~34、97~121 页。

③ 参阅《金本位制的崩溃》，牛津 1936 年版。他同霍特里先生一样，认为"战后的经济发展，主要是处于大规模货币干扰力量的支配之下，这种情况极为显著，因此对那些早期类型的经济周期作出的解释，已经不再适用。"(见《社会经济理论》第 2 卷，第 538 页。)

④ 参阅斯庇索夫：《危机》，载《政治学手册》第 6 卷，耶那 1925 年第 4 版，第 49 页。

不会显示出它对经济周期有显著的依存关系。这就是说,市况的盛衰起伏根本是出于固定资本生产的变动,跟生产的其余部分并没有直接关系。"[1]

第11节 高 涨

● 累积的扩张过程

关于从萧条停滞点被打破以后开始的扩张过程,它那种累积的和自我持续的机械作用,斯庇索夫教授所描写的,跟货币投资过度学派的论调大致相同。(如果单指这个问题来说,那么即使在我们到目前为止所分析的这些学派以外,也有很多论调是一致的。)投资活动的恢复,产生了收益和购买力。需求增长了,增长的范围首先是资本品和投资资料(钢、铁、水泥、木材、砖瓦等),然后是消费品。价格提高了,提高的主要是资本品和投资资料的价格。这就促进了投资。这时收益丰富,使可供投资的资金有了扩大,从而为进一步扩张提供了极大的心理刺激。于是就像滚雪球一样,随着时间的推移,繁荣迅速地扩大起来。

斯庇索夫教授没有对这一过程的货币方面进行仔细的分析,但是他承认:"信用是对于高涨时不可缺少的手段。"[2] 在这一点上,卡斯耳教授的态度比较含糊些。但是从他无意中漏出的种种谈论可以断言,他也认识到,弹性通货供应的假设还是必要的。两位学家似乎都相信,货币资金在萧条时期累积了起来,然后到了高涨时期,生产者就可以用来适应扩张时的需要。由此可见,这里没有由银行方面采取积极措施的必要;至少在高涨的初期是这样。然而也并不否认,当发展到某一程度时,如果要使扩张继续下去,就需要银行方面的支援。关于这类信用扩张的货币状况与货币结构,货币学派作了比较深入的探讨。在罗伯逊教授、凯恩斯先生和庇古教授(所有这几位的见解,跟斯庇索夫和卡斯耳都有很多共同之处)的著作中,都可以找到对周期过程货币的与非货币的方面绝好的综合分析。

---

[1] 参阅卡斯耳:《社会经济理论》,伦敦1932年改订版,第552页。
[2] 同上书,第74页。

第12节　向下转折(危机)

● 资本不足

非货币投资过度学派在经济周期理论方面作出的最有价值的贡献,是关于繁荣走向崩溃这一现象的解释。高涨不能无止境地继续下去;但是,切实地说来,这一过程究竟是怎样结束的呢?

按照消费不足理论的推断,认为崩溃现象的发生是由于消费品需求萎缩,或者是由于这种需求没有能增长(原因是工资提高落后于价格的提高),或者是由于个人与企业机构有了过多的储蓄。斯庇索夫教授对这类论证一概否认。正相反,他认为之所以会发生危机,是由于资本在实际上的不足;他花了很大气力指出所谓资本不足的意义,并不只是货币资金的缺乏,而是在一定的有限种类的商品生产中发生了严重不均衡的现象。因此货币措施绝不能防止危机。崩溃的造成,不是由于储蓄过度,而是由于储蓄不足;引起资本不足并使繁荣终止的原因,并不是消费不足,而是在某种意义下的消费过度。

为了详细说明这一点,斯庇索夫把商品分成四类:

①当前消费品,如食物、衣着等;②耐用和半耐用消费品,如住宅、用水设备、电力装置、煤气厂以及其他公用事业(家具和汽车则介于①与②之间);③耐用性资本品(固定资本),如矿山、铁厂、砖瓦与水泥厂、纺织厂、机器制造厂、铁路、动力厂等;④制造耐用品所需的材料("供作间接或再生产的消费的商品"),如钢、铁、水泥、木材、砖瓦等。

他说,正是在这些种类的商品生产中间,失去均衡的现象会在繁荣时期有规律地发展起来。结果造成了一种局势,在这个局势中,有余和不足是同时存在的。要知道,这些类型的商品是互相补充的,这一类生产的不足,这一事实本身就意味着另一类生产的过剩。这就像是一双手套,却失去了其中的一只,余下的一只就成了没用的、销不出去的剩余存品。那失去的一只所体现的,就是实际上的缺乏。

● 耐用品生产过剩

经常发生生产过剩现象的,有耐用资本品,也有耐用消费品。这就必然要引起需求减退和建筑材料如钢、铁、水泥等的生产过剩。

耐用工具之所以会发生这种供求之间的矛盾,在供的方面和求的方面都有它的原因。资本设备的增量,是用"资本"(营利资本 profitcapital)来偿付的。因此耐用资本品(在一定程度上也有耐用消费品)的生产和销售,势必依存于寻求投资机会的那些"资本"的数量。(今天我们应该这样说,对这类商品的需求,是靠着:收入项下的储蓄,加上各种膨胀性储蓄的增加额——追加的银行信贷和各种贮藏资金。)根据斯庇索夫教授的见解,当繁荣结束时,由于种种原因,货币资本总是要缩减的。这时工资提高了,这对于储蓄的进度是不利的;一方面生产增长以后,不免受到鼓励。要采用种种浪费的生产方法,从而造成损失。这就要减低对资本设备的需求。

但是比需求降低更重要的是生产和供应的增长。在繁荣时期建成的新的资本设备,其中有很大的部分,现在用来生产进一步制造这类新设备所需的资料。于是在需求方面,尽管不增不减或有增无减,而供应却在继续地增高。

由于现代生产方法的发展,可以使固定资本品的生产大部分与根本的发展无关。这就使生产过剩大大地获得了方便——或者不如说是,使生产过剩有了可能。斯庇索夫教授特别提到的是,钢铁和水泥可以用来代替木材,煤可以代替木炭,等等。还有,从厂基和设备开工建设起、直到开始制造出产品为止的间隔期间拉长了,这些生产手段的耐用性提高了,这都是生产过剩的推动因素。(对某些其他的周期理论来说,上述后一种情况是关键因素,我们讨论到那些理论时,对这种情况将作进一步详细的分析。)

● 劳动与生活资料不足

这样就发生了生产品和耐用消费品的生产过剩。这些就是上面提到的余下的那只手套。那么失落的那一只在哪里呢?失落的那一只所体现的,会不会就是纯货币现象,即可以由印刷机提供的可投资金呢?斯庇索夫教授说不是的。可供投资的货币资金的不足这一事实所体现的是某种实质商品的不足。对于用来建设更多资本设备和耐用消费品的原料和设备的整个供额,现在却无法利用。原因只是在于这些原料和设备不能单独地工作。只有和劳动配合起来,再加上和工人所需的生活资料配合起来,它们才能有所成就。可投资金的缺乏,不过意味着没有上述那些补充商品可用。而这一点所体现的,就是我们失落的那只手套——具体地说,就是劳动和消费品。

根据这一论点必然要得出的结论是(虽然斯庇索夫教授本人并没有这样说),假使储蓄进度确实有所提高——就是说,假使有某些人的确没有把收入全部用于消费——上述那些补充商品就会源源不绝,繁荣就可以继续下去。

假如我们对于斯庇索夫教授的理论并没有理解错误的话,[①]那么他对繁荣终结时不平衡现象的论断,实际上跟货币投资过度理论学派所作出的论断并没有什么差别。生产因素在不同生产阶段的分配,并不和货币流动相一致。生产结构的较低阶段发展不足,而从事于生产资本品的那些较高阶段,则有了过度的发展。

• **消费品工业与资本品工业**

把消费品"缺乏"说成是资本品工业崩溃的原因,听起来可能给人一种似是而非的感觉。假定真有这样的缺乏,消费品工业就一定要活跃起来。但是消费品工业的发展,难道不会使资本品工业感到高兴,而反倒会使它失望吗?斯庇索夫教授对这一反对意见没有明白作出分析。但是很明显,要回答这个问题,回答的内容跟货币投资过度学派所作出的必然没有什么两样。假使所需要的信用并不缺乏,利息率依然低平,消费品工业的繁荣,将自动扩展到生产的较高阶段,因为关于生产因素,后者与前者竞争时,当能处于有利的地位。假定未运用的生产因素(待雇工人、剩余存品和闲置设备)还有余裕,假定并没有什么特殊原因(例如由于政治上的不安定而缺少信心),使人们明知有利可图,仍然会裹足不前,那时就必然要引起生产全面发展的现象,而不致使价格上涨,或者即使上涨也是极有限的。但是,假使情况不是这样,假使并没有增加出来的信用可供利用,一切生产因素已经被充分运用,就像在繁荣告终时的情形一样,那么利息率将提高,资本品工业就不能保有它一向所需要运用的一切生产因素;这时虽然消费品工业在发展,甚至正是由于这类工业在发展,资本品工业将萎缩不振。(这里并不否认,消费品工业的繁荣,不久也将成为过去,因为资本品工业的困难,对购买力将发生破坏作用,使消费品的需求减退。)

这样一种演变,虽然在表面上看起来似乎有些不合情理,但显然是可能的。当市况转入萧条发生不利影响时,消费品在这一点上的感觉,会远比资本品工业为迟钝。这种现象(据说是常见的)[②]认为就是这一理论的一种佐证。这里还有一个问题是,这种现象

[①] 参阅哈姆教授作出的具有高度识力的批评分析(《利息问题与金融—资本市场》,第30~34页)。
[②] 这种现象实际上是否存在,根据近来的统计研究颇有疑问。参阅廷柏根教授:《经济周期理论的统计实验第2卷:1919~1937年间美国的经济周期》。

是不是繁荣的唯一可能有的后果,所以会走向崩溃,其间是不是还会有别的原因,与生产品工业过度发展意义上的资本不足正有着同样的可能——就是储蓄不足或消费过度。这个问题,在谈到与这里的见解相对立的理论时,将提出讨论。

- **卡斯耳教授的另一见解**

卡斯耳教授对于典型的投资扩张走向崩溃这一现象的解释,跟斯庇索夫教授的见解大致相同。虽然在措辞上不同,关于商品的一面,讨论得也没有那样充分。

他说,在高涨的最初阶段,生产的增长是与货币流转的相应变动相平行的,甚至是为后者所引起或促进的。这就是说,关于资本构成,有一种加速的强烈倾向,也就是说,储蓄流量是在积极增进的。但是到了以后各阶段,在这一情况下的资本累积,步子放慢了,而固定资本设备的生产依然在增长。这种货币流量与生产趋势两者之间的分歧,终于酿成了危机。"典型的现代商业繁荣的意义,并不是生产过剩,并不是对消费者需求有了过高估计,也不是对固定资本推力的社会需要有了过高估计,而是对资本供应有了过高估计,或者是对那种用以取得从事生产的实际资本的储蓄数量有了过高估计。真正估计得过高的是,资本家提供的足够数量的储蓄能力。"[①]

第13节 低 落(萧条)

- **心理因素**

斯庇索夫教授极端重视心理反应,这是在繁荣的过度兴奋之下必然要产生的。在萧条时期,普遍存在的是悲观情绪,是对于投机与创立新企业心灰意懒的态度。当由繁荣走向崩溃时,在方式上是不是一次危机、金融恐慌和歇业破产的突然爆发,还是在逐渐消沉的过程下结束的,其间并没有狂风骤雨。萧条在程度上的轻重、时间上的长短,就大部分取决于这一点。庇古教授对这一点也十分重视。国家所处的国际局势,在这里也有很大关系。按照斯庇索夫教授的看法,如果繁荣的形成是出于国外资金的接济,这类资本投资一旦停止,后果或者不至于十分严重,因为这时资本输出国家对于这种局势下的困难也得分担一部分,资本输入国家就获得了在这个程度上的

---

① 《社会经济理论》第2卷,第649页。

缓和。

紧缩过程也是有累积性的。悲观情绪和对投资的厌恶使购买力的量趋于萎缩。资本并不用于投资或购买生产品,却都被贮藏了起来,或用以填补亏损。储蓄既然不流入投资途径,于是任何足以增长投资进度的因素(如收入分配的不均等),都有了一种不利的影响。(当处于高涨阶段时,影响是完全相反的。)价格下跌了,这就格外加深了广泛存在的悲观情绪。此外还存在着许多别的制度性不利的因素——如降低价格时,尤其是在已经实行卡特尔化的那些企业方面的迟疑、勉强,以及工资所具有的刚性。

关于足以加深萧条的这些因素的分析,近年来获得了很大进展,尤其是属于不同派别的英国学家,如凯恩斯、庇古、罗宾斯、罗伯逊等,在这方面作出了很大的贡献。在这一点上,斯庇索夫所论证的,在货币的方面是有些忽视的。

第14节 向上转折(复苏)

● 成本调整与新投资机会

根据斯庇索夫教授和卡斯耳教授的看法,局势所以会走向复苏,绝不是由于消费品需求的增长,而必然是由于投资的增长。当萧条时期,由于工资削减、原料价格低落、利息负担减轻、生产方式改进等原因,使资本设备的建造成本降低,因此新投资受到了鼓励。卡斯耳教授特别重视利息率下降,认为这一点对固定资本设备的价值起着直接的、有力的作用。但整个说来,根据斯庇索夫教授的看法,认为萧条时期自动形成的这类调整,本身并没有足够的力量可以恢复企业精神,打破萧条下的僵局(在这一点上卡斯耳教授却不那样悲观)。斯庇索夫认为还必须有外来的、比较强烈的诱因,如新发明、新市场发现、农产品丰收等等因素,才能打开投资的新机会,提高预期利润率。现在有许多学者一致认为,19世纪的周期现象,就是由种种新发现和新发明酿成的。用货币学派的措辞来说,利息率与利润率之间所以会发生差异,实在是由于利润率有了提高,而不是由于利息率下降。

看来在这一点上是无法获得一个一成不变的通则的。如果利息率很低,信用供应充裕,且容易获致,则扩张局面迟早总会实现;如果一方面还有新发明、新地区开辟等类锦上添花的刺激因素,则扩张局面将提早实现。重整旗鼓的力量将更快地形成。

- **熊彼特与企业界先驱者的作用**

关于这一问题的探讨，还可以添上许多细节，作进一步的发挥，而且已经有人这样做了。这里可以举出许多心理的与社会的因素：当企业家面对着当前有利的投资机会而有所反应时，这些因素会从旁发挥促进或阻挠的作用。关于心理因素，将另行分析。熊彼特教授曾提出这样一个论点，认为技术革新发挥作用时，是大量突然而来的。[①] 他说，一方面是技术知识的增进（那就是在实际使用的生产过程中创造有各种革新的可能性的发明），另一方面是，新方式方法在实践中的采用；人们必须在这两者之间加以区别。关键不是在于某一新操作方法在实验室中的发现，而是在于某一新技术在实际上的应用，这种新技术的实用性，事前也许早已发现。新发明是络绎不绝的，这些新发明为什么不能在时间上做多少带些均匀的分布，其间并没有什么一定的理由。但我们确有理由可以相信，新方式方法在实际上的应用，是一下子汹涌而至的。

要采用种种新技术、新设施，如市上已有的商品从事生产时的新生产方法，商品新品种的创造，新市场的开辟，销售商品的新方法等，只有少数企业家有这样的想象力和活动力，能够顺利地进行。但是，只要少数人能带头，许多人就能跟随而来。一旦有人跨前了一步，表明"某一生产因素的新结合方式"（熊彼特教授说的）有利可图时，别的人就能很容易地仿效他。因此，不论什么时候出现了某些成功的革新时，就立刻会有为数众多的类似的设施跟着出现。[②]

[①] 参阅《经济发展理论》，剑桥（马萨诸塞州）1934年版。译自德文，德文初版发行于1911年。

必须指出，熊彼特教授提出这个理论时，并不是作为对高潮转折点的解释，而是用来解释体系脱离平衡时的动向。他认为，高涨以及低落，都可以明确地划分成两个阶段：一个是走向平衡的，可以分别叫做复苏阶段和衰退阶段；一个是脱离平衡的，可以叫做繁荣阶段和萧条阶段。复苏和繁荣构成了高涨，衰退和萧条构成了低落。熊彼特教授认为经济体系所固有的更生力量，足以使产量和就业，从萧条阶段恶性周期下降落的低水平提升起来，此外更不必借助于某些刺激因素来解释低潮转折点。熊彼特教授还说，"天才企业家"会引起大群模仿者步他的后尘，这些人会在高涨的后期成批地出现，从而使经济体系不能安定下来，不能长期保持平衡状态。

这个见解会引起严重的反对意见。但是体系通过平衡时的经历如何，或者至少是在高潮转折点与低潮转折点之间的某一点上，如何接近于一种正常状态，关于这些方面，许多学家似乎只作了些笼统的观察。熊彼特教授对经济周期问题将有新作问世，在那部书里对这一问题有进一步的精确分析。还可以附带提到一点，哈耶克教授进行分析时，是从平衡状态开始的，这一点似乎只是指出了一个在方法上的原则，而不是一个论点——体系从低潮转折点走向高潮转折点时，实际上是通过平衡状态达到的。

[②] 关于复苏过程与扩张的累积性过程，熊彼特教授的说明跟斯庇索夫教授的理论是完全配合的，但是对高潮转折点的解释，熊彼特的说法却与斯庇索夫完全不同，关于这一点，以后将加以阐述。

第15节 规律性与周期性

● **经济周期与蒸汽机的比喻**

这一节的讨论,可以从斯庇索夫教授的先驱者杜干·巴拉诺斯基[①]作出的一个有名的比喻开始。杜干·巴拉诺斯基把经济周期的动态比作一架蒸汽机的运转。"那些闲散的可贷资本的累积,起的是汽缸内蒸汽所起的作用;当蒸汽对活塞的压力达到了一定程度时,活塞的阻力被克服,即开始移动,动向汽缸的末端;蒸汽开放,活塞即回到原来地位。同样情况,累积中的闲散的可贷资本达到了一定程度的压力以后,就闯进了工业领域,使它开始活动;这项资本被消耗以后,工业就又回到了它的原来地位。"[②]

于是发生了这样的问题:在经济体系中,相当于蒸汽机燃料的是什么?为什么周期运动一直在继续着,从来不会停止?为什么经济活动的浪潮不会像蒸汽机断了燃料来源时那样,逐渐平息?斯庇索夫教授对这些问题的答复,是从他的一般理论中推演出来的,因为他并没有把问题明白提出来。

● **周期的不可避免性**

波动的振幅之所以巨大,是由于扩张过程和紧缩过程都是累积性的,而所以会这样,则大部分是由于心理反应。扩张引起乐观心理,从而促进投资,格外助长了扩张。紧缩引起悲观心理,这就格外加深了紧缩程度。扩张会走到尽头,因为要准确估计储蓄与资本应供量,几乎是不可能的。资本品的构成,必须根据需求的预测来进行,其间的构成基础是储蓄,而储蓄是无法准确预计的。一方面是各种工具的耐用性,另一方面是构造期间的长短,两者都是难以捉摸的,这就使供求双方要能齐步前进就非常困难。

萧条过程也会中断,这是由于:(1) 它会自动造成一种有利于恢复投资的局势;(2)随着时间的推移,悲观心理会逐渐消逝;(3)会发生外来的刺激因素。庇古教授的论调是,乐观心理和悲观心理会互相发生错觉(这一点随后将提到[③]);斯庇索夫教授

[①]《英国商业危机史料》,耶那1901年版。
[②] 同上,第251页。
[③] 见本书第6章第2节。

对这个说法也许是同意的。

卡斯耳教授则明白指出，如果没有以新发明和新发现形态随时出现的这些外来的刺激因素，周期动态就会逐渐消失。

总之，我们可以说，关于这个问题，我们现在讨论的这一派学家似乎并没有加以有系统的分析，没有作出圆满的答复。但是从他们理论的大意上来看，以内生力量和外生力量为依据，即以经济体系受到外来变动刺激时的反应为依据，是提供了一个答案的。

- **再投资的周期**

这里还须提到一点，在斯庇索夫教授的著作中，在许多场合，有一种表示得很含糊的见解，可以用来解释为什么繁荣与萧条的周期现象会有规律地反复发生。这里所说的见解指的是这样一个论点，认为在某一短时期内的某一期间会集中地从事于建造大量的固定资本设备，因此，在以后的某一期间，会引起大量投资（或者说得恰当一点是再投资）的再度爆发；因为在某一期间设置的机器和其他耐用设备，投资日期相当集中，此后需要重置的日期，虽然在集中程度上比原来也许要差些，也将集中在某一期间。这就是说，假使资本建设发生了初发性勃兴的现象，此后的重置就会流入周期方式，再投资就会周期地发展。这个见解的渊源可以一直追溯到马克思。这一理论，后来由约翰·埃纳森加以充分发挥，做了一切必要的补充，在他《再投资周期和它在挪威航运业的表现》[①]那部值得称扬的著作中，还叙述了理论发展的沿革，在现代统计设计的协助下，把这一原理应用到具体的实例。

第16节　国际的复杂关系

这一派的理论家们，对于国际方面的问题并没有加以彻底有系统的讨论。但是以非货币投资过度理论的观点为依据，一个国家的周期动态将如何影响到别的国家，以及国际贸易情况将如何影响到它自己，在这些方面必须作出怎样的假设，大体上并不难推想。在这一点上，货币投资过度理论所说的，对非货币投资过度理论派的见解也

[①] 奥斯洛经济学院发行，1938年版。并可参阅他的论文《再投资周期》，载《经济统计评论》第20卷，1938年2月号。

同样可以适用。上面已经说过,当19世纪时投资之所以转趋活跃,认为在新地区开创投资机会这一点是最有力的诱因之一。①

丙:由制成品需求变动引起的投资过度——派生需求加速与扩大原理

第十七节 引 言

● 消费品需求对投资的影响

　　货币投资过度理论是从自然利率与货币利率之间的差异出发的,这个理论认为过度投资与不平衡状态之所以会反复出现,是由于各种货币因素造成的。投资过度理论中的非货币学派则强调各种非货币因素——技术改革、新设施和新发现。投资过度理论这两派之间的差别并不是怎样显著的,由于其间有很多居间性的论点,使两派见解相互间逐渐有了转移。两派学家一致认为,使扩张过程向前进展的动力是来自投资方面,而不是来自消费方面。消费品需求是间接地受到投资变动影响的;消费品需求的变动,在扩张与紧缩的累积性过程中,是一个重要环节。但是对于消费品需求变动怎样反过来影响投资,他们却没有深入地研究。

　　有许多学家从事于解释经济周期时,认为起主导作用的是消费品需求的变动,现在要讨论的就是这一派见解。这一派认为,由于技术上的原因,消费品需求的细微变动,会引起生产品需求猛烈得多的变动。但单是这一论点,并不能构成经济周期的一个完整的理论;其间必须与种种经济变量的其他关系相结合,而且还可能有种种论证跟它相适应。这种论点并不一定归结为投资过度理论,事实上以加速原理为基础的解释,一般也并不是一定列入投资过度理论那一派的。但是我们随后会看到,这样的论点很容易跟投资过度解释结合在一起。加速原理和我们在前面所讨论的投资过度理论,实际上并不是相互对立而是相互补充的解释。消费品需求的变动,会在递增的强度下传布到生产的较高阶段。这一论点,跟上面已经提到的一些别的因素结合在一起,可以用来解释关于周期向上运动的累积性和自我持续性。投资过度理论家对于典

---

① 这是新马克思学派关于帝国主义理论的基本观点。这一派学家及其作品,有罗莎·卢森堡的《基本的累积》、弗里茨·斯腾堡的《帝国主义论》(1928年版)等。关于对这一派著作的观察和评论,可参阅奈舍:《经济周期的某些国际情况》,费拉德尔菲亚1936年版,第161~172页。

型的经济周期已经作了一番描绘，而这一论点则在已有的画面上，又添上了很有力的一笔。这件事具有极其重要的实际意义，因为近年来越来越着重、认识得越来越清楚的一点是，在经济周期中波动得最剧烈的是耐用品、消费品以及资本品的生产，而上述论点对这一事实的阐明，作了很大的贡献。

使加速原理获得发展的一些学家是：阿夫坦利翁①、比克达克②、门特尔·波尼阿息③、卡弗④和属科·方诺⑤。近年来对这一原则作出进一步充分说明的是 J. M. 克拉克⑥、西蒙·库兹涅茨⑦、庇古⑧和哈罗德⑨。密契尔⑩、罗伯逊⑪和斯庇索夫⑫在他们的周期理论的解释中，也采用了这个原理，作为一个助成因素。⑬哈罗德先生接受了这一原理的意义，却并不十分顾及已往的文献，他把这个原理改了一个名称，叫做"关系"⑭。

讨论将分两个阶段进行。首先是对这个经济的技术性原理将作详尽的解释，并加以必要的补充；其次是在投资过度理论范围内，关于如何利用这一原理来说明经济周期这一点，将予以探讨。

---

① 《生产过剩引起的周期危机》，巴黎 1913 年版。
② 《就业波动的非货币起因》，载《经济季刊》，1914 年 9 月号。
③ 《论经济危机》，巴黎 1922 年版，1930 年再版。
④ 《工业萧条理论述略》，载《经济学季刊》，1903 年 5 月号。
⑤ 《货币理论文集》，哈耶克编。
⑥ 《企业加速原理与需求法则》，载《政治经济学报》，1917 年 3 月号；《综合成本经济学》，芝加哥 1923 年版；《经济周期的关键因素》，纽约 1934 年版，第 33 页起。并可参阅他与勒格纳·弗里希的一次论争，载《政治经济学报》，1931 年 10 月号和 12 月号，1932 年 4 月号。
⑦ 《经济周期中资本品与制成品的关系》，载《纪念密契尔经济论文选》，纽约 1935 年版。
⑧ 《工业波动》，1929 年再版，第 9 章。
⑨ 《经济周期论》，牛津 1936 年版，第 2 章。
⑩ 《经济周期论》，1913 年版。
⑪ 《工业波动研究》，伦敦 1915 年版，第 1 卷，第 2 章；《银行政策与价格水平》伦敦 1932 年增订第 3 版，第 2 章。
⑫ 《危机》，载《政治学手册》，1925 年。
⑬ 并可参阅廷柏根对这一原理的批评意见，见他的文章：《关于加速原理的统计证明》，载《经济学》新号第 5 卷，1938 年 5 月号，第 164~176 页。结果他并没有提出很多的统计证明，这是不足为奇的，因为关于这一原理，在应用中还必须加上许多补充条件（下面我们将谈到这一点）。
⑭ 这个名词似乎不很适当，因为除了在加速原理假设下的消费与投资之间的关系外，还有属于另一类的两个量值之间的关系（见下文）。

第18节 加速原理概述

制成品与劳务在需求方面与生产方面的变动,对于用来生产它们的那些生产品,在需求方面与生产方面,会引起更大得多的变动。所谓"制成品",不必认为指的一定是在狭义下的消费品,它的意义比较广泛,指的是和前一生产阶段对照下处于任何"制成"阶段的商品。加速原理不仅适用于和前一生产阶段相对下的消费品,而且也适用于分别地和前一阶段相对下的一切中介商品。消费品需求的细微变动,都可以转化为更高阶段的那些商品需求的猛烈变动,这种变动猛烈程度的加强,会贯串到一切生产阶段,因此,距离消费领域最遥远的那些生产阶段应当波动得最猛烈,这是极其自然的。甚至会发生这样的情况,在这一阶段需求的进度有了松懈时,会使它前一阶段产品的需求实际上降低。

● 加速原理下三种不同情况

关于加速原理的作用,可以在三种不同情况下来叙述,但我们随后会看到,三者可以很容易被归纳为一个定则。

(1)耐用生产品。这里变动猛烈程度的加强,从制成品(耐用的或不耐用的)需求的变动开始,到生产制成品时所必需的耐用生产品(机器、厂房等)需求的变动为止。

(2)耐用消费品与半耐用消费品,如公寓住宅、汽车、无线电装置等。这里的加强过程,从劳务(公寓)需求的变动开始,到供应劳务的手段(房屋)需求的变动为止。

(3)商品存量。假使对种种不同的商品需要保有一定存量,而量的大小与产量的大小有着比较固定的比率。那么,即使个别地说起来是不耐用的,整个地说起来,仍然可以看做是耐用的。

● 货币方面的情况

为了便于说明这一原理的作用,假定有某一种制造品,比方说鞋子、帽子或汽车的需求有了变动,让我们看一看,这种变动对前一阶段生产品的派生需求将发生怎样的影响。

这时,我们会立刻想到两个重要问题。(1)假使需求有了增长,这种最初发生的增长是从哪里来的？是由于购买力从不买其他商品而引起的呢——在这种情况下，商品A的需求有了增长时，商品B的需求将有相应的减退——还是由于因通货膨胀而总需求有了净增加额？（2）生产品的需求和生产有了派生的变动以后，由此所需要的资金是从哪里来的？是由于信用扩张呢，还是借助于现时储蓄？很明显，这些问题跟加速原理在周期理论中的地位这个问题是密切相关的。这些都将放在以后讨论。目前我们所假定的是，某些商品的需求的确有了增长——不管这种增长是从哪里来的——然后将试图说明，派生需求为什么会有比这一增长更加猛烈得多的变动。

第19节　由于耐用生产品的存在而引起的派生需求的加速

● 加速原理初步叙述

假定我们所处的是如下的静态情况。假定说，鞋子的年产值是100。为了获得这个产量，所需要的固定资本设备——即耐用生产手段，以后我们把它叫做"机器"——的原始成本和重置成本是500，其中的10%每年必须重置，因为机器是按照这个比率磨损的。换句话说，这种机器的使用年限是10年。在这样的假定下，为了进行重置，每年必须按50的成本制造新机器。① 现在，假定鞋子的需求有了增长，因此，如果要满足需求，生产就得提高10%，提高到每年110。如果这时并没有剩余能量，生产方法也无所改进，那么要使生产获得在这个程度上的提高，固定资本就得提高10%，就是说，机器的生产须增加50，使机器总生产由50达到100。因此，制成品的需求和生产如果提高10%，每年设备的生产就得提高100%。需求变动的绝对扩大是从10到50；当前生产每提高10，新投资就得增加50。②

---

① 当然，要能不断地进行重置，就必须预先假定，现有资本存量是在不断地摊提下构成的。如果情况不是这样，重置即将中断。如果资本存量是在摊提时作时辍的情况下构成的，则结果将发生"重置波浪"。
② 为了便于说明，这里的陈述是有些简化了的。这里我们仍然假定，制成品的需求和供应，是在一年开始时突然跃进到年增10%的。同时新机器必须增加50，再加上重置产量每年50，就使机器的一年总产量达到100。为了进一步符合实际，也许应当假定，需求增长是在一年中逐渐地、均匀地发生的。在这种情况下，机器的产量将跟以前一样是100（就是说，比扩张开始以前的那一年增加50），但制成品产量的增加却只能达到10/2=5。这里还假定，机器在它的使用年限内，是始终保持着生产效能，无所损伤的。

但是,只有当消费品需求的增长每年同样是 10 的时候,机器的这一增量才能保持。如果在第二年,鞋子需求的进度(比方说)降低到 5,因此在第二年的需求是 115,那时对机器的需求将为 75(其中 50 是重置,25 是机器增量)。由此可见,只是由于制成品需求在增长的进度上有所减退,就会使派生需求作绝对的下降。假使重置需求不变,耐用生产品的派生需求就会随着最后需求的变动率变动,而不是随着最后需求绝对变动的方向变动。换句话说,它的变动并不取决于绝对意义上的最后需求究竟是正在增长还是下降这一点。

- 重置需求

关于重置需求不变这一假定,还应在量的方面有所补充,注意到这一点的是弗里希教授。① 如果不断地按时增加等量的资本设备,重置需求在不久以后就必然要提高到新的水平。按照我们上面举出的例子,在 10 年以后将达到这一点,那时在第一年添置的 50 机器将被磨损,需要重置。如果在那个时候,制成品需求停止增长,那么添置机器需求的消失,将以重置机器需求的增长而获得补偿。因此,认为制成品需求的增长率减退必然会引起派生需求实际上的减退,这样的说法并不十分正确。这里值得注意的一点是,在我们假定的情况下,在每一局势中,如果制成品需求的状态有时是在增长或减退,有时是固定不变,那么机器需求将保持稳定,也只有处于这种情况时,它才会保持稳定。关于各种有关量值之间的准确关系,可以从数理方面来演述。② 我们随后将看到,这里还须作出一系列的限制性的补充。因此,这里的叙述,在此刻似乎不值得要求绝对精确,事实上引用这一加速定理时,要求在数字上绝对精确是办不到的。

- 耐用程度问题

但是有一点我们对它必须有清楚的认识,那就是,如果其他情形不变,派生需求的扩大程度是取决于机器的耐用性的。如果我们假定,机器的使用年限比原定的提高一倍,即 20 年,则 500 存量的重置需求,每年只是 25。但是,如果制成品需求增长了 10%,从而要求设备存量也增长 10%,这时机器总生产将由 25 跃进到

---

① 《资本生产与消费吸收之间的相互关系》,载《政治经济学报》第 39 卷,1931 年 10 月号,第 646 页。还可以参阅弗里希与 J.M.克拉克随后对这一问题的讨论,见同上刊物第 39 卷及第 40 卷。庇古在《工业波动》第 9 章叙述到加速原理时,关于量的补充这一点,曾作了充分考虑。

② 见弗里希上前论文。

75，就是说，跟 10 年使用年限的原来情况对照时，它的生产不是提高一倍，而是提高了两倍。再从另一极端情况来看，假定使用年限是零，就是说，假定其间并没有耐用生产资料，所有的只是原料和劳动，那么，当处于生产的静态情况时，这里并没有固定存品，材料的整个供量，必须立即进行重置。如果制成品（鞋子）的产量是 100 所使用的原料（皮革）是 50，全部原料就必须重置。如果鞋子的需求增长 10%，增长到了 110，皮革生产也就必须增长 10%，增长到 55。这里全然没有扩大的现象。

关于加速原理暗含在我们假设下的种种限制，应当记牢。我们把未运用的能量不计在内，并假设产量与资本设备之间存在着一种固定的关系。这些以及其他的一些限制，在第 20 节和第 21 节里所说的另外两种情况下，都有它们的对应限制，将在三种情况的合并叙述中加以讨论。

第 20 节　耐用消费品情况下派生需求的加速

• 与前例的类似

耐用消费品情况，也许是这三种情况中最重要的。试以公寓住宅为例。情况跟上面第 19 节里分析的鞋子生产情况正相类似。我们只需用"住宅每年所提供的劳务"来代替"鞋子每年的生产"，用"公寓住宅"来代替"生产鞋子的机器"就行了。就是说，我们可以把耐用消费品想象成为是在不断地提供着劳务的。

我们仍旧从静态情况开始。每年劳务的生产（即住宅容量，比方说可用公寓租金来计量）是 100。耐用品，即住宅存量——不断供应的劳务就是由此而来的——（比方说）是 1000，其中 10%，即 100，必须每年重置，即相当于 10 年的耐用性。如果公寓需求增长了 10%，则住宅数目——或者不如说是居住面积——也必须增长 10%，这就是说，新住宅建筑必须增加一倍，属于重置项下的是 100，属于存量增加项下的也是 100。由此可见，劳务流量每年增加 10，投资就必须增加 100。

作更进一步的分析时，也将与鞋子的情况完全相同。关于耐用性稍次的商品，如汽车，也可以同样的方式来分析，把它划分成劳务流量和耐用工具，后者的值是它每年劳务的值的一个倍数。（就住宅与汽车两者的情况来说，当然，其间还存在着一个很重要的制度上的差别，在住宅情况下，工具所有者与劳务使用者，通常往往是分开的，而汽车劳务的消费者则往往就是工具所有者。技术原则并没有因此有所改变,但因此会产生其他后果,这一点将在以后讨论。)

● 折旧和维续成本

某些类型的耐用消费品有一个显著的量的特征,这里我们不妨谈一谈。公寓住宅最后劳务的成本(公寓的年租)是由两个部分组成的,即耐用工具的折旧费和维续成本(供暖、供水、维持费等)。如果劳务需求增长,加速原理将发挥作用的是在于第一个部分。如果别的情况(尤其是工具的耐用性)没有变动,则量的影响就决定于两个部分相对的重要性上。就住宅面积的情形来说,耐用工具(住宅)的折旧费也许要比较大些,比方说,可以达到总产量成本的 4/5。就上述制鞋的例子来说,我们假定总产量是 100,其中耐用工具的折旧费只占到一半,还有一半是原料和劳动。在这样的假定下,其他情形不变,以公寓需求增长的情形与鞋子需求作同等增长的情形来比较,前者派生需求的绝对扩大比后者要大得多。如果鞋子的需求由 100 增长到 110,机器需求将由 50 增长到 100。如果公寓需求由 100 增长到 110,住宅建筑需求将由 80 增长到 160。

第21节　由于商品固定存量的存在而产生的派生需求的加速

● 与前例的类似

如果居间者和生产者按销售率或生产率的固定(或相对地固定)比例保有着商品存量,那么即使没有耐用生产资料,派生需求也仍然会发生某种程度的扩大。我们说商品存量对销售率或对产量有着固定的比率,这一假设乃是产量与机器之间有着固定关系的假设的对应假设。

让我们仍然从静态情况开始。假定一个月的销售量是鞋子 10 万双。假定商人平时所保有的固定存量,相等于一个月的销售量,而隔了一段时间,需求与销售增长了,增长到了 11 万双,而且相信,这种增势是持久性的。于是商人为了使他们的存量和销售量保持通常的比率,将提高向生产者的订货量,提高到销售增长的程度以上。他们将订购 12 万双。但是这样扩大了的订货量,只有在销售量不断增长的情况下才能保持。如果到月底时销售停止增长,这时销售即使没有下降,存量将不再增加,向生产者的订货将降低到 11 万双(虽然不是原来的 10 万双)。

在另一趋势下,这个原理也同样会发生作用。如果鞋子的需求降低,商人将减低存量,他们的订购量因此将降低到销售降低的程度以上。派生需求会发生进一步猛烈的波动。

● 几项限制和保留

商品存量情况与固定资本情况,从形式数学的观点来看,虽然是完全相似的,但商品存量情况还存在着某些量的特征,因此当应用加速原理时,须注意到严峻得多的限制和保留。(1)销售与存量之间比较固定的关系这一假设,跟产量与资本设备之间比率的固定这一假设对照之下,前者的确定程度要低得多,存在着较多、较显著的例外。商品存量是随时可以增减的,是可以很快地被消耗的,因此会发生投机性的变动。(2)它的耐用性比固定设备要差得多。因此商品存量情况与机器情况对照,前者的重置需求对产量与销售量有所增长时的反应,比后者要迅速得多。如果装置了一架使用年限达 10 年的新机器,这一措施在 10 年以内是不会影响到重置需求的。如果销售量增长,从而存量也作了相应的增长,重置需求在下一期间即将增长。

由于这些原因,商品存量因素与固定资本因素对照下,关于派生需求的加速,前者所表现的势必不及后者的明显。

第 22 节　加速原理综合说明

在我们所假设的三个例子中都有这样一种情况,为了提高出产率,一般就需要立即从事大量的投资,体现形式是存货或者是固定资本,后者在实际上要重要得多,它的成效,却只有在比较遥远的将来才能见到。

同一事态,可以换个方式来说明。由于工具具有耐用性,为了适应很长一段期间的未来需要,这类工具就需在现时立即供应。为了满足将来任何某一个时期的需求,这方面所需要的供应就必须立即生产,以存货或耐用工具形式贮存起来。

如果我们假定制成品需求有一种周期的起伏动向,用正弦曲线来表示,那么资本设备需求的动向,就得用同类型的、进一步倾斜的曲线来表示。这条表示需求变动结果的诱导曲线,通常将指示出一种与变动的原因相反的趋向。它将比示因曲线先一步达到高点或低点。这是个看起来有些使人难解的现象,因为我们总认为先有因而后有果,因果是不会倒置的。但这里的主导因素——除了上面第 19 节指出的某些限制情况外——并不是制成品需求变动的方向(并不是制成品需求绝对地增长或减退这样一个单纯的事实),而是制成品需求的变动率,或者可以说是变动率的变动。

第 23 节　几种限制情况

● 发生能量过剩时原理适用的限制

我们在前面曾经谈到了"资本设备需要"的变动。如果我们要用资本品的"需求"或"生产"等字样来代替,那就必须把这种需求和生产看做是不能变成负量的。[①] 一旦资本品生产降低到零点——这时消费品需求仍在继续减退中——就会发生过剩能量;此后制成品需求如果重新有了增长,在积存的过剩能量还没有被吸收以前,资本品生产就不会恢复。只要还存有未用的能量[②](或商人存货过剩),有关派生需求的加速原理就不会发生作用。

● 各种因素的可变程度

一方是产量,另一方是资本设备与商品存量,我们说在这两者之间有着不变的比率。在这一假设下,关于过剩能量这一点是不考虑的。因为,生产技术方面的种种发明和改进,会使按资本设备每一单位计算的产量增长。即使不计及这一点,这个比率在实际上也不是不变的。现有资本设备的利用强度是有伸缩余地的。工作时间可以额外延长,人手也可以增加。还不只是这样。如果产品需求增长,就得添置新机器,而新设备的耐用性也许与原来设备是不同的。耐用机器应当多备些还是少

[①] 廷柏根教授对这一点作了很恰当的说明。在《关于加速原理的统计证明》这篇文章里,他这样说:"严格地说,只有当下列情况能获得圆满解决时,加速原理才可以算是正确的。"消费品生产十分显著的减退绝不可发生。假使这个原理是对的,由此将引起相应的反投资,而这一现象的发生,却只能以达到重置程度为限。如果每年重置相当于资本品存量的 10%,那么使这种存量实现大于每年 10% 的减退是不可能的。如果消费品生产降低了 15%,却无法如加速原理所要求的那样,使实际资本同样降低 15%。另有意味的一点是,所论及的资本品寿命越长,这一限度就越发明显。"

[②] 对"未用能量"这个词,理解时必须十分小心。某些较次能量总是随时存在的,这些就可以用来应付需求的增势。

备些，跟一定数量的劳力或流动资本结合在一起的固定资本应当多备些还是少备些，有许多因素足以影响到这些方面的决定。例如利息率和工资率，又如当前的一般形势——也就是生产者对工资、利息和其他成本项目的前途演变以及对需求的未来情况所作出的预期。

由此会引起一些基本问题，从而很有可能对加速原理的本质将再度有所反应。

总之，这一原理在比较严格的形式下所假定的是，制成品生产与其他生产资料生产之间某种量的关系，在比较松弛形式下所说明的只是，消费品需求与生产有了增长时会促进投资，有了减退时对后者会发生不利影响。

● 消费与投资之间的各种相互关系

在后一种比较松弛的意义下，这一原理的可靠是没有什么可以怀疑的。但是应当注意，它并不排斥以下两个可能情况：(1)在消费品生产与另一类投资之间会存在着一种因果关系，这类投资与在我们这个原理下所假定的不同，在某些情况下，甚至会在相反的方向发挥作用；①(2)资本品生产(投资)，不仅会受到消费品需求变动的影响，而且也会受到别的因素的影响。我们也许可以这样说，任何投资，直接或间接所期望的，或者说，进行任何投资时所依据的预期，总是在于消费品的未来需求。但是汉森教授指出，②有些类型的投资所指望的是，投资能在很远的将来获得效果——例如在新辟地区建筑铁路。在这种情况下，投资与消费品需求现状及其最近动态之间的关系是极其薄弱的。决定这类投资的是长远的预期，这时如果说制成品现时产量是在轮廓分明的量的形态下影响着这类预期，这样的说法是很难成立的。③

除了那些冒险性投资以外，还有以流动资本与固定资本形态体现的其他投资，这类投资是相当密切地随着消费品需求的升降而进退的，可以把它们叫做常规投资。跟比较严峻形势下的加速原理有关的，就是这类投资。

---

① 可以与本章第 4 节对照。
② 参阅他对哈罗德偏于滥用加速原理情况的批评，载《经济学季刊》第 51 卷，1937 年 5 月号，第 509 页起(后来转载入《充分恢复呢还是停滞不前》，纽约 1938 年版)。
③ 罗伯逊教授对这一点作出了很恰当的说明。"……现代某些主要类型的投资——对动力生产、运输以及政府活动这些方面工具的投资——与某类消费品可见需求之间的关系，实在是极其淡薄的，决定这类投资的，实在是对整个地区和人民前途发展的相当浮泛的估计。"(参阅他对于哈罗德《经济周期论》的评论，载《加拿大经济与政治学报》第 3 卷，1937 年，第 126 页。)

第24节 加速原理对一般经济周期解释的贡献

● **消费需求与资本生产之间的相互作用**

有些人认为,要利用加速原理来解释一般的经济周期,就得预先假定,消费需求是一直在扩张与紧缩的周期起伏过程中的。① 然后就可以用这一原理来说明,为什么资本品工业会有较大的波动。但是实际情况要复杂得多,因为消费需求与资本生产(投资)彼此之间是相互发生作用的。

要阐明这种相互关系,上面提出要稍缓讨论的那两个问题,现在必须进行讨论。

● **最初冲击的性质**

制成品需求的增长,究竟是怎样发生的呢?这里有两种情况必须加以区别。(a)由于货币方面的变动,或者是货币量增加,或者是贮藏资金外流,或者是流通速度提高,因此总需求有了净增长;(b)不过是需求从一种商品或一类的商品向另一种或另一类商品的转移。

根据(a):如果以货币计的制成品总需求有了(通货膨胀性的)增长,因此较高生产阶段受到显著的刺激,这时加速原理就已经足够说明情况。资本品需求增长了,这就会牵涉到银行信用需求的增长。利润率提高了,这时加速原理就成为一个重要因素助长累进的扩张,加强了高涨的累积力量。

根据(b):这里的情况有些不同,总收入并没有增加,只是商品 A 的需求移转到了商品 B。由商品 A 而来的资本需求降低了,而由商品 B 而来的则有所增长。这两方面的变动是否会相互抵消,因此生产生产品的工业活动会不会受到刺激呢?回答是,也许会相互抵消,但实际上不仅不一定是这样,而且甚至会跟这样的情况相反。多半的情况是,将使生产品需求获得净增长。

---

① 1931 年 12 月,哈迪在美国统计学会提出的批评。这是由 J. M. 克拉克引用的,载《政治经济学报》,1932 年 10 月号,第 693 页。

● 影响结果的一些因素

需求转移的结果如何,主要将取决于三种情况:第一,用来生产 A 和 B 的固定资本的相对重要程度和耐用性;第二,两种工业中未用能量的是否存在以及存在能量的相对量;第三,用来生产 A 的机器是否可用来生产 B,以及可利用的程度。

如果 B(假定是汽车)的需求有了增长,A(假定是纺织品)有了减退,而固定资本在 B 的生产中所占地位比在 A 的生产中所占地位更重要,所需要的耐用设备也较多,则制成品需求的移转,将引起资本品需求显著的增长。

但是,即使在 A 和 B 两种情况下,固定资本与流动资本的比率完全相同,前者的耐用性也相同,当需求从 A 移转到 B 时,也仍然极有可能会引起固定资本需求的净增长(假使生产 A 的机器不能用来生产 B)。加速原理是在进退两种演进趋势下都会发生作用的。但在低潮发展方面,它的作用会受到一种事实的限制,即生产不能低到零点以下。因此,在需求从 A 移转到 B 的情况下,如果对生产 A 的机器的需求降低到零点,则很有可能,对生产 B 的新设备需求的增长,将超过在 A 方面的丧失而有余。①

当制成品需求有了移转时,如果生产 A 的机器无须经过改造,或者是只需略加改造,就可以用来生产 B,则由此造成的净余结果所产生的影响就可以轻微些。很有可能的是,A 和 B 两种有关工业,分别追溯到较高生产阶段时,是同出一源的。试以钢铁工业为例,除了 A 和 B 以外,还有许多工业,例如铁路建设以及建筑业,都有着共同关系。在 A 和 B 的生产程序中,究竟相互一致到什么程度,这样的一致性是从(比方说)生产的第二阶段开始的呢,还是从第五阶段开始的,显然其间是大有差别的。如果 A 和 B 两种商品在生产领域内彼此相离得很远,用于生产 A 的固定资本只有一小部分可以用来生产 B,如果在这种情况下发生了需求由 A 到 B 的移转,则对于新设备以及构造这类新设备时所需材料需求的任何增长,总是比较坚强,比较有力的。

● 新投资资金的来源

关于投资资金的提供,有两个不同的方式可供讨论。新投资资金的来源,(a)可以是出于现有的储蓄;(b)也可以是出于通货膨胀,而膨胀则来源于新的银行信用的创

---

① 由此可见,当两种商品的需求有了移转现象时,如果这两种工业设备的需求正处于比较低的水平,则多半将发生较大的扩张效果。当这种移转现象发生时,如果工业正处于普遍发展状态,则加速原理将在两个方面充分发挥作用,因此对 A 和 B 两者的工业所产生的影响,将有较大的可能会相互抵消。

造与(或)现有支付手段的加强利用。换句话说,增加出来的投资,跟货币流通(即MV)的保持稳定,可以是一致的,也可以是不一致的。

根据(a):假定在加速原理的作用下制成品需求有了移转,或总需求有了增长,从而为新投资提供了机会;但是以货币计的资本供应,并没有借助于通货膨胀而有所增加。这里并不存在弹性的信用供应,也没有任何类型的贮藏资金可供生产者吸取。结果利息率将提高。由此工业各部门的投资或再投资,或新投资,这要看情形而定,—将缩减,与制成品需求有了增长的那些工业投资的增势相抵消。结果生产品的总需求将无所增长。

根据(b):加速原理的主要代表者,J. M.克拉克教授当然是承认这一点的,认为除非是与弹性的信用供应这一事实结合在一起,否则对经济周期这个原理就不能用来作为一种解释,甚至不能用来作为一种不完全的、局部的解释。因为,除非在这个原理下会无可避免地引起信用扩张,否则某些工业部门投资的增长是不会引起企业活动的普遍进展的。如果通货有了增加,收入和制成品需求将增长,由此将进一步促进投资,于是扩张的累积进程将开始。

这样就使加速原理与投资过度理论融成一体,使我们在上面所描绘的周期景象由此加上了一个重要的特征。

● 一些有关情况的进一步分析

在进一步精密分析下会发现,加速原理与投资过度理论之间,还存在着一些别的情况。

为了要满足制成品或劳务的现时需求而需要耐用工具,用货币投资过度理论的术语来说,可以把这种情况称作是一种采用迂回生产方法的诱发因素。工具的耐用性越强,迂回生产方法在使用中的经过时间就越长。

上面已经说过,各种工具的耐用性,以及为适应制成品需求的增长而对这类工具投资的数量,不能看做是单纯地、严格地取决于技术知识情况的经济常数。一般的说,有各式各样的生产方法可供选择,有耐用程度高低不同的设备可以装置,耐用性越强则代价越大。(当然,有些工具耐用性较差,而代价却不亚于耐用性较强的对等工具,这类设备是不经济的,根本就不会被采用。)对这些工具进行选择时,孰取孰舍,主要是以利息率为转移的。利息率越低,则采用的工具耐用性越强,进行生产时的迂回过程也越长。此外还有一个关系到风险的因素。在乐观与信心十足的气氛中,跟处于疑惧与不安的环境时,情况有所不同,人们在前一种状态下,将比较踊跃地从事于大规模投资。还有,现有设备的重置速度,即设备使用时期的长短,也将受到这些因素的影响。

耐用消费品的生产,不亚于耐用生产品的生产,同样会引起信用扩张。如果公寓需求有了增长,就会在膨胀的银行信用的协助下从事于建造住宅。就半耐用品、如汽车的情况来说,这类工具(不仅是劳务)通常是由最后消费者用他的收入来购买的,在分期付款方式下,会使消费者的现时购入量扩大到他的现时收入限度以外。因此,收入如果略有增长,可以使领受者提高他的现时消费时,也许会由此引起比一般需求规模大得多的增长。

当然,足以对投资发生促进作用的,不仅是消费品需求的实际增长,还有消费品需求的预期增长,由此引起的投资,会比预期中消费品需求的每年增额超过许多倍。

所有这些情况表明,在投资过度理论者所评述的投资结构中,加速原理是有它的重要作用的。

加速原理说明了,在周期中的向上运动开始以后,为什么在较高生产阶段中的那些未运用的生产因素会很快地被吸收。当然,在一切生产因素或某些类型的生产因素已经获得了充分利用以后,这一原理就不再能一无阻碍地发挥作用。但是关于这些问题,在上面货币投资过度理论的分析中已经作了讨论。

● **崩溃的原因**

关于累积的扩张过程的性质,已经作了如上的解释;关于繁荣的崩溃,还有种种可能成立的解释。一种解释是,如前述定义下的资本不足,迟早总是要发生的。

上面曾指出,制成品(如铁路)需求增长率的减退,不一定会引起生产品(如钢铁)需求和生产的实际降低。生产品新需求的降低,很有可能会由于重置需求的增长而获得补偿。如果铁路新线的建筑活动只是在很长一段时期以后才会减退,则钢铁业也许不会发生任何萎缩现象。这样的情况是否会实现,在很大程度上(但不是全部)将取决于资本供源的是否充裕。如果发生了资本不足现象,铁路建筑势必缩减,钢铁业将发生需求降低情况。这里我们再度看到,投资过度理论与加速原理之间是有密切的相互关系的。

但资本不足并不是崩溃唯一可能的解释。阿夫坦利翁教授是讨论加速原理的代表者之一,他提出了这样一个论点,认为转折点之所以会出现,并不是由于资本不足使新投资无法完成,正相反,这是由于新的迂回生产方法(耐用工具的建造)已经造成消费品开始倾泻而出的缘故。价格下跌了,消费品工业衰落了,而这一情况一旦发生,这种萧条局面就会变本加厉地传布到较高的生产阶段。

这一见解,以后在消费不足理论的分析中将提出讨论。

罗柏凯教授近来对加速原理极为重视，认为在经过一个时期的迅速扩张以后，为什么必然要发生严重的崩溃现象，这个原理提供了一个解释，但是他对这个问题的看法跟以上所说的有些不同。①他分析加速原理在扩张结构中所起的作用，跟上面所说的也并没有什么出入。但他并不借助于资本不足或消费需求不足来解释崩溃的现象，也不相信靠了增加储蓄（像资本不足论者所主张的）或增进消费支出（像消费不足论者所主张的），崩溃就可以避免。他认为，由于加速原理的作用，生产结构必然要演变成一种局势，这种局势是在任何环境下都不能维持的。在社会方面，不论多储蓄些或少储蓄些，总是无济于事的，因此严重崩溃的出现，将无从避免。按照他的看法，经过一个资本迅速累积的时期以后，这样的现象是必然的结果，即使在苏联式的计划经济下，也难逃此例。

但是人们也许要问，他对于这种必然要引起相当严重危机的经济失调，究竟是怎样说的呢？他说："问题是在于投资绝对量的积极增长，而并不在于我们的经济体系必须依靠信用扩张这种增长才有可能这一事实。"②他又说："投资规模在扩大中，只要这种扩大的进度保持不变，或者甚至继续增进，繁荣就有力量继续下去。但最后关头总是要到的，到了那个时候，投资并不是实实在在地、突然地中止，而是不再按原有进度继续扩大。我们总不能老是建社下去，老是进行'合理化'，老是建造新发电厂等；尤其是信用系统，对这种投资狂热不断供应资金时，力量最后总是要枯竭的。到了那个时候，繁荣必然要告终，因为资本品工业的萎缩是无可避免的。"③

我们这位学家所觉察到的究竟是些什么，通过这几段引证，并不十分清楚。④但就我们对他的见解的领会，这里所引证的一些，看来跟他的思想是最接近的。在本书第2篇里（第11章第5节）还提出了另一假设，真正在罗柏凯教授心目中的究竟是些什么，在那里或者能有所反映。

---

① 《危机与周期》，1936年版，第102页起。并可参阅他的论文《社会主义、计划经济与经济周期》，载《政治经济学报》第44卷，1936年6月号。哈罗德也有相似的分析，见《经济周期论》，牛津1936年版，第165页。
② 《危机与周期》，第110页。
③ 同上书，第102页。
④ 以重置需求接替新投资，从而顺利地过渡到静止的平衡——关于这一理论上的可能，在他的设想中是否存在，这一点并不清楚。

第4章 危机与萧条的原因
——成本变动、横的失调与负债过度

第1节 引 言

在这一章里我们将讨论某些因素，有些人曾把这些因素看成是危机与萧条按期反复发生的主要原因，但这样说未免妥当。这里并不把这些因素看成是足以体现全面解释经济周期的完整理论，可以与货币理论或投资过度理论的解释相提并论，而不过把它们看成是某些特有的因素，对于周期的某些方面的解释多少有所贡献。这些因素对周期过程的形成，有时或常常会发生些作用；但承认这一点，并不是说就把有关经济周期的货币理论或投资过度理论推翻，事实上这两个学派的任何成员，对这些因素是绝不会怎样重视的。

第2节 生产成本与劳动、设备效率的变动

在竞争的企业经济中，如果说，由于生产成本提高到了销售价格以上，因此使工业活动受到了限制，这种说法跟工业活动有了减退的简单说法，实在并没有更多的含义——无论如何，如果把"价格"理解成预期中的未来价格（显然应该是这样），把"成本"理解成以预期活动量计的边际成本，情形就必然是这样。这种说法与对于危机和萧条作出的任何解释都是没有冲突的。当繁荣走向崩溃或出现了萧条局面时，不论是由于农业连续歉收、投资过度、通货紧缩、消费不足或是任何其他原因，工业产量之所

以降低,近因总不外是预期价格不能与生产成本相抵。所有这些因素最后必然可以归纳成为这样一种说法,即最低利润不复存在。(还有许多别的说法,跟生产成本说法同样地不切实际——例如把崩溃原因说成是供过于求、生产与消费之间的不平衡、某些行业生产过剩,等等。)[1]

● 密契尔论生产成本的周期运动

W. C.密契尔教授解释周期现象时,对于繁荣时期生产成本提高与萧条时期生产成本降低这一点十分重视。以下是他对于这一点的陈述:"当企业已经获得了按照它的标准设备所能经营的一切业务时,按照产量单位计的统计成本的下降(那是在萧条达到极点以后,生产的初次增长引起的),即行停止;当旧约满期,不得不按繁荣状态下较高的利息率、租金和薪金续订新约时,成本即开始逐渐提高。同时,营业成本则提高得比较迅速。陈旧的设备、地点较差或在别的方面工作条件比较不利的工厂,这时又开始活动。劳动价格提高了,这不但是由于标准工资率有了提高,而且是由于在规定时间外的劳动须付出较高的代价。还有比这个更加严重的情况是劳动效率降低。这是由于工作时间延长就要疲倦,由于雇用了工作效率较差的工人,以及由于当工作紧张而人手感到不足时就难期望工人能全力工作。这时原料价格也在继续上涨,一般说来,超过了产品售价的上涨速度。最后还有一点,当订单密集,要求迅速交货时,经理其事者应接不暇,在企业管理方面就不免要发生小枝小节的无数浪费情况。"[2]

在萧条时期,则产生与此相对应的成本降低的过程,从而为业务的复兴做好准备。

● 包含在别的理论中的一些因素

在上面所引的一段里,十分明晰地叙述了许多因素的作用。但是就其间足以提高成本的各种力量分别看来,有些是以实质为依据的,有些只是以货币为依据的,在性质上有很大的差别。

以劳力计的生产成本之所以提高,是因为当生产扩张时,不得不雇用效率较低和不符合要求的工人,不能不把陈旧的设备拿来充数。这种情况是极其自然的,它实在是报酬递减律的一种说明。供应方面的价格提高了,这就"显然限制了在需求增长的

---

[1] 参阅罗宾斯:《严重的萧条》,1934 年版,第 2 章。
[2] 见《经济周期》,载《经济周期与失业问题》,纽约 1923 年版,第 10~11 页。在密契尔其他著作中,对这一问题也有相似的阐述。

反应下生产扩张的程度;由于整个过程的演变是需要时间的,我们就自然会看到生产扩张到了某一点之后就不得不停止下来[①]"。但这里并没有说明,为什么扩张以后跟着会发生崩溃和萧条。

货币工资在高涨时期会上升,在低落时期会下降,这一点在分析上面谈到的一些理论时,已经作了说明。这样的升降是信用扩张和紧缩的结果。这时除非能证明,为什么效能工资的升降必然会或大致会比价格的涨落更为迅速——就是说,除非在工资动向与价格动向之间能树立一个时间间隔——否则这样的说法就不能说明什么。

货币投资过度论已经说明,利息率上升是生产结构纵的失调的一个征象。由此使货币成本有了提高,但受到影响比较严重的是生产中的较高阶段。霍特里式的纯货币论是以资金贮藏或信用限制行为来解释崩溃现象的。将利息率上升作为这一理论分析中的一个环节,或者作为投资过度论分析中的一个环节,对经济周期的解释是有一些帮助的;但是,如果把利息率上升仅仅看做是足以增加生产的货币成本的一个因素,那么对问题的说明就没有多大用处了。

● 效率变动问题

还有一个论点是,认为在高涨时期浪费现象会到处潜滋暗长,因此效率将降低,在低落时期则由于消灭了浪费,因此效率会提高。就我们在分析中已经提到的一些来说,这是一个新论点。由于货币工资在高涨时期一般是上升的,在低落时期一般是下降的,因此这个论点就等于是说,在高涨时期,效能工资上升的速度超过货币工资,而在低落时期,则下降速度超过货币工资。这一点也许是影响一切生产部门和一切生产阶段的一个因素。如果情形不是这样,那就是由于偶然情况的不同,这里并没有一种普遍的倾向,会使生产的较高阶段和较低阶段,即耐用资本品生产和非耐用消费品生产受到不同程度的影响。

在高涨时期,效能工资将上升,这一趋势必然是对整个局面会发生不利影响的一个因素(至于在低落时期,根据这一论点将发生怎样的演变,读者可以类推)。假使这种效率上的降低可以避免,其他情况不变,则崩溃现象的发生至少应当延缓。但是,如果浪费得以避免,在萧条时期达到的效率水平得以维持,这一事实本身所体现的,并不意味着可以避免生产结构纵的失调与横的失调。否则,如果投资并没有发生在纵的或横的方向上的错误,则效率在多方面的降低,也许可以由价格上涨或工资削减而获得补偿。

---

① 庇古:《工业波动》,伦敦 1929 年再版,第 228 页。

但是也不能否认，从理论上来说，如果效率显著降低，而同时没有发生货币工资相应的下降，也没有能获得价格上涨方面的补偿，则也许会由此引起普遍的萧条。

如果出于供应方面的动机，使货币工资有了提高，而一方面，效率并没有提高，或价格没有普遍上涨，则也许会引起同样的后果。我们有理由可以相信，当处于通常经济周期高涨的后一阶段时，所发生的就是这类情况。另一方面，单就效率降低这一点来说，也许与价格的普遍上涨相互间并不是势均力敌的。

但这一问题将牵涉到量的估计，须借助于统计调查。然而关于劳动效率方面的变动，要找到一个统计上的尺度是不容易的。有许多行业，就所雇工人按人计算的产量来说，当萧条时期会显著提高，在周期的高涨阶段则显著下降，这是一个确切不移的事实。但这一点并不是效率提高的一个有力证明。因为之所以会造成这一现象，可能完全是由于与个人效率无关的其他情况——如陈旧设备，在高涨时会拿来使用，在低落时则又搁置起来，又如能力较差的工人，在高涨时不得不吸收，在低落时则又把他们解雇等。用术语来表达时，就是说，在我们心目中的所谓效率变动，是必须用生产力曲线的移动来体现的，而在统计上观察到的按工人平均计算的产量变动，则也许只是由于在一定的但无法确知的程度上沿着这一曲线的进退。

第3节 横的失调

● 关于普遍萧条的解释

关于生产结构中"横的"失调与"纵的"失调之间的区别，上面已经有了说明。我们已经看到，根据投资过度论，繁荣之所以会走向崩溃，通常是由于纵的失调，而货币投资过度论的代表者们还格外说明，这类纵的失调——其间的显著征象是资本不足与利息率高度上升——并不是完全出于偶然的，而是膨胀力量的自然和必然的结果，这些力量使利息率脱离了正轨，从而破坏了某些主要的价格关系。

即使有人认为这种理论基本上是正确的，那么我们也不能就断定横的失调同样是不可能出现的，或者说它不会在某些情况下成为崩溃的原因。

诚然，单是横的失调（那就是说，某一工业部门有了过度的发展），它只能解释与普遍萧条有所不同的局部萧条。理由是，如果工业A有了过度的发展，就必然有工业B处于发展不足状态；如果A奄奄一息，B就必然欣欣向荣。但是我们已经看到，当生产因素发生了纵的分配失当时,情况也是这样。

为了对普遍萧条作出解释,就得承认一点,即生产程序局部的脱节,也会导致通货紧缩累积式的过程。如果承认这一点,就不难假定,不论是生产结构横的或纵的失调,都有可能引起通货紧缩恶性的螺旋式的过程。

● "差误论"

像这样横的失调,是由种种情况促成的,这些情况可以分为两类:(1)需求变动,(2)供应变动。

属于经济周期的或者说实在是属于危机的所谓"差误论",在这里是正用得着的。这类理论所着重的几点是:我们的经济体系极端复杂,知识缺乏,对各种产品未来需求难以作出准确的预测。这个生产者不知道别个生产者在做些什么。关于某一需求,单凭生产者 A 的力量是不能满足的,于是生产者 B、C、D 等就纷纷应运而起,来满足这个需求,在需求量方面和迫切程度方面,就产生了被夸大了的印象。这样在工厂与设备方面,就引起了竞争性的重叠现象,对未来需求的估计,就要发生差错。关于足以造成这类错误的环境,陶西格教授[1]、庇古教授[2]、贝佛里季爵士[3]和 T. W. 密契尔[4]作了极其详尽的分析。

显然,由于生产资源使用失当而造成的错误,是随时可以发生的。但是我们很有理由可以相信,在高涨的阶段,这类错误格外容易发生。当处于周期的繁荣阶段时,进行大量投资是其间的一个特征,因为有许多行业要做好准备,从事适应最后消费者以及处于生产中间阶段的生产者的未来需求。情形很明显,当对未来需求作出估计时,眼光放得越远,发生严重差错的危险就越大。一般说来,如果经济体系正处于变动迅速时期,如果新的生产方法以及新品种商品的生产正在层出不穷,在这个时候对前途演变要作出估计,发生差错的危险就更大。工具是具有不可分性与耐用性的,制成品需求变动与耐用生产品需求变动之间的关系是复杂的(根据加速原理的假定),在这两种情况的结合之下,要使成本与供量跟需求变动相密切适应,这件事简直非常困难。

---

[1]《经济学原理》,1925 年第 3 版,第 1 卷,第 388 页起。
[2]《工业波动》,第 6 章,《现代工业结构与预测发生差错的机会》。
[3]《失业论》,伦敦,1930 年新版。
[4]《经济周期起因之一:竞争下的错觉》,载《经济学季刊》第 38 卷,1924 年 8 月号,第 631 页起。

- **"横的"失调与"纵的"失调**

横的失调与纵的失调两者之间的界限,有时候很难划分。但是,由于两者并不是互相排斥的,是可以共存、可以相互加强的(事实上也往往的确是这样),因此在具体情况下,有时候会感到分类困难这一事实,并没有什么重大关系。

为了说明横的失调与纵的失调两者之间的密切关系,仍以上面谈过的一个情况为例。假定某种产品(比方说住宅或汽车)的需求有了减退,或停止增长,因此使某种资本品(比方说,建筑用钢铁)的需求猛烈下降。有人曾指出(上面已经谈过),[1] 这种情况实际上乃是资本不足的后果。换句话说,乃是生产结构纵的失调的后果,如果必要的资本能够源源而至,那么建筑事业与汽车生产就可以继续下去,直到钢铁工厂的全部生产能力不能满足住宅与汽车发生重置需求以前,钢铁是一直可以适应这种需求的。

这种情况固然是可能的,但同样可能甚至十分可能的是,新住宅和新汽车需求的减退是由需求的状况所引起的。这就是说,住宅和汽车的需求较之其他需求暂时已经得到满足,因而人们的储蓄就用来投放于别的方面,投放于不需要钢铁或者不需要那么多钢铁的生产部门去。在这种情况下,生产结构中就会发生横的失调。单就钢铁业所受的挫折以及由此对它的从属各业、对通货量所产生的影响来说,不管所产生的是横的失调还是纵的失调,后果是完全一样的。

第4节 负债过度

- **引 言**

欧文·费希尔教授[2]认为,经济萧条之所以会反复发生,有两个主要因素,即"负债过度"与"通货紧缩"。他认为,这两个因素都易于产生,并且相互加强。通货紧缩加重了债务负担,而负债过度则导致债务清算,从而酿成了货币流通萎缩与价格低落。

费希尔教授的"负债与通货紧缩"理论,是他对经济周期整个见解中的一个部分。

---

[1] 哈耶克教授说的。

[2] 参阅他的文章《处于严重萧条下的负债与通货紧缩理论》,载《计量经济学》第 1 卷,第 4 期,1933 年 10 月号,第 337 页起;他的著作《繁荣与萧条》,伦敦 1933 年版。

这种观点乍看起来是有些奇特的。他喜欢把人们所说的那种经济周期叫做无稽之谈。但是进一步研究之后就可以看出，他只是不赞成用"周期"这个字眼儿来表示一种具有严格周期性与规律性的运动。他强调了我们过去100年来的经济史中出现的各式各样的"周期"——那就是好年份与坏年份的更迭——在外观、强度和时间长短方面的种种差别。他承认而且甚至强调指出了在累积过程中经济制度很容易恶化的事实：不论在扩张或紧缩的趋势下，都存在着螺旋式恶性向下的倾向。但是这种扩张或紧缩会发展到什么程度，他认为是由无数具体的细节来决定的，而这些细节在各个实例中是各不相同的。

这一点说清楚以后，所谓负债与通货紧缩理论，在我们解释周期的理论体系中所占的地位，就比较容易决定，要将具有新意义的因素跟讨论别的理论时已经谈到的一些因素划分开来，就比较容易着手。

费希尔教授对于萧条开始以后螺旋式恶性向下运动的过程的陈述，实际上与货币论者和投资过度论者所说的并无二致。需求减退以后，会引起价格低落，使最低利润消失，生产减少，货币流通速度降低，从而引起信用紧缩、需求进一步减退、悲观心理滋长、贮藏资金盛行等一系列的现象。

那么负债与负债过度又会起些什么作用呢？这会在两个方面影响周期过程。首先是，以货币计的大量债务的存在，会使紧缩程度加深；其次是，负债过度现象也许是一个促使危机提早实现的起因。费希尔教授说明两种情况的区别时，在措辞上跟这里的并不完全相同，但就他分析中的含义来说，显然是这样的。

● 负债与通货紧缩

以货币计的大量债务的存在，当然是增进萧条严重程度的一个有力的因素——虽然不是唯一的因素。价格下跌，债务负担即随之加重，因此不得不忍痛出售存货，从而对价格发生进一步不利的影响。这样将直接或间接引起银行信用的清偿，而这一事实的含义就是通货紧缩与一般商品需求的降低。

由此看来，关于货币负债对紧缩过程影响加强这一见解，似乎就是上面所说的一些学家提出的通货紧缩理论的一个重要的结论。通货紧缩会引起萧条，而且即使（这是可以想象得到的）在高涨时获得的资金是出于股份，不是出于债券，是出于生产者自己的资本，不是出于借入资金，这种萎缩过程也会是属于累积性的。但情况尽管是这样，这时负债数额如果不过于庞大，萧条的演进就可以比较缓和（关于这个问题，我们不久还要提到）。

● 负债过度可以引起向下转折

还有一个更不确切的论点：认为"负债过度"是使繁荣走向崩溃的一个正常的原因。负债过度是什么意思呢？"所谓负债过度，不过是和其他经济因素比起来负债的数量过大，超出了可控制的范围。"① 负债过度是怎样形成的呢？"原因是种种不一的，其中最常见的似乎是，在高度预计利润下的新投资机会……如由于新发明、新事业、新资源的发展、新地区或新市场的开辟等。容易取得货币，是借债过度的一个重大原因。"②

这里似乎很清楚，就这些情况来说，负债过度是与投资过度密切相关的。我们说，崩溃的起因是投资过度，就等于是说，所进行的投资，随后发现并无利可图；换句话说就是，货价收入不能与成本相抵，而成本中的一个重要项目是固定资本与流动资本的利息。投资过度论所要说明的是，为什么这一点是任何膨胀性繁荣的必然后果，企业家是怎样受到诱惑，以致从事过度投资的。而费希尔教授所着重的是另一点，说这些过度的投资是用借入资金来进行的。但事实很明显，崩溃的首要原因是投资过度，而不是负债过度。如果有了过多的投资（意思就是生产结构失去了平衡），有关的这些企业就会受到亏损，不管它们的资金来源是出于股份还是出于债券，是借来的资本，还是企业家自己的资本。这时进一步的投资将暂时停止，跟着出现的就大都是通货紧缩。否则，如果生产结构处于平衡状态，那就没有理由，为什么新企业的负债会引起不幸的后果。不过这一点似乎无可否认，如果投资是用借入资金来进行的，当投资繁荣趋于崩溃时，由此而起的反应将严重得多。

因此，我们可以得出这样的结论，"负债因素"在萧条程度加深的过程中，有它独立的作用，但很难认为是促进崩溃的一个独立的原因。③

---

① 费希尔：《繁荣与萧条》，第 11 页。
② 《处于严重萧条下的负债与通货紧缩理论》，载前注刊物，第 348 页。
③ 费希尔谈到负债过度问题时，他所考虑到的似乎还有些别的因素，如战争债与赔款支付等。当然，这是没有什么疑问的，如果政治性负债为数过大，而有关国家不采取适当处理政策，这类债务的存在，是会引起紧缩和萧条的。

第5节 金融结构与萧条程度的加深

● 货币契约与通货紧缩

洛夫戴伊先生认为应当注意到我们现有金融结构的某些特征，当价格水平低落时，这些特征会加深由此引起后果的严重程度。

他说："我们可以不知道萧条时期反复出现的原因——我们也确实是不知道的；但是我们确实知道许多足以加深萧条的因素。"[①] "当以货币价值表示的价格与国民总收入降低时，以契约体现的货币权利要求却没有变动；在契约关系中保有货币要求权的一方，就获得了国民总收入较大的份额，而以另一方为牺牲。如果契约的有效时期比较短促……这种收入分配上的变动也许是微不足道的，或者是等于零的。因为这类契约可以随着商品价格的变动，作同样迅速或差不多同样迅速的变动。但是，如果契约的有效时期较长，要延长到若干年之久，或者是，要随着价格趋向作迅速变动在事实上有困难，这就必然要影响到收入的分配，从而影响到购买力……

"……我想要说清楚的一点是，当我们处于这样的一个金融结构，以致在国民总收入要求权与商品价格两方面的变动中，前者不能与后者同样迅速时，这种要求权刚性本身就构成了促使价格进一步低落的一个助成因素。在整个社会中，这种以货币计的固定债权所占的比重越大，危险性就越大。

"在国际范围内，这种刚性的要求权所产生的影响更为严重，因为从债务人到债权人财富无可避免的移转，不是在国内进行的。这时直接受到影响的，不是国民总收入的分配，而是国民总收入的量。债务国家就必须以国民总收入的一个较大的部分转让给国外债权人。"[②]

● 债券与产权的对比

洛夫戴伊先生还指出，由于种种原因，使这种金融上的固定性逐渐有了增长。"近年来股份经营制度在各国不同法制的不同名称下，有了不断的发展，在日益加深的程

---

① 《金融结构与价格水平》，载《纪念卡斯耳经济论文选》，伦敦1933年版，第409页。
② 同上，第410~411页。

度上代替了个人经营的企业……随着大企业公司的逐渐成长,联号制的逐渐扩大……使企业人口中有一个越来越大的部分不再能保持原有地位,对企业不再能进行直接、独立的管理,而转变成了依靠工资或薪金的阶层。这类人既已不再亲自直接进行投资,他们为了安全或表面上的安全,就宁可保有利息固定的债权,不愿保有分享利润的股份。他们的这一转变,就无可避免地会使金融结构的刚性加深。有许多因素,使他们偏重安全,而不重利润,"①——就是说,他们宁可放弃股份,不参加企业经营,而保有利息固定的债券。

这类小规模投资者与大资本家相形之下,为数越来越多,因此债券所占的地位越来越重要,因为大规模投资者拥有分散风险的手段,而小规模投资者则缺乏这种手段,他们对产业的直接投资是否可靠,无法作出合理的判断,因此对储蓄存款与利息固定的债权有了偏好。还有一层,国际投资所偏重的形式是带有固定利息的债权而不是企业股份,这种倾向也越来越显著。

毫无疑问,1923~1933年间的萧条之所以会格外严重,与这些情况有很大关系。因此讨论经济周期时,如果要使理论达到充分的完整,就必须将这些因素列入。萧条总是不免要与通货紧缩结合在一起的。凡是承认这一点的任何理论,就不能不考虑到这里所说的一些因素。

---

① 《金融结构与价格水平》,载《纪念卡斯耳经济论文选》,伦敦1933年版,第412页。

第5章 消费不足论

第1节 引 言

● 历史背景

消费不足论具有悠久的历史,事实上几乎是与经济学本身同时开始的。这一理论的早期拥护者中最特出的是劳德戴尔爵士、马尔萨斯和西斯蒙第。至于近代,对消费不足论科学地加以重新整理并加以发扬光大的是英国的霍布森先生[1]、美国的福斯特先生及卡钦斯先生[2]和德国的埃米耳·莱德勒教授[3]。凯恩斯先生自己根本不是消费不足论的倡导者,但他对于储蓄行为所具有的通货紧缩特征却极为重视。他在《通论》里借助于"消费倾向"这一概念,创造了一个工具,不免有与消费不足理论含义殊途同归的趋向。哈罗德先生在他的《经济周期论》里,对这一概念的意义作了充分阐述。此外,各国还有许多学家,对这一理论提出了种种不同的解释,见解大都比较粗浅,其间失当之处,已经屡次被清楚地指出,这里不再述及。[4]

关于消费不足这一论点的许多理论,不容易加以概括。因为除了某些显著例外,

---

[1]《工业体系》,伦敦1909年版,1910年版;《失业经济学》,1922年版;《合理化与失业》,伦敦1930年版。

[2]《货币论》,波士顿1923年版;《利润论》,波士顿1925年版;《走向富裕的道路》,波士顿1928年版。

[3]《周期与危机》,载《社会经济学概论》,杜平根1925年版;《技术革新与失业》,杜平根1931年版。

[4] 例如,德宾的《购买力与商业萧条》,伦敦1931年版;盖茨克尔的论证,载《对货币每个人所希望了解的》,柯尔编,伦敦1933年版,第348页起。

跟前面已经作了分析的一些理论比起来,它们的科学水平要低些。它们只是对周期现象的某些方面有些创造性的贡献,因此不能像评述投资过度论和纯货币论那样,作出有系统的分析。消费不足论实在是关系到危机与萧条的理论,而不是关系到整个周期的理论。这一派中有些成员(如莱德勒教授)企图对整个周期作出解释,讨论到周期的一切方面,当他们这样做时,就不免要吸取纯货币论与投资过度论的许多特点,有许多地方就不免要跟这些理论雷同。

因此以下所叙述的,在性质上并不是和以前分析的理论完全不同的另一理论体系,而是挑选出来的在消费不足论之下的某些假设,这些假设,可以跟以前讨论的那些理论的某些部分结合起来加以考虑。我们会看到,上面提到的投资过度论对危机已经作出了解释,现在要另提出一种同样合乎逻辑的解释,仍然是有可能的;而且对周期中某一阶段作出的这种新解释,跟纯货币论与投资过度论对高涨与低落的本质所作出的说明,似乎可以并行不悖。

第2节 不同类型的消费不足论

- 消费不足的各种意义

消费不足论的种种见解,为什么不容易加以概括,其间还有一个理由:消费不足并不是一个充分确定、轮廓分明的概念,其间包括许多不同的现象。诚然,与一切消费不足论有关的总是在推断中的某些方面的不足,不是货币收入的不足,就是这些收入项下对消费品支出的不足。但是在这一前提下的不同论点,彼此相差很远。经济萧条之所以会反复出现,人们曾经在消费不足的不同意义下用不同的方式来解释。关于这些方面,我们将作一简要考察。

这里不同的见解很多,其中最后所列的两种见解,似乎值得作进一步的探讨。

(1)有一种说法,认为由于技术改进与新发明,由于资本累积,会使生产超过消费力。这是一种最粗浅形态下的消费不足论,实在是全无根据的,可以略而不谈。

(2)所谓"消费不足",往往有人用来指这样一个过程,通过这个过程,购买力就在某种方式下从经济体系消逝了,因此不再能转化为收入,不再能以需求的形态出现于消费品市场。资金不见了,或被贮藏起来了,货币的收入速度也就降低了。这样说来,消费不足不过是通货紧缩换汤不换药的说法。通货紧缩当然是使繁荣走向崩溃的可能的原因,是萧条的主要原因。但是关于这一点,在经济周期的纯货币论解释下已经有了分析。

● 消费不足与价格长期下跌

消费不足论也有用下列的方式提出的。据说生产量有一种长期增长的趋势。人口的增加,新发明和种种改进提高了商品产量,资本存量,也就是工具和其他生产手段,在不断地增长,因此,除非不断增加货币量,从而创造必要的消费力,使之足以按稳定价格吸收日益增长中的商品存量,否则商品价格必然低落,跟着就要出现萧条。用这样的说法来解释周期进程当然是太笼统了,不会有多大价值的。促使生产量增长的有多种多样的因素,必须分别对待、分别讨论。特别是,必须把那些引起生产单位成本降低的发展因素和那些并不引起生产单位成本降低的发展因素区别开来。技术上的改进,是会降低生产成本的。因此,多数权威学家断言,由于这样的改进而引起的生产增长,并不需要增加货币量。在这种情况下,价格下跌并没有害处,因为这是与成本降低同时发生的,并不会连累到货币工资与一般收入的降低。反之,当成本有了降低时,如果实行价格稳定政策,将造成利润膨胀,引起危险的繁荣现象,从而在随后一个时期无可避免地走向崩溃与萧条。关于这一点,我们不久还要谈到。

在人口增加的形势下,则情况有所不同。多数权威学家(唯哈耶克教授是显著例外)一致认为,这时货币量也应当有所增加。否则一切价格,包括生产因素价格,主要是工资,就必然要低落。不用说,如果单是因为工资富有刚性这一点而这样做,那是不会有良好效果的。[①]

谈到资本存量的增长,则其间情况比较复杂。是不是因此就应当增加货币量,从而保持价格稳定呢?要保持稳定的是哪一类价格,是商品价格还是因素价格呢?

关于这类问题这里无法深入讨论,但有些学家,主要是主张纯货币论的学家(例如,霍特里先生和罗伯逊教授[②])曾有仔细的分析。至于主张消费不足论的学家谈到这类问题时,往往与别的论点混在一起,这些论点虽然并不是消费不足论的中心问题,

---

[①] 哈耶克教授也同意这一点。但是他认为,为了防止工资下降而增发货币,将引起生产结构纵的失调,发生像我们在关于货币投资过度论一段里所讨论的那种情况。参阅《价格与生产》,1934年第2版,第161页。

[②] 并可参阅哈伯勒:《关于黄金购买力波动这一措辞的不同含义与计量波动最适当的工具》(提交国际联盟黄金代表团的备忘录,1931年)。德文译名改称《货币购买力与经济稳定》,载《西摩勒耳年鉴》,第55卷,1932年。还可以参阅依格:《中性的货币》,耶那1933年版;库普曼斯:《中性货币问题》,载《货币理论文集》,维也纳1933年版。关于这类问题较早期的著述,瓦士在《货币学基本问题》(纽约1903年版)里有很详尽的评述。

但我们进行分析时,却不得不附带谈到它们。

但是我们要问,上面的一些论点究竟和经济周期的解释有些什么关系呢?人口增加、资本存量扩充以及生产程序在技术上的改进,都是长期的变动。因此就货币供应没有能与人口增加齐头并进这类论点本身来说,并不能据以解释周期动态。要解释经济周期,而不考虑到扩张与紧缩那些"短期"过程的累积性,是不会有结果的。而上面一些论点并不能说明,为什么这些短期过程是累积性的;也没有能说明为什么过程迟早会结束,接着会立即引起相反方向的累积过程。这些论点的价值,可以说是在于把它们作为一种测定趋向的依据,如果脱离了这一趋向,有了向这一方或向那一方的偏差,就不免要引起扩张或紧缩的累积过程。

还有这样一种可能情况,生产的增长或货币量的增加,也会发生周期动向。就生产量来说,所显示的当然是一种周期动向。但这一点恰恰就是所需要解释的现象,是不能把它作为一个独立的原因来看待的。① 关于第二个假设,即通货供量会发生周期运动这一点,是经济周期纯货币解释中的精粹所在。

我们得出的结论是,这里在"消费不足"理论的幌子下提出的一些论点,有的与短期周期的解释并没有关系,有的已经包含在别的理论中。

● 储蓄过度论

有些人在消费不足论观点下作了精密的推究(例如在霍布森、福斯特和卡钦斯几位先生的著作中),他们用"消费不足"来表达"储蓄过度"的意思。所以会发生萧条,是由于在现时收入内储蓄起来的比重过大,用于消费品的比重过小。生产与销售之间的平衡所以会打乱,是出于个人与公司主动储蓄的作用。

霍布森先生在更进一步的分析下提出这样一个论点,认为过度储蓄的起因是在于收入分配的不均等。储蓄的来源,多数是出于有巨大收入的那些人的。② 假使工资水平能提高,国民总收入能够作比较均等的分配,储蓄的比重就可以不再成为一个威胁因素。有些地区盛行着一种想法,认为收入均等是减少周期波动的一个手段。这种思想的根源之一就在这里。

关于论据的这一部分且置之勿论,我们将集中注意于其间的一个基本论点,即储蓄过度认为是祸害的根源。

---

① 所谓"独立的原因",意思是说由外来因素引起的变动;经济学家可以把这类变动看做是当然的,例如因气候关系引起的农产变动。在工业生产中却不存在这类情况。

② 这一说法可以找到统计上的依据。参阅《美国的消费力》,布鲁金斯学院编,华盛顿 1934 年版。

可以想象，储蓄行为是通过三种不同的方式对经济情况产生不利影响的。

- **储蓄与贮藏**

储蓄会引起萧条，因为储蓄找不到投资出路。储蓄会超过新投资，这时储蓄如果续有增进，超额也将继续扩大，无论如何，当储蓄超出了某一限度时，情况就必然是这样。换句话说，储蓄会引起通货紧缩，会使商品总需求降低，因为所储蓄的款子用来偿还了银行贷款，或以现金或闲置存款形式蓄积和贮藏了起来。还有一个可能情况是，并没有把储蓄用来支援新投资，而是用来购入财产或财产所有权，而售出这类财产的人是由于受到了亏损，不得不出售的。当萧条时期，企业精神低落，悲观情绪到处存在，这时储蓄所促进的是通货紧缩而不是新投资，情况很有可能是这样的，萧条就有了在这个程度上的延长和加深。但是当繁荣走向崩溃时，却很难用这样的方式来解释。当繁荣时期，或在危机发生以前，并没有储蓄过剩的形迹；正相反，这时必然存在的现象是对新资本的迫切需求，利息率的提高就是一个证明。这个时候是投资超过了储蓄，而不是储蓄超过投资。① 当然，在转折点经过以后，萧条开始出现时，情况将完全改变，那个时候储蓄将超过投资。但这种分析并不是消费不足论者的特有贡献，是纯货币论与投资过度论者（特别是罗伯逊教授）共有的理论基础。

- **储蓄足以降低消费品需求，增加消费品供应**

现在我们要接触到消费不足论或储蓄过度论的中心论点了。

一方面，储蓄会促使消费品需求降低。因为储蓄起来的资金没有用于消费。

另一方面，在一般情况下，储蓄总是用于生产性投资的。储蓄起来的资金是用以增加社会的资本设备的。工厂、铁路、动力厂、机器等由此建设了起来。所有这一切的最终目的是增进供作最后消费的商品的生产。

结果是消费品需求降低了，而供应则有所增加，于是价格必然下跌。在经济体系中居于中心地位的是消费品市场。只要一切都顺利，那么，堆积在消费品市场后面的只是为这个市场服务的整个生产机构，就会顺利地进行。如果这个市场的平衡受到干扰，整个经济体系就要遇到困难。

---

① 应当指出，关于"储蓄"和"投资"两个词，这里是按照通常的意义使用的。凯恩斯先生在《货币论》里给它们下了很特殊的定义。根据他的说法，储蓄超过投资时的含义并不是通货紧缩，而是相等于亏损，投资超过储蓄时则相等于利润。关于如何为储蓄、投资和贮藏确定定义的问题，在下面第8章将加以广泛讨论。

● 评　语

对于上面这种理论,存在着严重的反对意见。这种理论强调说,处于生产中较前阶段的那些部门的地位,完全取决于消费品工业,认为后者欣欣向荣,前者的日子就好过,后者的生产如果减低或停顿,前者也必然要跟着萎缩或停顿。这样笼统的、绝无周旋余地的说法,肯定是错误的。我们在前面已经作了一次讨论,说明当消费品需求有了普遍增长、使消费品工业有了扩大生产倾向时,对生产的较高阶段说来,不但不能使它趋于繁荣,而且正相反,会成为使它趋于崩溃的一个起因。货币投资过度论所证明的是,当繁荣时期到了尽头,消费品在增长,它的生产在扩大,这就要打乱较高生产阶段的成本与价格之间的平衡,因为这时较高生产阶段已经没有闲置生产因素可供它吸收、使用,已经没有必要的资金(以货币计的资本供应)可以与消费品工业的竞争力量对抗,从而保留所使用的生产因素。

按照储蓄过度(消费不足)论的说法,上述平衡是在相反的事态下被打乱的,就是说,原因是在于消费品需求减退。对储蓄过度理论阐发得最充分、最详尽的是福斯特先生和卡钦斯先生,而德宾、汉森、哈耶克、罗伯逊以及还有些别的人,[①] 对他们的论证所提出的批评,至少足以证明:尽管储蓄有高度进展,在充分运用生产因素下的平衡局势,总是有存在的可能。在初发状态下(当处于新资本构造时期)情形固然是这样,就长时期来说(新资本设备已经投入生产以后),情形也未尝不是这样。

● 储蓄的职能

当我们全面地观察问题时就会看出,储蓄的社会职能是,把资源从供作直接消费的商品生产中解脱出来,使之投入生产品生产。[②] 为了以后可以借助在同一时期中生产出来的资本品增加生产,消费品的生产暂时被削减了。因此消费品需求的减退,是有它的作用的。尽管消费品需求在减退,而利息率却在降低,因此使用具有高度生产力的迂回生产方法时,单位成本可以降低,这就为企业家提供了货币上的诱因,使他愿意从事新资本设备的建造。较为简陋的消费不足论的一些说法,对资本化生产方法的本质没能作出适当的分析。因此根据这类说法,看不出生产程序与储蓄相适应这一点的可能性。然而必须说明,那些跟它们对立的理论,虽然指出了储蓄在理论上

[①] 参阅德宾:《购买力与商业萧条》,伦敦1933年版;汉森:《经济周期论》,1928年版,第3章;哈耶克:《不可思议的储蓄》,载《经济学》,1931年5月号;罗伯逊:《福斯特先生和卡钦斯先生的货币学说》,载《庇古与罗伯逊的经济论文》,伦敦1931年版。

[②] 参阅布里西尼·图罗尼:《储蓄论》,载《经济学》,1936年。

有被新的投资顺利吸收的可能性,但是,却没有能指出其间的必然性。生产结构是有可能扩充的,但企业尽可以不利用这种可能性。因此消费品工业,以及直接处于它之前的各生产阶段,将缩减生产,从而可能引起对购买力的破坏。而这一点对处于更高生产阶段的生产者还可能发生影响,使他们即使受到了利息率降低的刺激,对新的投资仍然裹足不前。总之,一切是决定于各有关方面的心理反应,是由他作出的预期所决定的。如果储蓄起来的资金不用于投资,一个通货紧缩的累积过程即不免要开始,从而自招祸殃。

于是我们又回到了上面所讨论的情况。储蓄会发生什么样的结果,主要的一些决定因素是,储蓄是否有一个继续不断的流量或是否在逐渐增长中,是否有剧烈变动。对于增加出来的信用(资本)是否有活跃的、不断的需求,使增长中的供量可以在微降的利息率下随时被吸收。

现在我们将以上的分析与经济周期一般的现象作一印证。当萧条时期,对新资本的需求正处于低的水平,而且缺乏弹性。因此极有可能的情况是,新增的储蓄会被糟蹋掉,而不用于投资。当高涨时,需求活跃,新增的储蓄就很容易找到新投资的出路。这就是储蓄过度理论。对危机、对繁荣转入萧条的过程作出解释时,这一理论究竟能有些什么贡献呢?

认为当繁荣结束时储蓄进度会上升,从而造成严重的困难。这样的假设并不能获得证明。情形正相反,根据前面所举出的一些理由,说明当繁荣处于最后阶段时,储蓄进度似乎是要减退的。

- 消费不足论比较有价值的几个方面

有许多学家这样说,当高涨时,在主动储蓄与强制储蓄的助力下,发动了生产的新程序,当这些新程序下的果实成熟、在社会露面时,繁荣就走到了尽头。这一论点所体现的,可以说是消费不足论方面的一个新的见解。导致危机的,不是储蓄进度的突然上升(即消费品需求减退),而是生产进度的突然上升(即消费品供应增长)。这一说法,跟崩溃现象的资本不足解释直接相反,值得进一步探索,将在下一节里讨论。

关于消费不足论还有一个有价值的见解,认为在高涨时期,由于工资没能有足够迅速的增长,说得更明确些,由于工资提高落后于价格,因此产生了超额利润,然后又由这一点引起了危险的信用膨胀,终于在现有的经济关系上造成了严重的混乱,造成了危机。关于这一说法将在以下第4节讨论。

第3节 繁荣走向崩溃的原因
—— 与资本不足相对的消费需求不足

● 资本不足与消费需求不足

为什么扩张的累积过程最后总是要在带些突然的情况下终结?关于这个问题,到现在为止,我们所碰到的和讨论到的是以下一些答案:来自经济体系以外的干扰,货币供应不足,在生产结构纵的失调意义上的资本不足,横的失调,"成本"一般的提高和效率降低。

我们现在所要讨论的一个假设,与资本不足论点恰好相对。首先必须把这个论点以及两个答案的不同之处弄清楚。这里的问题是,所以会由繁荣转入萧条,促成的原因究竟是资本不足呢还是消费品需求不足?投资盛况所以会趋于崩溃,究竟是由于资本供量较少,以致不能完成迂回生产方法呢,还是由于消费需求过低,不足以支持提高了的生产力?

消费不足论者是这样说的。在周期的高涨时期,社会在发展它的生产装备。但是要消费品生产开始增加,还须经过一段时间。在这个时候,供应是不足的,价格上涨了,这就有了一个继续不断的刺激力量促使投资向前推进。但是一旦新的迂回生产方法完成时,新投资结束了,消费品则开始大量倾泻而出,充斥市场,而这一点对生产较高的阶段引起的反应会越来越激烈。

根据另一见解则情况适得其反。病源所在并不是消费需求不足,而恰恰是与此相反的倾向。消费品需求会有所增长,原因是可供企业家自由处理的那部分新创的购买力会流到生产因素所有者的手里,转化为收入。结果,消费品还没有来得及有充分增长,而增加的收入已迫不及待,要用来购入消费品。因此,消费品需求是过大,而不是过小。用罗伯逊教授的措辞来说,是在需求方面不能有足够的"等待",不能有足够的"不足";用日常的话来说,是不能有足够的储蓄来完成已经开始的投资。结果是利息率将上升,将乞助于银行,以求得必要的资金供应。但这种膨胀过程迟早总是要结束的,信用的新供源迟早总是要枯竭的。于是许多投资就要半途搁浅,无法完成,结果不得不放弃。这就是一个缺口,低落的紧缩过程,即将由此开始。

两种理论所考虑到的,都是我们所谓生产结构的纵的失调,不过这些纵的失调不是属于同一层次的。这里我们可以立即看出,与货币流量对照下有了发展过度现象的,根据这一理论是生产结构的"顶端",而根据那一理论是生产结构的"基层"。在某种意义下,两种理论都可以说是投资过度论。在一种情况下,与储蓄供应对照时新投资有了过剩;在另一种情况下,与产品需求对照时新投资有了过剩。为了要防止、减轻或延缓崩溃现象的发生,应当采取怎样的适当政策,根据两种理论作出的结论会完全相反。因此,对两种理论作出区别是十分必要的。以这一种见解为依据时,足以提高消费需求、降低储蓄的任何措施,总是有帮助的;而以那一种见解为依据时,需要采取的恰恰是相反的政策。(但是应当注意,这里所说的政策,指的只是适用于繁荣后期的。一旦周期转为向下运动并且螺旋式的通货紧缩过程开始时,局势就完全改观,这时需要考虑的与这里所说的将完全不同。)

我们对两种理论的区别必须作进一步的澄清,必须把两种情况跟横的失调与纯货币不足分别开来。这件事并不一定没有困难,因为在一个学家心目中所想的究竟是哪一种情况,有时候并不容易确定。

● **生产结构与货币流量**

要探索这两种不同理论的确切含义,最好的方法是追问一下,如果社会对于存钱和用钱的习惯以及使用钱财的方式有了变更(至于这样的变更是否能在政府干预下实现,这一层姑且不考虑),这时需要采取的是什么样的措施,危机可以由此防止到什么程度。如果资金供应不足、单纯的信用紧缩,是繁荣终止的唯一起因,那么借助纯货币措施——即降低利息率,从而增加资金或信用供量——情况就可以获得补救。除极少数例外(其中主要的是霍特里先生),多数学家都认为在多数情况下这是不可能的。[①]

借助低利贷款政策,向下转折和萧条现象未尝不可以暂缓发生,但无法避免。理由是,病症主要并不在于一般的货币流量的不足,而是在于生产结构——即生产因素在不同生产阶段间与不同工业部门间的分配——没有能与货币流量相适应,而货币流量是决定于存钱与用钱及钱财的不同用途之间个人货币收入的分配的。这样的不相协调,不能凭简单的信用扩张就可以获得补救。当局也许可以决定,增发货币时这些新货币首先应当用在哪里。这就是说,新货币应当向经济体系的哪一点注入,他们可以自由选择;但是货币流出时他们所能控制的只是第一步,在相继

[①] 参阅阿蒙:《当前危机情况与通货膨胀政策》,载《国民经济杂志》第 5 卷,1934 年。

的领受者方面如何使用这项货币,他们是无法控制的——无论如何,除非将整个经济体系加以彻底改造,除非废除现行的个人主义经济结构,否则在这一点上是没有办法的。

但是让我们姑且假定,要任意改变人们存钱和用钱习惯的确是办得到的。那么要防止发生严重困难,应当怎样改变,才算是最好的打算呢?显然,如果我们将总需求不足这一点置之不论,关于国民总收入的分配,所希望的必然是这样一种情况:使货币量可以与商品流量相适应。

资本不足论者提出的答案是这样的,如果人们可以少消费些多储蓄些,使完成那些未完成的迂回生产程序时所需要的资金可以获得供应,一切困难就可以避免。纯消费不足论者所提出的答案则适得其反。他们说,如果人们可以扩大消费,减少储蓄,崩溃现象就可以避免发生。如果困难是由于新的迂回生产方法完成得过早,这个说法就说得很对。这时的情况是,人们愿意多储蓄些,关于消费则愿意再等一等。这就是说,对于消费品的增量,他们还不准备接受。对于这样一个情况来说,过度投资的说法不够正确,而消费不足则比较能说明情况,因为靠了较长的迂回生产程序——那就是,可以使消费品在市场上稍缓出现的、比较远大的投资计划——的进行,危机至少可以暂时避免。

● 事前的与事后的储蓄与投资

某些瑞典学家用了另一套术语,[①] 借助于这一套术语,对上述两种情况可以作出比较确切的说明。关于储蓄、投资、收入以及类似的一些概念,这些学家作出了"事前的"(ex-ante)与"事后的"(ex-post)两种意义上的区别,就在这样的意义下来使用这些概念。一方面是,实践的工商业者以及理论的经济学者有必要从事后来查明某一时期实际上曾发生了些什么。这就需要有一套簿记,来"答复关于在过去某一时期曾发生了些什么的问题。这是一种具有事后意义的记录"。[②]

"但是这种记录并不能解释什么,因为它并没有说明其间的因果关系或职能关系。经济事态是取决于人类行动的,因此我们必须研究,决定这些行动的是什么。这就必然要牵涉到比较遥远的将来。因此就必然要研究支配行动的那些对未来作出的预

[①] 参阅密尔达尔:《作为货币理论分析工具的平衡概念》,载《货币理论文集》,哈耶克编,1933年版;奥林:《关于储蓄与投资的斯德哥尔摩理论》,载《经济季刊》第47卷,1937年,第53页起,又第221页起。关于这方面探讨的进一步详细评述,见本书第8章。

[②] 奥林前引著作,载前注刊物,第58页。

期……"用密尔达尔简要的措辞时,可以把这种涉及预期的分析称作是"事前的"。①

现在借助于这些概念的使用,关于上述两个对立理论下所指的平衡状态,我们可以这样来表达:事前的储蓄应当相等于事前的投资。换句话说是,企业家的投资计划应当与民众所准备进行的储蓄相适应。如果两者不能一致,有些生产者的希望就要落空,平衡局面将被打乱。

在资本不足论者观察下的这一情况,现在可以说成是,事前的投资超过了事前的储蓄;由此必然要使资本品生产者(处于较高生产阶段的生产者)陷于失望与亏损状态,如同哈耶克教授所分析的那样。

另一方面,根据消费不足论者的看法,当繁荣结束时的情况,可以说成是,事前的储蓄超过了事前的投资。由此势必引起消费品生产者方面的失望与亏损。②

这里谈到了两种失调,如果民众的存钱与用钱计划能够有适当的改变,两种失调就可以避免。

如果所涉及的是横的失调,则在储蓄与消费品支出两者之间收入分配的变动,对情况是不能有所补救的。这时要恢复平衡,就得改变消费习惯。举个例子,如果汽车业有了过度发展,人们就得多买些汽车,少买些别的。

很明显,资本不足与消费需求不足,是彼此不能并存的两个解释。我们不能同时埋怨民众,说是储蓄得太少了,又说是储蓄得太多了。但是罗伯逊教授指出,③如果在某一情况下资本不足是"经济衰退的真正先导者",那就很有可能,面对着产量的增长,消费需求不足会在稍后一个时期引起危机。

● 纵的失调与横的失调区别的困难

一方面是各个类型的纵的失调,另一方面是横的失调与总需求不足(货币供应不足),两者是完全可以并行不悖的。在某一限度内,两者大概总是结合在一起的,往往是很难区别的。许多学家对于这方面的区别并不十分在意,因此在他们注意中的究竟是两种情况中的哪一种,往往很难确定。为什么会这样,也许是由于这一点:不论处于哪种情况,崩溃发生的近因总是在于和市场供应相对下需求的不足。在横的失调或消费品需求不足的情况下固然是这样,在资本不足的情况下也是这样——后者的现象是资

---

① 奥林前引著作,载前注刊物,第58~59页。
② 瑞典学家们的分析与这里所讨论的一些学家们作出的分析,其间存在着某些分歧,但在性质上是由于术语使用的不同,在下面第8章将作进一步详尽的讨论。
③ 见《工业波动与自然利率》,载《经济季刊》,1934年12月号。

本品,特别是"机器"的需求不足,因为有意购入者没有足够的"资本"去买它们(斯庇索夫的说法)。还有一点是莱德勒教授指出的,[①] 认为崩溃是从生产品工业开始的这一事实,并不一定表明资本不足是困难的真正原因。当消费品需求不足时,消费品工业也许会很快地觉察到这一现象,进一步的扩展已经有了限度,这也是在情理之中的。如果情况是这样,它们将减少订货,由此使危机在较高的生产阶段提早出现,而不使它们自己陷入困难的境地。要说清楚这一点,只有一个办法,应当对我们开始时提出的那个问题作出解答。问题是——为了要恢复平衡,在存钱与用钱之间,在使用钱财时的不同方式之间,货币流量应当有怎样的改变。

● 莱德勒的理论

莱德勒教授主要是用消费需求的不足来解释繁荣的崩溃的。(关于这一不足现象的来源他如何进行解释,详见下节。)他说,假使能将工资提高,将利润降低,就很容易恢复平衡[②]——就是说,储蓄(按照他的说法是"累积")进度必须降低,消费进度必须提高。在危机与萧条期间,最后要发生的就是这种情况,[③] 但是他又提出了一个重要的限制条件。他说,如果"危机是起因于生产范围内的不均衡"(与收入不均衡形成对照),这就不能靠提高工资来挽救。他所想到的,似乎就是我们所说的生产结构横的失调,和(随后发生的)萧条期间的通货紧缩。如果在繁荣时期降低了的货币价值在萧条时期逐渐恢复,工资就必然要低落。但他断言,工资低落应当赶不上价格的低落程度。如果工资低落的速度超过了价格,危机将格外加深。

● 货币的消费不足论

奈舍教授提出了一种理论,可以称作"货币的消费不足论"。[④] 他用上面所说的那种意义上的消费不足来解释繁荣的崩溃,并仔细地分析:怎样从消费品工业的困难引起通货紧缩,从而使困难扩大到经济体系的一切部分。他并不是一个地地道道的消费

---

① 《周期与危机》,载《社会经济学概论》,杜平根1925年版,第394页。
② 同上书,第401页。
③ 同上书,第394页。但是资本不足——即储蓄不足和消费过度——也会促成崩溃的,他对这一点的可能性似乎没有注意。谈到斯庇索夫的理论时他这样说:"在生产的较高阶段,例如在煤矿、钢铁厂等,发生了生产过剩时,这一现象只是表明,制成品需求不能提高到与生产品实际生产相适应的那个程度"(第386页)。
④ 《一般的生产过剩——对萨伊市场法则的研究》,载《政治经济学报》第42卷,1934年,第433~465页。并可参阅他的著作:《经济周期的某些国际情况》,费拉德尔菲亚1936年版。

不足论者。他指出：还可能有别的原因会使繁荣走向崩溃，例如储蓄不足（正是与消费不足相反的），有许多次的周期，实际上就是由此达到了尽头的。他认为，如果困难是从消费品工业开端的，情况就会格外严重，因为这就构成了通货紧缩的一个所谓"内生"的原因。如果消费品工业发生了亏损，投资将立即减退，萎缩现象将立即传递到较高的生产阶段；如果困难是发生在资本品工业的，这一事实本身并不是促使消费品工业衰退的一个充足理由。

- **在高涨阶段中新生产程序创建时期的重要性**

繁荣所以会走向崩溃，并不是由于资本不足，而是由于在消费品产量迅速增长的情势下需求的不足——关于这一见解的一个有力倡导者是阿夫坦利翁教授。①

阿夫坦利翁教授的理论，主要是建立在加速原理基础上的。消费品生产缓和的增势或减势，会引起资本设备生产剧烈的波动。因消费品缺乏而促进了繁荣，由此使资本品生产增长。但现代的资本化生产程序是需要时间的。在消费品获得生产以前，必须从事于创建资本品，而资本品的创建是往往要经年累月的。因此消费品生产并不是突然增长的，至少不是立即充分增长的。这时消费品价格依然高昂，利润厚度依然保持，这就对资本设备的生产不断发生着刺激作用。这时资本品在创造中，资本化生产的这一阶段是繁荣时期。正是这样的资本主义式的生产方法，正是这种在消费品产量获得增长以前必须经过一个漫长时期的情况，使繁荣时期得以延长，使资本品的创建受到了过度的刺激，终于打乱了经济平衡。

迂回的生产程序是在高涨时期开始的，当这一程序完成、消费品大量涌入市场之际，崩溃局面就出现了。当然，商品类型种种不一，各种生产程序完成期间的长短，彼此也不是一致的。因此，已经开始的各种生产程序，绝不会同时完成。当某一生产程序已经完成时，繁荣还不会结束；只是当多数工业中的大量资本设备已经在发挥作用，产出了大量消费品时，繁荣局面才会告终。

阿夫坦利翁教授把制造生产资料所需要的时间作了一个比喻，比作燃料从开始焚烧那一时刻起，到开始发散热力那一时刻止，所经过的那段时间。"如果有人为了要

---

① 《生产过剩引起的周期危机》，巴黎1913年版。并可参阅他的作品《以资本化生产技术为基础的经济周期理论》，载《经济统计评论》，1927年10月号，第165页起。这里准备讨论的，只是阿夫坦利翁理论的一部分。总起来说，他的理论是不能列入消费不足论那一派的；但是如这里所评述的他对危机所作出的解释，跟消费不足论者的论调并没有什么分别。他对整个周期现象作出的解释，缺点在于对货币因素的分析不够全面。参阅罗伯逊教授的批评，载《经济季刊》第24卷，1914年，第81页；汉森的评论，载《经济周期论》，第104~111页。

把屋子烘得暖和些,在壁炉里生起了火,他就得等上一会儿,才能获得所需要的温度。当处于这一时间间隔时,屋里仍然觉得寒冷,寒暑表上的记录仍然没有动,如果他没有经验,就会在炉子里添上些煤。尽管炉子里已经有了逾量的燃料,等到全部烧着了的时候,将使他热得难以忍受,可是他还在不断地加煤。他以当时感觉到的寒冷和寒暑表上当时的记录为依据,结果就必然要使他获得超过他所需要的温度。"①

周期中繁荣阶段的长久,取决于建立新生产程序期间(主要也就是创建新资本设备期间)的长短。这一见解获得了广泛的响应。庇古教授和罗伯逊教授认为,他们所说的资本品孕育时期②——实际上也就是创建时期——在决定高涨时期的长短方面,是起着重要作用的。这也就是熊彼特教授理论的一部分。他也认为,当新建的生产程序已经告成,新的制成品在市场上出现时,繁荣就走到了尽头。

这几位学家还有一种见解,认为高涨往往集中表现在一两种主要工业,例如当19世纪中叶起20余年间的铁路建筑,以及在稍后时期的电动机制造和汽车制造。

必须承认,要将这些理论加以准确的分类,这件事并不容易。当这些学家谈到缺乏足够的消费需求以吸收充斥于市场上的商品时,他们心目中所认为的,是不是就像我们在这里所说的这种严格意义上的储蓄过度,这一点并不经常是明显的。他们是否还想到那些横的失调或其他方面的失调——这些在我们的论题中是不加考虑的——这一点也不是能处处十分清楚的。上面提到的耐用品"孕育时期"也可以这样来理解,即资本供应(储蓄流量)不足以吸收完成了的新资本品。我们在一开始提出的一个问题是,从资金的存贮到使用、从资金的使用到存贮或者从资金的这一用途到那一用途,在这些方面的货币流量,要使之发生怎样的变更,才能恢复平衡或防止干扰。③ 对这一问题如果没有答案,上面提到的不明确的情况就难以廓清。

不幸的是,关于这一问题的明显答案极为少见。不过,我们所注意的实在是各种可能有的理论(即各种假设的解释),而不是各个理论和各家学说的异同,因此可以谈到这里为止,不必深究下去。

---

① 陶西格所提出的,实际上也是这一理论,见《经济学原理》,第3版,第1卷,第391~392页。关于各个行业,如养猪业、造船业等周期现象,往往是用这一观念来解释的。
② 拉文顿对这一点也极重视,见《企业活动中周期变动起因的研究》,伦敦1922年版,第72页。
③ 当然,有时候未尝不会发生这样的情况——在这方面无论作出怎样的变更,也不足以恢复平衡。

第4节 繁荣过度的原因——工资没能充分提高

● 工资落后于物价足以刺激投资

这个论点简单说起来是这样的。周期繁荣阶段的特点是,资本品生产有了极其显著的增长;而崩溃的原因是"投资过度"。(以下我们会看到,在这一节里所讨论的一些理论,当一些学家谈到投资过度时,指的究竟是什么,并不是处处清楚的。)所以会发生这样的现象,其间的必要诱因,以及进行这类投资时所需要的资金,至少有一部分是出于企业家所获得的超额利润。这种利润膨胀现象,是可以发生而且必然要发生的。理由是,由于高速度技术进步,使价格上涨或成本降低,而工资和其他某些收入的提高,则没能跟这一趋势齐头并进。

莱德勒[①]和普累塞[②]就是用这个理论来解释一般的经济周期的。在新近一些著作中,则往往用这一理论专门来说明美国最近一次繁荣发生的原因。[③]

这一理论与货币投资过度论显然是密切相关的。工资与其他收入(特别是比较缺乏伸缩性的收入,如公务员、年金领受者、利息生活者、定息证券持有者等的收入)在一定程度上落后于物价的上涨,是强制储蓄——即借助于膨胀性信用扩张的资本构成——正常而重要的必然结果。假使通货增加,价格上涨,而工资及其他收入能够亦步亦趋,跟着自动地作同样程度的提高,强制储蓄就很少有活动的余地。

我们已经看到,货币投资过度论主要是以利息率为立论依据的。根据这一理论,扩张现象是由利息率过低这一事实造成的,而利息率之所以过低,则或者是由于货币利率有了降低,或者是由于自然利率有了提高。这一说法,跟工资和其他收入的变动也应该具有决定性作用的见解显然是一致的。如果工资等没能提高,利润将扩大;这就对信用与投资的进一步扩张提供了一个有力的刺激因素。用投资过度派的话来说,

---

[①]《周期与危机》,载前注刊物第 393~394 页。
[②]《周期理论纲要》,1933 年版。
[③] 参阅盖尔:《货币政策与经济稳定》,1935 年版,第 113~131 页;亚当斯:《我们的经济革命》,1934 年版,第 1~15 页。

就是利润有了提高;结果使信用需求增长,跟着就发生了信用膨胀。因此,累积的扩张所以会变本加厉,工资和其他收入落后于物价的现象是一个有力的因素。由此可见,如果工资率和利息率都能充分提高,市场勃兴现象就可以制止。

到此为止,属于这一类型的消费不足论①与货币投资过度论不但彼此毫无矛盾,而且还是互相补充的。它们之间还似乎有一个共同点,就是:它们都认为信用膨胀是问题中的一个必要的特征。

● 投资过度论者与消费不足论者对工资落后的不同看法

两派之间的分歧存在于这样一些问题:繁荣要趋于崩溃,究竟是什么原因?不平衡的实质是什么?在其间作祟的究竟是什么因素?

根据投资过度论者的说法,信用扩张乃是破坏平衡状态的主要因素。由于工资及其他缺少伸缩性的收入落后于物价上升而产生了超额利润,这一点是有害的。而这一点之所以有害,只是由于它引起了膨胀性的信用,从而又引起了如上述意义上的投资过度。

● 超额利润是储蓄的来源

根据消费不足论者的说法,超额利润的危险性,并不在于它能引起信用膨胀,而在于它是造成储蓄过度的一个因素。不论是社会主义者或自由主义者,也不论是消费不足论者或投资过度论者,②都存在着这样一种想法,认为国民储蓄大部分是来自收入较高者阶级的。为投资提供资金的是利润领受者,不是工资劳动者。因此,当利润有了增长、超过了工资与其他收入的增长比率时,储蓄流量将增加。到此为止的分析,货币投资过度论者是在同意的事实上他对这个见解是欢迎的,认为对他在繁荣过程方面的描写是一种有益的补充。当资本品工业与消费品各业对照下有了

---

① 当然,我们也可以这样说,这一类型的理论并不能算是真正的"消费不足"理论,因为它所着重的是工资等成本方面,而不是它们构成消费品需求这一事实。这里还至少在表面上存在着某种矛盾,因为凡是认为工资提高迟滞是繁荣的一个刺激因素的那些学家,同时几乎都有一种见解,认为工资下降会加深萧条。这就是说,为了制止繁荣,从而避免萧条,他们主张提高工资。但是这里似乎可以借助特别是关于货币方面的假设,使这两个论点调和一致——当萧条时期如果工资下降,也会引起银行信用的清算,但是在高涨时期如果名义工资没能提高,却不会同样发生通货紧缩或反通货膨胀影响。

② 这一派得出的结论是,收入不均等分配是件好事,而那一派的结论则认为是件坏事。

扩张时,为这方面提供资金的,不仅有(从种种不同来源流入的)膨胀性信用和通常的主动储蓄,而且还有由繁荣时期所获的巨大利润而来的主动储蓄的增量。① 这项利润一般总是数量非常巨大的,因此从中提供投资的数额,就未免过于庞大。投资太多了就要使繁荣终于走向崩溃。假使利润领受者能换个用钱方法,把他所获的超额利润用于消费而不用于投资,崩溃局面是可以避免的。

消费不足论者所描写的这一过程,在性质上也可以说是投资过度。但是经过进一步分析就会看出,他们所说的投资过度,与投资过度论者所说的投资过度,在意义上恰恰相反。因为就这里所讨论的一些学家的见解来说,投资是在消费需求对照下而不是在资本供应对照下发生过度现象的。投资过度的意义相等于消费需求不足,并不是储蓄流量不足。使美国在1929年的扩张过程"受到抑制的,是最后消费者收入的减退"。② "耐用品工业力量的大规模扩充,以及住宅与厂房的大量建筑,与最后消费者的资力对照之下,发展过甚,已经完全不相称合。"③ "在国民货币总收入分配中这种不均衡发展,引起了工业的迅速扩张,结果就造成了目前的状态,这个状态的特征是生产力有余,而消费者的货币收入不足。"④ 普累塞先生的见解似乎也是这样。⑤

由此看来,消费不足论的这一见解,跟上节所讨论的并没有什么两样,但是这个结论并不是必然地由上节的理论引出来的。我们说,在高涨时期工资和其他收入落后于物价的上升会促进繁荣。我们如果从这一点出发,那就很有可能沿着货币投资过度论的路线讨论下去,从而得出结论,认为崩溃的原因是资本供应(即储蓄流量)不足。

我们可以说,当投资资金流量有所增长时,原因不论是由于利润增长(也就是由于收入增长和再分配),还是由于主动储蓄进度提高(这时收入的数额和分配不必有任何变动),由此产生的影响和后果是完全一样的。这样的结论似乎并不违反逻辑。因此,凡是把责任推在高度利润方面的,对储蓄进度的任何提高,也就必然表示反对。

---

① 霍特里先生也有这样的看法。但他认为供生产者自由处理的资金,以来源于主动储蓄方面的为主,出于膨胀性银行信用的,数量未必会过大。按照他的看法,增加出来的银行信用流入经济体系时,通过的渠道主要是商人,即生产结构中接近消费的那一端,而不是(如货币投资过度论者所说的那样)生产的较高阶段,因此对固定资本投资,不会发生直接刺激作用。

② 盖尔:《货币政策与经济稳定》,第127页。

③ 同上书,第128页。

④ 亚当斯:《我们的经济革命》,第9页。

⑤ 普累塞先生在《周期理论纲要》里这样说:"当生产程序在任何情况下发生了障碍时,真正的障碍必然是在于最后消费方面。"(第106页)"当有了过度累积时,衰退现象就发生了。"(第110页)但他有时候所想到的(例如在第84页和85页),似乎是"横的不均衡"。

●"自动"储蓄与"受动"储蓄

但是普累塞先生绝对不同意这个结论。

他有这样一种看法,认为较高利润引起的投资资金的增长(他把这种情况叫做"受动"储蓄),较之在收入不变的条件下发生的储蓄率上升所引起的投资资金的增长(他把这种情况叫做"自动"储蓄),乃是两种完全不同的现象。前者必然要造成崩溃,但是他看不出有什么理由足以说明何以后者将不会无止境地继续下去。两者不单是属于程度上的差别,而且是属于性质上的差别。前者之所以有危害性,据说是由于这样一个事实,当出现了利润时,就无可避免地要使资本趋入歧途。在"自动"储蓄的情况下,指导着企业家投资政策的是利息率。储蓄被引导到了资本市场,这就使合理的分配有了保证。

当到处都出现利润时,投资者就不得不在暗中摸索。这时可以说,他跟最后消费者的需求已经失去联系,因为"受动"储蓄流动时并不是通过资本市场的。[1] 根据前一注释所引证的几段可以看出,普累塞说的所谓资本趋入歧途,用意究竟何在,并没有说清楚。是说与总的消费需求对照下整个资本感到过剩,还是说某些方面的投资过于集中?我们无法肯定。

---

[1] 普累塞:《周期理论纲要》,第80页及第84页。

第6章 "心理理论"

第1节 引 言

• 心理因素与经济因素

从"心理上"解释经济周期或周期中的个别阶段这一说法,是不免要引起误解的。任何经济事实总有它心理的一面。经济学科所研究的对象就是人们的行为,主要是有意识的、经过思考的行为,而人们的行为是很难跟心理基础分割开来的。因此,人的行为心理乃是经济学研究对象的一个组成部分。我们说,如果需求有了增长或成本有了降低,企业家就要扩大产量;当货币工资有了变动时,工人就有反应,但实质工资有了变动时,他们的反应就比较迟钝;如果某一产品的价格下跌,消费者就要增加购入量;如果认为价格还要跌下去,就要减少购入量;如果货币价值提高,人们就要贮藏资金。当我们提出这类假设时,所有这些都是有关人类行为的假设,是以人类所具有的某种心理为依据的。关于这类行为的论证,可以看做是属于应用心理学范畴的,但是在有关经济周期的经济理论范围内,这类论证在暗含的或明显的情况下,也不断出现。那么"心理的"理论与"经济的"理论,两者的区别何在呢?

我们已经谈到的一些"经济"理论,跟这里的所谓"心理"理论实在没有什么根本不同之处。两者作出的假设,都是关系到某种情况下的经济行为的。真正的不同有时候是在于下述的情况。

"心理"理论提出了关于典型的反应的某些假设,这些反应主要是属于在某些情况下的企业家和储蓄者方面的,我们一向把这些反应叫做心理的,因为它们在某种意义下具有一种不确定的特征。有的学家特别着重这些"心理"因素,跟我们已经加以评述的一些学家有些不同,但整个说来,两者只是在着重点上有所不同,并不是在性质上有所不同。前一派学家提出了"心理"因素,也只是作为货币因素与其他因素的补充,并不是作为起因作用中的代替因素的;至于后一派学家中的多数,虽然把"心理"因素置于因果关系中的次要地位,但对这些因素也并没有完全忽视。

第2节 对于解释经济周期的心理因素的分析

● 强调预期

对周期中各个阶段进行解释时,最强调"心理"反应的一些学家是凯恩斯[①]、拉文顿[②]、庇古[③]和陶西格[④]。

在前面已经分析过的一些理论的学家如密契尔、罗伯逊、罗柏凯和斯庇索夫的理论体系内,对"心理"因素也是相当重视的。

这类学家在周期现象解释中都强调了"心理"因素的作用,这种作用是与人类的行为和反应相关联的。是哪些行为和反应呢?还得作近一步明确的定义。在经济理论牵涉到"心理"因素时,是与对人们的预测和预期这些方面的考虑分不开的。静态的理论,以及主要以静态假设为依据的那些经济周期理论(其间最典型的代表也许是哈耶克教授)说明企业家如何作出决策时,认为决策的依据是产品与就业的量,以及这些量的变动,而这些量是取决于价格与成本——也就是产品价格与生产资料价格——之间的比较的。"价格"和"成本"是经济名词,但经济学者除了对于少数不重要的限制价格的情况以外,所注意的是预期的未来价格和未来成本。所有对生产者的决策有支配作用的那些因素,如价格、成本、利润等,总的说来都不应当简单地看成是既定因素,而应当看成是对未来会起支配作用的因

[①]《通论》,伦敦1936年版,第22章"略论经济周期"。
[②]《企业活动中周期变动起因的研究》,伦敦1922年版。
[③]《工业波动》,伦敦1929年第2版。
[④]《经济学原理》,第3版,第1卷,第393页。

素。① 有时生产者决策是以现时价格为依据的,这是一种极简单的情况。但是即使在这样的简单情况下,预期这一心理因素是依然存在的,而且这一点似乎是静态理论构成中的一个很重要的部分。乍看起来,这里似乎不存在预期成分,但实际上并不如此。因为,在这样的简单情况下,生产者所希望或相信的是,现时价格此后将继续不变,而这一点就是他对未来的预期。②

● **预期的不确定性**

在讨论中加入了预期因素以后,不确定性也就跟着在这一研究领域内出现了。对未来演变的预测是不能绝对准确的,未来的事态离开现在越是遥远,不确定性就越大,难以预测以及无法预测的变故发生的可能性也就越大。任何经济决策,总是经济计划中的一部分,总是要延伸到相当遥远的将来的。因此,从原则上说,任何行为总是逃不了要带上些不确定成分的。在某些情况下,这一不确定成分还格外大,格外显著。例如,在耐用设备以及长期生产程序中物资的投放以及在这些方面资金的供应。以资本投放到生产事业时,生产程序的时间越长,准备建造的工具和设备越是富于耐用性,不确定成本就越多,亏本的风险也就越大。

当然,在这类情况下,人们的经济行为和反应,较之在另外的情况下,就不大会固定不变地由观察得到的事实来决定。因此,"心理的"理论主要的也就在这方面作出了它的重大贡献。这里提出了乐观心理和悲观心理,作为一些附加的决定因素。乐观态度是周期中繁荣阶段的一个特征,悲观态度是萧条阶段的一个特征;而处于转折点时

---

① 近年来大都喜欢着重预期因素,一时成为风尚。有人认为,凯恩斯的《通论》根本就是以预期为基础的。关于经济预期这一概念,最初作出说明并加以推演的是瑞典学派,特别是林达耳、密尔达尔和奥林。(参阅密尔达尔关于瑞典这类著述的报道:《作为货币理论分析工具的平衡概念》,载《货币理论文集》,哈耶克编,维也纳 1933 年版。并可参阅希克斯的几篇论文:《平衡与循环》,载《国民经济杂志》,第 4 卷第 4 期,1933 年,第 441 页起;《简化货币理论的一个建议》,载《经济学》,1935 年 2 月号第 1 页;《凯恩斯先生的"就业、利息和货币通论"》,载《经济季刊》,第 46 卷,1936 年 6 月号。)但是我们不可忽视,有些学家虽然在理论中没有明白提到预测和预期,然而对他们的理论,仍然可以并且应当在预期依据下来理解,实际上他们是完全理会到这一预期概念的。(参阅例如哈耶克的论文:《价格预测、货币紊乱与投资错误》,载《国民经济杂志》,第 73 卷第 176~191 页,法文译本载:《经济学评论》,1935 年。)摩根斯滕教授对预测与预期问题,曾有精辟分析,见他的著作《经济预期及其假设与可能性》,维也纳 1928 年版;又见他的论文:《充分假设与经济平衡》,载《国民经济杂志》,第 6 卷,1935 年,第 337~358 页。

② 这里谈到的是价格。价格因素固然是这样,有关经济决策的其他因素,情形也是这样。在完全的竞争环境下,生产者需要加以预测的唯一因素是价格。在垄断的环境下,他所须注意的,实在是"需求"而不是"价格",因为在这种情况下,价格并不是跟生产者行为无关的一个独立因素。

的一个特征是,从乐观到悲观或从悲观到乐观的心理变化。

● 乐观心理与悲观心理

目前为止,我们所谈的是,在"非心理"理论分析下出现的扩张过程和紧缩过程。上述这些因素对这类过程的说明究竟能够添上些什么呢?根据心理的论证,在高涨时期人们会比较乐观,在低落时期则比较悲观。如果这一点的意思只是说,人们进行投资时,在高涨时期会爽快些,在低落时期就不大愿意,那就跟货币投资过度论对高涨与低落所描绘的没有什么出入。但是心理理论所要说的,当然不只是这些。

心理理论认为乐观心理和悲观心理是示因因素,它会引起或加强投资的增长和减退,而这些都是在高涨和低落时期所各有的特征。但是我们还要问,乐观心理和悲观心理是不是真正独立的因素,跟非心理理论对周期现象所分析的那些因素是不是截然不同的呢?按照非心理理论的说法,一般可以把低的利率和(或)由新的发明、需求变动等促成的新投资机会的出现,看做是引起累积性扩张的因素和力量。而需求变动等现象,却又是由于人口增加、磨损的设备需要重置等产生的结果。投资的增加,不管是怎样引起的,都足以导致新增加的货币投入流通过程,从而提高对一般商品以货币计的需求,而这一点反过来又会刺激投资,所以这个过程是累积性的。当然,其间一个必不可少的条件是弹性的货币供应。

如果在这里所列示的一些因素之外再添上乐观心理和悲观心理,作为两个加强因素,这时又会发生些什么变化呢?假如所说的变动指的只是利率的下降,或者是投入大量资本才能利用的某种新发明的出现,或者是需求的增长使人们预料会从某些特殊投资中得到较好的报酬,那么,在像货币投资过度论所描绘的那种经济结构中,就没有什么新的要素了,因为后者谈到利润时,它的意思指的也是预期利润。

● 企业家反应的不确定性

但是把乐观心理与悲观心理提出来作为附加因素时,它所表示的意义并不只这些。它的意思是说,一方面是利息率降低和其他客观因素的变动,另一方面是企业家增进投资的决策,这两者之间的关系,并不是像"经济"理论有时候所说的那样呆板。如果在某一情况下,利息率有了降低,或者是需求有了增长,或者是在技术方面有了进展(新发明的利用或革新措施的推广),这时要单单根据这些事实来测知企业家反应的强度或愿意增加投资的限度,是不可能的。

诚然,诸如"乐观的程度"或"乐观态度的变化"这类话是极其含混的说法,其中尽可以包含许多别的因素，如一般政治形势或者足以影响结果的其他因素——虽然会影响到什么程度是不能肯定的，我们应当清楚地看到，虽然周期的发展的确不是完全由非心理理论所说的那些客观因素决定的，可是，只要乐观心理与悲观心理还只是纯粹的心理现象的话——这种心理现象也就是指企业家的心情，或经济界其他成员的心情，而心理论者所讨论的正是这些人的行为——那么，提出"乐观心理"与"悲观心理"这两个决定因素，也并不能对经济周期的解释作出什么切实的贡献来。人们的心情是不能剥出来看的。这一点固然无可否认，但是进行某种观察，然后根据这种观察对人们的心情或心情的变动加以推断，这一点却是办得到的。"心理"理论正应该在这一点上作出它的切实贡献。

- **"心理"理论家强调的"不合理的"影响**

除了已经由"非心理"理论考虑到的那些因素以外，还有哪些显然可见的因素会使人们趋于乐观或悲观，从而对投资会发生刺激或阻碍作用呢？

首先应该提到的是有以下这样的情况。当处于活跃时期，工业中有许多部门的需求和生产已经在增长中，这时还没有感到需求有所增长的那些其他部门的生产者，就会发生一种预期，觉得在他们这方面需求的增长也已为期不远。这个时候，就非心理理论所注意的那些客观因素（利息率降低等）来说，这些因素与投资量之间的关系好像已经松懈。总投资对客观因素变动的反应会格外强烈，强烈的程度会超过在"合理的"经济考虑下应有的程度。关于这一点庇古教授提出了一个论点，叫做"乐观下的错误"。拉文顿却把那些在信心与乐观心理方面会互相感染的商人们比作溜冰场上的溜冰者。他说："如果在同一个溜冰场上溜冰的人很多，就每个溜冰者说来，对他自身安全的信心不是有所减弱，而会是有所加强……合理的判断是，池子里的人越多，危险性越大，但在彼此信心的感染下会使他觉得人多胆壮，大胆前进时会比较安全。"①

心理理论指出了还应当注意的一点，当需求与价格继续增长了一个时期以后，人们就会养成习惯，越来越相信，此后将在相等或大致相等的程度上继续增长。就是说，他们对现时经验会寄予过大的信心，以此作为预测未来的依据。由此会使他们对资本资产作出过高的估价。凯恩斯先生说："繁荣下的一个主要特征是，有些投资，在充分就业的情况下实际将产生比方说2%的收益，但人们这时作出的预期，却会认为将产生的收益比方说是6%，即以此作为估价的依据。"②

---

① 拉文顿：《企业活动中周期变动起因的研究》，第32~33页。
② 《通论》，伦敦1936年版，第321页。

● 由乐观的错误造成悲观的错误

着重心理因素的一些学家,尤其是庇古教授和凯恩斯先生还指出一点,认为在乐观情绪下的错误,一旦被发觉以后,会由此引起方向相反的悲观情绪下的错误。庇古教授把这一点说成是"乐观心理与悲观心理相互发生的错误"。[①] 在上面引证的那一段里,凯恩斯先生还接着说:"当梦想趋于幻灭,真相大白的时候,接着就会矫枉过正,发生'悲观情绪下的错误';结果对原来在充分就业情况下的确可以产生 2% 收益的那些投资,会认为将有损无益;于是新投资将陷于崩溃状态,从而造成失业现象,在这种情况下,原来在充分就业下可以产生 2% 收益的那些投资,事实上将不得不亏蚀。"[②]

庇古教授指出:"当乐观情绪下的错误暴露出来的时候,继之而来的是急遽地向着悲观情绪下的错误转变,其间急遽与剧烈的程度如何,部分地将取决于前一乐观错误的大小……但是随着一定程度的乐观错误的发觉而来的一种所谓爆发情况,对这一点也同样会发生影响。至于爆发的严重程度,则取决于暴露错误的那些依法宣告破产者数目的多少与规模的大小。"[③] 这时受到亏损的企业,如果是由企业家自己出资经营的,跟那些用借入资金,特别是用从银行借来的资金经营的企业比较,在严重程度上会差些。

第三节 结 语

● 与其他理论的相容性

以上把关于周期现象心理解释的贡献以及这一解释与非心理解释之间的关系作了一个分析。现在可以把这个分析总结一下。

所谓"心理"理论者,跟别的理论者相形之下,他们所比较着重的,或认为具有较大独立影响作用的,是"心理"因素,而不是"非心理"因素。"心理"理论者认为,乐观心理或悲观心理是扩张过程或紧缩过程中的一个助成因素。这可以归纳为这样

[①] 庇古《工业波动》,第 7 章。
[②] 同上书,第 322 页。
[③] 同上书,第 94 页。

一个论点,即:由于多种原因,投资对于那些有决定性的客观经济因素(利息率、货币流量等)有了变动时的反应,比依靠纯"经济"理论的分析所初步看到的大致要强烈些。

霍特里先生评论庇古的《工业波动》时,①曾提出这样一个看法,认为乐观心理与悲观心理是完全决定于银行政策的。他说,只要信用在扩张,因而需求在增长,人们总是乐观的;当信用紧缩,需求减退时,他们就要改变态度,转为悲观了。总的说来,这个说法也许是对的。但是仍然有一点没有解决,当利息率、消费品需求等有了某些变动时,人们在行动(主要是投资活动)上的反应,在不同环境下也许是不同的。反应的强度决定于某些难以捉摸的环境,"心理"解释所要分析的就是这一点。根据投资资金的供求图表来看,我们可以说,关于某种心理因素或某些心理因素,在经济周期的萧条时期,是以强调需求曲线向图表的左端移动的方式来表示的;而在经济周期高涨阶段,则以强调需求曲线向图表的右端移动的方式来表示的。

还有一点也是很重要的。心理理论本身所注意的,并不是有关促使繁荣走向崩溃的那些失调现象在性质上的一些特有的假设。心理理论所注意的那些乐观错误的结果,可以是资本不足,也可以是消费需求不足或资本在横的方面趋入歧途。"心理"理论跟这些假设中的任何一个或其全部都是可以相容的。②

---

① 《商业与信用》,第168页。
② 根据这里所引证的凯恩斯先生的一段话看来,他似乎认为,要促使繁荣趋于崩溃,其间并不一定要牵涉到实际亏损。意思就是说,并不一定要发生生产结构上的失调——所谓失调的意思,指的是生产结构上的一种安排,在这样的安排下,至少有若干商号是要遭受到实际亏损的。他似乎存有这样的见解:假使利润降低,会引起对利润进一步降低到零点以下的预期,那么利润降低这一点本身就足以促使繁荣趋于崩溃。但是这样来理解凯恩斯先生的理论时,会引起很大困难,因为他在《货币论》里说企业家遭受亏损时的处境是这样的:他的报酬已经降低到这样程度,将诱使他进行限制产量。困难也许纯粹是属于字面上的,是由于他对损失与利益所下的定义有了改变。不管怎样,其间的意义总有些欠明朗,很难由此得出有效果的讨论。

第7章 农业与经济周期
——收获论

第1节 引 言

● 农业收获周期变动理论

农业情况变动与工业波动之间的关系,比许多人所想象的要复杂得多。关于这一问题,各家的说法不同,存在着种种理论,虽然它们都是以统计研究为依据,但很难把这些不同的论调统一起来。其间有一派的论调是,认为在农业生产方面也存在与企业相类似的周期性,并企图用这一点来说明经济周期的周期性。这一派的代表是W.S.杰文斯[1]、H.S.杰文斯[2]和穆尔[3]。按这一派的说法,有一连串的因果关系,从宇宙变化影响到气候,从气候影响到农业收获,再从农业收获影响到一般企业。

这些学家大都不否认经济周期并不是完全取决于由气候引起的农业收获的变动的,由此产生的影响,可能部分或全部被一些别的原因所引起的影响所抵消。这些原因也许是出于经济体系以外的(如战争、新发明、通货贬值等),也许是经济体系所固有的。另一方面,这些原因对收获变动所引起的影响,也会起加强的作用。W.S.杰文斯有一次这样说:"如果说英国的金融市场天然具有一种倾向,要在为期10

---

[1]《太阳期与谷物价格》,1875年版;《商业危机周期性的实质解释》,1878年版;《商业危机与太阳黑子》,1879年版。以上各篇均经转载入《货币与金融研究》,伦敦1909年第2版。

[2]《失业原因、太阳热力与商业活动》,1910年版;《商业波动与太阳活动》,载《现代评论》,1909年8月号。

[3]《经济周期的定律与起因》,纽约1914年版;《经济周期在进行中》,纽约1923年版。

年或11年之间往复摆动,那么在同一期间农业收获比较细微的变动,就足够引起萧条、活跃、兴奋和崩溃那些会明显地相继发生的现象。"①

H. S.杰文斯教授认为,工业系统与企业界情绪在趋向上的往复转变,每一次往复所经过的时间比一次完全的收获周期所需要经过的时间要长。因此,从两次或两次以上收获周期发生的推进力,会累积起来,从而促成一次较显著的经济周期。

反对这个说法的理由之一是,关于收获变动的确切时期,不能获得一致的意见。以收获周期作为论证的依据时,关于这一周期时间的长短,各家所见不同: W. S.杰文斯说是十年半,H. S.杰文斯说是三年半,而穆尔教授则认为是八年。有一点是可以想象得到,在同一次农业周期中,也许会含有为期长短不一的波动或波动倾向。就是说,在较长期的周期中还会加上较短期的周期。因此就一般企业来说,也会显示出相类似的倾向。还有一点,农产品种别不一,不同的农产,会发生不同期间的波动。收获波动,在18世纪和19世纪初期,对一般企业曾发生过极大的影响,但在以后的时期对企业发生极大影响的,也许并不是以前那一类收获的波动。因此,对于改变着的经济周期的时限,要从与农业变动的原因相一致的线索去寻求解释,也未尝没有可能。

• 对农业与商业间关系的其他见解

如果要在农业生产与经济周期之间建立一种因果关系,并不一定需要假定农业生产自身是存在着周期运动的。那些影响周期的外在因素,如新发明、战争、地震等,出现的时间是没有规律的,它们会使工业体系发生累积性的扩张或紧缩现象,对已有的扩张或紧缩现象,也会发生促进或阻碍作用;关于谷物产量或家畜与畜产品产量,我们也可以看做与上述外在因素在性质上是相类似的,这类产品产量的波动对工业体系也会发生相类似的影响。当收获波动与经济周期趋势的转变不相一致时,对经济周期的变动不一定会发生决定性的作用,而是将有所干扰。

以上可以说是庇古教授②和罗伯逊教授③的见解:因为他们虽然很重视收获的变动,认为是足以加强企业累积性的向上或向下运动的有力原因,但认为这类累积性过程有它们自己的活力。它们的周期,部分是取决于心理因素和其他因素的,无论如何,

---

① 见1875年在英国学术协会宣读的一篇论文:《太阳期与谷物价格》,载《货币与金融研究》,第185页。
② 见《工业波动》。
③ 见《工业波动研究》和《银行政策与价格水平》。

与谷物波动的周期是无关的。至于斯庇索夫教授的见解①又稍有不同,他认为足以引起工业扩张的因素种种不一,而农业丰收和革新措施是其中的两个有力因素。但就这几位学家来说,都不能认为是提倡经济周期"农业理论"的。他们并不忽视农业因素,但是他们另有一套完整而机动的理论纲要,考虑到了如货币、心理、技术各方面种种不同的反应过程,而农业因素只是在那套纲要里跟其他因素结合考虑的。

还有一个第三种见解,主要是出于美国经济学家汉森教授②和 J. M. 克拉克教授③的,他们根本否认农产波动是经济周期波动的原因之一。他们说,农业不是一个主动因素而是一个被动因素。正是由于农产品供应缺乏弹性,使农业界容易陷于收入不稳定状态。所以会这样,是出于商业波动引起的需求变动的结果,而这类变动却是由企业经济的内在力量促成的。用汉森教授的话来说,农业是"被企业踢来踢去的足球"。

● 不同理论的相容性

上述三种见解并不一定是互相排斥的。一方面是农业产量对需求变动普遍缺乏反应,另一方面是那些偶然的或周期的自发变动对企业会产生影响。这两者之间并不是没有协调可能的。上述第二派和第三派学家,对于农业波动的影响能否从企业指数中探索出来这一问题,在理论上的争执并不像在统计问题上的争执那样大。

这些"农业"理论的一个比较严重的弱点是:它们对于农产丰收与繁荣以及农产歉收与萧条,或者是在相反方向下彼此之间是否存在着相互关系这一重要问题,并没有一致的见解。它们在这一问题上的分歧,所体现的是一种见解上的根本分歧,所争执的一点是,农业波动的影响究竟是通过哪些方面传布到经济生活中的其他部门的。

因此,如果要有系统地研究这一问题,我们对农业波动能够影响一般企业和工业波动能够影响农业的各种可能方式,就得逐一加以考察。

---

① 见《危机》,载《政治学手册》。
②《经济周期与农业的关系》,载《农业经济学报》,1932 年。
③《经济周期的关键因素》。

第2节 农业波动怎样影响工业和商业

● 一个与外界隔绝的经济体系的假设

这里也跟经济理论中许多别的部分一样,讨论时必须从设定一个与外界隔绝的经济体系着手。必须将世界经济作为一个整体加以考察,然后才有可能来讨论整体中的某些部分(例如各个国家)与其他部分之间的关系。因此,以下所列举的关于农业生产波动通过不同途径时所引起的反应,首先是和自给的经济体系相关联的,随后才采取了不同的观点,从某个国家的对外贸易关系来考察这个问题。

(1)"实际的"弹性理论

庇古教授和罗伯逊教授将农业收获的变动与工业波动这两个情况相结合时,他们的讨论方式是从没有共同交易媒介的经济体系(即物物交换经济)的假设情况开始的,然后接下去说明当经济动机以货币形态出现时这一关系的变化。

根据庇古教授的《工业波动》与《失业论》,论证的发展层次大致如此。

农产如果获得了大丰收,农业者以农产品为依据的对工业产品的需求将增长。[①]

农产丰收是要增加社会的实际收益的,就这一点说来,由此将引起来自储蓄的新资本供应量的增长,利息率将下降,对于以工资品计的劳动需求将增长。[②]

由此将使雇主方面提高对于以一般商品计的劳动收益的预期,就这一点说来,对工业产品的农业需求有了增长以后,雇主对资本的需求将增长,从而对于以工资品计的劳动需求——不管这一需求是靠了存货还是储蓄获得满足的——将发生在这个限度内的增长。[③] 至于大丰收在事实上是否会使雇主提高对劳动"实际"收益的预期,按照庇古教授的看法,认为这一点须决定于"对农产品一般需求的弹性"。他说:"对农产品的一般需求如果是高度缺乏弹性的——即弹性是低于1的——则就每一单位工业产量可以获得的扩大了的农产量来说,它所体现的,以一般事物的量为依据时,不是有所扩大,而是有所减少。"在这种情况下,不但不会有任何储蓄愿

---

① 《工业波动》,第2版,第4章,第41页。
② 同上书,第3章,第20页。
③ 同上书,第3章和第11章。

望的增长,甚至对收益的预期也不会有任何提高,不会诱使雇主由于增加对劳动的实际需求而多借资金。①

假定对农产品的一般需求是富有弹性的,则以工资品计的劳动需求的增长,将造成较多的就业机会。这是由于在工资率具有刚性的情况下劳动供应是有高度弹性的。②

以上分析,是在纯粹的物物交换经济假定下进行的。以下是庇古教授以货币经济为依据的推论。

当雇主对收益有了较高的预期,在这样的诱发下,需要增加借入资金时,他在这方面的需求,部分是借助于银行而得到满足的。结果引起了累积性的货币扩张,由此,通过种种方式,提高了以工资品计的劳动需求,从而使工业产量有了增长。③

这时如果在价格上涨之际实际工资有了降低,工人在"货币错觉"的影响下,是愿意接受这种较低的实际工资的,因此由货币扩张造成的价格上涨所起的作用是在某一实际工资率之下会提高可用劳动的供额。所以,当农业者的实际需求有了增长时,工业活动将发生进一步敏锐的反应。④

● 以货币计与以"劳力"计的需求弹性

上述论证中提到了"对农产品一般需求的弹性",这句话不够明确,因此论证就显得有些含糊。在通常情况下,谈到需求的弹性时,是以货币为依据的,但是也可转变为以"实物"为依据。这时它所指的是一宗工业品的量,整个工业中人对于这部分工业品的使用或消费愿意放弃,用来交换不同数量的农产品,而工业品的总生产依然不变。

这样的解释似乎是最自然的。但是研究了庇古教授的《工业波动》第42页的脚注和第5章的全部内容,就可以看出,他的见解跟这里的解释有所不同。他认为,为农产品提供的工业品在数量上的任何增减,所体现的是在工业品生产中等量的增减。在这种情况下,则"对农产品一般需求的弹性",似乎是和工业者为了自己消费以及为了换取不同数量的农产品而进行生产时的劳力或活动力的总数量有关系。据此,假使工业者对农产品以劳力计的需求弹性作为是既定的,则庇古教授所假定的是,关于工业总产量怎样随着收获量的变动而变动这一点,他已经知道。但是,有待于这一理论去发现的正是这一量值。这是一个未知的量,这一点是不能预先假定的。

只有用上面首先提到的那个说法加以解释,也就是以货币为依据(或以货币的补

---

① 《工业波动》,第41页。
② 同上书,第2章,第20页;又第20章。
③ 同上书,第2版,第3章,第33页;又第16、17章。
④ 《失业论》,第4篇和第5篇,第9章。

充者,即以"实物"为依据),然后"需求的弹性"这个词,在工业受农业波动的反应这一点上的解释,才会起有效的作用。但是对"需求的弹性"作了这样的解释以后,我们会立刻碰到一种困难:在关于工业劳动中的货币需求动态,跟在庇古教授使用"实际"这一词的意义下的"实际"需求动态,两者的变动方向是相反的。他说,只有对农产品需求有弹性的时候,农产品供应有所增长时,所体现的才是对工业品"实际"需求的增长(从而引起对劳动"实际"需求的增长)。但正是在这种情况下,工业品的货币需求将降低,因为这时支出中的一个较大部分将用于农产品。还有一层,足以引起工资劳动者反应的,主要是对劳动的货币需求。因此,以货币与已生产的商品为依据的农产品需求如果是弹性的,劳力与就业为依据的需求将是无弹性的。

罗伯逊教授在《银行政策与价格水平》里关于这一问题的讨论,也存在着相似的困难和意义不够明朗之处。他提出了一个问题:在货币当局这一政策或那一政策之下,当农业产量(以小麦为代表)有了提高时,工业产量(以钢铁为代表)要经过什么样的程序,跟着发生什么样的价格变化,才会像在物物交换情况下那样引起某种反应。他认识到,并且明白指出,作为一个"钢铁生产者",当货币收入有了增长时,他的反应将比较敏捷,当支出的对象的价格下跌时,他的反应将比较迟钝;但在他看来,钢铁的货币需求,只是取决于小麦需求的"劳力弹性"和由货币政策所决定的一般价格水平。但是买主以钢铁为依据的、对小麦需求的弹性——假定以货币为依据的总需求没有变动——会影响到钢铁以货币为依据的需求和供应,从而影响到钢铁生产者对小麦需求在这个程度上的"劳力弹性"。他对这一点似乎没有注意。

在货币经济中,要将买主对某一种商品需求的弹性作为一种心理论据是很方便的,但是要将对某一商品需求的劳力弹性——或者,笼统地说,整个工业对农产品的需求——作为心理论据,是万万不可能的。足以刺激生产者的,几乎完全是货币诱因。因此如果希望获得关于任何某一情况下需求的劳力弹性方面的结论,就得逐步探讨,经过一个很长的分析过程,还得自始至终考虑到货币因素的作用。由此可见,如果为了要指出农业波动对工业可能发生的后果,一开头就假定存在着某一劳力弹性,那是事实上所不允许的,因为这就等于是事先假定问题已经解决了。如果根据农业波动如何使工业生产发生反应的实际经验来估计需求的劳力弹性,然后把这一估计看做是与货币状况无关的一个比较稳定的心理论据,这样做也是行不通的。

(2)对使用农业原料的那些工业的影响

有些工业,如食品工业,纺织工业,是要使用农业原料的,有些工业是从事经营农产品或畜产品的;农产量的种种变动,会使这类工业受到极大影响。

任何工业,跟它原料来源的关系必然是非常密切的。如果没有剩余存品可供吸取,当来自农业方面的供应源缩减时,这类工业的活动势将受到限制。当农产获得丰收时,将降低原料与制成品对照下的价格,结果或者由工业者决定增加产量,将原料供额全部吸收,或者由持有者把剩余部分囤积起来。不管怎样,在生产事业中较后各阶段的活动力将增长,因为凭囤积存品,是绝不能完全消弭农业收获的波动的。

那些一向以经营农产品为业的运输机构,当农产有了波动时,也和以农产品为原料的工业的处境相同。

(3)对实际工资的影响

我们讨论"劳力弹性"理论时曾指出,劳动供应实在是随着以货币计的需求而不是随着以商品与劳务计的需求而变动的。但货币工资的"实际"等值物,对工作的鼓励或接受工作的愿望,并不是全无关系的。比方说,食品价格有了降低,则工资降低或不再提高这件事也许会比较容易进行些;当食品价格上涨时,情况可以类推。如果工资等级是以生活费指数为依据的,这样的情况就格外显著。但总的说来,在短期情况下,这一因素的实际意义也许并不大。

(4)城乡之间劳动力的移动

关于工业劳动的供应,在另一方面,也许会由于农产的丰收和歉收而受到很大影响。就多种农产尤其是就整个农产说起来,都必须面临着消费者方面(以货币计)的无弹性需求,消费者是可以在农产品与非农产品之间进行选择的。因此,农产丰收的结果是农业收入将降低。当农业收入降低时,会促使劳动力由农业退出转入工业,这一点是可以想得到的。据说有许多国家现在所发生的是与上述方向相反的流动状态,在那些地区的农业劳动,是随着工业的进退而增减的。至于我们所说的城乡间劳动力移动情况,虽然比较少见,也并不是绝无所闻的。

(5)对不使用农业原料的消费品工业的影响

有些工业是不使用农业原料的,农产波动在这方面的影响如何,是一个比较有争议的问题。为讨论方便起见,可以把这类工业划分为消费品工业与生产品工业,或者还可以分作为农民服务的工业与为非农民服务的工业。我们不妨假定,除非在高度扩张阶段,当以货币计的需求有了增长时,商品供应的弹性是很大的。

当农产丰收时,对不使用农业原料的消费品工业将发生什么样的影响这一点,当取决于使用农业原料那些消费品的货币需求的是否有弹性。这方面的弹性越小,则下述情况发生的可能性就越大。情况是:当农产丰收,食品价格跟着下降时,将引起需求的转变,由食品转向非农产品,使后者的供量增长,增长程度则决定于供应条件。当农产歉收时,加上必要的变更,情况也可以类推。

(6)农民的购买力

当收获有了变动时,一般趋势是,对整个不使用农业原料的消费品工业将在某一方向下发生影响;情况固然是这样,但有些工业是供应农民需求的,有些是供应非农民需求的,在这一点上必须有所区别。常常有人这样说,当农产量有了变动时,农业者的购买力就有了变动,因此将影响到一般企业。认为农产丰收可以增加也可以减低农民的收入,得看需求弹性是高于1还是低于1而定,由此将影响到为农民服务的那些工业的繁荣程度。但是很明显,这样论证实在并没有说明什么。因为在购买力方面农民的所失,必然是其他人们的所得,反过来也是一样。当农民购买力减退时,供应农民需要的那些工业的业务将趋萎缩;但供应其他人需要的工业将趋活跃。购买力经这样重分配以后的净结果如何,将取决于具体环境、经济周期形势、各国信用状态,以及受到重分配影响的各国和各地区情况等。

(7)对投资的影响

考虑一下收获变动对投资的影响是不可少的,因为收获变动对投资品工业活动发生的初步影响,以及在随后期间对通货的膨胀或紧缩发生的间接影响,都是值得注意的。大致说来,农产丰收对投资可能产生的影响是下述的一些,其间以货币为依据的需求,经假定是无弹性的:

①农业生产的投资将减退。

②经营农产运输或使用农业原料的那些行业的投资将增长。

③不使用农业原料的消费品工业,尤其是不为农民服务的那些工业,投资将增长。

④关于保存农产品的那类投资,数额将有变动。近来凯恩斯先生很重视这一点。[①]这里发生的有两种性质不同的影响,必须加以区别。一种是在收获以后立即会产生的影响,使所保有的农产品与正常年度的情况比较时,在实际量上虽有所增,以产值计或将有所减;还有一种是随后产生的影响,结果或将使存货价额会有所增长。

严格地说,这类变动,所指的与其说是投资,不如说是"投资趋向"或者是投资资金需求。至于这一需求可以获得满足到什么程度,这类"投资趋向"可以在什么程度上化为实际投资形态,那就要看有关各国投资资金供应的弹性而定。例如,这样的演变也未尝没有可能,由于农业者与其他人之间的收入发生了剧烈的重新分配,加上资金

---

① 《通论》,第329页起。

由农业国流向非农业国(或有了相反的动向),最后也许会使信用体系发生通货紧缩性的变动,从而使这时发生的对投资资金需求的任何增长不能成为事实。

(8)对储蓄的影响

关于收成的变动,通过累积的通货膨胀或紧缩对工业经济发生的进一步后果,如果要作出任何结论,还须将收成的变动对投资的影响跟它对储蓄的影响作一比较。投资超过了储蓄时,将形成扩张现象,而储蓄超过了投资时,将引起紧缩现象。柯克先生[1]认为农产丰收将造成通货紧缩后果,他作出这一结论的依据是:农产品价格下跌以后,使消费者获得了额外的购买力,将把这项购买力的一部分储蓄起来。显然,净结果如何,是不能预先推定的;就任何具体情况来说,对投资的一切变动倾向与储蓄的一切变动倾向,这两者之间必须加以分析、比较,然后才能下断语。上面已经指出,在投资增长的倾向下,如果同时还存在着弹性的信用供应,将导致货币扩张;在储蓄增长的倾向下,如果同时没有投资增长现象,将导致货币紧缩。

(9)从国际方面考察

关于在自给自足的经济中,总收获量的波动,对这一整个经济体系下的工业活动如何发挥作用,以上已经作了分析。现在我们可以考察一下,在总经济中的某一区域(一个行政区或一个国家)的收获波动对那个区域的工业活动所产生的影响。

以一个国家的农业收获来说,它的需求弹性(以国际货币为依据)比整个世界农产收获的需求弹性当然要大得多;国家越小,农产品的世界市场条件越完备,这种需求的弹性就越大。举例说,以新西兰与美国比较,前者的需求弹性当然大于后者;又如小麦的需求弹性总比多数畜产品的要大些。因此,在许多情况或多数情况下是这样的,如果某一个国家的农业收获有了增长,而同时别的国家的收获却没有任何变动,则这个国家农业者的货币收入将有所增加。(如果需求弹性低于1,则别处农业者的损失将超过上述增益之数。)还有一层,当某一国家农业者的货币收入有了某一限度上的增长时,以这个国家全体来说,在货币收入方面所增长的还不只这个限度,因为这时国内人民对农产品的支出将比以前减少,对国内工业品的支出(大概)将比以前增加,由此使它的农业者和工业者皆大欢喜,收入都有了增长,而且这类增长总是来自国外的,只可能有这样一个来源。

这个国家庆幸获得了丰收,从而使它的收入获得了这样的初步增长以后,对它的工业来说,这一现象将构成一个膨胀性的刺激因素(虽然我们必须估计到这时在国外

---

[1]《农业与经济周期》,伦敦1933年版。

方面购买力的不断损耗)。基于这里提出的新论点,我们可以看出,关于世界农业收获变动对世界工业的一般影响如何这一问题,根据任何某一国家的农产波动与这一国家的工业波动两者之间的对照,是无法获得结论的。就某些地区如澳大利亚、新西兰、罗马尼亚、阿根廷、加拿大等处的情况看来,这一点是明显的;但是在另一些地区,尤其是在美国,对这一点就很容易忽视。

• 结　语

我们可以看到,农产量波动(不论是丰收或歉收)对整个经济体系,特别是对工业活动发挥作用时所通过的途径,也就是在前几章里讨论各种理论时所提到的、已经为我们所熟悉的那些途径。我们谈到了由资本需求变动引起货币扩张和紧缩,由资源有余引起储蓄过度,以及投资取决于消费者的需求种种过程;各派见解不同,因此对各个过程的重视程度,各派也不一致;但所有这些过程,都是跟这里的问题有关的。在经济周期的探讨中,我们不能用"农业理论"来代替比方说货币理论或投资过度论,正同我们不能用"有关新发明的理论"或"地震理论"来代替后两者的情形一样。我们在这方面所能做的,只是说明农业波动的重要意义,指出它是经济体系中许多潜在刺激因素之一。我们对农业与经济周期的关系所说的一些,未尝不可以用来说明新发明与经济周期或者甚至地震或战争与经济周期的关系,其间简直不必经过任何修改。

关于丰收对商业有利、歉收对商业有害这一论点,有人赞成,也有人反对,主张不一。读者可以看到,我们对这一论点的是非得失,没有加以权衡,加以分析。总的说来,赞成丰收具有促进力量的论调,在理论界比较占优势,虽然相反的论调也未尝没有支持者。当然,就某一个国家来说,丰收对那个国家的企业生活具有促进作用,这一点是没有什么疑问的。只是当以完全的关闭经济状态作为研究对象时,这个问题才会显得有些难以处理。

单凭演绎的分析,不能解决问题,因为在分析中会出现种种互相抵触的理由。只有对各种不同因素——对投资的影响、对信用结构的影响等——的量的重要性加以估计,然后对哪一趋向比较占优势这一点,才能提供一个判断基础。这里有着很大决定作用的也许是当波动发生时经济周期所处的阶段。这样的情况未尝没有可能:同样是丰收,有时会成为一个促进因素,有时会发生不利影响,会随着所处周期阶段的不同,随着地区和人口多寡的不同,而演成不同的后果。还有一层,我们也不宜过于鲁莽,说小麦丰收和棉花丰收所产生的影响是相同的。农产波动对一般企业的影响究竟是有利的还是不利的,这一影响作用是否巨大到足以压倒同时在起着作用的其他影响因素,当我们对这类问题从各方面作了充分考虑,终于作出了决定以后,仍然有待商榷的是:农产波动究竟具有周期性到什么程度? 如果的确是具有周期性的,这种周期在什么程度上是自发的,是与一般经济周期无关的?

第3节 经济周期对农业的影响

● 农业产量的无弹性

经济体系的每个部分,对于所有其他部分的演进,多少总是有些敏感的,因此工业波动对农业必然要发生某种程度上的影响。通过农产品的需求和价格,这种影响对农民阶级的收入会发挥作用。如果农业产量对货币需求的变动会发生相当直接和显著的反应,那就没有理由把经济周期看做根本上是一个工业现象。不过事实上农业产量对货币刺激的反应非常迟钝,因此就往往把经济周期看做(就生产方面说)是限于工业的,而且是限于不依靠农业供应原料的那些工业的,即耐用品生产与投资品生产。然而从长期看来,工业波动对农业产量发生影响并不是完全没有可能的,只是发生效果须经过那样长的时期,因此诸如"反应"或"供应弹性"这些字眼,在这里已没有多大意义。在这种情况下,所谓"反应"与产量自发的变动,实际上已没有什么分别。另一方面,工业波动对农产品的需求和(在较低程度上)生产成本,却都是会发生影响的。

● 对需求的影响

有许多学家,包括比恩[1]、H.M.克拉克[2]、汉森[3]和柯克[4],都不否认,工业活动的波动加上一般货币需求的相似波动,对农业收入会发生重大影响。增长中的实际货币供应与增长中的工业活动,两者之间是存在着相互因果关系的(关于这一点,将在本书第2篇内加以说明),在低落时,情况也是这样。由于用农业原料制造的产品对消费者具有重要意义,因此以货币为依据的需求一般有了增减时,其间的一部分将传递到

---

[1]《美国战后农业与企业间的相互关系》,载《美国农业部农业经济局档案》。
[2]《经济周期的关键因素》。
[3]《经济用期与农业的关系》,载《农业经济学报》,1932年。
[4]《农业与经济周期》,伦敦1933年版,第1卷。

农业,这是不足为奇的。但由于以下两个因素,使传递过程趋于缓和:

①对整个消费品的需求,跟对一切商品的需求对照时,前者比后者稳定。

②对以农产品为原料的消费品需求,跟对整个消费需求对照时,前者比后者稳定。

另一方面,由于农产供应的无弹性,因此与需求相形之下,就会觉得需求方面的波动较大,大于实在的波动程度。

由于工业活动与农产品需求之间的因果关系,使农产价格与工业活动两者之间存在着密切的相互关系,粗心大意的人也许会抓住这一点为证据,当农产价格和农业所得也许是由于农业生产过剩而低落时,就说这种低落的现象是促使工业活动减退的原因。

● 对成本的影响

农业的各项成本,大部分是出于农业来源的,在一定程度上会随着农产品的需求而变动——这种变动所表明的,只是农产供应之所以无弹性的另一个方面。

然而关于生产因素,工业也会对农业发生某一程度上的竞争:有时这种竞争甚至会这样剧烈,以致使农业当需求增长时也不得不降低产量;反过来说时,情况也是这样。

关于工具的供应和购置工具的投资资金,很可能发生这样的情况:当年景好的时候,农民取得工具的愿望提高,由此会胜过工业在这两点上的竞争需求。当农民的购置增加,在这方面所需要的资金,部分是可以取之于他自己的提高了的收益的。

另一方面,在许多国家却有一个很显著的倾向:当繁荣时期,会有大量劳动力由农业转向工业,而当萧条时期,则又纷纷回到农村。[①]

● 结 语

以上叙述了农业与工业之间可能发生的相互影响,这不能算是一个十分清楚的说明。由于货币的或其他的原因,会发生工业危机,由此会影响到农业收入,而且在较低的程度上,通过不很明显的途径,还会影响到农业产量。

另一方面,自发的农产波动,对一般经济周期,对货币需求,也会发生有利或不利的影响;由此还可能通过这一途径,反过来对农业发生影响。还有一点,农产品在需求与成本方面的种种变动,不管是怎样引起的,隔了一定时间后,会引起农业产量的变动。而这一点,跟自发变动一样,将影响到工业,从而导致一个恶性的扩张或紧缩的周期。

[①] 参阅卡斯耳:《社会经济理论》第2卷,第4册,第15章,第65节。

第8章 关于新近发展的经济周期理论研究

第1节 引 言

● 新发展理论的一般特征

这一章的内容,大部分以凯恩斯先生的《就业、利息和货币通论》为依据,或者可以说是把它作为研究中心的。严格地说,所讨论的并非完全是经济周期理论,实在是一般的经济理论,所涉及的一些分析的工具,可以用于经济周期的探讨,也可以用于别的方面。这里要讨论到的一些理论,在很大程度上甚至并不是动态的,而是静态的平衡理论。(关于这一点,在本章第6节将加以详细的讨论。)

由于许多原因,对这些理论进行评述时,存在的困难很大。第一点,这些理论都还是新近出现的,还在萌芽时代,在构成上还没有十分固定,还在继续演进、逐步澄清中,新的见解还在不断出现,而这些见解也绝不是在一切方面都趋于一致的。[1] 发生的争点[2],往往非常微妙,难以捉摸,由此引起的论证,也势必是错综复杂、使人迷惑的。

---

[1] 各有关学家的主要著作,大都散见于最近数期以下各刊物,可以参阅:《经济季刊》、《计量经济学》、《经济学季刊》等。

[2] 争点:争论的中心。——译者注

- 名词上的差异与实质上的差异

第二点,还有一个困难之处,这些理论的作者并没有能处处说清楚,当他们的见解与另一些作者的见解显然有分歧时,这些分歧究竟是基于经验假设上的不同,还是仅仅由于名词使用上的不同?换句话说,没有能明白告诉我们,分歧究竟是属于本质上的,还是字面上的?毫无疑问,近年来关于储蓄与投资,关于两者之间可能存在的不相均等,关于资金贮藏、灵活偏好、利息率以及类似问题的讨论,显得越来越清楚的一点就是,纯粹字面上的误解和名词定义上的细微差别,会引起很大的争执。[1] 近年来,关于经济学说的探讨,形成了许多派别,对各派之间的实际差异(与名词上的差异有所不同),往往夸大其词;有些研究者[2]喜欢用"古典"和"现代"等名目来形容不同的派别,关于这些派别之间的差异,说得格外显著。这种风气现在已经有所改善。但是可以肯定地说,关于名词上的澄清,还有待于进一步的努力。通过这一章的叙述,希望在这方面作出努力。

有些新理论只是在术语使用上有所革新,实质上与传统见解并没有什么抵触,但即使在这种情况下,这些理论有时候也未尝没有贡献,可以把较早期的理论纲要中某些蕴蓄的含义揭示出来,可以迫使"敌对"理论的倡议者不得不把他们的理论加以进一步的阐发,进一步的澄清。

所有这些,将在以下各节加以阐述。

第 2 节 储蓄与投资[3]

- 日常使用 S 与 I 的意义上的含糊

在前面几章里我们曾一再谈到储蓄与投资以及这两者之间的区别,但没有说明这两个名词的确切定义。因为提出理论的作者,对这些名词都没有仔细地给下一个合乎实用的定义。他们显然认为,凭了这些名词在日常使用中的意义就够了,不必另有

---

[1] 罗伯逊教授近来曾有所努力,要把名词上的差异与实质上的差异分别开来。参阅他的《近代货币论争观察》,载《曼彻斯特学会会报》第 9 卷,第 1 期,1938 年 4 月号。
[2] 参阅勒讷:《关于利息理论的不同见解》,载《经济季刊》第 48 卷,1938 年 6 月号。
[3] 我们经常要使用以下一些符号:S=储蓄,I=投资,Y=所得,C=消费。

所阐发。

根据近年来的研究,情况并不是这样。这些名词不但在日常使用中的意义有欠明确,不同学家会有不同的见解,而且事实证明,在某一定义下——这个定义可以说是这些名词日常使用意义的一种适当的初步构成——使我们对储蓄与投资之间的差别简直无从谈起,因为根据那个定义,S与I不仅在意义上相等,而且实际上是一件事物。

● 新魏克赛尔派对S与I的使用

在前面第3章"投资过度论"的标题下谈到新魏克赛尔派及其有关论著时,我们是惯于把S与I之间说成是有差别的。像这类说法是我们一再看到的:"投资资金的来源不仅仅是(主动)储蓄,而且通过通货膨胀,还有增发货币,还有贮藏货币。"反过来还有这样的说法:"现时储蓄并不一定是全部用于投资的,一部分会被贮藏起来,会消失在银行体系中,会被用来偿还银行贷款,从而被糟蹋掉。"

S与I的相等认为是平衡的标准。① S与I之间有了任何差离时,意思就是说,平衡受到了破坏。如果I超过了S,结果就是通货膨胀;如果S超过了I,意思就是通货有了紧缩。繁荣的起因或者至少它的特征是I超过S;而萧条的起因或特征是S超过I。这样的话说起来非常顺当,对于周期中高涨和低落的情况描写得非常逼真,觉得事实的确是这样的。

● 凯恩斯先生S=I的说法

但是凯恩斯先生和他的信从者们对这个说法提出了疑问。② 为什么上面的说法被认为是错误的呢?说起来很简单。只要想一想我们所说的S与I的真正用意所在就行了。凯恩斯先生所下的定义是这样的:就整个经济体系来说,正和就任何个人来说一样,储蓄是总收入内没有用于消费的那个部分,即S=Y—C。投资是总产量(以价值计)内没有被消费的那个部分,即I=产量 –C。另一方面,整个社会的收入,认为指的

---

① 关于用储蓄与投资的相等来表示平衡状态的这一说法,斐尔尼曾有所批评,见他的论文:《储蓄、投资与中性货币问题》,载《经济统计评论》第13卷,1938年11月号。

② 参阅凯恩斯的《通论》;勒讷:《储蓄等于投资》,载《经济学季刊》第52卷,1938年2月号,又《凯恩斯先生的就业通论》,载《国际劳工评论》,1936年10月号;罗宾逊夫人:《就业理论纲要》,伦敦1937年版康恩对本书第1版的评论,载《经济季刊》第47卷,1937年,第161页;哈罗德:《经济周期论》,伦敦1936年版,第65页起。

是产量价值。因此 I=Y−C, S=I。[1]

这类定义乍看起来与日常使用中的定义完全一致，如果我们接受这个说法，在任何时期，S 与 I 就必然相等，因为它们是在同一定义之下的，两者都是 Y—C。这时再明说或暗示两者之间有差异，就毫无意义了。

- 几个疑问

由此发生了一系列的问题，让我们一一地谈下去。第一，有些读者习惯于把 I 与 S 看成有差别的，因此或者要想看一看，在具体情况下，I 与 S 究竟是怎样相等的。这样分析会指出，上面所提出的定义，跟对这类名词的日常使用毕竟不是始终一致的。

第二，问题是对 S 与 I 是否能重新下一定义，以便使这两者有差别的学说可以获得一种意义。我们会看到，这一点是做得到的，并且已经在几个方式下做到了。我们还会看到，对于认为 S 与 I 之间是有区别的一切理论，如果一概看做毫无意义而加以摒斥，这样的态度未免鲁莽；即使其中有些理论家不够审慎，贸然把 S 与 I 说成是必然相等，也不必一定全无价值，不可把它们一笔抹杀。

第三，也许有人要问，如果我们采用凯恩斯先生的定义，是不是说，就认为 S 与 I 并不是必然相等，而是在实际上二而一的呢？S 与 I 不是两个明明表示未消费产量的同一事物的不同的符号吗？假使是这样，那又何必还要用两个名词？何妨干脆去掉一个，或者把两个当做一个替换使用呢？

- 在通货膨胀情况下 S 与 I 怎样相等

让我们先演习一下看一看，把这类定义应用到某些典型的例子时情况是怎样的。假定由政府或由个人生产者进行了新的投资，资金来源是增发货币，所进行的比方说是一个工厂或一条铁路的建设。假定这个时候存在的失业工人和闲置资源很多，因此很容易使总生产扩大。资金是来自银行的，由银行交给了企业家（或政府）。其间的方式，或者是短期信贷，或者是由银行收买存在铁路建筑者手里原有的或新发行的长期证券。

这样就发生了某一数量的（新）投资。但是，这时如果采取凯恩斯先生关于 I 与 S 的定义，我们就不能说这些新投资的资金是出自于"通货膨胀"，而不是出自于"主

---

[1]《通论》，第63页。

动"储蓄的。① 因为按照凯恩斯先生和他的信从者们的说法,这时必然有存于某处的储蓄与这一新投资量相对应。那么这些储蓄在哪里呢?哈罗德先生作出的答案最清楚。他说:"新的净投资资金全部在几天以内,就可以由那些资金领受者从旁提供;他们在开始使用这些资金以前,是要把它们储蓄起来的。"② 这就是说,从事于建筑铁路的那些工人,在星期六收到了工资,准备在下星期花费时,他们就是在储蓄。如果他们把所收到的资金全部留过了夜,据说这就是他们已经参加了储蓄。当他们逐渐把资金用在消费品上,然后将这些消费品消耗掉时,据说他们在进行的就是反储蓄。这里对"领受"和"花费"这类措辞,是用"储蓄"和"反储蓄"来代替的。当人们从事这样的反储蓄时,"消费品存量将降低,这就要牵涉到反投资"。③ 因此就新投资的情况来说,起初是由储蓄与之相配合的,随后是被反投资所抵消的;就是说,S始终是与I相等的。否则,消费品生产如果与增长中的需求同时并进(由于偶然的情况,或者是由于生产者正确地预先见到需求即将增长),那么反投资就不会抵消原来的新投资;但是由于新资金总是要在什么场合待着的,因此凡是保有着这项资金还没有把它移转给别人的那些人,他们所完成的,据说就是这里所谈的必要的储蓄行为。

对问题作出了这样方式的说明,好像有些奇特。认为供应一项新资本建设资金的储蓄是从事于这项建设的工人提供的,而不是出钱雇用工人的那些人提供的,这样的说法似乎有些不同寻常。还有一点,如果有人把他的收入以货币形态保留了一个短时期,所以会这样,只是由于他的收入是按期支付给他的,而他支出时是零零星星、络绎不绝的,因此就把他说成是在进行储蓄。对储蓄这个词这样地使用,与日常使用方式也不相一致。按照通常的说法,只有当有了某项收入暂时不用,不用的时期比通常收入时期为长时,才能把这样的行为算是储蓄。

但是必须承认,这种对问题不同寻常的看法,是基于对这一定义的严格使用——$S=Y-C$。在星期六晚上,工人的收入有了增加,但他的消费还没有来得及增加,因此他

---

① 这里我们把"通货膨胀"字样加上了引号。因为有些学家认为,只有当某一货币量的增加会引起价格上涨或价格"过度"上涨时,才能说是"通货膨胀";当某一货币量(或货币需求)的增长,同时有某一商品流量的增加与之相配合,因此并不促使价格上涨时,他们就不喜欢用这个字眼。参阅康恩先生对本书第1版的评论,载《经济季刊》第47卷,1937年,第675页;又我的答复,载同上刊物第48卷,1938年,第326~327页。

② 《经济周期论》,第72页。

③ 同上书,第72页。如果消费品价格上涨,零售商的所得和储蓄将增长。

是参加了储蓄的。① 这里是一个例子,这里对于 S 乍看起来有些离奇的定义,跟这一词在日常使用中的定义显然是有所不同的。②

● **在通货紧缩情况下 S 与 I 怎样相等**

现在让我们考察一下相反的处境,这时有一部分货币退出了流通。假定有些人,对于他们的收入,或者更广泛些,对于他们所获得的任何资金,③ 并没有全部花费,而是以现金或闲置存款方式累积了起来。一般就把这样的现象叫做储蓄超过投资,因为有一部分储蓄没有用于投资,而是被贮藏了起来。④

但是按照凯恩斯先生对储蓄与投资所下的定义,这样的说法已经不再允许。S 与 I 之间是不容有差异的。那么在这一情况下,它们两者是怎样相等的呢?答案很简单。如果有人把收入的一部分储蓄了起来,并使之处于流动状态,那么这时必然要发生的,将不出于下列两种情况之一,或两种情况的结合:或者是原来可以售出的商品将

---

① 勒讷先生这样说:"如果我们采用一个完全出于虚拟的时期,比方说为期是 10 分钟,在这种情况下,我们的定义也就不免有了'虚拟'的气味。这个时候我们就不得不这样说,某一个人在获得了每周工资以后的 10 分钟期间,把这项收入(几乎)全部储蓄了起来,然后在另一 10 分钟期间从事任何支出时,他就是在进行反储蓄。"(见《经济学季刊》第 52 卷,1938 年,第 304 页)。勒讷先生又说,"如果我们采用的是相当合理的时期",这种虚拟性就不复存在。但这个说法是不对的。由于时期的交相跨越,这种虚拟性是绝不会完全消失的。还有一点,关于这里所谈的这一现象在量值上的含义,用 10 分钟时期来表示,也是不正确的。

② 凯恩斯先生的信从者们,有时候还用另一方式来说明 S 与 I 是怎样相等的。例如罗宾逊夫人在《就业理论纲要》里,对这一点是这样来说明的。假定为了房屋建筑,每星期投资 1 镑。再假定,在这笔资金的相继领受者之间,将发生一连串储蓄行为。"在每一次流转中",那些工人、利润赚取者等,将以一部分收入储蓄起来。根据这一假定,著者认为将所构成的一系列储蓄相加起来,就刚好等于投资支出数额(上述著作第 20~21 页)。如果每一次"流转",指的是资金的授受,如果资金不是在无限速度下流通的,则这样的描写所证明的与著者所希望证明的将恰恰相反。因为,要使在依次流转中构成的储蓄相加起来的总额相等于投资,是需要时间的——严格地说,在罗宾逊夫人的假设下,所需要的时间是无限的。这个时候只能说,其间存在着一种趋向,是 S 接近 I 的趋向。但是由于这一系列行为在时间上的无限长度,和连续投资所促成的一系列行动的交相跨越,要使 S 绝对等于 I,除非在特殊假设下,是绝不可能的。

③ 个人或商号所获得的资金,并非全部都是(净)收入。作为一个生产者,对于他所获得的资金,须划出一部分,以备从事于流动资本或固定资本的重置。在前一情况下,我们有时候是这样说的,说是将资金构成了"流动资本";在后一情况下,我们所惯说的是"折旧准备"或"摊提比额"。当然,资本工具的耐用性越大,以相应的摊提准备按照它的使用年限分配时,其间的灵活性与主动性也就越大。有许多学家(例如霍特里先生)为总收入下定义时,是将折旧准备包括在内的。但是我们不可忘记,由固定资本到流动资本的转变是渐进的,而且在原则上,两者进行重置所牵涉的是同样问题。

④ 这里可以看到,我们说明这类现象时,如果不要在资金收入与资金支出的依据下使用"储蓄"和"投资"这类字眼,将感到何等方便、何等自如。

堆积起来，而这部分商品就构成了投资，与储蓄相对应；或者是商品仍然按照原来的销售规模售出，但价格削减，零售商遭到了亏损，因此他们的收入有了降低，也就是他们的储蓄有了降低，降低的程度就等于在支出方面原来的减少程度。① 因此，原来的储蓄行为，将被另一些人在储蓄方面等量的降低所抵消——如果从零点储蓄的情况开始，则结果将产生负量，即反储蓄。

有些人认为 S 与 I 之间是有差异的，有些人认为两者必然相等。现在看来似乎很清楚，这两派之间并没有真正的争论点。两派所说的是同一现象，只是彼此的措辞不同。如果有人降低了消费率，对这一现象能够在"中性的措辞"下作出假定，加以说明，避免使用"储蓄"字样，而用资金的"领受"或"支出"来代替，则关于事实的叙述，就不会有什么争执的余地。

- 不同的定义

但现在依然存在的问题是，关于储蓄与投资有些人认为是有差异的，对这两者应当如何加以定义，使之可以与这些人的说法相适应。

关于 S 不一定与 I 相等的说法种种不一，我们将对其中的三种逐一加以分析。第一是凯恩斯先生在《货币论》里为 S 与 I 所下的定义，第二是罗伯逊教授的"时期分析"说，第三是瑞典学派对储蓄与投资作出的事前的与事后的区别，霍特里先生也有这样的见解。

- 凯恩斯先生在《货币论》里的说法

凯恩斯先生首先在《货币论》里提出了"储蓄超过投资"和"投资超过储蓄"的说法，从此这些话头就成为英语写作中风行一时的口头禅。② 但是这类从《货币论》开始的表达工具，随后又已为它们的创始者所舍弃，因此这里的叙述不必过于求群。根据凯恩斯先生的说法，收入是将损失与利益除外的，I 是未消费产量的值，S 是

---

① 也许会有人提出反对意见，认为零售商这时尽可以减少消费，保持储蓄。这句话说得完全对，但由此将进一步降低消费支出（储蓄行为），演变结果与上述的完全一样，必然要使另一些人的收入减少，因此不会使 S 与 I 之间发生差异。

② 例如，哈罗德先生就曾这样说："凯恩斯先生在《货币论》里另创了一套新奇见解，认为储蓄量与投资量是不相均等的。"（见《凯恩斯先生与传统理论》，载《计量经济学》第 5 卷，1937 年，第 75 页）在欧洲大陆，关于 S 与 I 不一定相等的见解，至少是从魏克赛尔开始的；霍特里先生曾指出，在英国古典派著作中，一向把 S 与 I 的均等看做是一种平衡状态，而不是绝对的同一（虽然关于这一见解的含义所在，人们还没有加以彻底探索）。

收入减去消费的余额。① 因此当储蓄超过了投资时,它的含义就是损失;当投资超过了储蓄时,含义就是利益。另一方面,利益与损失的定义是实际企业收入高于或低于某一水平的量——当恰恰处于这一水平时,在企业家方面将不存在使他改变产量和就业量的任何诱因。② 结果,根据定义,只要投资超过了储蓄,企业家就会存有扩大产量的动机,因此就投资超过储蓄这一点来说,原来认为它所具有的那种因果意义,在这个定义下已经丧失。

现在我们要谈一谈罗伯逊教授对储蓄所下的定义。有些人是惯于漫不经心地谈着 S 与 I 之间的差异的,在这些人心目中究竟是些什么,这里的定义对这一点表达得似乎最为恰当。③

● 罗伯逊教授对储蓄所下的定义

罗伯逊教授采用了"时期分析"说,通过这一假设,他一开头就明白提出了收入流转的间断性。他说,本期——"今天"——的货币收入,只是在下期——"明天"——才能供作支出。④ 这里所说的"一天",在时间上也许不止一天,也许可以长到一个星期。时间的长短,决定了作出支付时的习惯和手续。不管时间是长是短,罗伯逊教授将收入划分成了可供自由使用的与赚得的两种。今天的可用收入是昨天的赚得收入;今天的赚得收入是明天的可用收入。

拿任何一天的储蓄来讲,它的定义是,当天的可用收入(等于上一天的赚得收入)减去当天消费支出后的余额。另一方面,投资的定义是,在那一天对新投资品的实际支出。投资可以大于储蓄,因为除了出于(可用)收入者外,支出资金也可以取自别的来源。增发的银行资金,或贮藏资金,都是支出资金的来源。当然,在这种情况下,这项资金就成了当天的赚得收入,下一天的可用收入。因此 I 超过了 S 时的含义是,今天的(赚得)收入比较昨天的(赚得)收入有了增长。同样的道理,当 S 超过 I 时,它的含义是,今天的收入比较昨天的收入有了降低。人们往往会这样不假思索地说,I 如果超过了 S,接着就会发生通货膨胀,如果 S 超过了 I,接着就是通货紧缩。上面所表达的,

---

① 对凯恩斯先生的论点,或者可以根据瑞典学派提出的"事前的"与"事后的"分析来加以解释。关于这一点,在以下的一节里将进行探讨。Y 显然可以看做是一个"事前"概念,而损失与利益则可以看做是"事后"量值。(这一点是牛津大学的勒德浮斯·奥皮博士向我指出的。)

② 指出这一点的是哈耶克教授、汉森教授、陶特先生和霍特里先生,他们对《货币论》分别作了分析。参阅霍特里:《中央银行经营技术》,第 334 页起。

③ 参阅他的文章:《储蓄与贮藏》(载《经济季刊》第 43 卷,1933 年 9 月号,第 399 页),以及罗伯逊教授、凯恩斯先生与霍特里先生相互间的讨论(见同上书,第 699 页)。

④ 当然,这里分析中所说的支出,指的不仅是收入项下的支出。

显然正是这个意思。

有些人将收入分为可用的与赚得的两种(有些是明白表示的,如罗伯逊教授;还有些是暗含着存有这样见解的),而凯恩斯先生是不主张作这样的区别的。根据以上的分析可以清楚地看出,两派论调的措辞不同,但前一派的措辞未尝不可以转换为后一派的措辞。凯恩斯先生自己[1]以及汉森教授[2],也都不否认这一点。

● 货币收入与产值意义上的收入

这里还有不够清楚的一点,也许会引起误解。罗伯逊教授和还有些别的人使用"收入"这个字眼时,指的是涉及货币交易(货币移转)的实际货币收入。这跟在整个产量的货币价值[3]意义上的收入,指的不一定是同一事物。关于"储蓄"也应作出相似的区别,而"投资"的概念则几乎总是用来指未消费产量的货币价值。凯恩斯先生是在价值意义下使用"收入"和"储蓄"这两个词的;而奥林教授却曾清楚地说明,在他看来,所谓收入,跟"现款的实际领受是全无关系的"。[4]

"货币收入"与"产值意义上的收入"这两个量值不一定相一致,因为后者还包括并不涉及货币移转的部分——例如"假计"(imputed)收入(住宅对业主所提供的劳务就是个例子),或"实物交换"收入,或商品囤积。但是,即使一切商品交易都采取用货币进行买卖的方式,在这两类收入之间,也仍然存在着某种差异;因为货币收入是在审慎计划期间按时领取的,而那些实际收入的流转则间歇性较少。还有一点,如果以增发货币交付给某人,而并不用以交换领受者(例如失业工人)的任何劳务时,这在领受者方面可以把它叫做货币收入。但在这项资金未花费以前,产量价值并没有相应的增长。

就非工资收入与非薪金收入的情况来说,关于实际货币收入这一概念,还牵涉更多的困难。这时如果不考虑到实际商品领域,只是从货币移转方面着想,就简直难以确定它的定义。一个商号的货币收支,并不都是收入的收支。在货币总流量内,哪一部分应当看做是收入,哪一部分应当看做是"中介移转",只是根据"实物"范围的参证,才能下定义。但是,即使这一点能够圆满做到,对于各个移转(不论是"实物"的移转还

---

[1]《通论》,第 78 页。

[2] 参阅他对《通论》的评论,载《政治经济杂志》第 44 卷,1936 年,第 674 页,后经转载入《充分恢复呢还是停滞不前》,纽约 1938 年版,第 22 页。

[3] 按照时价,没有经过"压缩"的,或者是曾经通过某种物价指数的"压缩"的。

[4]《关于储蓄与投资的斯德哥尔摩理论》,载《经济季刊》第 47 卷,1937 年,第 65 页。另一方面,勒讷先生则常常喜欢提到所谓支出行为,指的有时是储蓄,有时是投资,而两者合起来则构成收入。

是相应的"货币"移转），要确定它是收入移转还是非收入移转，在许多情况下，不带些主观专断，还是不可能的。例如，我们不能把最后消费者对消费品的一切购入都看做是收入移转，因为消费可以超过收入，其间的差额是反储蓄。对于资本品的某一次购入，要确定它的性质是投资还是重置，就是说要确定它是否属于收入范围，这一点也并不是处处办得到的。我们只能从总计或从观察结果之差来确定收入和新投资。从总产量中减去认为是保持资本存量所必需的那个部分以后，余下的就是收入；从收入中减去消费以后，余下的就是新投资量。

● 瑞典学家关于"事前"与"事后"的分析

现在我们再谈一谈关于 S 与 I 之间的差异这一概念的另一套定义。拟出这一方案的是一些瑞典学家，主要是伦德堡先生[1]、林达耳教授[2]、密尔达尔教授[3]和奥林教授[4]。霍特里先生所提出的内容也在大体上相同。[5]

瑞典学家把所有一些有关量值，如收入、储蓄、投资等，在意义上都划分成"事前的"与"事后的"两种。[6] 关于 Y、C、S、I 这些量值，如果以过去的任何一个时期为准，至少在原则上总是可以加以计量的。这就是这些量值的"事后的"意义，或者说，是在记录上、会计上的意义。密尔达尔教授和奥林教授[7]同凯恩斯先生一样，为事后的 S 与 I 下了这样的定义，认为两者总是相等的，都是 Y—C。

这些概念的"事前"意义，必须跟它们的"事后"意义仔细分开；某类现象在事后的意义上看来也许是对的，而在事前的意义上看来则不然。在事前意义上的收入、储蓄、投资等，指的是在某时期以前的任何某一时期个人或商号关于这些量值所作出的预期。在一个经济社会中的任何成员，在任何时期总是在预期着某些收入。在收入项下，

---

[1]《经济扩张理论研究》，伦敦 1937 年版。
[2]《货币与资本理论研究》，伦敦 1939 年版。
[3]《作为货币理论分析工具的平衡概念》，载《货币理论文集》，哈耶克编，1933 年版。
[4]《关于储蓄与投资的斯德哥尔摩理论》，载《经济季刊》第 47 卷，1937 年，第 53 页、第 221 页；又《互相对立的利息率理论》，载同上刊物，第 423 页起。
[5] 参阅，特别是《资本和就业》。
[6] 首先作出这样区别的是密尔达尔。但奥林教授的阐述比较合理，也最完整，因此这里的分析主要以他的著作为依据。
[7] 这一派其他成员的意见，似乎比较倾向于罗伯逊教授所提出的定义。参阅奥林教授在《关于储蓄与投资的斯德哥尔摩理论》里的一段话（载《经济季刊》第 47 卷，1937 年，第 57 页）："……有些年轻的斯德哥尔摩经济学者，对于我的说法深表怀疑，主要是因为在我为收入所下的定义下，储蓄与投资总是相等的。"但是经过仔细考虑以后就会看到，两种分析方式实在是殊途同归，并不是互相排斥的。

准备把一部分用于消费,把其余部分储蓄起来,在这些方面总是有所打算、有所企图的。"储蓄的计划"必然是跟"如何使现款量增长的计划"或"放款计划"结合在一起的。("如果我们把个人用自己的储蓄进行新投资看做是对自己进行信贷",那么与储蓄结合在一起的计划,就必然不出于上述两者。)①

企业家对于此后大致可以保持的某一价格水平、某一需求状态、某一利息率和生产成本等,心头大都有个打算。他们就以这类预期为基础,计划出某一投资量。

把所有个人的预期收入、计划中的消费、储蓄和投资全部总计起来,我们就可以得出整个经济体系中关于这些现象的"事前"量值。

● S 与 I 是怎样在事后相等的

这一学派认为,"说计划储蓄和计划投资会趋于均等,那是没有理由的。但是到了一个时期终结以后,(实现了的)投资就会跟(实现了的)储蓄相均等。这样的均等现象是怎样来的呢?答案是:事前储蓄与事前投资的不相均等,促使一种程序开始活动,由此使现实收入与预期收入、现实储蓄与计划储蓄、现实新投资与原来的计划各自之间有了差异。② 我们可以把这种差异结果分别叫做预期外的收入、预期外的新投资和预期外的储蓄……商人在决算以后,发现他的纯收入超过了原来的预期,因此除去了消费以后的剩余超过了他的计划储蓄,这就产生了'预期外储蓄',其数量相等于预期外的剩余。当然,预期外的新投资,跟预期外储蓄一样,也可以是属于负量的。意思只是说,在某一时期结束时,存量跟企业家的预期有所不同……"③

"假定在某一时期,跟刚结束的上一时期的现实储蓄与现实消费比较,人们决定减低储蓄,增加消费,为数计 1000 万元……再假定对下期的计划投资,其数相等于上期的现实投资。"(由于现实储蓄与现实投资是相均等的,因此在这样假定下的意思就是说,事前储蓄低于事前投资计 1000 万元。)"结果怎样呢?消费的零售额将增长 1000 万元,在时期结束时,零售商的存货量将降低。比方说,700 万元,其余 300 万元是零售商的额外收入。后一数字所体现的是"预期外"储蓄。结果现实储蓄只减低了 700 万

---

① 奥林,《经济季刊》第 47 卷,1937 年,第 425 页。
② 我们应当注意到,下面的分析虽然看起来与上述相反,但并不影响事实。如果计划储蓄与计划投资不相均等,由此实际发生的情况是用例证的方法来推断的。关于这类情况,也可以用个人之间货币收付与商品移动的说法来叙述,而不使用"储蓄"与"投资"等字眼。在这种情况下,要使事后的 S 与事后的 I 相均等,就不需要有某一程序的假定。一切反应都有发生可能,但不管实际上发生了什么,两者必然相均等,因为所用字眼就是在这种情况下选定了的。
③《经济季刊》第 47 卷,1937 年,第 64~65 页。

元,或者说,与现实投资所减相等。"① 现实投资也有所减,因为存货量 700 万元的减少,是要算做"预期外反投资"的。②

关于事前储蓄与事前投资之间发生差异的其他情况,也可以在相似的方式下加以分析。"当政府增发纸币、为公共工程筹措资金时,增长了的投资是有增长了的'实物'储蓄(在事后)与之相配的"——虽然事前投资是超过了储蓄的,因为所假定的情况是,并没有什么计划储蓄是相当于计划的政府投资的。"当时期结束时,某些人所保有的现款,比初期将有所增长。这一点证明,他们的收入有一部分并没有消费,是储蓄了起来的。就事后的意义上说,储蓄与投资之间是在定义上相均等的。"③

● 事前概念的意思指的是供求曲线

奥林教授在随后发表的一篇论文中,④ 对他自己所持的理论又有了重要的阐述。⑤ 他在那篇文章里说明,关于储蓄与投资的事前概念,以及另一套密切相关的概念,即信用的需求与供应。他的意思指的也就是需求的与供应的曲线。"事前储蓄"指的是,在不同假设的利率下表明人们愿意储蓄多少的曲线。"事前投资"指的是,在不同利率下表明人们准备投资多少的曲线。

● 信用的供求决定利息率

但利息率并不是决定于储蓄曲线与投资曲线的相互关系的,它不能用储蓄的供

---

① 《经济季刊》第 47 卷,1937 年,第 65~66 页。
② 关于这一分析,要改以罗伯逊用语来表达并没有困难。这时我们就得说,投资实际超过储蓄计 300 万元。这一差额的"资金是由别的方式,而不是由出于(可用)收入项下的储蓄提供的"。这样地说明问题有个优点,它显然使人注意到一个事实(当然,奥林教授的分析也有这样的含义),即银行信用必须有所扩张,否则是必然有某些人的贮藏资金在外流,即"减少他们所保有的现款数量"。(见奥林同上刊物,第 425 页。)可贷资金的供应必然是弹性的,否则当人们对消费的支出超过预计时,计划投资就不能顺利前进,就不能不受到这一事实的干扰。关于货币供应具有弹性这一假设,在许多情况下可能是正确的,尤其所述时期如果是充分短促的话。但这一假设并不一定是处处正确的,如果实际情况并不是这样,则利息率将提高(或信用将受到限制)到这样程度,以致投资计划将受到显著打击。由此就很有可能使资本品工业发生相当严重的干扰,像哈耶克教授所指出的那样。这又足以说明,借助于瑞典学派的一套术语工具,可以使哈耶克教授的理论获得充分表达。
③ 《经济季刊》第 47 卷,1937 年,第 69 页。
④ 《互相对立的利息率理论》,载同上刊物,第 423 页起。
⑤ 至于他在这里提出的论点,他的瑞典同道们是否一致同意,我们不大清楚。

求来加以说明的。"世间并没有储蓄市场,也没有储蓄价格。"① 但信用却是有市场的。② "信用的价格(即利息率)是决定于信用(或者说'债权')的供应曲线与需求曲线的。"③

一方是储蓄曲线和投资曲线,另一方是信用曲线或债权曲线,这两套曲线是相互关联的,但并不是同一事物。它们是怎样相互关联着的呢?信用供应(等于债权需求,例如对债券的需求)并不相等于计划储蓄(储蓄供应),因为"进行储蓄时可能从事于增加现款保有量而不从事于借出。另一方面,如果有人愿意减少他自己的现款保有量,他也可以扩大新信用,使之超过计划储蓄。"④

同样情况,信用需求曲线与计划投资曲线也不是同一事物,因为人们也许会存有"变更现款保有量的愿望,借此来抵偿预计亏损,或为消费提供资金"。⑤

事例很明显,当银行或政府使货币量发生变动时,关于现款持有量的增减(换个说法,即关于资金贮藏或贮藏资金外流),也必须加以与上述相似的考虑。货币量增加,跟某些个人现款保有量的减少,作用是相同的,同样会使信用供应的增长超过事前储蓄。至于货币量减少时,情况可以类推。

● 图式说明

从各方面考虑以后,觉得奥林教授的理论似乎可以用勒讷先生的话来作出正确的说明:

"利息率是一种价格,这个价格使'信用'供应(或者是储蓄加上某时期货币量的净增额)与'信用'需求(或者是投资加上某时期净'资金贮藏'额)相均等……这一点用图式说明(如图 8-1 所示)如此。

"S 是储蓄供应曲线,表明在各种利息率下(纵向衡量的)储蓄量(横向衡量的)是多少。I 是投资曲线,表明在各种利息率下投资量(横向衡量的)是多少。这两条曲线相交于 Pc,这就是古典学派所说的平衡点,它表示利息率就是决定于那样的水平(APc)

---

① 《经济季刊》第 47 卷,1937 年,第 424 页。
② 严格地说,不同种类的信用,长期、短期等,是有不同的市场的。
③ 《经济季刊》第 47 卷,1937 年,第 423~424 页。
④ 《经济季刊》第 47 卷,1937 年,第 425 页。信用供应与事前储蓄之间,还可能发生其他一些差异。"此外,对于'已不受拘束的资本',即'折旧金',可以不用于再投资,而用来扩大信用。"(同上刊物,第 425 页)我们对于这种不将折旧金用于再投资的现象可以看做是一种负投资行为,因此可以把它从投资曲线(即信用需求曲线,投资曲线是其间的一个组成部分)除去,而不必看做是信用供应增长。
⑤ 同上。后两种动作可以看做是负储蓄,因此可以从供应曲线(事前储蓄曲线)除去,而不加入需求曲线(事前投资曲线)。

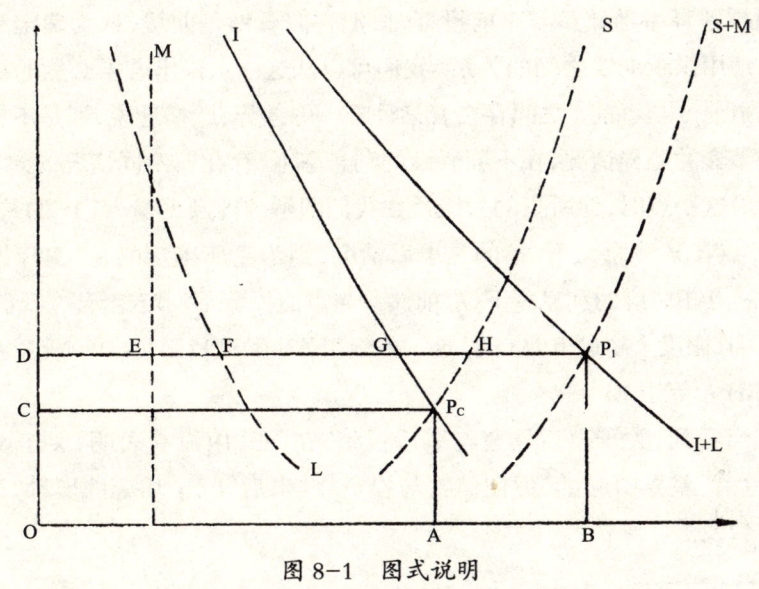

图 8-1　图式说明

的;在那个水平下,储蓄相等于投资,两者都相等于 OA。L 是表示在各利息率下发生的净'贮藏'的曲线。在图内它所体现的是一个正量(在一切考虑到的利息率下,'贮藏'总有一个净余额,不会发生'反贮藏'净余额的),利息率越低,量越大。我们并没有理由预料,在经济体系中'贮藏'会始终超过'反贮藏'。这里所以这样假定,只是为了使图解简化。我们也可以假定,在某种利息率下或在一切利息率下,'贮藏'是一个负量(可以使 L 线位于纵轴之左,用这样的方式来表示),对论证并不发生任何影响。

"M 线表示期内货币量的增长,这里所体现的是正量,与利息率并没有关系。所以这样假定也只是为了简化。如果要表示货币量有所减少,可以把 M 线移向纵轴之左,从而说明货币量是在负的方向下增进的。当货币当局决定要使货币量作某一程度上的增减时,他们在政策执行中也许要考虑到利息论的利用。在这种情况下,如果他们决定增加的货币量(或降低货币量的缩减程度)越大,利息率将越高,那时 M 线将移向右方,作向上的倾斜。但所有这类不同情况的假定,徒然使图解复杂,对我们的论证并没有任何影响。

"现在将 M 线横向地相加在 S 线上,以 S+M 表示信贷(或'信用')总的净供应曲线。将 L 线相加在 I 线上,以 I+L 表示信贷(或'信用')总的净需求曲线。这两条新线相交于 P_1,在这一平衡下表明,关于由'贮藏'与货币量变动所造成的复杂情况已一并计入。"①

奥林教授解释事前储蓄与事前投资时,把它们看做是曲线,认为确定利息率的是这类曲线与信用供求曲线之间的关系。我们可以从这一点得出若干必然的结果。显然,如果我们说事前 S 与事前 I 之间存在着某种唯一的差异,严格地说,那是不允许的。这里存在着一整套的差异情况,在不同假设的利息率下,存在着不同情况的差异。当奥林教授谈到差异这一点时,他所指的大概是在我们图解内涉及平衡②点 P_1 的差异。

这个 P_1 点在某种意义下,指的是事后情况,因为它所确定的是"实际提供的信用量"。在与这一点相对应的利息率下,事前储蓄与事前投资不一定相等。在我们的图式内,事前 S 是在 GH 限度上超过事前 I 的。这一差额相等于贮藏货币量(DF)减去货币量(DE)的余量,即 GH 相等于 EF。③

我们应当看到,关于事后储蓄与事后投资,在图式内没有表明;关于由储蓄与投资之间的"事前"差异引起的、促使储蓄与投资在"事后"归于均等的那种"程序",④ 图式内也没有叙及。

---

① 《关于利息理论的不同见解》,载《经济季刊》,第 48 卷,1938 年,第 213~215 页。诚然,勒讷先生提出这样的解释时,所针对的并不是奥林教授的理论,而是在利息理论下"初步演变(从'古典派'立场转变到'现代'立场)以后所出现的情况"(同上书,第 213 页)。所谓初步演变是确定这一点,即"'贮藏'、'反贮藏'与货币变动,跟'信用'供应与利息率——至少就短时期来说——也存在着某种关系"(同上刊物,第 211 页)。这一点在我看来,似乎也正是奥林教授的论点。勒讷先生只是没有理会到奥林教授理论所谈到的储蓄供求曲线的"事前"性质。他所解释的 S 与 I,始终是"事后的"。因此,他在第二图(载同上刊物第 216 页)里只画了一条曲线,同时作为储蓄与投资曲线,而奥林教授则着重表明,事前 S 与事前 I 并不一定是均等的。奥林教授答复凯恩斯先生对他的批评时,提出了关于 S 与 I 在曲线意义上的事前概念的解释。他提出解释时,把它们好像是作为一种事后追想来表达的,勒讷先生大概因此存有误解;奥林教授在原作中谈到事前储蓄和事前投资时,是指曲线而言的,但对这一点他没有说清楚。

② 这里的平衡,指的是直接的市场平衡,在任何比较远大的意义下,并不一定存在着平衡。

③ 勒讷先生说:"这一点所体现的,正是某些人的那种不安心情——当他们说,如果把储蓄的一部分贮藏起来,储蓄就会超过投资的时候"(同上书,第 215 页)。勒讷先生所以会有这样一种说法,是由于他错误地、不假思索地把他自己对 S 与 I 以及贮藏与反贮藏所下的定义,推到了别的学家身上。他为 S 与 I 下定义时,认为这两者始终是相等同的,而且在性质上是"事后的"。而在上述图式内,却必须把它们定义为"事前的"(在罗伯逊式的分析下,我们随后就可以看到这一点)。勒讷先生对贮藏与反贮藏所下的定义,跟凯恩斯、哈罗德、康恩和还有些别的学家的见解是一致的,将在下面的第 8 章第 3 节加以分析。

④ 我们可以再一次注意到,奥林教授关于这类字眼的使用,实在是有些误解的。严格地说,这里并无须有什么程序,因为事后 S 与事后 I 不论在什么时候总是均等的。使用了"程序"这类字眼时就表明,它们两者只是有一种走向均等的趋向,在程序结束时才可以归于均等,而在程序开始或进行中时是不均等的。这样的说法是错误的。实际上,根据所提出的定义,两者在任何时候总是均等的。

● 事前概念与时期分析之间的关系

让我们对奥林教授理论基础的研究再深入一步，从而得出更进一步的结论，这些结论，作者自己并没有全部道出，大概是由于限于篇幅的缘故。我们会看到，路茨博士的说法是对的，① 他认为关于瑞典学派"事前的"分析，说到底跟罗伯逊教授的"时期分析"极为接近。他指出，为了要利用关系到信用、储蓄和投资的供求曲线这一工具，所考虑的时期就得非常短促，至少要短促到这样程度，使在这一期间的各种计划不致发生任何修改。② 等到这一时期过去以后，人们将根据在这一期间所得的经验从事修改计划；换句话说，关于储蓄、投资、信用等的曲线，这时将移向新的位置。

对于和奥林教授理论相配合的那些单位时期的长短进行选择时，所依据的原则跟罗伯逊教授选定单位时期的长短时所依据的原则彼此并不是相同的。③ 罗伯逊教授所选的时期是以"日"计的，目的是在于能成立这样一种假设，以现有的支付习惯为依据时，当天收入的资金不可能在当天支出；而奥林教授的单位时期则基于这样一种假定，即在时期以内，一切计划将保持不变。

现在让我们专门注意于一点，即在任何单位时期会发生的是些什么。奥林教授把信用市场比作一个农村里的鸡蛋市场，在那里，人们是具有以他们的供求曲线表示的"交替买进卖出计划"的。④ 作者对这一比喻的引用要深入到什么程度，我们不十分清楚，如果要作出充分深入的引用，把时期规定得极为短促，那他的理论在实际上就跟罗伯逊教授的理论是一致的。因为在那个时候，事前储蓄就成了出于上一天收入项下的储蓄。也许他的意思并不是打算作这样深入的引用的，因为那时的事前储蓄已不再是出于未来的、在预期中不确定的储蓄，而是出于已经收到的收入项下的储蓄。情形如果是这样，在推论上将发生严重的困难。这是很明显的，如果计划储蓄指的是出于未来收入的储蓄，是否能成事实就全然没有把握，下面一段话就不能成立——"三厘（这也就是长期利息率）债券的价格，在债券市场上是根据供求曲线决定的，就同农村市场上决定鸡蛋或杨梅价格的情形一样"，⑤ 从而说明计划储蓄构成了债券需求的一

---

① 《储蓄与投资的讨论结果》，载《经济学季刊》第52卷，1938年8月号，第604页。
② 各个个人的计划并不一定是在同时订立的，计划所包括的时期，彼此也并不是相同的，因此彼此的计划会发生交错情况而引起一系列困难。关于这类困难，这里都不再计及。
③ 伦德堡对这一问题曾加以充分讨论，见《经济扩张理论研究》。
④ 《经济季刊》第47卷，1937年，第423页。
⑤ 同上，第424页。

部分。① 未来的储蓄怎么能构成信用供应,怎么能在它本身未实现以前影响到债券市场呢?②

我们敢断言,关于奥林教授事前储蓄这一概念最合理的解释是,"出于可用收入的储蓄"。基于下列论点(这一点也是路茨博士所着重说明的),使这一结论获得了进一步的确证,即:当投资超过储蓄时,根据奥林教授和罗伯逊教授两方的理论,所获得的结果是相同的,在两方的论调下,投资超过储蓄都具有一种刺激作用,是企业扩张(周期下的繁荣阶段)的一个特征。

假使上面对奥林教授理论的解释是正确的——就是说,解释的内容虽然含有他没有明白说出的部分,但没有超出根据他的理论可以推断的范围——我们的分析还不能到此为止,这里还存在着某些前后矛盾和困难之处,需要对理论作进一步的修正。③

● 选择的买进卖出计划如何落空?

个人行动,只要是由各种曲线所决定、所预示的,那么凡事就都将按照计划发生。就是说,结果将不出于各个人的"选择计划"之一,而这一计划是跟作为实际市场利率出现的利息率相应的。奥林教授是把事前的尺度和由这曲线所包含或所体现的选择计划视同一体的。既然是这样,就很难理解,为什么他可以说,人们会由于事态演变与计划相反而使计划落空呢?据说会发生像这样的情况:零售商会发现存货超

---

① 作者虽然没有这样说,但他的用意所在是很清楚的。"信用的计划供应(等于债券需求)会不会与计划储蓄相等呢?……不,并不完全是这样"(同上刊物,第 425 页)。接着他就提出了关于贮藏、反贮藏等的限制情况,这些本书在前面已经提到。

② 我们已经看到,如果事前储蓄超过事前投资,就会引起消费品需求不足,从而使零售商受到损失。这是使事后 S 与事后 I 趋于均等的"程序"之一。事态很明显,如果要使这构成过程具有任何意义,就不能把事前储蓄说成是出于未来收入的储蓄。那是不会影响到当前的零售业务的。当然,对未来收入的预期,作为一种动机,是会影响到当前储蓄的。但是对其他无数事物的预期,也同样会影响到当前局势,而且发生影响时的情况和影响的程度,并不是单独地确定的。

由此说明,关于整个"事前"(预期)方面的分析,存在着一个基本困难。单是关于未来计划这一点,怎样能影响现在局势呢?概括地说,人们受到别人的影响时,影响发生的原因,主要是在于他们的行动而不是他们的预期或计划。关于整个预期分析,这里是不是迫切需要行动主义的一个重新解释?罗伯逊教授说得好:"事物(这里他谈的是节约问题)和'倾向'的种种变化,它们本身对外界并不会发生任何影响。假使有人下决心要早些起床,这一点并不一定表明,赖在床上的那种倾向会降低,它所表明的实在是强化了不要再沉溺于那种倾向的决心!"(《经济季刊》,1938 年 9 月号,第 555 页。

③ 关于这里所说的困难,斐尔尼曾清楚地看到。见《储蓄、投资与中性货币问题》,载《经济季刊》,1938 年 9 月号,第 188 页。并可参阅奈舍教授对"事前"概念的批评,载《收入与财富研究》第 2 卷,纽约 1938 年,第 172 页起。

过他的预期量（预期外投资），或者是收入会低于他的预期数（预期外反储蓄）。所以会发生这样的情况，无非是由于听任售价保持不变，从而使存货堆积，或者是由于价格降低，从而受到亏损，使储蓄减少。造成这样结果的行为，在零售商供应曲线中，是不是没有预先决定呢？凡事既然都是根据各种曲线发生的，如果奥林教授所说的一切可能有的计划都已包括在这些曲线之内，计划就不会被打乱，就不会发生计划落空的情况了。

要摆脱这种困境，有种种方式。要使奥林教授的理论体系获得最大限度的挽救，最好的方法似乎是将事前概念与上述一类曲线相等同这一论点放弃。换句话说，一方是可能被推翻的计划和可能落空的预期，另一方是奥林教授的所谓"选择的买进卖出计划"，那是包括在各种供求曲线之内的，对于这两个方面应当加以区别。前者是要延续到将来的，而后者所关涉的只是某一期间或某一短促期间。

在任何时候，一个人在多少带些自觉的情况下，关于买进、卖出、储蓄、投资、借入、借出等行动，也许会有些选择计划的，这类计划是以价格、利息率等的不同假设为依据的，是以各种曲线来体现的。尽管如此，他也许在带些自信的情况下一时会有所预期，认为就种种可能发生的情况来说，其中之一将成为事实，或者认为其中某些情况的发生有着较大的可能。并且也很有可能，他过去的行动就是以某种预期为依据的，预料某些情况的发生会有较大的可能。于是他备下了某些存货，或订购了某些货物，预料他的商品在需求方面、价格方面将保持某一水平；或者是在开始实行某种建设（投资）行动时，预料信贷市场会处于某种情况，使他可以在某一利息率下借得资金，等等。因此，在关于选择行动的瞬时曲线下所预示的各种情况，如果有一部分获得实现，那就是与长期（或较长期）计划相一致的；而其他情况的实现，则将使计划被打乱。但是在这种情况下，事态仍然要算是按照曲线发展的，就是说仍然是按照瞬时或短期曲线发展的。①

• 霍特里先生的蓄意投资与非蓄意投资

霍特里先生把投资分为"蓄意的"或"主动的"与"非蓄意的"或"被动的"两类，这

---

① 当然，关于瞬时曲线的确切性质如何，这里仍然有许多问题——也许可以说是哲学问题——没有获得解答。像奥林教授那样，把需求曲线说成是一系列的交替计划，这一点是否合理呢？这样的说法表明，各式各样全无限制的交替办法，都是在各个人的心头预先想到了的。这是不合理的。还是采取比较偏于行动主义的解释似乎要妥当些，因为这样就可以使我们摆脱这一有疑问的假设。关于这类问题，我们不能再深究下去，幸而这样做也是不必要的。因为我们对这类问题无论作出怎样的解答，情况依然是这样，那些被打乱的计划，跟以瞬时曲线所体现的"计划"或决策，仍然是必须加以区别的。

跟奥林教授的事前投资与事后投资在性质上极其相似。但霍特里先生并没有把蓄意投资用曲线来解释,这就避免了奥林教授那种说法的纠缠不清。蓄意投资与非蓄意投资之和是总投资,他把这个叫做"未消耗财富的增值",又叫做"储蓄"。(在霍特里先生的理论纲要内,没有"主动"储蓄与"被动"储蓄的区别。)蓄意投资的定义是主动取得某项未消耗的财富,希望借此获得报酬。这就是奥林教授所说的"事前投资"。非蓄意投资的定义是"未消耗财富的增值,但并不是为了预计可以获得报酬而主动取得的。它所体现的是未销出商品非出自本意的累积"。这就是奥林教授所说的预期外投资。① "被动投资"也可能是一个负量,就是说主动投资可能超过储蓄,体现着这一超过额的就是非蓄意反投资,或未销出商品存量的减值。这样看来,主动投资与储蓄(等于总的净投资)是可以不相均等的。如果是均等的话,则由此发生的未销出商品非蓄意的增值或减值,将成为不平衡的一个根源,结果将使生产活动减退或增长,还可能使价格水平上升或下降。②

● 凯恩斯体系中的储蓄与投资

这里仍然有待探讨的一个问题是,为什么凯恩斯先生认为有必要将储蓄与投资加以区别。我们看到,在《通论》第 63 页,他所提出的形式定义是这样的:就整个社会来说,S 与 I 不但相等,而且是二合一的,都是未消耗产量的值。假使严格遵守这一定义,S 与 I 就简直是同意义的符号,可以随便调换使用,就没有再保留两个措辞的必要——事实上这样两词并用,反而会引起误解。

其实,凯恩斯先生的实际意图并不是这样的。他故意使用两个名词,并不只是为了修辞上的关系。况且他还指出,完成储蓄行为和投资行为,往往是互不相关的两类人物。③ 他坚持认为,要使 S 与 I 相均等,必须经过一个程序。他说,"使储蓄与投资能确保均等的,并不是利息率,而是收入水平",这一点是他理论中的"独创

---

① 至于"非蓄意投资"跟"未销出商品非本意的累积"是否完全相同,还是说后者只是前者的一个特殊例子,这一点我们不大清楚。如果前一说法是对的,认为两者是等同的,那么相形之下,霍特里先生的非蓄意投资跟奥林教授的事前投资与事后投资的差别,将是一个较狭义的概念。

② 见霍特里:《资本和就业》,伦敦 1937 年版,第 176~177 页。并可参阅《经济季刊》,1937 年,第 439 页;霍特里先生在这里讨论了他自己的概念与奥林教授概念之间的关系。罗伯逊教授在《银行政策与价格水平》那部书里,说明了事前与事后、蓄意与非蓄意的 S 与 I 之间的区别。他所说的"自发的不足"显然与事前投资或蓄意投资对应,所说的"诱发的不足"显然与非蓄意投资对应,这就说明了事前投资与事后投资的区别。(这一点是海牙的库普曼斯博士向我指出的。)

③《通论》,第 20~21 页、第 210 页。

之见"。①

霍特里先生认为S与I"只是同一事物的两个不同名称",认为"在任何场合使用到'投资'这个字眼时,尽可以用'储蓄'这个字眼来代替,在意义上并没有任何变化"。②凯恩斯先生断然否认这一说法。

S与I虽然在定义上是相同的,但又并不完全是一件事物,这样的解说似乎有些离奇。实际意义是这样——S与I是同一事物的两个不同方面。两者"必然相等,正同市场上任何事物的总购入量必然与总售出量相均等的情形一样。但这并不是说'购入'与'售出',是同一名词,并不是说供求律是没有意义的"。③

一种商品的总购入量必然与它的总售出量相等,但一个个人购入量,并不一定——实际上也未必——跟他对同一商品的售出量相等。同样的道理,如果我们采取凯恩斯先生的定义,认为总储蓄与总投资是等同的,但是一个个人的储蓄并不一定与他的投资相等。我们仍然把"储蓄"和"投资"作为两个独立的名词也许是有用的,因为即使根据凯恩斯先生的定义,当关系到一个个人时,两者也不一定相等。

保留着两个名词还有一个理由。一种商品的总购入量虽然与它的总售出量相等,

---

① 见《经济季刊》第47卷,1937年,第250页。如果说,为了要确保S与I之间的均等,收入就必须变动,那是一种误解。不论收入水平处于什么状态,S与I必然相等,因为在定义上规定了是这样的。收入水平变动所以会成为一个必要条件,是由于凯恩斯先生把"乘数"——即"边际消费倾向"(关于这类概念的定义,参阅下面第四节)——看做是一个不变的量。他认为在收入与投资的(少量)增长之间,存在着某种关系。假定乘数是3(换句话说,即边际消费倾向是2/3),那就是说,I的任何少量增长,将使Y有相当于3倍的增长。如果将这一假设联系到实际,我们就应当看到,投资发生了任何变动时,收入就必然有3倍于那样大的变动。但乘数(换个说法,即边际消费倾向)不一定是一个稳定的量值,不一定与I变动的性质以及周围情况的变动是无关的。(这一点,凯恩斯先生自己也并不否认。)因此在具体情况中,如果发现收入的变动跟我们以乘数假定为依据时所预期的有所不同,这时我们就不应说"这是不可能的,因为这样S与I将不相均等",也不能说"S与I现在已不相均等",而只是说乘数(边际消费倾向)跟我们所预期的有所不同。

我们还可以把叙述的方式稍微改变一下。如果我们对于乘数的量值有所假定(预期),那我们就隐然有了这样的假定(预期),认为投资有了变动(比方说增长)以后,收入将跟着有所变动。收入必然要变动,这并不是为了要确保S与I之间的均等而有变动必要,而是因为在乘数假定下,我们是这样假定了的。一方面是各种符号之间术语上的关系(即在定义下各种概念之间的关系),另一方面是在概念上互相独立的各种量值之间的经验关系。我们往往会把这两种关系混同起来,这里就是一个例子。换句话说,由此会造成一种印象,认为所说的是关系到现实世界中某一推定的规律,而实际上是关于名词准确、一贯的使用规定有一定的标准。关于"乘数"与凯恩斯体系下的"边际消费倾向"之间的关系,可参阅下面第8章第4节和哈伯勒的《凯恩斯先生的乘数理论》,载《国民经济杂志》第7卷,1936年,第299页起。关于逻辑方面与方法论方面的有关原则,可参阅哈钦森:《经济理论的旨趣与基本原则》,伦敦1938年版。

②《资本和就业》,第249页起。

③同上书,并可参阅《通论》第7章。

而购方与售方的动机是不同的。同样的道理,投资的动机也与储蓄的动机不同:当我们的用意是在于投资者的动机时,可以用"投资"这个字眼来表示未消耗所得的值;当我们所着重的是储蓄者的动机时,就可以用"储蓄"这个字眼来表示这一同样的量值了。①

第3节 贮藏资金、灵活偏好与利息率

利息理论,很久以来就是经济学科中一个薄弱环节,关于利息率的解释和意义的确定,各家意见仍然有分歧,分歧的程度,超过了一般经济学理论中任何别的部门存在的情况。

● "纯粹的"利息理论

关于利息理论,很久以来就有两个不同的流派。一派叫做"纯粹的"利息理论,主要的是根据非货币的因素来解释利息率的,认为利息率是资本的价格。决定这种价格的是,在技术意义上的资本边际生产率,和影响到目前与将来需要的相对迫切程度的某种心理因素(时间偏好)。马吉特教授②把这类理论叫做"实际的资本理论"。(有些学家,主要是庞巴维克的信从者们,仍然以生产时期的延长或缩短为依据,来解释资本边际生产率,而别的学家则反对这个论点。这一点本书在前面已经提到。)

● 关于利息的"可贷资金"理论

关于利息率,还有一个货币理论,那是以"可贷资金",或信用,或债权的供求为依据的。有些人曾多方努力,要把两派见解加以调和、折中,把它们统一起来。在魏克赛尔派和新魏克赛尔派的著作中——例如在本书第3章所评述的——对于金钱表面力量的机械作用作出了详细分析,从而认清了或者可以说是识破了由"纯粹"利息理论

---

① 关于这一问题更进一步的推论,见哈伯勒:《国民所得、储蓄与投资》,载《收入与财富研究》,纽约,1938年。

② 他于1933年在伦敦经济学院的一系列演讲(未出版),以及于1937年12月在美国经济协会大西洋城会议中发表的一篇未出版的论文,都谈到了这一点。他对于两派理论的历史渊源曾有所探讨,对两派的不同论调并试图加以沟通。

所假定的基本关系情况。我们可以很有理由认为,这种统一工作并没有圆满完成,不过平心而论,不能说它对问题没有认识。

就以可贷资金供求为依据的货币的利息理论来说,我们不能不把它看做是对问题作进一步详细研讨的初步接近。本书第一版就曾提出这一点,这就是本章第2节所评述的奥林教授所阐述的理论。罗伯逊教授说,这是"对事态的一个常识说明",它的作用是"对一种通常的见解作出正确的剖析,这种见解是隐藏在如拉文顿①和霍特里那些人关于资本与信用市场的有名的研究中的,是隐藏在无数的报纸论文中的"。②

对利息率的这种"常识"解释,以及支持这一见解的进一步精密的理论,受到了凯恩斯先生和一些别的学家们的批评。凯恩斯先生另外提出了一个纯货币理论,根据这个理论,利息率跟储蓄供求的关系完全脱离,他用来解释利息率的是"灵活偏好曲线"和货币量。③

● 凯恩斯先生对"古典派"利息理论的批评

在进一步详细分析凯恩斯先生的理论以前,为了眉目清楚,我们可以先看一看,凯恩斯先生和他的信从者们反对利息率传统理论时所根据的是些什么理由。凯恩斯先生在"古典派利息理论"那一章里④所批评的,大部分是我们在上面所说的"纯粹利息理论",他所格外反对的是以储蓄或资本供求之间的交互作用来解释利息率的那种见解。凯恩斯先生指出,在"某些古典派学家所说的(资本)需求曲线"与他所说的"资本边际效用曲线或投资需求曲线"之间,并没有什么"重大差别"。⑤与需求曲线相对,某些古典派学家还提出了资本供应曲线,这一曲线所表示的是,在不同的假设利息率下,提供的储蓄(或资本)是多少。因此,利息率以及储蓄量与投资可以由这两条线的交点同时决定。

凯恩斯先生批评这一论点时正确地指出,储蓄量不仅取决于利息率,还须取决

---

① 《英国资本市场》,伦敦1921年版(1934年第3版)。
② 《经济季刊》,第47卷,第428页。
③ 希克斯教授在《价值与资本》(牛津1939年版,出版时本书已在付印中)里,也把利息率理论分成了"实际资本"理论和"可贷资金"理论。他把这个叫做"意见上的严重分歧",所体现的是"真正的争执"。"但是近来在坚持货币观念的那些人的行列中,又发生了一种虚伪的争执,由此使真正的争执更加趋于复杂化。"一方是凯恩斯先生和他的信从者们,另一方是可贷资金供求理论的主张者。所谓虚伪争执,指的就是这两方之间的争执。
④ 《通论》,第14章,第175~193页。
⑤ 同上书,第178页。

于收入水平。事实上多数学家都同意这一点,认为储蓄进度是取决于收入水平的,个人的收入越高,则储蓄量越大。① 另一方面,利息率的提高将怎样影响到储蓄进度,这一点却不像前一点那样明确。②

● 短期的消费倾向

但是就短期波动的情形来说,那就要对上面提到的前一关系,即储蓄量与收入水平之间的关系也有加以仔细斟酌的必要。我们说多数经济学者有着一致的意见,认为储蓄量与收入水平之间有着正比例的关系,这是指个人而言——并不一定指整个社会,因为收入分配可能发生变动——并且是指个人在安定情况下而言的。特别是在变动迅速的时候,收入的变动率以及收入水平的近期波动,当然要发生重大作用。举例说,如果某个人的收入有了意外增长,最初他的消费也许全然无所提高;而后隔了一个时期,消费将逐渐提高。还有一层,个人对未来期间收入水平所抱的预期会起主导作用,最近的波动经过如何,对这类预期将产生深刻的影响。③

● 储蓄供求之间的相互依存关系

现在让我们再回到储蓄进度决定于收入水平这一问题——就各个收入水平来说,应当各有一条曲线,表示在各种利息率下储蓄数目各计多少。④⑤ 如果同意这一点,凯恩斯先生批评的第二步,就跟着自然发生——储蓄的需求曲线和供应曲线并不

---

① 凯恩斯先生以及许多别的学家,在著作中还曾提出进一步明确的假设,认为当收入提高时,不但储蓄的绝对量将跟着提高,而且储蓄在收入项下所占的比率也将上升。这里面就含有一个广泛流行的论点,认为国民总收入的进一步不均等分配,会使整个社会的储蓄量增长。

② 往往有这样的说法,认为利息率提高时,有些人会少储蓄些;而同时广泛流传的另一个说法是,在极低的利息率下,整个社会的储蓄动机会逐渐消失。

③ 这里所说的并不彻底。问题只能通过广泛的实验研究,才能获得解决。下面第10章第6节,对这个问题将作进一步观察。这里的目的只是要提请读者小心,不要过于轻易接受现在流行的一种观念,认为收入与储蓄量之间的正比例关系,可以作为进一步讨论的稳固基础,由此来解释经济周期以及长期趋势下的现象。

④ 要构成一个具有三种尺度的图,表明储蓄进度对收入水平与利息率的依存关系,应当是很容易的。但是,如果要求理论完整,就还得考虑到另一些因素,例如收入的变动率。

⑤ 应当看到,投资(资本需求)不但取决于利息率,而且取决于收入水平。关于这一明显事实,凯恩斯先生虽然也略有所暗示,但没有列入他的理论体系。希克斯先生和兰格先生对凯恩斯理论分别作了图式说明(《试论凯恩斯先生和古典派》,载《计量经济学》第5卷,1937年;《利息率与最适度消费倾向》,载《经济学》,1938年2月号),通过他们的阐述,弥补了这一缺陷。但是这样说似乎比较正确,即:决定投资需求的,实在是收入水平的变动率,而不是收入水平。这就等于是把加速原理加入了理论体系;这是一个动态关系(其间的意义,在本章第6节将加以讨论)。

是彼此独立的。如果在投资方面出现了新的刺激力量,就是说投资曲线如果有了向上的移动,在一般情况下,收入将增长,储蓄的供应曲线也将跟着移动。同样的情况,后者的移动,也会促使需求曲线移动。

总之,按照凯恩斯先生的说法,"古典派"利息理论的主要缺点是把收入看做一个既定量值,看做体系中的一个决定因素,而不是一个变数。

这一批评,虽然对静态的或平衡的利息理论[①]说来是对的,但对魏克赛尔的信从者们所倡导的短期或货币的利息率理论似乎并不适用。在魏克赛尔式理论内,关于收入变动决定于投资需求与储蓄供应曲线的移动这一点并没有忽视;因为收入的不断变动,是魏克赛尔式累积过程的一个主要特征。收入增长是扩张过程的一个特征,收入下降是紧缩过程的一个特征。而且这一理论也考虑到了对利息率发生的纯货币影响。事实上对实际市场利率发生的这类影响作用的分析,是这一理论的主要精神所在,这一点我们在上面第3章已经谈到。[②]

这一理论既然认为利息率是决定于信用供求的,那么凯恩斯先生对它所反对的又是些什么呢?

● 对货币的利息率理论的批评

这里我们所注意的,并不是在第3章已经论及的"自然"或"平衡"利息率,而是凭信用供求曲线对市场利率作出的基本解释。关于这一点,在上面第3章已经论及,在本章第2节分析奥林教授的理论时,也已经作了比较充分的探讨。我们还可以追想一下,根据这一理论,信用供求与(事前)储蓄供求并不是一件事,关于储蓄的曲线,是关于信用的曲线的一个部分。

所以反对这一理论,是由于它含有以下两点:①"储蓄不一定相等于投资",②"贮藏资金量不一定相等于货币量的增长"。[③]

关于这两个争论点,前一个在本章第2节已经有所涉及,而看来这是由于"储蓄"和"投资"这两个名词可能具有的种种不同意义而起的。如果把这两个名词按照罗伯逊教授所建议的方式来下定义,困难似乎就可以避免;如果根据奥林教授的分析,能

[①] 这一理论尽管存在着缺点,但是关系到长期平衡时,或者是作为在某种特殊假定下有实现可能的一个典型事例时,或者是作为供参考的一个纯理论标准时,是否有它的可取之处,这里我们无法深究。因为我们所格外关心的是属于短期(货币)类的利息理论,这是有助于经济周期分析的。

[②] 凯恩斯先生痛斥"正统派"理论,说它没有看到货币方面的影响作用,因此在他心目中的必然是"纯粹"利息理论。参阅他的《利息理论》,载《货币经验教训》,纽约1937年版,第147页。

[③] 见勒讷:《关于利息理论的不同见解》,载《经济季刊》第48卷,1938年6月号,第215页。

进而作出逻辑的论断,也可以获得同样结果。

- **"贮藏"概念**

第二个争论点关系到"贮藏"这一名词,在这一点上我们要小心,因为这是近年来造成混淆与误解的一个重大根源。

"贮藏"这个词在凯恩斯先生的术语系统中是没有的,只有谈到别的学家的理论时才用到。处于这种情况时,这个词似乎是在两个不同意义下使用的,在多数情况下算是别的学家意向所在的那个意义,跟那些学家自己显然或隐然所指的意义似乎并不相符。

多数情况下,按照凯恩斯先生的定义,"新贮藏净额"(意思是说贮藏的量,也就是在某一时期"贮藏"这一活动的结果),跟那个时期货币量的增长是同一事物。因为,如果把任何时期一个个人的净贮藏说成是在那个时期他所获得的在持有货币上的增量,那么整个社会的净贮藏就必然相等于现有货币量的净增长。"反贮藏"(意思是说反贮藏的量)则与货币量的减少是同一事物。任何时期的贮藏总量,"必然相等于货币的量"。① 这样看来,"持有货币"与"贮藏货币"是同义语。由于现有的一切货币在任何时候总是被某某人所持有的——如果没有被某某人所"持有"(比方说,如果遗失了),那就不能算是现有货币——因此一切货币总是被贮藏着的。

然而在少数情况下,凯恩斯先生对贮藏还提出了另一定义,即:"减去了需要满足交易动机以后的货币量。"② 换句话说,不管是闲置货币或不活动货币,包括纸币、硬币、存款等,这里都看做是货币。因此,在某一时期的净贮藏或净反贮藏的意思,就是闲置余额的增加或减少。这一定义跟这个词的通常意义似乎大致相同。② 这里有了两个概念,在某些场合,这个概念看来是对的,那个概念就不对了。然而凯恩斯先生却往往把两个概念随便交替着使用。有一种论调认为,民众从事贮藏的任何企图,势必抬高利息率,这时除非银行方面增加货币量,否则总的贮藏量是不会增加的。③ 就这一论点来说,只有将贮藏作比较广义的(非通常的)解释时才是正确的。如果把贮藏解作

---

① 《通论》,第 174 页。
② 关于经济学名词往往会有这样的情况,这里也不例外,即在名词的一般使用中,在细节上意义也不一定明确。
③ 近年来时常看到这样的论点。参阅凯恩斯的《通论》,第 174 页,又见《经济季刊》,1937 年,第 250~251 页;勒讷:《凯恩斯先生的就业通论》,载《国际劳工评论》第 34 卷,1936 年 10 月号,第 435 页;哈罗德的论文,载《国民经济杂志》,1937 年,第 494 页;康恩的论文,载《经济季刊》第 47 卷,1937 年,第 671 页。

闲置余额的累积，民众就尽可以无须借助于银行而进行贮藏。这时即使货币量保持不变，民众仍然可以在牺牲活动余额的情况下扩大闲置余额的量。

- "闲置余额"概念

在"闲置余额"概念下须预先假定的是，货币流通某种平均正常周转率或速度。因为，要使概念明确，就必须确定余额将被闲置到多久，只有在这一点有所确定的情况下，才能把它列入"闲置余额"范畴。就一个夜晚的时间来说，一切余额都是闲置的；就一个充分长的时期来说，也许一切余额都曾经过转手，因此也许都是在活动着的。

人们有时候会把"闲置"余额跟"使用"余额分开，把前者列入储蓄或定期存款，把后者列入活期存款。但情况并非处处都是这样的，如果情况不是这样，按各个人或一切个人所持有的货币量就不同时期进行比较时，就无法确定各个人或整个社会究竟是否有所贮藏。为了要表明这一点，我们可以说，贮藏是有时间长度因素的。

- 贮藏与货币流通速度

这样看来，贮藏和反贮藏的意义或所含有的意义是，货币流通速度 V 的减退或增进，或者是 V 的倒数——即马歇尔所说的 K[①]——的增进或减退，那么，我们是不是可以把"贮藏"（或"反贮藏"）和"V 的减退（或增进）"说成是同义词呢？这是一个术语上的问题。以有关名词的一般使用为依据时，很难作出肯定的答复。这里可以简略地考察一下促使 V（暂时且把它解作"交易速度"）变动的那些主要力量。V 将发生变动——如果(a)支付习惯（如收入时期）有了变动，(b)支付习惯不变，而有一部分货币"退出了流通"，或(c)货币流入了某些领域（比方说农业）或地区，[②] 而在那里的流通速度却低于原来领域或地区的速度。

有些学家谈到基于因素(b)（或者是基于因素(a)和(b)）发生的 V 的这类变动时，也许是愿意保留"贮藏"这个词的。在这种情况下，他们就不得不承认，除了出于贮藏这一原因以外，V 也会发生变动。如果把"贮藏"这个词的意义限于现象(b)，似乎最符合于把贮藏看做闲置存款的累积这一定义（除非使"闲置存款"这个词具有进一步广

[①] 关于"速度"这一概念，相信还有些细节未经研究——严格地讲，对于"交易速度"、"收入速度"以及某些其他变数应加以区别，即相应的对"交易 K"、"收入 K"等应加以区别，而 V 与 K（即 V 的倒数）之间关系的实质，则在一切情况下依然不变。

[②] 谈到资金的国际流动问题时，这一点是常常提到的。参阅维纳：《国际贸易理论研究》，第6章和第7章。

泛的意义)。假定支付习惯有了变化,某项收入原来是一星期支付一次的,现在改为按月支付。再假定,不论在收入时期发生了变化的以前或以后,收入的一切货币总是在各个收入期间逐渐花费的,那么货币的流通速度就有了降低。平均说起来,货币留在收入领受人袋中(或账户上)的时间便会更长一些。虽然如此,这类存款在大体上仍然应该当做是活动的、而不是闲置的存款。

但整个问题只是一个方便和习惯的问题。我们尽可以说,这类存款在活动程度上有了降低(就是说,支出的频率有了降低),因此认为其间有了"贮藏行为"。但也不必因此作出明确的决定,就一定要使用确定的名词来形容。我们只需注意到这里存在着种种可能的情况就够了。

从统计衡量的便于执行的观点来看,比较方便的似乎是把贮藏的定义说成是等于 V 的变动,因为要把上述三个因素对 V 产生的影响在实际上加以划分,在多数情况下是办不到的。

● 个人贮藏的定义

让我们再谈一谈关于私人(个人、家庭或商号)贮藏的定义和范围。如果"收入(或交易)/现款平均持有量"的分数值缩减(或扩大),我们就可以说某个人有了贮藏(或反贮藏)行为。我们可以看到,这里所说的也就是马歇尔的 K[①]的倒数。因此,如果一个个人的交易量或收入增长(或减退),而他的现款平均持有量也跟着作按比例的增长(或减退),那他就既没有从事于贮藏,也没有从事于反贮藏。

举个例子:某人的每月收入原来是 200 元,是在月初收到,在当月是均匀地支出的;如果他的收入有了增长,增长到了 400 元,仍然是月初收到,也仍然在当月均匀地支出。这时他每天的现款平均持有量比原来提高了一倍,但并没有发生贮藏行为。如果收入与现款平均持有量作同等的下降,情况也是这样。当然,当个人收入降低时,很有可能使他从事于反贮藏,那就是说,他可以支用存款以弥补收入的不足,使支出降低程度低于收入降低程度。但是单就现款平均余额来说,究竟是否发生贮藏行为或反

[①] K 通常指的是收入,因此是收入速度的倒数。但是上面已经指出,此外还有一个"交易 K"。我们可以看到,对于各种量值(收入、交易量或现款平均持有量),不论以货币或以"实物"为依据(例如庇古教授仿效马歇尔的办法,以小麦为依据),并没有什么出入,因为如果将据以核计量值的代表物从这一个换到那一个,分数的分母和分子必然为同一指数所压缩。

贮藏行为，就无从断定了。这一点是往往容易忽视的。①

最后还应当看到，在某一期间，一个个人或商号所能贮藏的总量，并不一定是限于这一期间的收入或这一期间储蓄的净增量的。因此，与其说一部分收入或储蓄被贮藏，不如说货币被贮藏来得恰当。但不管是否遵守这种用语上的规定，有一点必须明确，即一个个人（或商号）可以贮藏的，除了货币收入以外，还有由经常销售项下收入的一切资金。这就牵涉到了种种摊提款和流动资本的贮藏。此外，个人还可以把所有的任何资产出售，把售款贮藏起来。还有，他也未尝不可以借入资金（出售权利），将借得款项贮藏起来。②

现在可以接下去谈凯恩斯先生的利息率理论，看一看他的理论跟传统的见解是不是可以并行不悖的。

● 利息率的定义

利息率是什么？按照传统的见解，它是"由于没有作消费支出而取得的报酬"。而凯恩斯先生的看法相反，认为这是"由于没有进行贮藏而取得的报酬"，③ 是"在一定期间内放弃了灵活使用而取得的报酬"。④ "利息率是一种衡量的尺度，它所计量的，是持有货币的那些人对所持货币放弃灵活控制时的不愿意的程度。利息率并不是使投资资源的需求与节制目前消费的自愿两者间趋于均衡的'价格'。它是使以现款形式保有财富的愿望与现有的现款量趋于均衡的'价格'"。⑤

---

① 如果我们采用这个有关个人贮藏的定义，如果我们认为就整个社会来说的任何贮藏，必然是属于某些个人的，那么对于上面提出的关于"贮藏"概念与"速度"概念间的关系的术语上的问题，就已经隐然作了答复。假使支付习惯没有变动，而需求有了这种情况的转变，以致只有小部分以货币形式保有的那些人的收入（他们的 K 比较低）有所降低，而大部分以货币形式保有的那些人的收入（他们的 K 比较高）却有所增长，这时就整个社会来说，货币的流通速度将降低。但根据我们对贮藏所下的定义，并不一定有人在从事贮藏。例如，当农产品需求有了增长时，所处情况就是这样（假定农民的 K 是高于工业者的 K 的）。

② 凯恩斯先生说，"贮藏行为并不是在一无依傍的情况下决定的"（《通论》，第 174 页）。这个说法当然完全正确。贮藏行为，可能取决于某些资产出售时所获得的价格。在某一假定情况下，与某一利息率对照，关于闲置余额是可以设计出一条需求曲线的。

③ 《通论》，第 174 页。

④ 同上书，第 167 页。哈恩教授在《银行信用与国民经济》（杜平根 1920 年版）里提出的定义，跟这个完全相同。

⑤ 同上书，第 167 页。

然而罗伯逊教授①和一些别的学家曾指出,这一说法跟那一说法并不一定是不相容的——尽可以把利息率看做是"不消费"和"不贮藏"两者的报酬。在一般情况下,某人为了要赚得利息,就不但不能使货币闲置(不能进行贮藏),而且也不能把这项货币用于消费。但上述第一个条件(凯恩斯先生的)似乎没有第二个那么重要。因为银行对活期存款有时候是付给利息的。进行贮藏时,如果采取的方式是保有闲置存款(而不是纸币或硬币),那就不会妨碍到贮藏数额赚取利息,因此,就不能说利息是出于非贮藏的报酬。诚然,活期存款利率一般是低于定期存款利率或债券利率的,但并不一定是这样。我们不难设想到一种情况,一切种类的资产会有着同样的利率;此外也未尝没有这样的事例,短期利率会高于长期利率,因此存款的利率(贮藏的报酬)会高于比方说债券的利率(放弃灵活使用的报酬)。

关于利息率的定义,见解上并没有真正的分歧。大家对"利息率"(至少是对"明确的"利息率)的理解都是一样的,都认为这是"负债的代价"②或者是贷款的代价,意义跟负债显然并无分别。③ 只是对决定利息率水平和波动的那些因素进行解释时,见解上才有了分歧。

● 灵活偏好与货币需求

凯恩斯先生在这一点上的理论,跟传统见解的区别究竟何在呢?按照凯恩斯先生的说法,利息率是出于以下两个因素的结果——灵活偏好与货币量。我们可以把"货币量"解释作"货币供应",可以把货币看做是由货币当局或银行系统依照某些货币政策而决定的。由此我们可以设想到利息率的一个职能——举例说,当利息率上升时,银行可以实行扩大供应政策。但通常情况并不是这样。应当注意到,当凯恩斯先生谈到"货币供应"时,他的意思指的是在一切目的下的总供应,而不是单指可贷资金的供应。他在财政著作中谈到"货币"市场时,往往在后一意义下才使用"货币供应"这个词。

---

① 见《经济季刊》,1937年,第431页。"利息率所计量的是保有闲置货币的边际便利,但这一点并不否认,它所计量的也是节制消费的边际不便利。反积累以及继续贮藏,是继续投资的替换方式。"

②《通论》,第173页,下部。

③ 谈到"利息率"时,各个人的意思指的都是货币贷款——期限、担保等不同的货币贷款——的利息率。所谓货币贷款,指的是用货币来表示的贷款。但利息与本金,也可以用货币以外的事物来表示。即使以货币表示的贷款,也不一定用货币(现款)来支付或偿还。即使是用物品来贷出或归还,而仍然是货币贷款。因此在借贷中所需要的只是一个代表物,并不是实际货币进行交换。

至于"灵活偏好"这个词①却并不怎么容易解释。"这个问题,和人们常常在'货币需求'标题下所讨论的内容实际上是相同的。"② 因此,我们可以这样说:决定利息率的,与其说是储蓄或信用(信贷)的供求,不如说是货币的供求。

乍看起来,这个理论似乎真是有些革命性的,是与许多公认的理论背道而驰的。一般的说法是,储蓄进度有了增长,其他情形不变时,利息率将降低;如果由于新发明或由于一般情绪的趋向乐观,使资本边际效用(可贷资金需求)有了增长,其他情形不变,则利息率将提高。凯恩斯先生对这类见解断然否认。③ 这就格外加强了上述印象。而且,他的意思似乎是说,如果其他情形不变,货币量的任何增长都足以降低利息率(虽然会发生间接的、心理上的反应,至少在最初时是这样)。

但是对"灵活偏好"或"货币需求"的意义作进一步分析以后,可看出,凯恩斯先生的理论跟以信用或信贷(不是储蓄)供求的交互作用来解释利息率及其逐日变动的理论,两者之间的真正差异并不是像初看起来那样显著。所以会发生基本分歧,主要是由于忽视了那些隐藏中的假设,特别是在"其他情形不变"这个条件掩盖下的那些假设。关于经假定不变的那些"其他情形",并不是一切学家的看法都一样。因此,彼此见解之所以不相一致,原因往往是在于他们没有能认识到,他们是在不同的假设下出发的,并不是在同一套假设下得出了不同的结论。

● 保持货币的三个动机

凯恩斯先生把保持货币的动机分成三类:①交易动机,②戒备动机,③投机动机。交易动机的定义是,"个人或企业在当前交易中对现款的需要"④,以下再分为"收入动机与企业动机"两种⑤。"保持现款的理由之一是,借此可以渡过从收入的取得到支出这一段时期……同样的情形,借此也可以渡过业务从成本支出到货款收入这一段时期。"⑥换句话说,为了"处理"某一收入和某一交易量,就需要某一货币量。至于需要货币多少,决定于货币的流通速度,也决定于支付习惯及其他因素。这些在上面

---

① ③ 凯恩斯先生在著作中使用到这个词时,在不同场合有种种不同的意义。关于这一点可参阅玛克斯·米利肯:《利息灵活偏好理论》,载《美国经济评论》第28卷,1938年6月号,第247页起。
②《通论》,第194页。
③ 同上书,第140、165、184和第185页。
④ 同上书,第170页。
⑤ 同上书,第195页。
⑥ 同上书,第195页。

的一章里已经提到,并且举示了一些有关的参考作品。①

戒备动机是"对意外事故或对于事前不及预料的有利进货机会需要作突然的支出时,作好准备"②,因此愿意保有现款。凯恩斯先生认为,在这一目的上以及在交易目的上需要货币数额的多少,决定于实际活动水平(说得更明确些是交易量)的变动,是随着这一变动而伸缩的。

所谓投机动机,凯恩斯先生指的是,"觉得自己对未来演变的看法比市场上一般人高明,因而想从中取利"。③ 举个例子,如果有人预料债券价格将下跌——即利息率将提高——他将售出债券,保持货币。凯恩斯先生认为,"根据一般经验,满足投机动机的货币总需求,通常所表现的是对利息率逐渐变动的不断反应;这就是说,一方面是满足投机动机的货币需求的变动,另一方面是由期限长短不同的债券价格变动形成的利息率变动。关于这两方面的变动,可以用一条连续的曲线来表示。"④

● 贮藏与利息率

凯恩斯先生还认为,货币总量 M,大体上可分为两个部分 M_1 和 M_2。其中第一个部分 M_1,是满足交易动机和戒备动机的,第二部分 M_2,是满足投机动机的。⑤ 因此可以把 M_1 叫做活动的或流通的货币,把 M_2 叫做贮藏的、闲置的或不活动的货币。M_1 是随着收入水平——或者说,实在是交易量——变动的。M_2 则决定于利息率,当利息率下降时它将提高,利息率提高时它将下降。

这一点似乎是凯恩斯先生所提出的一个最重要的新的关系。我们说这一点是新的,意思并不是说这是从来未有的独创之见,而是说以前对这一点从来没有这样坚决贯彻。对这一定理我们也可以这样来表达:当利息率下降时贮藏将受到鼓励,利息率提高时贮藏将受到抑制。当利息率低落时贮藏的代价较低,利息率昂腾时贮藏的代价将较高。我们还可以这样说,货币流通速度⑥跟利息率是有着正比例

---

① 关于这类问题的讨论,时常被引证的著作是马吉特教授的《价格论》,纽约 1938 年版。
② 《通论》,第 196 页。
③ 同上书,第 170 页。
④ 同上书,第 197 页。
⑤ 同上书,第 199 页。凯恩斯先生知道,这个说法是不十分正确的,因为"个人为了满足交易动机……和戒备动机而决定保持的现款量,跟他为了满足投机动机而保持的那部分现款,并不是划分得清清楚楚"。
⑥ 在我们意念中的是 M 的速度,而凯恩斯先生(《通论》,第 201 页)所说的只是 M_1 的速度。还有一点,凯恩斯先生所说的实在是收入速度,不是交易速度。

关系的。①

为便于下一步的分析,我们可以把广义的与狭义的灵活偏好明确地区别一下。广义的灵活偏好指的是作为一切用途——包括交易用途(M_1+M_2)在内的对货币的需求;狭义的灵活偏好指的只是闲置余额 M_2 的需求。狭义的解释与日常所用的"灵活偏好"这个词的意义比较切合。因此我们准备把狭义的灵活偏好叫做"固有的灵活偏好"。如果某人售出了一项资产,并将价款闲置不用,或者并不像平时那样将货币收入全部花费,我们就可以把这种行动说成是他的灵活偏好有了增长。还有一种情况,假定工资有了提高,而由于银行方面增加货币供应,利息率仍然没有变动,这时工人阶级的现款平均持有量将增长。按照凯恩斯先生的说法,我们就得把这种情况说成是广义的灵活偏好有了提高——为了交易的目的保有了较多的货币。②

这样的说法,跟日常语言似乎有些格格不入。

现在让我们研究一下,凯恩斯先生的灵活偏好理论跟传统的可贷资金供求的利息理论究竟有多少差别。

● 投资需求增长时怎样影响利息率

首先谈一谈资本需求的增长。按照凯恩斯先生的说法,这就是资本边际效用曲线的向上移动,这是经济周期中繁荣阶段的一个特征。假定消费支出有了增长(不管是怎样形成的),或者在预期方面心理上有了好转,或者是有了新发明,因此使企业家进行投资的愿望格外热切。于是他们发生了对可投资金的需求。按照传统的见解,这一现象将促使利息率上升。

尽管有着一种印象,觉得这一说法跟凯恩斯理论是相反的,但实际上并不相矛盾。我们只需把刚才所说的改以凯恩斯先生的用语来表达。事实上,这里存在着两种可能情况。第一,如果一个企业家估计到他在投资支出方面将有增长,因此在市场上

---

① 希克斯和兰格对这里谈到的一些情况以及凯恩斯先生《通论》全部,作出了富有启发性的数理与图式说明。见希克斯:《试论凯恩斯先生和古典派》,载《计量经济学》,1937 年 4 月号;兰格:《利息率与最适度消费倾向》,载《经济学》,1938 年 2 月号,第 12 页起。关于后一作品,凯恩斯先生曾这样说:"这跟我的思路非常切近。"(载《经济季刊》第 48 卷,1938 年 6 月号,第 321 页)

② 凯恩斯先生叙述他自己的理论使用到灵活偏好这个词时,有时指的是广义的,有时指的是固有的灵活偏好。关于后者的例子,见《经济季刊》,1937 年,第 250 页。"关于'贮藏行为',我们的意思如果指的是保有闲置余额,那么我们的利息率论点就可以这样来表达——利息率的作用是使贮藏资金的供求趋于均等。"

借入了较多资金,[①] 这一点所体现的就是他的灵活偏好有了增长,因为这时利息率既没有降低,交易量也还没有提高,而他的货币需求却已有了增长。第二,还可能发生另一种情况,企业家并不是先增加借入资金而后增加投资支出的,两种行动是一起的。在这一情况下——实际上前一情况也是这样——企业交易量将提高,而且由此迟早将引起货币需求的进一步增长,用以支援扩大了的营业额。按照凯恩斯先生的看法,由此将促使利息率上升,因为这时余下的货币供应量,用以满足对灵活性的投机需求的,将感到为数不足。

结果是,不论在上述哪种情况下,货币供额如果无所增加,利息率必然上升。关于货币供应的这一补充论点,不会引起任何异议,因为坚持传统见解者也是接受这一论点的。大家都同意的是,尽管可贷资金的需求有了增长,假使(a)银行对所需的资金继续供应,或者(b)民众通过反贮藏行动,在不变的利息率下对所需资金从事供应,则利息率就不会上升。

凯恩斯先生近来把上述情况(a)说成是:由于银行方面更加强烈地愿意造成资金不灵活的状态,这就抵消了社会大众对灵活偏好的增长。"我们可以说,决定利息率的是两种条件的交互作用,一种是社会大众希望资金处于比较灵活地位的条件,一种是银行方面愿意把资金变成多少不太灵活的条件。"[②] 由此可见,除措辞不同以外,这一理论跟可贷资金(这里的情况是银行资金)理论看来几乎是完全相同的。

按照凯恩斯先生的说法,可以把情况(b)说成是:那些"愿意出让现款"[③]的人们在灵活偏好上的减退,从而消弭了在企业家方面灵活偏好的增长,使利息率保持不变。

企业家在工资等方面支出了货币以后,他们在灵活程度上就有了降低(他们的灵活偏好有了减退),但随后有了货币收入时,在灵活程度上又有所提高(灵活偏好有了增长)。这一点也可以这样来表达,可以说是,作为货币需求的一个来源的收入(或交易)有了提高。为了满足交易动机,需要较多的资金,这时除非在满足投机动机方面所需要的资金较少——即除非有人"出让现款"(即反贮藏)——否则将使利息率提高,或停留在高水平上。

● 计划性投资与利息率

凯恩斯先生在他的著作《"事前"利息论》[④]里对于他自己的理论有所修改,有所

---

① 这是计划投资下"筹措资金"需求的一个例子。关于"筹措资金"这一点,下面即将论及。
② 《经济季刊》,第47卷,1937年,第666页。
③ 同上刊物,第667页。
④ 同上刊物,第663页起。

解释,结果使他的理论更明显地和可贷资金理论相同。在《通论》里他说,货币需求取决于利息率(所取决的是闲置余额需求)与活动的实际水平(所取决的是流通余额需求)。现在已经看到,这样的说法是不完整的。"还有一个以前被忽视的,但为奥林教授在强调投资决策的'事前'性时所注意到的另外的因素。"① 这个影响到货币需求量的第三个因素是,必须保证凯恩斯先生所说的适宜于计划性投资的"筹措资金"。在活动没有实际开始以前,必须为计划中的支出筹得资金。"在企业家从开始布置财务到实际进行投资这一间隔期间——也只有在这一期间——对灵活性有了额外的需求,但却不一定有额外的供给。"② 如果要把这段话改成可贷资金论者的语调,只需把其中"灵活性"字样改成"信用"字样就行了。

凯恩斯先生正确地指出,如果要防止利息率上升,就必须有额外的供给来适应这种额外的需求。这时必须有人、银行或者是社会大众,"把他们现有的现款拿出来"③。奥林教授说,这种关于筹措资金的需求,可以由出于未来收益的事前储蓄获得满足。凯恩斯先生否认这个说法。我们在上面曾提到,在"出于未来收益的储蓄"这个意义上的事前储蓄,不能影响现在的债券市场。凯恩斯先生的批评意见,正与这个说法相同。但是,如果按照前面曾提到的罗伯逊教授的说法,把事前储蓄说成是出于原有收入的储蓄,那么上面的批评就不对了。在这种意义上的储蓄的增长,或者是反贮藏的增长,是可以满足筹集资金需求的。两种来源都可以说是(如同凯恩斯先生所说的)现有现款项下的支出。至于现款的来源,可以是闲置余额;或者在储蓄增长的情况下,也可以是交易余额——那是对消费品支出减少的结果。

关于凯恩斯先生的"筹措资金"理论,有一点引起了有意味的探讨,从而使整个问题获得了进一步的明确。④ 凯恩斯先生坚决认为:"筹措资金的性质根本是一种周转资金……一等到它在消费意义下被'使用'了以后,灵活性的不足会自动获得弥补,暂时的不灵活正是再度处于灵活状态的准备。"⑤

罗伯逊教授反对这个说法,认为筹措资金花费以后,只有当这类资金收入者之一能够进行储蓄(在罗伯逊教授使用这个术语的意义下的储蓄)时,才能获得新的筹措资金。凯恩斯先生的答复清楚地指出,这里除了由于对储蓄概念所下的定义不同因而

---

① 《经济季刊》第 47 卷,1937 年,第 665 页。
② 同上,第 665 页。
③ 同上,第 666 页。
④ 参阅罗伯逊教授的文章:《凯恩斯先生的"筹措资金"理论》,载《经济季刊》48 卷,1938 年 6 月号,第 314 页起;又凯恩斯先生的答复,载同上刊物,第 318 页。并可参阅肖:《利息论争中的枝节问题》,载《政治经济杂志》第 46 卷,1938 年 12 月号,第 838 页。
⑤ 《经济季刊》第 47 卷,1937 年,第 666 页。

措辞也不同以外,双方的所见并没有什么分歧。凯恩斯先生这样解说:"除非一切活动(跟筹措资金的支出结合在一起的)完成以后,接下去又开始新的活动,否则对现款的需求将减退。"① 看来罗伯逊教授对这个说法是完全可以接受的。因为资金如果仍然用于消费,在初次活动以后,接下去将发生新的活动;如果把它储蓄了起来,则"一连串的活动"将中止,这时除非由于储蓄的关系,使利息率下降,从而促进投资,或者是资本边际效用有所增长,否则现款需求将减退。但是这类变动都是在其他情形不变的假定下被凯恩斯先生所除外的。

● 储蓄对利息率的影响

关于储蓄增长(或消费倾向下降)是否会影响到利息率这一问题,凯恩斯先生的见解跟传统的见解似乎仍然有很大的距离。他把他自己的见解跟传统的见解在原则上的不同之处作了如下的说明。

他说,经济学者们的"看法几乎都是这样……认为,如其他情形不变,则支出减少时利息率将下降,投资增长时利息率将上升。但是,如果这两个量所决定的不是利息率,而是总的就业量,那时我们对经济体系结构的看法,就要发生深刻的变化。如果在其他情形不变的条件下,不把支出意向降低这一点看做是足以增进投资的一个因素,而看做是足以降低就业的一个因素,则我们对这一点的看法将完全不同②。"

人们对于上面所假定不变的那些其他情形,有着种种不同的解释,因此在这方面似乎引起了某些误解。古典派学家,当他们所讨论的不是货币问题与经济周期问题时,是惯于把总的货币支出看做是不变的,是把它包括在其余的不变因素范围以内的。因此一个部分(消费支出)如果有了降低,意思就是说另一部分(投资)将有所增进。假定资本边际效用不变,这一点的意思就是说利息率将降低。但是凯恩斯先生在假定不变的其他事物中还包括了灵活偏好,因此既然 M 保持不变,利息率就不会下降。③

那些可贷资金理论者也并不否认这一情况有发生的可能,但他们的说法不同,他们说人们对于未花费的资金也许会贮藏起来。按照凯恩斯先生的理论,应把这一情况

---

① 《经济季刊》,第 48 卷,1938 年,第 319 页。
② 《通论》,第 185 页。这段话很容易引起一种不正确印象,认为凯恩斯先生的意思是说,投资增长是不会促使利息率上升的。
③ 哈钦森也指出了这一点,见《经济理论的旨趣与基本原则》,伦敦 1938 年版,第 44~45 页。

说成是固有的灵活偏好有了提高,① 在"投机目的"上的货币需求,M_2 有了提高。这一点的意思就是说,在 M_1 方面有了减退,那是跟活动力的减退有关的。据此,总的货币需求与货币量仍然没有变动,因此利息率也就依然不变。

但是消费品生产者面对需求减退时,如果用售出证券的办法来继续保持活动,则利息率将上升,这就应当把这类售出行为看做是他们灵活偏好的增长。

关于这类过程,在时间计算方面也许有困难。但是这样一个情况显然是可以设想的,当人们在消费(或储蓄)方面有所减退时,可以在同时将资金用来购买新证券。

根据以上的讨论,凯恩斯先生关于消费倾向(或储蓄倾向)②变化如何影响利息率这一问题的见解,跟别的学家见解的分歧,似乎并没有初看时那样显著。凯恩斯先生最近对他的理论进行解释时,他自己就有这样的看法。③ 他说:"我在《通论》里作出的分析,跟兰格博士在他的文章第 18 页里所说的'一般理论'是一样的。"④ 在那一页里兰格博士是这样说的,"那种利息率在储蓄倾向相反的方向下移动的传统论调,在我们的一般理论中完全适用。"⑤

● M 的变动与利息率

在另外一点上,灵活偏好理论与传统见解似乎也存在着分歧——即货币量有了增长时对利息率的影响。按照凯恩斯先生的见解,好像是说,这样的增长必然要促使利息率下降。然而凯恩斯先生的见解并不是这样,因为在许多情况下,这样的增长将自动地、一致地使灵活偏好曲线上升。"假定 M 是由金币组成的,只有靠金矿工人活动的加强,才能使 M 发生变动……在这种情况下,M 最初是跟 Y 的变动直接结合在一起的,因为新产的黄金必然是从作为某人的收入而来的。如果 M 的变动是由于政府印发货币以应付当前支出,情形也完全相同。在这一情况下,新发行的货币也是从

---

① 参阅前面"贮藏与利息率"一段里谈到的,关于这一概念的定义。
② 储蓄倾向相等于 1 减消费倾向,因此有关储蓄倾向的任何论点,都可以转换成有关消费倾向的论点,反过来也是一样。
③ 见《经济季刊》,1938 年 6 月号,第 321 页注释①。
④ 见《经济学》,1938 年 2 月号。
⑤ 兰格博士谈到这一点时,不是与凯恩斯先生的一般理论对照,而只是与一个特殊情况——即"在灵活需求下的利息弹性已经达到无限度"时的情况——对照。我们不得不断言,他在这一点上是错误的。在我们看来,凯恩斯先生的命意所在,认为上述利息弹性无限度的情况是在特殊环境下——即在极度萧条环境下——造成的。这样的看法似乎比较公正。希克斯博士说得好,所谓无限度利息弹性是"萧条经济"下的产物,不是"一般理论"。关于这里所说的特殊情况,本书将作进一步分析。

作为某人的收入而来的。"① 收入水平的提高,所体现的就是货币需求的增长;因此 M 的增加,并不会立即引起利息率上升。

凯恩斯先生接着推论下去,"然而新的收入水平不会继续提高,高到使 M_1 的需要足以吸收 M 增量的全部;货币的一部分将从购买证券或其他资产方面寻求出路,于是利息率将降低,使 M_2 的量值扩大,同时将促使 Y 提高到这样的程度,结果新发行的货币不是被吸收在 M_2 之内,就是被吸收在 M_1 之内。而后者所吸收的,将与因利息率降低促使 Y 提高的程度相应。这样看来,这一情况只差一点即与另一情况完全相同。在那个情况下是,要增发货币,最初只能通过银行体系放宽信用条件来实现",这就自然引起了利息率的降落。②

这段话不免要引起一些批评。"货币将从购买证券方面寻求出路"这一点的意思必然是说,收入有了提高的那些货币领受者把一部分货币储蓄了起来,像罗伯逊教授所说的那样。在这种情况下,储蓄将降低利息率虽然这样会引起部分货币流入贮藏(使 M_2 量值增加)。假使人们没有进行储蓄,将增发的货币全部用于消费,则 M_1 将吸收 M 的全部增量。

事态的演变也许会与凯恩斯先生所说的不同,Y 的增长也许将刺激投资到这样程度,使之与利息率低落的趋向相抵而有余。结果如何,实际上难以论定。但有一点是很明显的,凯恩斯先生的理论并不是说,货币量有了增长时,在任何环境下必然引起利息率下降,它的刺激效果是以它事先已经压低了利息率这一点为先决条件的。③

我们可以看到,凯恩斯生先生的《通论》,除在名词使用上标新立异以外,它的真正贡献之一似乎是在于这样一个论点,即贮藏是利息率的一个函数。这当然不是说,除利息率以外,别的因素对闲置余额就不会发生像利息率那样强大的影响。换句话说,即使在短时期,灵活偏好曲线的移动与沿曲线的进退,也许至少具有同样重要作用。④

---

① 《通论》,第 200 页。
② 同上。
③ 有些经济学者认为凯恩斯理论的意思是说,货币量有了增长时,只能通过利息率对经济体系发挥作用。例如罗宾逊夫人评论布里西尼-图罗尼教授的《通货膨胀经济学》时曾这样说:"作者认为货币量增加是通货膨胀(指 1919~1923 年间在德国的情况)的根本原因,但这个见解是无法接受的。货币量有了增加时,无疑会促使价格上涨,因为它将导致利息率下降,从而刺激投资,打击储蓄,并且促使活动力增进,但并不能证明德国的事故是在这样演变下发生的。"见《经济季刊》第 48 卷,1938 年,第 509 页。
④ 任何平面分析工具,应用到如闲置余额需求及利息率这样复杂的现象时,总不免要碰到同样困难。关于这一点,可参阅米利肯:《利息灵活偏好理论》,载同上刊物,第 254 页起。

● 闲置余额需求的无限弹性

除了对"闲置现款余额需求"(贮藏倾向)的一般经验上的推论以外,还有一个关于这一需求曲线(固有的灵活偏好曲线)形式上的比较特有的推论,在凯恩斯理论中也往往占着重要地位。这一比较特有的推论,希克斯先生很恰当地把它叫做凯恩斯先生的"特有理论"。

这一推论的大意是说,当利息率低到"比方说 2%时",[①] 闲置余额需求("灵活需求")的弹性将越来越大,当利息率大致在零点以上时,将具有绝对弹性,即这时的上述需求是无法满足的。用术语来表达就是,灵活需求的利息弹性是无限的,[②] 固有的灵活偏好曲线所表现的是横式的。我们必须看到,这就等于是说,当利息率达到了这样的临界水平时,不但是在适应投资当前需求以后储蓄起来的任何货币量(按照凯恩斯先生的用语,应当说:不但是从为了企业或收入目的而保有的那个余额中解脱出来的任何货币量),凡是由银行增发的任何货币量,都将被贮藏起来。假定处于萧条严重的时候,可贷资金的投资需求正在减退,利息率已经达到临界水平(比方说)2%;再假定,这时仍然有相当程度的竞争,因此只要失业现象依然存在,工资和价格将不断下降。处于这种情况,货币将不断地从交易领域腾出来。这些腾出来的货币,如果用于购置资产,将促使价格上升(这就等于降低利息率),促进投资和就业;但情形并不是这样,所有这些货币将被贮藏起来。以货币计的贮藏将不断增长,而由于价格下跌,按实物计算的贮藏则增势更快。

● 利息率下降的限度

如果存在着这样的情况,供作贮藏的货币(固有的灵活偏好曲线)是具有充分弹性的,则"资本边际效用曲线上升时,就只会增加就业,全然不会抬高利息率[③]。"同样的道理,当储蓄进度(消费倾向)上升时,将降低就业,却不会降低利息率。认为会有可能发生这样的情况,还是一个新创的见解,在理论研究上是一个饶有兴趣的问题。

我们要探究一下,按照凯恩斯先生的说法,这样的情况怎样才能发生,是否曾经发生过。

有这样一种说法,认为利息率有着一个最低限度,不可能低落到这个限度以下。关于存在这一情况的理由,可以借希克斯博士的话来说明:"如果利息率不大于零,如

---

① 《通论》,第 202 页。
② 兰格:《利息与最适度消费倾向》,载《经济季刊》第 48 卷,1938 年,第 18~19 页。
③ 希克斯:《试论凯恩斯先生和古典派》,载同上刊物,第 154 页。

果可以不计算保有货币的费用,那么比较合算的总是保有货币,而不是借出货币。因此,利息率必然是个正数。在一个极端的情况下,最短期的短期利率也许相近于零,如果是这样的话,长期利率必然高于短期利率。因为长期利率要考虑到这样一个风险,在贷款期间,短期利率也许会上升。应当看到,这时的短期利率是只会上升,不会下降的。这一点的含义不只是说,长期利率是在这个长时期间或有的短期利率的一种平均,而是说,这一平均数必然在现时短期利率之上。还有一个更加巨大的风险要想到,长期贷款借出者(例如债券持有人)在约定还款日期以前也许会希望获得现款,这时短期利率如果有了提高,也许会使他受到实际的资本损失。"①凯恩斯先生的说法是这样:"利息率是一个高度的因袭现象。支配着它的实际价值的,主要是取决于它的价值将有怎样演变的现在的看法。"② 这个论点的依据如果不是利息率,而是资产价格(例如债券价格),意义也许还要明朗些。如果预期资产价格将下降(长期利率将上升),资产价格就不能保持远比预期价格为高的水平,因为尽管短期利率很低,人们这时还是情愿用现款来保持他们的资源的。③

那种认为即使现时短期利率下降而预期长期利率(资产价格)仍然会在任何期间坚持不变的推断,受到了霍特里先生有力的反驳④。但是对这一问题,我们不必再深入讨论,因为凯恩斯先生自己(看来是完全正确的)认为,这种"绝对的灵活偏好"的例外情况,只是在理论上有它的可能性,实际上还未曾遇到过。"在这种情况下,货币当局对利息率将无法作有效的控制",(我们还可以插一句话,在这种情况下,当工资与价格下降,从而使资金由交易领域腾出时,也不能压低利息率)"这一极端情况,在将来也许会有它的实际重要意义,但到现在为止,我还没有看到这样的实例。实际上,由于多数货币当局对长期债务不愿意大胆处理,因此关于这一情况,还没有多大的实验机会。"⑤ 我们还可以补充一句,关于增加货币量还有一个政策,即使一切价格与工资作

---

① 《经济季刊》第 48 卷,1938 年,第 154~155 页。并可参阅他的著作《价值与资本》,牛津 1939 年版,特别是第 11 章。

② 《通论》,第 203 页。

③ 当我们以资产价格为依据时就会看出,认为利息率由于"与零点已经这样接近",因此就不会继续低落的说法,实在是一种错觉。假定利率 4% 的债券票面 100 元的价格是 400 元(相当于按利率 1% 计的资本估价),则同样债券,以相当于按利率 0% 计的资本估价为依据时,它的价格将无限地大,在前者与后者两个价格之间,会存在着许多中间层次。情形跟这个一样,在 1% 与 0% 的利息率之间,也存在着同样多的中间层次。

④ 《资本和就业》,1937 年版,第 7 章。并参阅卡耳多先生对霍特里先生批评凯恩斯先生意见的反应:《霍特里先生论短期投资与长期投资》,载《经济学》,1938 年 11 月号,第 464~465 页。

⑤ 《通论》,第 207 页。然而无可否认的是,在凯恩斯先生著作中有好几处的说法,跟这里的说法是难以调和的,似乎认为,无法满足的灵活偏好在实际情况中是存在的。

等比例的降落,这样一个政策也从来没有实验过。①

● 结　语

闲置余额达到大量的完全有弹性的需求,有时是会出现的,而且也曾暂时出现过(即霍特里先生所说的,暂时的信用停顿),然而说这一情况会无限期存在,这样一个假设还没有经过实验。②

第4节　"乘数"与"边际消费倾向"

● 凯恩斯体系的"心理"决定因素

构成凯恩斯先生理论体系的是"三个基本心理因素",即心理上的消费倾向、对灵活的心理态度和对资本资产未来收益心理上的预期。③ 这三个心理因素与一些"既定因素"、资本设备等在一起,支配着资本边际效用或资本需求,从而决定国民总收入与就业量。凯恩斯先生对这些心理倾向(还有某些非心理因素,如工资单位与货币量)进行解释时很小心,他说这些因素只是在"某些时候"可以看做"最后自变数"。④ 他不否

---

① 应当看到,根据凯恩斯先生的理论,这两个政策只有在一个方面是可以互相代替的手段,在这里看起来,这是一个重要的方面。两个政策都是用来增进以实际购买力为依据——按照凯恩斯先生的说法是"以工资单位为依据"——的货币量的。例如,凯恩斯先生在《通论》第234页曾这样说,当灵活偏好有了过度发展,即贮藏愿望走向极端时,"除出于资本边际效用发生变动以外,唯一补救办法是……增加货币量,或者是——在形式上也是一样的——提高货币价值。"(值得注意的是,这段话里含有一个明显的论调,即工资与价格的低落是最后一个挽救办法。这里我们不愿否认,就是凯恩斯先生的看法也是这样,这两个政策在许多方面毕竟是完全不同的,从实际观点来看,不能认为是适当的相互替代者。参阅本章第5节。)
② 在稳定的货币工资下的长期失业现象,并不是绝对的灵活偏好的一个佐证。
③《通论》,第246~247页。
④ 同上书,第246页。

认,这些因素"本身很复杂,每个因素都会受到其他因素预期变化的影响",[①] 至于会受到其他因素实际变化的影响就更不必说了。(由此可见,灵活偏好是要受到资本边际效用实际和预期变化的影响的。)

这里所谈的是时常会发生误解的一个根源,我们将在下面举例说明。有些人进行思考时是惯于以凯恩斯体系为依据的,这些人就把一些决定性倾向、工资单位[②]等看做是既定的,是相互无关的;还有一些人则惯于按传统方式进行思考,他们提出的假设,就往往认为凯恩斯先生的一些决定因素是彼此发生影响的,或者把某些因素看做是变数。由于各家用语不同,这些在出发点上的差异就暗含在不同的用语之中。

关于资本边际效用(资本需求)和灵活偏好已经作了分析,现在我们可以研究一下"边际消费倾向"概念,以及与之密切相关的"乘数"概念。

● "乘数"问题

凯恩斯先生是把所谓"乘数"理论看做他"就业理论中一个主要部分的"。[③] 凭了乘数——k——"假定消费倾向不变,则在总就业量、总收入与投资进度之间,我们可以建立一个确切的关系。"[④] "这个乘数告诉我们,当总投资增加时,收入的增量就是 k 乘投资的增量。"[⑤] 假使以 $\triangle Y$、$\triangle I$ 和 $\triangle C$ 分别表示收入、投资与消费的少额增量,则 $\triangle Y=k\triangle I$,$\triangle Y=\triangle C+\triangle I$。(关于表达这些量值时所使用的单位问题,我们不必深究。凯恩斯先生讨论这一问题时,很小心地选择了"工资单位"来表达这些量值,但是我们尽可以"实物"或货币为依据,也同样适合。)构成这一理论基础的一个"基本观念"是,"如果认为货币当局或其他行政当局准备采取步骤,从事于鼓励或制止投资,那时就业量的变化",将不只是限于投资工业,将扩展到消费工业,"将成为投资量净变数的一个函数"。理论的目的是在于"制定一些通则,借此来估计净投资增量与由此引起的

[①]《通论》,第184页。凯恩斯先生在讨论中,有时会忘记他的理论的这些局限性,因此使某些经济学者发生误解,完全忽视了这些局限性。这一理论的有效显然有赖于这些变数的独立程度。如果它们是高度地相互依存的,就不能称作"最后自变数"。当然,任何相互依存理论,总不免要碰到这样的困难,尤其是以宏观经济为依据的理论。要建立一套从事于解释国民总收入与就业问题的理论,单单以几个复杂的、严格独立的因素为依据,而不顾其间的内在结构,是不可能的。这样处理问题,所获得的就只能是依稀仿佛的结论。凯恩斯先生对于这些困难是完全了解的,可以参阅他在《通论》第297页关于这一点的意见。

[②] 关于工资单位的稳定这一假设,是带有刚性货币工资含义的,这一点尤其容易忽略,应当牢牢记住。(在本章第5节,对这一点将作详尽讨论。)

[③][④]《通论》,第113页。

[⑤] 同上书,第115页。

总就业增量两者之间实际的量的关系。"①

● "乘数"纯理论

乘数纯理论包括乘数与边际消费倾向之间确切关系的建立。消费倾向的定义是，"某既定的收入水平"与"从该收入水平中提出的消费支出"二者之间的函数关系。②因此，边际消费倾向是，收入增量和从这一增量中提出用于消费支出的两者间的关系。计量这一关系的是"$\triangle C/\triangle Y$"，它总是小于1的；因为根据"正常心理法则，当社会的实际收入有所增减时，消费将跟着增减，但后者的演进没有前者那样快。"③边际消费倾向则告诉我们："下期生产的增量，在消费与投资之间将如何进行分配。"④举个例子，当边际消费倾向是9/10时，这就是说，在下一期收入增量内，9/10将被消费。假使边际消费倾向是1，则整个增量将被消费；假使是0，则全部将被储蓄起来。因此，（边际）储蓄倾向的定义必然是，1减（边际）消费倾向。如果后者是9/10，前者就是1/10，这就是收入（下期增量中）被储蓄起来的部分。如果边际消费倾向是1，边际储蓄倾向就是0；如果前者是0，则后者是1。

我们应当记住，"消费（或储蓄）倾向"和"边际消费（或储蓄）倾向"这类名词，通常是在曲线意义上来使用的，就是说，它们通常是指整个曲线来说的。表明的是，个人或整个社会在收入或收入增量的不同的假设下，所要消费（或储蓄）的比率。但是谈到消费倾向时，有时候所指的是任凭选择的在曲线上的某一点（主要是获得实现的那一点）。虽然从文章的前后关系来看，使用这一词的意义何在，一般总是清楚的，但比较妥当的办法是，当不是指整个曲线来说的时候，不妨把它说成是"消费（或储蓄）进度"，⑤或者更恰当些，是"收入被消费（或储蓄）的比率"。

---

① 《通论》，第113~114页。
② 同上书，第90页。
③ 同上书，第114页。这里顺便提一提，有时候我们会看到，个人的边际消费倾向也许会大于1，就是说，当个人收入有所增长，因此对消费增加支出时，在一时的诱发下，支出增量也许会超过收入的增量。但这并不一定会使他的平均消费倾向大于1，换句话说其间的含义并不一定是反储蓄。（当平均消费倾向大于1时，意思就是说C>Y，就是说，有了反储蓄行为，在"靠着他的老本过日子"。）凯恩斯先生没有考虑到这一情况。（可参阅霍尔敦先生的文章：《凯恩斯先生的消费函数——一个答辩》，载《经济学季刊》，1938年8月号；凯恩斯先生的答复，载同上刊物，1938年11月号。）
④ 同上书，第115页。
⑤ 应当看到，这里指的并不是消费（或储蓄）的时间进度，并不是按时间单位计的消费（或储蓄）量，而是收入进度，是按收入单位计的消费（或储蓄）量。这一消费进度是以C/Y来计量的，储蓄进度是以S/Y来计量的。因为$S=Y-C$，所以储蓄进度是1减消费进度，即$S/Y=1-C/Y$。

边际消费倾向与乘数之间的关系是怎样的呢？关系很简单：

$$\triangle Y = k \triangle I,$$
$$k = \triangle Y / \triangle I。$$
$$因为 \triangle Y = \triangle C + \triangle I,$$
$$所以 k = \triangle Y / (\triangle Y - \triangle C) = 1/[1-(\triangle C/\triangle Y)]。$$

据此，乘数 k 按照定义，等于 1 减边际消费倾向除以 1；边际消费倾向 $\triangle C/\triangle Y = 1 - 1/k$。由于 $1 - \triangle C/\triangle Y$ 是边际储蓄倾向，因此我们可以说，乘数是边际储蓄倾向的倒数，反过来也是一样。对同一事物，现在我们有了三个可交替的说法。"边际消费倾向"这个词，可以说成是"1 减边际储蓄倾向"，也可以说成是"1 减乘数的倒数"，而在意义上始终没有改变。

由此可见，假使边际消费倾向是 9/10（这时的边际储蓄倾向是 1/10），则乘数是 10。"举例说，举办公共工程时，假定别的方面的投资不减，则由此引起的总就业量，将十倍于这类事业本身最初所提供的就业量。"[1] 通过这一假设，结果已显然可见。如果我们假定，Y 的一个增量是在 I 与 C 的 1∶9 比例下分配的，由此可以推断，当 I 有了 x 单位的增长时，C 将有 9x 的增长，Y 将有 10x 的增长。如果假定边际消费倾向是零，换句话说，即 Y 的增量完全以 I 范围为限，则由此可以推断，基于 I 的增量使 Y 所获得的增长不会超过原有的增量。如果假定边际消费倾向是 1，这就是说，下期生产增量将按 1 对 0 的比例在消费与投资之间进行分配，那么为了不与假设相抵触，我们将不得不断言，这时 I 的任何增长，将使 C 与 Y 跟着发生无限度的增长。乘数是无穷大的。老实说，这时 I 是不可能有所增长的。

我们不妨把"乘数纯理论"[2]的逻辑性记着，这在上面已经说清楚了。凯恩斯先生提出这个理论时，并不是说这是现实情况中两个不同现象之间的关系；并不是说有这样两个事实，一方面是边际消费倾向，另一方面是乘数，前者影响着、支配着后者。乘数逻辑理论，为"边际消费倾向"与"乘数"两个名词的使用，树立了一个用语上的通则，不过是如此而已。

● 在乘数背后的实际问题

乘数理论和对乘数量值进行统计计量的研究所要解决的实际问题，是关于公共

---

[1]《通论》，第 116~117 页。
[2] 凯恩斯先生把它叫做"乘数的逻辑理论"，见《通论》，第 122 页。

工程等方面的政府支出所发生的间接影响尽可能事先加以确定。这里的基本观念是，如果政府在公共工程投资方面花费了数以若干亿计的资金，从而开辟了就业机会，最初的货币收入者至少将以收入的一部分用于消费，消费品工业将受到鼓励，这笔资金将辗转被花费。因此从第一次投资开始，将产生一连串的创造收入与创造就业的支出。问题是，某一量值从第一次投资流出以后，它所发生的第二次、第三次……的影响，究竟有多大？① 由于下面列举的一些原因，乘数纯理论对这个问题并不能提供最后答案。

● 决定"净投资"的问题

乘数所涉及的是净投资增量的影响。因此凯恩斯先生曾这样说，"如果我们要把'乘数理论'无限制地应用到（例如）公共工程扩张后的影响，那就得假定，其间并没有其他方面投资减退的抵消作用。"② 换句话说，就某一公共工程具体的量来说，未经检查，就不能认为是净的新投资。公共工程政策对私人投资可能发生不利的影响，原因是不一的：(a)材料与劳动价格会提高；(b)由于所使用的筹集资金方法，利息率会提高；(c)如果政府财政上的赤字使人们的信心有了动摇，将发生心理上的反应；(d)通过国际贸易差额与支付差额方面的变动，会发生不利的影响等。

凯恩斯先生③、唐恩先生④以及一些别的学家在近来发表的著作中，谈到一般扩张政策、尤其是公共工程问题时，对上述的某些问题曾加以讨论。⑤

● 派生投资

凯恩斯先生所谈的只是在公共工程政策下投资的不利反应，但是也同样有可能发生有利反应。实际上一般都认为这一政策是使"打气政策"获得成功的一个条件，对私人投资会发生刺激作用。公共投资会刺激私人投资，发生作用时的方式或者是直接

---

① 关于投资是以刺激消费这一观念的来源，跟经济周期理论几乎是同样悠久的。这是魏克赛尔扩张累积过程理论中所固有的。关于这一点，上面已经提到（见第3章）。有许多学家分析了这问题，尤其是康恩先生，"乘数"这个词就是他提出的。参阅他的作品《国内投资与失业的关系》，载《经济季刊》，1931年6月号。
② 《通论》，第119页。
③ 同上书，第119~121页。
④ 《国内投资与失业的关系》。
⑤ 参阅盖尔：《繁荣与萧条下的公共工程》，纽约1929年版；J. M. 克拉克：《公共工程设计经济学》，华盛顿1935年版。

的,或者是首先刺激消费。① 这一点现在已经是人所共知,已经有许多学家加以彻底的讨论,但所有这类讨论,都在乘数纯理论的界限以外。

● 整个社会的消费倾向

但是乘数理论还有必要从别的方面加以扩大和补充。按照边际消费倾向去讨论乘数,会引起一种印象就是:有可能用一种相当稳定的心理上的量值作为分析的基础。人们的储蓄习惯和支付习惯认为是相当固定的,于是就把这种固定与稳定性渗入了对乘数所下的定义。然而经仔细考察以后就会发现,这种稳定性是可能被夸大了的。凯恩斯先生时常提到,所谓"基本心理法则,是根据我们对人类性格生来具有的知识,以及从经验中得来的具体事实。对这一法则应当寄以极大的信心"。这一法则的大意是说:"当人们收入有了增长时,消费总是要跟着增长的,但不会增长到收入的增长程度。"② 他所指的是个人消费者,有时也指整个社会。但整个社会的边际消费倾向(与乘数对应的),跟有关个人消费者行为的心理法则并不是同一事物,因为决定社会边际倾向的,还有许多别的因素。

由于许多原因,我们对乘数的稳定性不能过于着重。

(a)上面已经指出,就短时期来说,有关资金存贮与使用的个人心理特征,很难认为是固定不变的。③

● 收入分配的变动

(b)史塔尔博士曾指出④,收入分配的变动,对整个社会的消费倾向说来很重要,即使从短期的角度来看也是这样。不同的人们,或不同人们的集体,有着不同的倾向,因此,即使像凯恩斯先生所说的那样,各个人的倾向是不变的,是合于"基本心理法则"的,当收入分配有了变动时,也会使整个社会的边际消费倾向发生意料以外的转变(跟基本心理法则相违背)。因为这个缘故,当使用乘数概念时,必须想到收入分配的变动,而这类变动大都是跟收入水平的变动结合在一起的。

---

① 后一关系情况是用加速原理来说明的。
②《通论》,第 96 页和第 114 页。
③ 参阅吉尔波尔:《消费倾向》,载《经济学季刊》第 53 卷,1938 年 11 月号,以及凯恩斯先生的答复,载同上刊物,1939 年 5 月号。
④《收入分配的短期变动》,载《经济统计评论》第 19 卷,1937 年,第 133~134 页;又得克斯的评论,载同上刊物,第 20 卷,以及史塔尔博士的答复,载同上刊物。

（c）有关消费行为的法则是不能直接移用到集体量值的,因为按整个社会来说的投资与消费情况,也取决于大公司和公共团体的决策,而关于它们的行为,却不能有把握地认为是服从于凯恩斯先生经验推论所依据的那些"基本心理法则"的。因此使用乘数概念时必须想到的是,各公司对任何增出利润会用增加准备方式储蓄起来的那个部分。

● 政府消费与投资

还有一层,关于某一项公共支出究竟算是消费还是投资,在许多情况下作出区别时是没有一定准则的,是主观的。例如,关于战舰、河坝等建造费支出是列入投资项下的,失业津贴以及退役军人的抚恤是算做消费支出的。如果政府借债以应付这项支出时,就是反储蓄行为。但是当失业工人完成在价值上不无疑问的"公共工程"时,在这方面的货币支出应当列入哪一类呢?

假定说,工程的内容是在地上挖窟窿,然后再把它们填塞起来;或者是筑一条路,而成本却远远超过了它对社会提供的价值。① 以这类情况来说,分类的方法,尤其是对投资价值的估计是极其主观的,因袭的乘数量值将受到这类主观决定的影响。② 关于投资的这类有疑问的情况越少,每种情况所假定的投资价值越低,乘数——也就是整个社会的边际消费倾向——就越大。因此,后者的价值是在这个程度上取决于这类主观的分类的,而不是取决于消费者的心理倾向。

对公共支出在大体上的派生影响要构成一种见解时,关于属于消费还是属于投资的分类这一点,在一般情况下是不重要的。要紧的是传统理论所着重的那些因素:政府筹集资金时所使用的方法相继的货币收入者使用这项货币时的速度、使用时的方式等。在后一情况下,占有重要地位的是关于储蓄的个人倾向,但是还有许多其他决定的因素,也同样应受到注意,因此我们不能指望在这些因素与乘数(整个社会的边际消费倾向)之间,会存在着单纯的、一成不变的关系。

（d）凯恩斯先生有着这样的见解,认为就短时期来说,边际消费倾向(乘数)会脱离它的"常态"价值,然而仍然会逐渐恢复原状。③ 如果消费品生产者没有预见到由

---

① 还有一种情况,同样筑一条路,跟上一情况对照下所费的劳力较少,成本要低得多,对于多余的工人则给以失业津贴。在这类情况下,部分的货币支出是投资,其余部分却是消费;而就书里的那一情况来说,则按照一般惯例,全部支出都要算是投资的。

② 关于这类问题,在《收入与财富研究》第 1 卷和第 2 卷(纽约,国家经济研究局,1937~1938年)里有好几篇文章,作了详细讨论。

③《通论》,第 123 页。

于资本品工业扩张而引起的需求增长,就会发生这样的偏差现象。于是一时之间,消费品价格将上涨,存货将减少。当达到了充分就业状态,或发生了阻碍,使消费品工业无法扩张时,也会发生这样的情况。所有这些因素,都不能说是在心理法则支配之下的,如果要确定社会的边际消费倾向(乘数),对这些就不得不加以考虑。

● 乘数与货币的收入速度

(e)当我们考虑到乘数与货币流通的收入速度之间的关系时,会发生某些困难。假定通过公共工程向政府取得货币的那些人在心理上的边际消费倾向是1,就是说他们无所储蓄,把全部收入用于消费。这样的情况,即使认为不大会发生,但未尝是不可想象的。由于某些原因(这些原因在本书第10章第6节将加以详细讨论),在意料之中的是,与边际消费倾向小于1的情况对照,公共工程政策在这一情况下将发生较大的派生影响。然而我们不应当有这样的想法,以为消费品需求将有无止境的增长。但是根据凯恩斯先生整个社会边际消费倾向是1的假定,发生的正是这样的情况;因为我们看到,在这一假定的含义下,乘数是无穷大的。凯恩斯先生曾这样说:"乘数逻辑理论……如果没有时间间隔,则在任何时候总是不断适用的。"[1] 然而事实上,在货币收入与支出之间总是有时间间隔的,这种时间间隔,会使投资的增长不至于引起消费即时增长到无限的程度。因此,仿照凯恩斯先生的说法,我们就不得不这样说,消费倾向存在着一种暂时的扭曲状态,如果投资的净增长可以永久继续下去,消费即将逐渐增长到无穷大。因此对于一项新的公共支出,要从时间上决定它的派生影响,所需要的除了关于各个人边际消费倾向的资料以外,还有关于货币收入进度的资料。关于这一点,曾由 J.M.克拉克教授加以充分讨论过。[2]

● 结　语

现在我们可以把上面得出的一些结论总结一下。乘数纯理论所表明的是,"消费倾向"与乘数之间定义上的关系。在"乘数"这个题目下时常讨论到的许多问题,是在乘数纯理论范围以外的。这些问题可以分成两类:一类所要确定的是,与在不同环境下某一消费支出量结合在一起的净投资量;还有一类所要确定的是,乘数的数值。要确定整个社会的边际消费倾向(乘数),有许多在因果关系上有重要作用的因素,与凯恩斯先生基本心理法则有关的个人边际消费倾向,只是上述许多因素之一。由于这个

---

[1]《通论》,第122页。
[2]《公共工程设计经济学》。

原因，我们必须小心，不可夸大乘数的稳定性，不能把它看做是一个论据，必须把它作为变数之一列入理论体系。①

第5节 就业不足理论

● 把凯恩斯理论应用到经济周期

凯恩斯先生的理论，对经济周期这个谜并不曾备有现成的答案，但是他的理论的用途，在于对短期波动和对那些与长期情况有关的问题提供了一个分析的工具。他说："我们进行分析的目的是……为我们自己提供一套有组织、有秩序的思考方法，从事于探索某些具体问题。我们先把一些复杂因素一个一个地隔离开来，获得了暂时的结论，然后再回过头来尽我们所能，考虑这些因素之间可能有的相互作用。这就是经济思想的本质。"②

根据前面的分析，可以很清楚地看到，凯恩斯先生的理论工具，跟本书前几章所评述的任何一种周期理论或周期中某些阶段并不是不相容的。所有这些理论都可以用凯恩斯的术语来表达。凯恩斯先生在"略论经济周期"那一章里，③曾用他自己的理论工具来叙述典型的经济周期，我们在上面第6章谈心理理论时，已经略加评述了。

● 萧条阶段的储蓄过度理论

有些属于周期的或其他状态下的经济萧条理论，一般是渊源于凯恩斯先生的《通论》，或在《通论》影响下产生的；我们可以把这类理论称作特种的消费不足或储蓄过度理论。所有在凯恩斯理论体系起作用的那些决定因素——如灵活偏好、货币供应、资本边际效能和消费倾向——在这类理论里总是要谈到的。但最着重的是上列最后一个因素。这种消费不足理论，在《通论》的许多章节中，在凯恩斯先生的信从者们的无数作品中，都可以看到。理论所涉及的似乎主要是较长期的萧条现象，但这一点并不是处处都十分清楚的。因此，我们把与这类理论研究有关的时期只说成是就业不足时期。

---

① 伦德堡先生的见解也是这样（参阅《经济扩张理论研究》，伦敦1937年版，第36页）。他认为，经过一定时间，乘数会显出周期的动向。
②《通论》，第297页。
③ 同上书，第313页起。

让我们先考虑一下，以凯恩斯术语为依据时对次于充分就业下平衡局势的叙述方式。这样的局势是在凯恩斯著作内最初的部分谈到的，那时一切的关系因素（特别是灵活偏好）都还没有提出，因此没有作出一切必要的补充。这就使凯恩斯理论与传统的见解比实际上显得更加不一致。假定灵活偏好与货币量是已知的，因此利息率是已知的。这时如果资本边际效能曲线是已知的，则投资量就可以确定；如果边际消费倾向曲线（乘数）是已知的，则收入与就业水平就可以确定。

假定灵活偏好曲线、货币量，因而也就是利息率都是已知的，而且假定是不变的，然后让我们研究一下上述后两种曲线的相互关系。在富裕的社会里，储蓄倾向是大的，消费倾向是小的。因此一方是产量，一方是社会愿意用于消费的那个部分，在这两者之间存在着很大的间隙，需要有很多的投资来弥补这个间隙。当达到了充分就业状态时，我们无从保证会有足够的投资机会（在一定的利息率下）来维持充分就业。[①] 如果像常会碰到的情况那样，没有足够的投资，那么就业和收入水平就必然要下降。这样的下降，会促使人们在收入项下少储蓄些，有些人甚至不得不用原有的积蓄使消费超过收入，即可能发生反储蓄行为。同样的情况，政府为了进行救济等，不管它愿意不愿意，将陷入预算超支状态，这就等于是整个社会消费倾向加强。当储蓄有了充分的降低，使投资再度足以弥补产量与消费之间的间隙时，就达到了新的平衡。这里要把灵活偏好曲线插进来并不困难。当收入低落时，货币将从交易领域腾出来，M_1将减退，M_2将增长，利息率将下降，将在比利息率没有下降时更高的水平上达到平衡。

决定就业与失业水平的是三种曲线，加上货币量和其他一些已知事项，如现有的生产因素（劳动、装备等）与工资单位。[②] 因此充分就业的不存在，不可能归咎于上述三个"心理因素"（曲线）中的任何一个。否则，如果有人喜欢的话，也可以把现有的失业现象归咎于上述几个事项的任何一项——假定所有其他事项都是已知的。比方说，其他事项都是已知的，如果消费倾向大于（或小于）它的实际情况，则就业量将较大（或较小）；否则，其他事项都是已知的，如果灵活偏好下降，则就业量将上升；否则，如果资本边际效用提高等，情况可以类推。

• 用凯恩斯术语来表达其他理论

现在很容易看出，我们在前几章里谈到的，关于经济周期向下转折或向上转折起

[①] 参阅：《通论》，第31、98和第105页。
[②] 参阅：《通论》，第41页及第247页。这里的工资单位——即"一个劳动单位的货币工资"必须是已知数，这一点非常重要，下面将加以讨论。这一点的含义是，只有当货币工资是刚性的时候，平衡才有可能在次于充分就业的状态下存在。

因的种种假设,跟凯恩斯先生的理论工具并不是格格不入的,任何一个假设都可以用它来表达。就业量会下降,原因是:(a)储蓄倾向加强,而没有转弱的灵活偏好与之相抵消;(b)由于种种原因,使资本边际效用趋于崩溃(这是凯恩斯先生自己关于典型的经济周期危机的试验性的假设);(c)固有的灵活偏好加强(即 M_2 有了增长,即对贮藏有了偏重),或者是银行从事于紧缩货币量。①

同样的情况,与可能引起就业向上转折的那些力量有关的种种假设,也可以按照凯恩斯先生的范畴来分类,就业与收入会开始上升。(a)因为资本边际效用曲线有了向右方的移动,而所以会发生这样的情况,可能是由于有了新发明,或资本设备有了重置需求,或者是企业家对前途预期在心理上有了好转。在所有这些情况下,按照传统的理论,还得加上一个必要条件,即可投资金的供应,必然是完全无弹性的。情况如果是这样,则资本边际效用变动所提高的将是利息率,而不是投资量。用凯恩斯先生的话来表示,即:这时固有的灵活偏好曲线在形态上必然不是垂直的。凯恩斯先生始格认为情况是这样的,多数学家现在也认为,当萧条时期情况是这样的。(b)就业会上升,如果消费倾向有了增长。假定其他情形不变,而灵活偏好曲线是有弹性的,那情况就当然是这样。有些学家对储蓄减退将促进就业的说法会表示反对,但反对的原因是由于他们假定了灵活偏好曲线是无弹性的。在这种情况下,如果有人少储蓄了些,在消费方面多用了些,则用于投资方面的将有相应的减退,利息率将上升,而总的实际需求则依然不变。但多数学家认为这是一个不现实的假设,至少在萧条时期是这样。

主要由于凯恩斯先生的努力,现在已经有了几乎一致的意见,认为除心理上的反应外,并且假定灵活偏好曲线是弹性的,政府支出将促进就业。用凯恩斯先生的话来说,就得把这一点说成是由于消费倾向增长,或由于资本边际效用变动;至于究竟是由于哪一项,要看把政府支出作为投资还是作为消费时的归类而定。

同样情况,应当把个人反贮藏行为说成是固有的灵活偏好减退,即灵活偏好曲线向左方移动;这时发生的,不是边际消费倾向增长(如果资金用于消费),就是资本边际效用增长(如果资金用于投资品)。不论在哪一情况下,它都将促进就业。②

认为扩张或紧缩过程一旦开始以后会具有累积性,根据凯恩斯先生的理论,并不能得出这样的推断。要得出这样的结论,还得加上在各种经济周期理论中可以看到的那些动态的假设。但这些动态关系,是可以用他的术语来表达的。例如,我们可以这样说,当收入下降(或上升)时,资本边际效用将下降(或上升),或者说,当活动力紧缩(或扩张)时,固有的灵活偏好,即贮藏倾向将上升(或下降)。

---

① 关于这方面的详情和假设,见下面第 11 章乙段。
② 关于这方面的详情和其他假设,见下面第 12 章甲段。

● 自愿失业与非自愿失业

一方面是凯恩斯先生的理论,另一方面是,如由庇古教授的《工业波动》和罗伯逊教授的著作所表示的传统见解,或者是本书初版第2篇所作出的综合分析(载入这一版时,曾略加修改)。到此为止,在这两者之间,我们已经发现了许多名词使用上的差异。此外我们还提出这样的看法,认为凯恩斯先生肯定了"贮藏"与利息率之间的关系,在这一点上他作出了重大的贡献。除此以外,在凯恩斯先生理论与其他权威学家理论之间,我们还没有发现任何根本的差异。但是按照凯恩斯先生的看法,认为两者之间存在着一个基本差别。因为根据"古典派"理论,在次于充分就业下的平衡,是全然不可想象的。"古典派理论只能适用于充分就业情况。"[①] 说得再明确些,按照凯恩斯先生的看法,与古典派不相容的是非自愿失业,至于自愿失业,当然是可以在平衡中存在的;这就是说,如果有人不愿意在一般工资下接受工作,这类人就不能算是失业者,或者可以这样说,"每天8小时工作,并不构成失业,因为每天工作10小时,并不是人类能力所不及的。"[②]

古典派理论受到了责难,认为对非自愿失业这一点没有能顾到,或者是没有能作出解释。它的定义是这样的:"如果工资品价格与货币工资对照下有了微度上涨(我们也可以说,如果实际工资有了减退),这时愿意在现时货币工资下工作的劳力总供应,与在这一工资下的劳力总需求,两者都超过了现有就业量,我们就可以说,非自愿失业的情况是存在的。"[③]

● 劳动市场自由竞争与失业现象

这是一个新创的定义。因此,在这一定义下的非自愿失业与古典派平衡观念两者之间的难以相容,从来没有明白地被人们否认过。在传统的见解中,究竟是否暗含有这样的定义呢?根据传统的见解,一般是这样说的,在劳动市场自由竞争的情况下,失业与平衡不能并存,因为有了自由竞争,货币工资就会具有伸缩性。只有货币工资在下降倾向时是刚性的,它的下降倾向是被习惯势力或工会压力或政府行动所阻止的,失业状态才能在平衡中存在。但这一情势,从凯恩斯理论的意义上看,并不排斥非自

---

① 《通论》,第16页。
② 同上书,第15页。
③ 同上书,第15页。罗宾逊在《就业理论文集》(伦敦1937年版,第1部分)里,对这一定义作了广泛讨论。并可参阅维纳的评论,载《经济学季刊》,第51卷,1936年,第147页起。

愿失业的存在。假定存在着失业情况,而工资在向下倾向时是刚性的,如果由于银行增加信贷或由于反贮藏使投资转趋活跃,因而总需求有了增长,价格趋于上涨,那么这时就很少有古典派学家会否认就业量可能并且势将有所提高。也就是说,非自愿失业原来既然是存在的,它与平衡的相容性就不能说是被传统见解所隐然否认的。

只是在劳动市场自由竞争(工资具有十足的伸缩性就是自由竞争获得保证)的后果方面,以及在这一情况的存在是否值得想望的方面,才可能而且也的确存在着观点的不同。然而下列两个论点,不论是凯恩斯先生或古典学派,也许是都可以接受的。第一,如果劳动市场存在着自由竞争,那么只要失业现象没有消失,货币工资将不断下降。工资既然在不断下降,这种情况就很难把它叫做平衡状态。① 第二,由于工会方面的反抗,由于失业救济、习惯势力等,事实上工资是刚性的,而且大概一直是这样的。

• 货币工资与实际工资

关于货币工资低落对就业的影响这一点,凯恩斯先生与古典派之间在见解上似乎存在着真正的分歧。凯恩斯先生曾有这样的表示,"在一定的组织、设备与技术条件下",当产量与就业量有了增长时,实际工资就必然要下降。② "古典派理论认为,当工人同意接受货币工资的减低时,就必然很容易接受实际工资的减低。"③ 但凯恩斯先生的论点是,"全体工人并没有办法可以借助与企业家议价时的货币工资的修改使实际工资降低到某一假定水平"④,理由是,"价格会发生几乎是等比例的变动,使实际工资……在实际上依然与原来的相同"⑤。但是凯恩斯先生很小心,他又加上一句,"这一论点含有很多真理,如果谈到货币工资变动的全部后果,那是更加复杂

---

① 参阅米德先生在《凯恩斯体系的一个简化模式》(载《经济学季刊》第4卷,第99页)那篇文章里的一段话:"假使我们认为,只要有任何工人没有能获得就业,货币工资率即将下降,则在不存在充分就业的情况下,经济体系就不能获得平衡。"阿蒙教授也指出,在次于充分就业的情况下,只有实现垄断式的刚性工资,才有希望获得平衡。见《周期理论与周期政策的基本问题》,载《英国人鄂斯加纪念集》,布隆1937年版。

② 《通论》,第17页。维纳教授认为这是对古典派学说的一种让步,实际上当就业增长时,实际工资的提高是极有可能的。参阅《经济学季刊》第51卷,1936年,第149~150页。关于这一点,邓洛普曾以统计说明,见《实际工资率与货币工资率的动向》,载《经济季刊》第48卷,1938年,第413页起。邓洛普先生的文章,使凯恩斯先生在见解上略微有了改变。参阅他的论文:《实际工资与产量的相对动向》,载《经济季刊》,1939年3月号。

③ 《通论》,第11页。
④ 同上书,第13页。凯恩斯先生还加上一句,"这是我们的论点"。
⑤ 同上书,第12页。

的。"① 在《通论》第 19 章"货币工资的变动"里,他对这一问题作了详尽的讨论,对原来的简单论点提出了许多补充意见。但有些经济学者提到这一论点时,所提的仍然是他未经补充的简单方式下的论点。② 对这一章加以仔细分析以后,就可以看出,一方是凯恩斯先生的结论,另一方是比较近于正统派的那些学家(例如庇古教授,他在《工业波动》里所注意的是,工资降低时可能发生的短期反应)的结论,在这两者之间并没有什么根本分歧。因此,凯恩斯先生的分析,与本书第 11 章第 9 节作出的分析,除术语使用上不同外,实际上是一致的。这里只准备提出几点加以探讨。

● 货币工资降低对总需求的影响

按照凯恩斯先生的看法,关于货币工资降低的后果,"一般所公认的解释",是从总实际需求保持不变这一假设出发的。因此,不用说,就业量将增长。凯恩斯先生指出(本书初版曾提到③),这样的假设就几乎等于是否认了整个的问题。那种刚性的平衡理论,是蓄意在总需求不变的简化假设下进行讨论的。这一假设在那样的情况下也许是适当的,但在经济周期理论中肯定不能适用,而且通常是不采用这一假设的。

在凯恩斯先生看来,"降低货币工资,不会造成增加就业量的持久倾向——除非整个社会的消费倾向或资本边际效用曲线或利息率因此受到了影响。"④ 情况的确是这样。因为按照这三个名词的定义,如果由于货币工资降低而使产量和就业发生任何变动时,必须根据这三个量值中的这一个或那一个,或三者的结合,才能加以说明。如果投资增长,而利息率与消费没有变动,就应当说是资本边际效能曲线有了移动;如果消费有了增长,而投资没有增长,利息率也没有变动,就应当说是整个社会的消费倾向有了增长等。

可是,凯恩斯先生把这种工资降低对就业的影响说成是"迂回曲折的影响",⑤ 并且说:古典派的理论家认为有一条直接的途径,它使工资的降低只影响生产与就业,而不影响消费倾向、资本边际效能或利息率,他们这一看法是错误的。但事实上这种影响可以是十分直接的,只要人们愿意,那么随时都可以用凯恩斯的术语表达出来。

---

① 《通论》,第 12 页注释①;并可参阅第 269 页。
② 参阅勒讷先生的《凯恩斯先生的就业通论》,载《国际劳工评论》第 34 卷,1936 年。勒讷先生在那篇文章里"证明"价格必然"与工资作等比例的降落"(第 441~442 页)。诚然,他对这个说法作了补充,说是"货币工资的降低会发生种种间接影响"。但在这一补充以外又作了补充,而关于专门讨论这一问题的一段文字,对凯恩斯先生的分析,却作了非常草率的叙述。
③ 见下面第 11 章第 9 节。
④ 《通论》,第 262 页。
⑤ 同上书,第 257 页等。

试举一个极其简单的例子。假定一种纯消费行业,比方说在家庭服务的仆役,工资有了降低,而这类劳务的需求弹性假定是一。这时对这类劳务的消费与就业将上升。在这种情况下,工资降低对就业的影响显然是直接的。但使用凯恩斯术语时,就得说,这种影响是通过消费倾向的增长发生的。

凯恩斯先生说得十分对,要对工资降低的总的影响作出评价。单从成本的方面考虑是不够的,还必须考虑到通过工人购买力增减所产生的影响。关于这一问题,在下面第11章将加以详细讨论。他又讨论了国家间在对外隔绝体系或是在"开放"体系中工资降低发生反应时所经过的种种途径。他认为,由于工资降低,会引起企业家关于工资前途向上或向下变动的预期,或者会"使企业家产生一种比较乐观的情绪,从而打破由于对资本边际效用作过度悲观的估计而引起的恶性循环,使一切事物可以在比较正常预期的依据下重新推动起来"。①

● 工资降低加强灵活偏好

工资降低通过灵活偏好所发生的最主要的影响,会肯定地使就业与产量向着增加的方向发展(但是许多其他方面的影响,则可以使它们增加,也可以使它们减少)。"工资总支出降低,再加上价格与一般货币收入的降低,将减少收入目的上与企业目的上对现金的需要,因此将在这个程度上降低整个社会的灵活偏好。如果其他情形没有变化,则由此将压低利息率,因此有利于投资。"② 工资与价格的降低,被认为是相等于货币量的增长。"假使不论什么时候发生了次于充分就业的情况,工人就能够采取一致行动,实行降低对货币的要求,把要求降低到任何必要的程度,使货币与工资单位对照下非常充裕,从而使利息率降低到与充分就业相适应。假使这一想象果能实现,则工会将在实际上代替银行的地位,从事目的在于充分就业的货币管理。"③

按照我们的用语,这就等于是说,在工资有伸缩性情况下的失业——在工资总支出随着工资降低而降低的不利情况下——会导致以货币计的闲散资金(在灵活性上)作无限的增长,如以实际工资计算则增势更加迅速。在这一趋势下必然有一个限度,达到了这个限度时,人们将停止贮藏,重新开始消费方面或投资方面的支出。④

我们再一次断言,按照凯恩斯先生的理论,只有货币工资在向下趋势中是刚性的

---

① 《通论》,第264页。
② 同上书,第263页。
③ 同上书,第267页。
④ 参阅下面第11章第8节。

这一条件下，他所说的失业情况下的平衡才能存在。这一点似乎是无可否认的，凯恩斯先生即使没有完全说明，在某一场合他说的话跟这一点已经极为接近。他说，如果在失业工人之间存在着竞争，"除了与充分就业相一致的情况以外，也许不会有稳定的平衡状态，因为工资单位也许会无限制降低，直到以工资单位计算时，货币已非常充裕，从而对利息率发生显著的影响，使它降低到一定程度，足够恢复充分就业。除此以外，再也没有别的休止点了。"①

● **工资与价格的伸缩性是否有助于稳定**

对上述论点，大概古典派学者都不会有异议，但并不能由此断言，具有高度伸缩性的工资（即劳动市场处于完全竞争状态），就一定是摆脱失业的最上策。在这种情况下，价格也许会非常地不稳定，使企业经营方面的打算发生困难，从而对资本边际效用发生不利影响。当我们作这样的推论时，同凯恩斯先生的意见仍然是一致的。② 这是一个切实的问题，还没有获得圆满解答。比较有利于稳定实际收入的，究竟是具有绝对伸缩性的价格与货币工资呢？还是具有一定刚性程度的价格与货币工资？在生产事业中有一个部门竞争非常剧烈，价格也具有极大伸缩性——这就是农业。例如在最近一次萧条中，农产品价格猛烈下降，而这个部门的产量与就业仍然得以维持。在工业方面，尤其是在资本品与耐用品工业方面，价格这时还比较地能保持，但产量有了萎缩。不用说，这对农民是一个极其不利的情况。有许多人会这样说，假使工业情况也跟农业一样，价格就要全面下降，但产量却可以充分保持。

情况也许是这样，但必须指出，这一点还没有能获得有力的证明。凯恩斯先生曾这样说，这时极有可能的是，价格猛烈波动，尤其是价格下降，会造成极度不安的情况，对资本需求与投资意向会发生极端不利的影响。因此也许会形成这样的结果：失业现象也许可以消除，通过工资的大量削减，劳动市场也许可以扫清，但代价是实际工资将降到极低的水平。（这样看来，凯恩斯先生认为价格与工资作等比例下降的说法——勒讷先生对这一点曾加以详尽的探讨，见《凯恩斯先生的就业通论》——也许是过于乐观了。）换句话说，如果由于价格变动太快，使企业家感到非常悲观，或者至少感到对前途

---

①《通论》，第253页。由此可见，所谓在衰颓情况下的顽固性（在《通论》第17章所讨论的，尤其是第229~235页），是只能对货币工资不容许作无限制降低的情况来说的。因此，把失业的持久存在归因于工资与价格的刚性时，情形就跟这一现象归因于货币与其他资产对照下所具有的特点一样。当然，并不由此就否认这样的见解，即：失业是可以通过降低工资以外的方法，也许是更加有效的方法，获得挽救的——例如增加货币量，同时扩大政府支出，就未尝不是一个有效的挽救方法。

② 同上书，第269页。

缺少把握时，劳动需求也许将处于无弹性状态。

因此，古典派理论认为，在失业下的平衡与劳动市场中的竞争不能并存的说法虽然无可非议，但未必就能由此断言，由于工资富有伸缩性就可以消除萧条。（庇古教授对这一问题作了谨慎、持平的讨论，见《工业波动》第 20 章"刚性工资率的作用"。）[1]

● **消费不足理论与长期萧条**

在这一节开头时我们就曾提到，萧条理论跟凯恩斯理论最接近的是消费不足或储蓄过度理论。我们在前文中对凯恩斯先生的纯理论作了分析，对这一点似乎还没有加以详细探讨。情况的确是这样，凯恩斯先生在许多场合着重说明，在富裕国家，低消费倾向是种种困难的主要根源。"但更糟的是，在富裕国家，不但边际消费倾向比较薄弱，而且由于资本已经有了较大的累积，对进一步投资的机会所抱的态度也比较淡漠。"[2] 况且在许多地区，利息率不断下降，出现了最低利率那个可怕的幽灵，"在现在的情况下，长期利率所能达到的最低限度，恐怕仍在年息二厘或二厘半左右。假使这个看法是对的，则处于放任主义下，当利息率已低到无可再低时而财富存量仍然不断增长，这样的尴尬局面或者不久将在实际经验中出现。"[3] "战后英国和美国的经验的确是实际的例子，由此可以说明，当财富累积达到了这样高度，以致使它的边际效用下降，下降的速度超过了利息率在制度因素与心理因素牵制下所能下降的速度时，处于主要是自由放任的情况下，就会发生妨碍作用，使在生产技术上可以提供的就业与生活标准不能达到合理的水平。"[4] "我敢断言，在适当管理下的一个社会，如果拥有现代生产技术，人口增加不过于迅速，就应当能够在一代以内使它在平衡状态下的资本边际效用下降到接近于零。"[5] 凯恩斯先生认为："要使资本充裕到那样程度，以致资本边际效用降低到零，这件事并不怎样困难。"[6]

对于这类诊断和预测，有些学家是首肯的，有些学家则不然。但不论在这一点上的看法如何，似乎有一种共同的印象，认为这样的推论可以从凯恩斯先生的《通论》获

---

[1] 当实行降低工资政策时，保持着它在成本那个方面的有利影响，一方面实行举办公共工程政策（或相似措施），另一方面，消除它的不利影响，使总的购买力得以维持不坠。这样的处理总是有可能的。

[2] 《通论》，第 31 页。
[3] 同上书，第 219 页。
[4] 同上书，第 219 页。
[5] 同上书，第 220 页。
[6] 同上书，第 221 页。

得,却不是根据传统理论工具可以获得的。不论就哪一方面来说,要确定这类诊断的正确性还得添上些经验假设,有了这样的经验假设以后,就可以根据两个理论体系的任何一个获得这样的推论,或用任何一方的术语来表达。

我们在这里所格外注意的是一般理论的形式逻辑结构,因此关于这类见解的经验基础和正确性的证明方面,不必深入研究。这些见解即使不是新创的,通过凯恩斯先生的《通论》,至少已获得一次有力的推动。有许多学家对这些见解在实证方面作了进一步的研究,为凯恩斯先生简单的论点添上了许多枝叶。关于支持他这论点的那些说词,我们可以拣几个大方面来谈一谈。

● 投资机会逐渐减少的问题

据说现在的投资机会跟19世纪比较,已经越来越少,原因种种不一——人口增加的速度降低,不再有开辟新地区、新大陆并实行大举移住的机会,由于上述原因造成的国际贷款的减少,以及其他属于制度方面、政治方面的种种因素。此外,还提出了一些比较不肯定的假设,例如有人说关于消耗资本的技术发明,像过去那样的情况,此后未必会再现。

另一方面,还有人提出了种种理由,说明储蓄量此后大致不会降低,但着重指出,在储蓄供源的结构方面,此后将发生重大变化,对储蓄资金的顺利流入投资渠道将发生阻碍。因为属于人寿保险公司和社会保险公司的储蓄已经越来越多,而在多数国家,这类储蓄是不容许用来对产业进行投资的。换句话说,资本在冒险性上已经有了减退,与资本主义全盛时代相比较已经显出了一种怯弱情态。这就造成了资本市场在丰盈中感到不足的局面,堵塞了投资的许多重要出路。

关于长期趋势和长期发展的这类推测,总不免是空泛、笼统的,很容易受到个别学家的主观态度和当前环境的影响。这类论调之所以能耸人听闻,所依靠的往往不是论点的说理力量,而是在于选择有关事实时的方式。由于心理上的激动、某些因素的刚性等,以致投资发生一时的顿挫时,往往会看成是由于长期缺乏投资机会造成的。而对由长期失业所形成的那些必要条件,则往往没有能看到,或没有明白说出。例如,往往没有能认识到的一点是,货币工资与价格,在向下压力的对抗中,必然是刚性的;否则,如果在竞争压力下它们不得不逐渐下降,则必须想到,这时人们必然是有了贮藏无限量货币的意向。

这些理论并不是无懈可击的,但是对上述一些必要限制情况,尽管有了清楚的认识,虽然足以降低它们的说服力,却并不能绝对否认它们的正确性。总之,要使这类理论下的假设具有相当可靠性,只有对过去的许多经验加以仔细分析,对历史过程加以认真研究,希望才有可能实现。①

第6节 静态理论与动态理论
——关于研究方法上的一些观察

我们在结束本书第1篇时,对上面所评述的各种理论的某些基本特征可以作一简要回顾,可以回到第1章述及的一些逻辑性问题。

● 一般平衡与局部平衡

我们在前面曾经把凯恩斯先生的《通论》说成是,在远景经济依据下一般的相互依存(平衡)理论。我们把这个理论说成是一般的相互依存理论。意思是说,它明确地包括了整个经济体系;这个体系是用了少数几个量值来说明的,而这些量值是借助于几个容易理解的关系情况相互联系起来的。这一明确的一般性,使凯恩斯理论体系与许多循环理论卓然不同;后者所提供的只是局部的图景,有意或无意地把它们自己只是限制在某些个别的关系方面,把这些关系认为是关键性的,把其余方面则隐藏起来,让读者从一般经济理论的依据中去填补使体系具有确定意义时所必要的那缺少的关系。

● 宏观分析与微观分析

凯恩斯体系是在宏观经济概念的依据下构成的,它的基本论据所由组成的是与

---

① 关于这个问题最持平、考虑得最充分的论证,见汉森教授的著作:《充分恢复呢?还是停滞不前》(纽约1938年版);又见他的论文:《经济进步与人口增殖率的减退》,载《美国经济评论》,1939年3月号。还有一个论证,内容很好,但根据似乎不够充分,见《美国民主政治的经济纲领》,著者斯维济、基耳伯特等,纽约1938年版。并可参阅格哈特·科姆与弗里茨·利曼:《近年美国税收政策的经济后果》,《社会调查》增刊一,纽约1938年版;哈伯勒:《利息率与资本构成》,载《资本构成的要素》,国家产业协议局编,纽约1939年版。

整个社会有关的一些复杂量值,如国民总收入、储蓄、投资、生产品产量或消费品产量、总的实际需求、价格水平等。凯恩斯理论,就它的宏观性质来说,跟多数经济周期理论是相同的。一种以说明整个社会经济过程为目的的理论,如果要使它易于处理,就不能避免使用集体性的平均值和综合值。适当的办法是,从微观的研究着手,让研究者折回到各个单位(家庭和商号)。当然,对各个动作与事件的直接、间接观察,是获得集体现象下量值与行动方面各种情报的唯一来源。但是,作为理论目的所在的最后①陈述(那不是为达到这个目的所使用的方法),就必须在实际上处处以平均值与综合值为依据。②

这些综合量值范围越广泛,越笼统,就越加可以少用几个,由此形成的理论体系,在理论方面、统计方面也就比较容易处理些。但不幸的是,要从极其笼统的综合值获得有重大意义的关系情况,借此要对论据有所证明,往往是不可能的。既然是这样,就得把综合值再分得细些,就得使用比较属于微观的方法。但是,只要所使用的是综合值,即使在范围上有所限制,总不能免于一种困难,即综合值的内在结构(换句话说,即综合值内部分类彼此之间的关系)往往是有重大意义的。这就使经济学者不得不将还未充分划分的综合值再分裂开来,把这些分类值作为他理论体系的构成依据。因此,经济周期理论者总是处于两种心情下的犹疑不决之中。一方面他看到,事态演进是受到许多琐细事迹的决定性影响的,因此对无穷无尽的个别事例,想要剖析毫芒,深入探究;另一方面,他又想用大笔一挥,写出事态的大致轮廓,构成概括理论。一方面是无数使人迷惘、困惑的、难以措手的个别事例;另一方面是迹象分明、但又有些高不可攀、使人半信半疑的玄妙理论。作为一个经济学者,在工作中就一直徘徊在这个崎岖的道路上,处于进退维谷、无所适从的境地。

● 静态理论与动态理论

凯恩斯理论还有一个与一切经济周期理论截然不同的特点,就是它本质上是静态的理论。所谓静态理论,意思是说,在这样的理论中,与某一时间或时期有关的一切

---

① 是相对意义上的"最后"。
② 弗里希教授用"宏观分析"这个语来表示"一般"(包括整个经济过程)的意义,用"微观分析"表示"局部平衡分析"的意义。他指出,要仔细说明一般的相互依存理论(按照我们的说法是,以微观分析为依据时),唯一办法是"让我们以纯粹形式理论为限。实际上,要使用一套适当的符号、添符把我们所能想到的一切因素(一切的各个商品、各个企业家、各个消费者等)都提出,把这些量值之间的各种关系都写出来,总是办得到的,只要当心些,使方程数目与变数数目相等就行了。但是这样的理论,意义是很有限的。在这样的理论下,关于确切时间、解答方式这类基本问题,要进行研究,是很少有可能的。"(《传播与刺激问题》,载《纪念卡斯耳经济论文选》,1933年版,第172页。

变数(有待解释的量值),都是用那些与同一时间或时期有关的论据来解释的。① 这样的理论绝不能解释时间上的动态。它所能解答的问题只是:在某一时间已有的某一论据下,将在那个时间得出什么样的结果。诚然,如果论据在时间关系上有了变更,得出的结果也将不同。但对论据的变更,却不能作出解释。(假使能够的话,论据就不成其为论据,而成为变数。)在各个相续时间下,论据必须重新设定(或假定)。对于经济变动的这种处理方法,往往叫做"比较静学"。②

要解释经济周期,或者是要解释经济体系在时间经历中的任何变动,就得有一个或者是关于某种论据的(周期)变动法则,或者是动态理论。在前一情况下,我们所说的是属于周期的"外生"理论(详见第 1 章)。解释周期的气候理论,就是这方面的一个例子,不过这种解释力量薄弱,尽可以置之不顾。

所谓动态理论,指的是这样一种理论,"它说明一种情况是怎样由前一情况转变的。在这一类型的分析中,我们不单是考虑属于某一时间的一套量值,也不单是研究其间的相互关系,还要考虑在各个不同时间某些变数的量值,从而提出某些方程,这些方程须同时包括好几个属于不同时间的这类量值。"③ 我们也可以这样说,如果一个量值是用属于前一时间的(或者更广泛些,是用属于另一时间的)量值来解释的,讨论这类量值的理论就是动态的。还可以换个说法,如果在因果关系中存在着时间间隔,讨论这种情况的理论就是动态的。例如,假使我们说,生产量(一种商品的或一般商品的)须受成本与价格关系的控制时,显然,我们就必然要顾及某种时间间隔,今天的成本与价格控制着明天的产量。加速原理就是一个动态关系——投资是用对产物需求的前期变化来解释的。"乘数关系"也可以动态地加以说明,在说明中可以考虑到投资与由此促成消费需求增长这两者之间的时间间隔。(我们可以看到,在凯恩斯理论体系的术语使用中是没有时间因素的,只是偶然提到乘数值的可能变化,或边际消

---

① 参阅,例如弗里希,前引著作;廷柏根:《关于经济周期数量论的一提示》,载《计量经济学》第 3 卷,1935 年,第 241 页。

② 通常总是这样假定的,论据发生了变化以后,认为必须经过一定期间,才会出现新的平衡。在严格意义上的比较静学,所说的只是以两个平衡为限,即在经济体系起点下的平衡与终点下的平衡。否则,如果对一个平衡到另一个平衡的转变过程作出详细分析(例如,按照马歇尔方式,对短期影响与长期影响作出区别),这就表明,静态理论已经开始走向"动态化"。因为由此必然要引起对这样一点的认可,即:出于某些反应的结果,转变后的情况,也就是最后平衡,也许是不同的。并且由此说明,论据发生了某一变更以后,只是在特有假定下,才会达到稳定状态,而这类假定必须经过仔细分析,是不能认为当然存在的。

③ 弗里希,前引著作,第 171 页。廷柏根则这样说:"当属于不同时间的若干变数出现于一个方程时,我们把这类理论就叫做动态的。"(前引著作,第 241 页)

费倾向在时间经历中可能的变化。①)

这样的动态理论,在性质上是内生的。在任何某一时间内的决定因素,并不是简单地假定的。今天有决定力的论据是昨天的变数(就在这种情况下作出解释),而今天的变数,则可以成为明天的论据。这种相继的情况(一系列的短期平衡),就像一条链子的许多环节一样,互相衔接着。因此,如果要解释一种动向(周期的或非周期的),并无须假定在论据上相应的变化,② 我们所需要假定的,只是在过程开始时的最初状态,或论据的最初变化。

凯恩斯先生的理论纲要根本是静态的,曾由兰格教授通过图解加以精确说明。③ 这里没有时间间隔,一切论据和变数,都是关系到同一时间的。但是在语气中,在例证说明中,往往牵涉到动态关系,这类情况充满在全书的字里行间。并且,动态理论也并不是不能与凯恩斯体系相结合的,或者说得更恰当些,也并不是不能以凯恩斯体系为依据来表达的。例如哈罗德先生就曾这样做过④,他提出了动态的加速原理(似乎是动态地说明乘数的)。还有一个例子是卡勒奇先生的理论⑤,他提出了根据当前情况决定的投资决策与实际投资这两者之间的时间间隔。⑥

● 预期是不是一个动态因素

然而凯恩斯体系还有一个特点,由此使许多读者产生了一种印象,觉得《通论》是动态理论——这就是,在瑞典学家如密尔达尔、林达耳等的先导下,它是以预期为依据来说明问题的。几乎为每一个概念下定义时都是这样,例如"总需求函数"、"供应函数"、"实际需求"、"资本边际效用"等的定义,就是在"资本预计收益"、"企业家预计可以获得的收入"这类概念的帮助下成立的。⑦ 这在某种意义上来说的确是这样,既然插入了预期观念,就有了使理论的确趋于动态的倾向。然而,只是把预期纳入因果关

---

① 廷柏根教授在前引著作中,列举了在经济周期理论内时常使用到的许多不同的动态关系。
② 这是内生理论的定义。参阅第1章第1节。
③ 见《经济学》,1938年2月号。凯恩斯先生曾有表示,认为这个说明是正确的。并可参阅米德:《凯恩斯体系的一个简化模式》,载前注刊物,第98页。
④《经济周期理论》,牛津1936年版。
⑤《经济周期理论》,载《经济研究评论》第4卷,1937年2月号,第77页起,经转载入《经济波动理论文集》。伦敦1939年版。
⑥ 这些理论,虽然在凯恩斯先生《通论》的启发下产生,但是可以(也的确是)用较近于古典派的措辞来表达的。
⑦《通论》,第24、第25、第46及以下数页,第141、第147及以下数页。并可参阅本书第6章第2节关于预期作用的讨论。

系,基本上还是一个不完整的观念,要使这个观念有些用处,就得有所补充。使理论成为动态。如果我们只是说,促使企业家从事生产、从事投资的,并不是实际(现时)价格、成本和利润,而是预期价格、成本和利润,这些话并没有多大意义,除非我们能再进一步,暗示一下,这些预期是怎样决定的。

把预期只看做是在某一时间上既定的,至于这些预期是怎样从过去经验中成长起来的,在这里却不置一词,这样的理论是没有多大价值的。因为这样的理论仍然是静态的,在这种情况下要确定预期本身,几乎是不可能的。① 要使理论真正有用,要使它能经得起事实考验,就要能够提出些假设,说明在过去经验(关于价格、需求情况、成本、利润等)的基础上,预期是怎样构成的。而这样一个理论显然是动态的。这里的所谓动态,是跟上面所解说的意义相符的,因为它把过去和现在连接了起来,使过去的价格、成本和利润,通过预期情况,跟现在的生产、消费和投资打成了一片。②

当然,关于预期的构成,以及涉及这一问题的任何理论所不免要碰到的种种困难和限制,凯恩斯先生是说了不少的。但所有这些,只是包含在一大堆的谈论、观察和正文的余波中,尽管有时说得非常精妙,词理畅达,娓娓动听,有时也不免疏略、抵牾,却不是他理论的主题,而是围绕在主题四周的——动态的那个方面,并没有贯穿到他理论的中心。

另一方面,如罗伯逊教授的"时期分析"所体现的却是向真正动态分析正确方向迈进的绝不含糊的一步。在相似的情况下,有许多瑞典学家尤其是伦德堡博士在他的《经济扩张理论研究》③里,清楚地看到了问题所在。伦德堡博士把这样的研究方法叫做"时次分析",他创立了一系列微观动态模式,他把这类模式叫做"时次

---

① 我们差不多可以说,预期是"无实地效验的概念"。要从这里获得些什么,唯一方法是向各个企业家进行访问,而这却是一个极其不可靠的办法。

② 从严格逻辑的观点来看,由预期构成的过去与现在之间的心理连接,简直可以置之不顾,应当以不同时期可察觉现象彼此之间的直接关系为依据,来说明理论。然而,从心理方面来说,保留"预期"这个字眼或相似概念作为一个连接物,也许是有些用处的,因为由此可以提醒我们,那些动态"法则"(关系)并不是什么别的,只是一些假设,绝不能十分明确地、具体地来说明,而且会"不经通知"随时发生迅速变化的。

③ 伦敦1937年版,特别是其中第9章。

模式"。①

● 理论模式与统计模式

伦德堡博士的模式是理论性的,这就是说,他所列示的一些数字是出于假定的,不是在统计上有依据的。所假定的各种关系,虽然可以供作推论的基础,但是太简单,为数也太少,对极端复杂的现实生活不能作出适当的写照。②但是另一方面,廷柏根教授在多次创造性的研究中,却为某些国家许多的动态关系从统计上进行了评价,而且创造了具体模式,这对于某些主要经济量值和使它们互相关联起来的一些动态法则,至少可以从量的方面获得一个大致的轮廓。③

作为经济周期的一个动态理论,如果要在精确依据下作出充分的研究,使之与现实世界的极度复杂情况相称合,那就需要高度复杂的数理技术,要能从纯粹的形式逻辑观点来说明远大的问题。④

---

① 他下面的一段话可供参考:"先是密尔达尔,随后是凯恩斯,他们所注意的是预期与预测的独立作用,认为这是使理论趋向动态化,是跟平衡理论不同的。我们提出了把相继时期中的经济因素连接起来的一些因果因素,这就使我们的理论跟平衡理论有了更大程度上的不同……把预期这个概念提出以后,在某种意义下可以说是走向动态分析的一个手段,因为由此表示了目前计划与活动跟未来演变的结合关系。但是经济学者对这一名词在纯粹形式上的使用,未免过于着重……当我们把动作与预期连接在一道时,只是对后者在过去与现在的经济演变的基础上能够作出解释,只是在这种情况下,才会有意义。如果把这方面的相互关系完全置之不顾,那么作为一门科学的经济学,意义将全然不复存在……一方面是各个预期之间的关系,另一方面是现时与过去的价格、利润之间的关系;在每个经济推论过程中,关于这两种关系必须提出某些假设——虽然不一定是特有的假设。"(《经济扩张理论研究》,第175页。)

② 关于这类限制情况,伦德堡博士当然是完全理会到了的。

③ 参阅:《经济周期问题研究》和它的姐妹篇《事物稳定动态的数理基础》,巴黎1937及1938年版。至于有关统计方法与计量的详细讨论,可参阅廷柏根教授的备忘录,国际联盟经济研究组出版,列入丛书:《经济周期理论的统计测验》。

④ 因此,经济学的这一部门,是由数理派经济学家来进行研究的。这方面尤其值得参考的是费里希和廷柏根的著作。

PROSPERITY AND DEPRESSION

2

关于经济周期性质和原因的综合说明

第9章 经济周期的意义与测定

第1节 引 言

- **"危机"与"萧条"**

经济学家们都一致认为,关于经济萧条时期反复出现、来源相同的严重的经济危机或金融恐慌等问题,离开了"经济周期"这个使它们形成的主要问题去讨论,是不会有效果的。所谓经济周期,指的就是影响到整个经济体系的波状变动,这是一个主要问题,本篇要研究的就是这个问题。

要为"萧条"下定义,就必须为"繁荣"下定义,因为这是两个互相关联的概念,每一个概念都是另一个概念的反面。

在对这两个概念提出比较明确的定义之前,我们可以先谈一谈"危机"与"萧条"这两个相关名词的意义。两个词往往被混用,但在本书内使用时,将始终加以严格的划分。

我们使用到"萧条"这个词时,指的是在时间上相当长的一个过程或持续状态,这在下面将加以详细说明。

至于"危机"这个词有两种意义。在经济周期理论的学术意义上,指的是从繁荣走向萧条时的转折点。在日常用语的普通意义上,在金融刊物和经济著述中常用的意义上,则指的是严重的金融紧迫、经济恐慌、银行挤兑、黄金枯竭和破产等情况。在学术意义上的"危机"——也就是由繁荣到萧条的转变——往往是(但不始终是)跟通常意义上深刻的"危机"结合在一起的。另一方面,也可能(有时候也的确会)发生这样的情况,当严重的金融恐慌爆发时,却不存在学术意义上的那种"危机"现象;换句话说,这种金融恐慌所体现的,并不一定是从繁荣时期到萧条时期的转变,而是在萧条期间发生的,或者甚至是在繁荣时期发生的,但并没有由此使繁荣转变到萧条。①

第2节 一般意义上的繁荣与萧条的定义

● 与外界隔绝的经济体系

萧条与繁荣的范围是大小不一的,这类现象可以局限于一种工业部门,也可以扩大到一个地区,一个国家,甚至整个世界。关于周期动态在国际方面的错杂情况,将在下面第11章讨论。现在我们所谈的,暂以与外界隔绝的经济体系的情况为限。所谓与外界隔绝的经济体系,并不是指一个完全孤立的国家,而是指一个使经济周期的一切属性得到充分发展的国家。因此,即使在没有全面探讨那些涉及国际范围的种种复杂现象与限制情况之前,也有必要作出这样的假定,即外界力量是要影响到这个处在"与外界隔绝"状态的国家的。因为在现实情况下,跟我们有关的并不是许多独立的经济体系,而是相互依存、相互关联的许多国家之间的整个体系。

● 可以互换的标准

萧条指的是这样一种状态,在这种状态下,已消费的实际收入或按人口计算的消费量、已生产的实际收入或按人口计算的生产量,② 以及就业率,都在减退中或处

---

① 但是,我们在讨论"心理"理论时就曾提到,金融恐慌的爆发,即使没有引起从繁荣到萧条的实际转变,对一般局势,也多半是要造成损害的。

② 费希尔教授在他的多种著作中,为"国民总收入"作出的定义是消费的量(参阅他的著作:《资本与收入的性质》,纽约1912年版;《利息理论》,纽约1930年版;《收入在经验依据下的定义》,载《现代经济评论》第3卷,维也纳1928年版,第28页。)但关于国民总收入的定义现在越来越通行的是,消费加上净投资;对一个与外界隔绝的经济体系来说,这就等于是我们在上面所说的"生产的国民总收入"或"生产量"。因为投资也可以是负的(反投资、反储蓄、资本消耗),所以消费量可以超过国民总收入的。在下面第10章里,我们还要谈到这类关于定义的问题。(参阅林达耳:《收入概念》,载《经念卡斯耳经济论文选》,伦敦1933年版,第399页起;以及近几年来出版的那些统计著作。)

于正常以下的状态;所谓正常以下的状态,意思就是说,这时存在着闲置的资源和未运用的能量,特别是未运用的劳动力。

另一方面,繁荣指的是这样一种状态,在这种状态下,已消费的实际收入、已生产的实际收入以及就业水平都很高,或者是在提高中,这时并没有闲置的资源或未运用的劳动力,或者即使有也都很少。

萧条和繁荣,只是在程度上的不同,不是在性质上的不同。主要问题并不在于要在这两者之间划出一条清楚的界线,而是在于提出一个尺度;繁荣与萧条在深浅程度上种种不一,从极度萧条到高度繁荣,从严重失业到一切生产因素的充分运用,中间有许多层次,有了一个尺度,对不同程度的萧条和繁荣就能够加以计量。

已消费的实际收入、已生产的实际收入和就业率这三者都是比较明确的概念,甚至是在一定程度内可以测量的数量。虽然随时都可以把这三者的任一个看做更具有基本意义的量值(即经济福利)的指标或尺度,可是要从这一点作进一步深入的观察,是并不会获得多大成就的。但"经济福利"是个笼统的措辞,它本身就需要用比较明确和可以测量的量值来加以解释,这就要用已消费的实际收入、已生产的实际收入和就业率这三个量值来加以说明了。因此,为了达到一切实际的目的,用这三个量值的任何一个或三者兼用来为繁荣和萧条下定义,也就够明确的了。[①]

● "就业"标准

近年来,人们常把失业的情况作为一个国家经济情况的唯一的标准。我们在这方面不能忘记,一定数量的失业(由摩擦而起的失业)总是存在的。此外在许多行业、许多国家中,还存在着就业的季节性波动。即使撇开这两点不谈,在某些国家,例如战后

[①] 当然,关于这三个量值——消费实际收入、生产实际收入和就业率——的确切定义,以及测量这些量值时的方式方法,都是大有商榷余地的,在这些方面可以引起无止境的讨论,可以引起许多复杂问题。讨论价格水平与生产量指数的构成,以及由此引起的一系列问题的全部著作,都与上述问题有关。但我们并不会由此受到阻碍,因为随后会看到,我们所注意的那些经济事态的波动极为显著,结果是,关于那些基本量值的许多时下的定义和计量方法,不论采取哪一种,总是可以说明问题的。也可能有例外的情况,例如消费实际收入或生产实际收入的不利影响,会被进一步的艰苦工作所抵消,在这种情况下,就要牵涉到另一些标准。这时消费实际收入和生产实际收入虽然没有变化,我们却不得不承认,情况已经有了恶化,因为经济福利已经有了减退。这时必然要牵涉到的另一个标准是,工作时间的长短。这时为实际收入下定义时,其间就得包含休息时间的定量,就得在某种方式下考虑到工作中的艰苦和困难。但在统计中却没有理由必须假定,这类例外情况是具有任何实际重大意义的。因此,对这一问题,我们不必深究下去。

的英国和奥地利,失业长期处于很高的水平这一事实,也是仍然存在的。这样的情况我们叫做长期萧条,但这并不意味着没有周期性的波动。波动只是重叠在大量的"结构"失业之上的。

这些限制情况,对另外两个因素——已消费的实际收入和已生产的实际收入——也是同样适用的;即使考虑到了所有这些限制情况,也仍然不能把就业指数看做是在一切情况下都可靠的标准。例如在农业国家,不论是由于农产歉收或价格下跌而引起的萧条,一般都不会跟着发生失业。实际上农民和农业劳动者遇到荒年时,甚至会更加艰苦地进行工作,会吸收更多的人,例如他们的妻子儿女来参加工作。像日本或南斯拉夫这样的国家,在那里的工业劳动者还没有完全脱离农村,就在一定程度上存在着这样的情况。即使是一个纯工业国家,如果工资具有充分伸缩性,在萧条时期失业也可能——虽然这还是一个有讨论余地的问题——减少到最低限度。另一方面还有这样的情况:由于迅速的技术进步而造成失业,有时尽管失业水平很高或在提高中,却不能把这样的局势说成是萧条或衰落。①

在这种情况下,我们就得依据另外两个标准,即已消费的实际收入和已生产的实际收入。② 这两者之间的差别是基于这一点:已消费的实际收入是以消费品与劳务为限的。也就是说是相等于"消费量"的,或者说,如果我们不计及消费品存量的变动,那么它是以"准备供作消费的商品与劳务的流量"③为限的;而已生产的实际收入所包括的,还有处于较高阶段的商品存量(生产品、原料等)的增量在内。

---

① 这里没有提到关于计量失业在统计上的困难,由于这种困难,往往会使失业数字发生假性变动。关于失业救济和失业保险,采用新计划时,或原有救济计划有变更时,在失业登记数字上总是要发生变动的。因为有些原来不列入记录的失业者,现在会列入,有些原来列入记录的失业者,现在会除去。关于失业救济的情况有了变动时,也必然要影响到实际失业量,因为这时工资率有了变动,工人方面按照现行工资接受工作的愿望也会有变动。

② 也许有人要这样说,制造工业是与气候无关的。因此,在短时期内,工业的生产量与就业率是不可能发生背驰现象的。但情况并不是这样:即使由地震、火灾、爆炸等造成的损害不计,情况也不是这样。如果使用了资本化不够充分的方式,即使劳动力没有减少,产量下降是仍然可能的。有些理论家认为,这就是萧条时期实际发生的情况。然而从数量上来说,如果没有发生失业情况,生产方面的波动总是比较微细的。

马克路普教授说:"假使工资具有十足伸缩性,就业量就不会有显著的波动,波动的将是工资率。"(《奈特教授与生产时期》,载《政治经济杂志》第 43 卷,1935 年 10 月号,第 624 页)并可参阅罗宾逊:《伪装下的失业》,载《经济季刊》,1936 年 6 月号,转载入《就业理论文集》,伦敦 1937 年版,第 82 页起。

③ 如果把耐用消费品(例如汽车或住宅)看做属于较高生产阶段的商品,把它们所提供的劳务看做制成品,是很适宜的。费希尔教授在《资本与收入的性质》(纽约 1912 年版)里,讨论了由此引起的种种会计问题。关于这类问题,他的讨论似乎是最能令人满意的。)

● "消费"标准

假如工资或一般收入是富有伸缩性的,并因工资很快的降低而使失业几乎可以完全避免,以便抵消经济局势的恶化,那么经济局势恶化的情况就要以整个社会所消费的实际收入的降低这一形式表现出来。就上述那些农业国家的情况来说,如果由于某些别的国家发生了萧条,或由于在竞争状态下的供应来源有了扩大,以致对它们产品的需求降低,这时它们尽管是处于显著的萧条局势,而就业率和生产量甚至还会有增无减。[1] 这时经济情况恶化的标准就是已消费的实际收入的降低。由于国内生产的出口品价格下跌,已消费的实际收入的降低是以减少进口货的消费这种形式表现出来的。

● "生产"标准

在一个与外界隔绝的经济体系中,情况一般比较简单。但即使在这种情况下,消费量的动态与已生产的实际收入的动态,两者之间也会发生分歧。消费量可以保持不变,甚至可以增长,而生产量则下跌;靠着资本度日的那种社会,就会发生这样的情况。显然,在这一情况下,应该采取作为标准的是生产量和就业率,而不是消费量。[2]

另一方面,当社会从事于增加资本设备时,生产量也许会增长,或保持不变,而消费量则降低,或者是增长得并不那样快。在这种情况下,真正的标准显然是生产量和就业量。

当企业从极度萧条中逐渐恢复时,往往会在不同程度上发生这样的情况:生产品的生产增长了,资本存量有了增加,但消费品和劳务的流量却只是在一个较低的限度内增长。

● 结 语

这里谈到了三种标准:①就业,②已消费的实际收入,③已生产的实际收入。我

---

[1] 这里值得指出的是,"生产量"这个词可以这样来解释,它指的并不是国内产量,而是由国民劳动所产生的最后成果,在这一成果内还包含着由运销国外的那部分产品所取得的商品量。这里的生产相等于国内产量减去输出量加上输入量。如果我们采取了这个定义,生产量与消费实际收入之间的差异就不复存在。

[2] 如果将时间因素加入,就可以将消费量作为标准。一个依靠资本过日子的社会,繁荣气象只能偶尔一现,是不能持久存在的。

们的结论是,可以把这三者的结合看做是一种标准,是关于繁荣与萧条及其变动情况的存在,并对存在程度加以衡量时的标准。如果三者在方向上一致,情形是简单明了的。如果它们彼此之间有了分歧,以上述一些分析作依据时,一般总是可以得到一些结果的。

我们还应当看到,波动情况通常总是很明显的,那些有疑难的情况并没有什么实际重要的意义。但是在着手讨论统计例证以前,可以简单地研究一下另外两个标准,这也是在关于研究这一问题的著作中常常使用到的。

● 其他标准

我们往往把利润(和损失)的波动看做是经济周期的主要特征。但将这一点跟上述的三个基本因素相提并论,却似乎不大妥当。"利润"这个词很笼统,容易引起误解。在统计上所记录的"利润"(例如公司利润)的意义,跟它在经济理论中使用的意义并不完全相同。前者所指的是利息、租金、垄断利得等的混合;而在经济理论中使用这个词时,指的是国民总收入的一部分,因此是包括在"实际收入"以内的。利润(或损失)的不存在,就这个词的严格意义来讲,是经济体系完全平衡的真正要素;而经济完全平衡,一切可用的资源都已获得充分运用,当然就是最高度的繁荣状态。

"损失"这个词也是欠明确的。个人或商业上的损失,并不一定是对社会的损失。例如,在生产程序方面的新发明,会使那些在使用中的固定设备受到淘汰,由此造成损失,但对社会的经济局势并无真正损失。损益统计所体现的,在学术意义上无疑是经济周期的一个有价值的征象;但在一般意义上,并不是经济周期的一个绝对可靠的标准(见第3节)。

我们的就业标准和生产标准,似乎是能确切表明"经济活动"指的是什么;而人们却往往带些随便的态度以经济活动作为繁荣与萧条的标准。情形很明显,如果希望这样一个标准能切合实用,就必须使概念在量上能够加以测定;如果我们要问一问,怎样来衡量经济活动的程度或强度,答案就必然是用投入量或出产量作为标准。就是说,以所付出的力量或所获得的结果作为标准。这就无疑等于在说,是要以就业(不一定专指现有劳动因素的获得运用)或生产为标准来衡量的。

第3节 一般意义上与学术意义上的经济周期

我们可以把一般意义上的经济周期解释为繁荣时期与萧条时期、市面兴旺与市面衰颓的更迭。但这一定义是暂时性的,因为它显然过于广泛,它的含义超过了经济周期理论中在学术意义上的经济周期。一般的经济情况是容易发生波动的,生产量、国民总收入和就业水平,比一般的常情或倾向有时会高些,有时会低些,这并不足为奇。萧条时期与繁荣时期的更迭,应当是通常预料得到的。要求解释的,主要是波动的持久程度和振幅,尤其是向下的波动。因为向上波动,接近充分就业,可以解释为经济体系所固有的趋于平衡状态的一种自然后果。为什么不会在一个趋势的周围发生短期无规律振荡,而只是在两个方向下作长期摆动呢?

然而构成周期问题的,还不只是在于波动范围的大小,还在于波动的特有性质。至于这种性质究竟是什么,在这里只能用反面的措辞来表示。这一研究的其余部分所要注意的,就是对这类波动怎样作出正面解释。关于这类波动的奥妙之处,就在于从事解释时是不能求之于"外在"因素的——诸如由于天时关系的农产歉收、疾病、总罢工、雇主关闭工厂、地震、国际贸易通道突发阻碍等。由于农产歉收、战争、地震以及生产程序上所受到的类似的外界干扰,使生产量、实际收入或就业水平发生严重衰退情况时,很少会影响到整个经济体系,因而绝不会造成在周期理论学术意义下所说的萧条。[①] 所谓学术意义上的萧条,指的是生产量、实际收入与就业这些方面持久和显著的低落,而这种情况只能用出于经济体系自身的那些因素的活动来解释,首先,只能用货币需求不足以及成本与价格间充分差额的不存在这类情况来解释。

如果上面所说的那些外在干扰对学术意义下萧条的发生存在着因果关系——情形无疑是这样的——那么对生产量之所以会下降这一点就应当这样来理解:这时主要并不是生产程序受到了物质上的阻挠,而是经济体系有了特殊反应。[②]

[①] 这并不是说,这类外在干扰对学术意义上的经济周期就绝对不会发生间接影响。正相反,我们会看到,这些干扰因素可能发挥很大作用,对于产量与就业一张一缩之间的内在程序,会有所推动或扭转,会加以阻碍或促进。

[②] 下列情况可以清楚地说明这一点。那些外在干扰,如战争或地震,直接妨碍了生产程序,摧毁了财富,然而往往会由此引起就业与生产的扩张,而不是紧缩。

现存的物质条件是完全可以使生产继续进行的。拥有必要的资本设备,也有劳动力,也有原料和半成品,然而却有一大部分生产因素不能被利用,经济结构不能运转自如,价格体系也失去了平衡。

第4节 关于经济周期的某些基本事实

• 经济周期的四个阶段

我们研究的主题,就是要找出繁荣与萧条在相当长时期的那种现象的根源,并在确切的方式下加以计量。但是为了这个目的,当我们试图将上述几个标准应用到这类现象时,就会立即碰到困难,原因是那些统计资料,尤其是比较早期的,在战前(一战)以及19世纪的非常欠缺。关于国民总收入与就业(或失业)的指数,都很不可靠,有许多国家则根本没有这一类的统计。关于生产量指数,同样很不完备,或者缺乏充分的代表性。

然而我们所注意的波动情况却极为显著,并且扩展到现象的广大范围。因此根据现有的资料,对这类情况尽可以相当准确地来加以鉴定,甚至对那些资料不太完备的各个时期也是如此。于是,我们着手进行,要决定在一些国家所发生的繁荣与萧条各时期的长短,要尽可能准确地制定由盛到衰、由衰到盛的那些转折点。我们把整个周期分成了四个阶段或四个部分:

①高涨(繁荣阶段,即扩张阶段);
②低落(萧条阶段,即紧缩阶段);[1]
③高潮转折点,即从繁荣转向萧条(向下转折,即学术意义上的危机);[2]
④低潮转折点,即从萧条转向繁荣(向上转折,即复苏)。

关于这四个阶段——或者可以说,实在是两个阶段和两个转折点——的区别,不应当过于拘泥。这里并不是说,在计算周期的持续期间时,一定要从一个低点到另一个低点(从一次复苏到另一次复苏),或从一个高峰到另一个高峰(从一次危机到另一次

---

[1] "扩张"或"紧缩"这两个词,有时候是用来指纯货币意义下信用或货币的扩张与紧缩的。而我们使用这两个词时指的是生产与就业的扩张与紧缩,加上通货的扩张与紧缩。当涉及纯货币方面时,我们通常所使用的词是"通货膨胀"或"通货紧缩"。

[2] 见本章第1节。

危机)。这里也并不是说,要把每一次周期(不论是在这样或那样方式下计算的)看做是(比方说)一个单独的单位或不可分割的整体,因此就必须用一个单独的原则来解释;也不是说一个阶段必然是从前一个阶段产生的,解释时就必须考虑到那个阶段。就我们目前这一研究而言,这类说明,到最后或者在较后阶段,也许有它一定的意义和价值。但在这里的最初阶段,我们所注意的主要还是在于某些基本事实的记录。①

● 记录周期的各种指数

我们用各种指数表现了某些国家过去的周期动向,各种曲线的动向几乎是完全一致的。有时候彼此也略有参差,但参差情况很少是超过一年的。所以会发生这种情况,大都可以用数字或记录内容有欠明确这一点来解释。但是,如果要避免由此发生错误印象,就必须注意到根据"记录"用图线来表示时所采取的方式。关于繁荣与萧条,这里只划分了少数几个等级,因此不论是波动的振幅,或在各期间转盛与转衰的速度,都不能适当地表示出来。这里对于高峰或低点这些关键时机,都是用一条横直线来表示的,因此不论是在横线下的上一年下期或下一年上期发生的转折点,都不能明确显示。

还应注意到一点,这里的生产指数固然表现了显著的移动趋向,同时显示了周期波动;而就业曲线——美国的情况除外——和周期曲线,则由于制图方法上的关系,它们的移动趋向就无法显示。

这些曲线所体现的是一般意义上的经济周期。这就是说,它们所记录的是生产与就业的变化,而和起因无关。但毫无疑问,除极少的例外,这些曲线所表示的在生产上的盛衰起伏,并不是由于罢工、地震等对生产程序造成物质破坏的直接结果。天时对农业生产的直接影响,在这里并不起作用,因为我们的生产数字和就业数字只是关系到工业的。

就业与生产量,是从事直接可靠的计量时的基本标准,但这些标准并不是随处可以取得的,因此就不得不求助于别的统计级数。这些级数,或者它们自身就是生产指数的组成部分,或者在实际关系这样密切,因此对基本变数的动向或波动幅度,可以认为具有高度象征性。我们可以把这类级数叫做"辅助性"或"象征性"级数,具体地说,是与银行票据交换、银行存款、其他货币级数、价格级数、运输、破产等有关的统计数字。

---

① 关于典型周期的表现方式,各家说法不同。例如哈佛大学经济研究组就把它分成了五个阶段:萧条、复苏、企业繁荣、金融紧迫、工业危机。斯庇索夫拟出的方案比这个更加复杂。他们对于波动的原因各有见解,这类方案自始至终就是以他们各自的见解为依据的。由此得出的推论,对一切情况并不能普遍适用。这些只是分析的结果,却不能供作研究的起点。

第5节 长远趋势

● 属于不同时间类型的经济变动

在经济周期中,我们所主要注意的,是相当繁荣时期与相当萧条时期的更迭,以及整个经济体系中一切部门同时发生的各种变动。更迭经过的时期可以从3年延长到12年。我们把这种动态叫做正常的经济周期。

除了正常的经济周期外,从时间关系上来说,还有属于别种方式的经济动态,即长远趋势。而为期1年以内的季节变动,严格地说,是由来自经济体系以外的不规则力量所造成的偶然干扰,以及为期50年或50年以上的所谓"长期波动"。

● 各种经济变动的意义

所谓长远趋势,指的是当19世纪和20世纪——中间除了比较短期的顿挫外——在生产量、实际收入、某些商品的生产、实际工资等方面的不断增长。像这样的在基本量值方面的发展倾向,是前进的经济的标准。我们通常总把社会看做是前进的,我们很侥幸,事实上看到的情况也的确是这样。在这样的假定下,生产曲线与消费曲线所表现的方向是向上倾斜的。但这并不是说,长远趋势下的变动就必然是在不变的进度下实现的,也不是说这种倾斜的向上趋势会沿着一条直线前进,从而有把握地推想到将来也必然是这样。这里也不排斥这一点的可能性,即造成趋势的那些力量,会在间歇的或周期的情况下发挥作用。

还有一点,很明显,随着有关经济量值的不同,这种长远趋势会含有完全不同的意义。总生产量与总消费量的逐渐增长,是人口增加的自然结果。按人口计算的实际生产量与实际消费量倾斜的向上趋势,是由资本累积与技术知识累进形成的物质进步的主要表现。显然,在货币价格与货币价值方面,情况完全不同。价格与币值的不断提高,并不是物质进步的一个必要特征。不过有一点是不难想象的,由于在个人主义经济下,货币、利润与价格相结合的结构的特有作用,在价格方面会需要有某种趋势,从而保证生产设备得以顺利和无间断地运行,使在技术进步情况下的一切利益得以完全和迅速地实现。但这一点只是一种假设,不幸的是,经济学家在这一点上并没有一致的意见。有些学家认为,生产扩张时,应当使价格逐渐下降;有些人所拥护的是稳定的价格水平;还有些人则深信,略带涨势的价格对经济结构的演进最有利。不管怎样,有一点似乎是无疑的,价格如果是有一种趋向的话,则应当把这种趋向看做与生产实际量的演变趋向是完全不同的。

目前我们所主要注意的是,为期 3~12 年的周期动向,是我们的统计所显示的与"长远趋势"相背离的那些现象,而不是"长远趋势"。至于各种经济量的其他动向,例如季节性波动——在年度资料内没有表明的——并不构成严重的理论问题。而那些无规律变动或干扰(如 1926 年英国的总罢工),情形也是这样。

第 6 节 经济周期与长期波动

这里应当说明白,我们为什么要把注意力集中在短期周期而不集中在长期波动。按照许多学家——例如康德拉节夫、乌丁斯基——的看法,认为在生产、工资和价格的长期演变方面,这种长期波动情况表现得十分清楚。这种长期波动或长期趋势周期的延续时期约 50~60 年,而我们称作"经济周期"的短期周期,则重叠在它的上面,就跟季节波动重叠在经济周期之上的情形是一样的。

● 关于长期波动的一些事实

为了避免浮词,一切空论或未能论定的假设且不谈,现在将关于长期波动的一些大概情况说明如下。

当 19 世纪和 20 世纪,有些时期偏于繁荣,有些时期偏于萧条,交相更迭,彼此是可以划分的。这些时期各计约 20~30 年,各含有 2 个到 5 个短期型的、完整的经济周期。根据斯庇索夫教授的分析,在西欧地区是这样划分的:①1822~1842 年,②1843~1873 年,③1874~1894 年,④1895~1913 年。[①] 上述第一个时期(1822~1842 年)含有 2 个经济周期,其间萧条阶段比繁荣阶段所占的时间要长一些。据斯庇索夫教授计算,在这一整个期间,繁荣时间计 9 年,萧条时间 12 年。第二个时期(1843~1873 年)以繁荣为主,中间含有 3.5 经济周期,繁荣时期占了 21 年,萧条时期只 10 年,时间既短,衰退情况也比较温和。第三个时期(1874~1894 年)是以 18 世纪 70 年代持久而极度严重的萧条开始的,含有 2.5 周期。据斯庇索夫教授计算,其中 6 年是繁荣的,

---

① 别的研究者关于时期划分的意见也大致相同。

15年是萧条的。这一暗淡时期过去以后,跟着来的第四个时期(1895~1913年)出现了高度繁荣。这一期间含有2.5周期,最后一个周期因世界大战爆发而中断,其间繁荣占了15年,萧条只有4年,时间短,情况也不严重。

● 对短期波动先进行分析的必要

我们并不否认,在"长期波动"中有值得注意的现象,需要加以解释。为此曾有人提出了一些乍看起来言之成理的假设。有些具有促进作用或打击作用的力量,在一个短期周期过程以内还没有发挥馨尽,会在一系列的周期过程中继续下去,如金产量增减的趋势、新建设事业的进行(例如国家从事于建设铁路网)、新地区的发现[①]等。这些力量,在生产与价格方面可能引起长期波动。但这难道不是偶然发生的现象吗?这些长期周期,难道每个都是出于同类型力量的结果吗?还有说法认为,为期达50年左右的周期现象此后是一直要发生的,这一点有没有几分的可能性呢?我们对这类长期波动的未来演变如果有所推断,其结果能有任何合理的依据吗?假使说,19世纪30年代的一次萧条所以那样严重,是由于那时不但处于短期波动的下坡,而且也处于长期波动的下坡,这样的说法果能有任何意义吗?处于那些长期力量支配下的时期,它们自身又会分成繁荣与萧条的若干短时期。这是什么缘故呢?看来所有这些以及其他有关长期波动性质方面的疑问,只有对短期周期的作用加以相当充分的观察以后才能获得解答。因为据说造成长期波动的那些力量跟造成短期周期的那些力量并不是在相互无关的或交替的情况下发生作用的。前者是通过后者发生作用的——例如关于货币(金产量)供应的不断增长,或新投资机会(如某一国家铁路建设事业的发展或人口的迅速增加)的不断产生。除非对短期周期过程的演进加以考察,否则长期波动的性质就无法了解。因此,我们不得不首先分析经济周期问题。

---

① 这是熊彼特教授谈到长期波动时所提出的假设。

第7节 概括性周期理论有没有成立的可能?

- 每个周期都是历史上的一个个体

到此为止,我们已经讨论了经济周期的主要特征,作为一个"经济周期",这些特征是不可少的,没有它们,经济周期现象就不复存在。此外,在经济生活和社会生活的一切方面,还有各式各样无穷无尽的变动,这些都不是周期的主要特征,但在周期演进中,却是带着几分经常性的并发现象。我们可以从这些并发性变动中获得一些资料,我们应当发掘并分析这些资料,由此找到周期起因的线索,这样就可以使我们对著作中发现的那些说明性的假设(周期理论)决定取舍。

这些变动,多数并不是在一切周期中经常出现的。经过对事实的仔细观察以后就会发现,就各种周期的种种特征来说,其间存在着许多参差不一的现象和显著的差异,尤其是在周期(根据我们的基本标准解说的)期间长短和振幅方面。每个周期,每个繁荣或萧条时期,会都有它特有的特征。这些特征,在其他任何周期或其他多数周期中是不存在的。就某种意义来说,每个周期是历史上的一个个体,每个都是渗入了它自己的社会和经济结构的。诸如技术知识,生产方法,资本集约程度,人口数量、质量和年龄分配,消费者的习惯和偏好,在最广义的意义下包括法律编制的社会制度,政府和其他公共团体在经济领域内的干预情况、支付习惯、银行制度情况等——所有这些因素都是在不断变化的,在任何两个实例中都不会完全相同。因此,在不同国家、不同时期发生的周期,情形会相差悬殊,这是不足为奇的。总之可以这样说,在各个周期间的彼此差异程度,比许多周期理论者所假定的似乎要大得多。

- 成立一个概括性理论是有可能的

由于各个周期情况的彼此不相雷同,就发生了这样一个问题:关于周期的起因和情况,要作出一般性的概述究竟有没有可能。换句话说,我们看到了多种多样的周期现象,有的发生在19世纪上半期,有的发生在20世纪最近时期,有的发生在西欧工业国家和美国,有的发生在东欧农业国家和海外——对这些周期来说,同样的理论是不是可以适用。(这里是在学术的意义下——如前面所下的定义那样——使用"周期"

这个词的,关于生产量、就业等的变动,这里都不计及,这类变动可以认为是出于在外界干扰下使生产程序中断或受到阻碍后的直接的影响。)

这个问题是不能凭想象来解答的。照理推论,在不同的社会与经济情况下,繁荣时期与萧条时期应当是由完全不同的各类起因所造成的,因此不同的各类周期,应当各自有一套理论。

然而我们认为情况不是这样。正相反,我们认为,要作出一个具有高度概括性、涉及周期最重要方面的理论,是有可能的。这样一个理论,一方面不应过于形式化,以致无济于实用;另一方面,它的适应范围还应当非常广泛。关于使这一理论可以适用的一些确切条件,将在下面讨论。这些条件所涉及的是,货币与银行方面的布置、工资与价格制度以及技术上的某些基本事实。所有这些,在我们现行个人主义的货币与价格经济制度下,都是根深蒂固的。

我们说每个周期都是历史上的一个个体。应当注意到,单单这一事实,并不是推翻概括理论有成立可能的一个充分论证。世上有没有两个人会在一切方面都相同的?由于人们在许多方面的互不相同,是不是就会因此否定解剖学、生理学等存在的可能与实际用途呢?我们说各个周期在许多方面各有它独有的特点,这一事实并不否认一切周期在别的方面还有它们的类似之处,就在类似这一点上构成了周期的基本要素。后者并不是周期的起因,就同贫困不是贫困的起因的情形一样。换句话说,在每次高涨时,生产和就业会有所增长,在每次低落时,会有相反的情况,这一点不足为奇,因为我们正是这样为周期下定义的。但是,如果此外还别有类似之处,那就可以作为一种象征,借此来帮助说明周期的起因了。

● 论证进行时的步骤

我们会看到,在这种方式下组织起来的任何经济体系,势必要走上扩张与紧缩累积的、自行加强的过程。首先要证明的是,这类过程是要自行加强的。就是说,扩张与紧缩,不论由于什么原因,一旦开始以后,就会引起种种力量,使之更进一步扩张或更进一步紧缩。换句话说,当脱离了平衡、发生了某种偏向以后,就不会自动纠正,就要使经济体系进一步脱离平衡。(这些当然也仍是浮泛说辞,目的并不是要证明一个论点,只是说明一些通常的意义,随后将作出明确的分析。)

然后在下一步要进行研究的是,为什么这些扩张与紧缩过程必然会终结?这些过程是非结束不可的吗?能不能无止境地继续下去呢?为什么不能通过扩张引向稳定平衡呢?使扩张时期获得中止或扭转的,是不是一些意外的干扰?或者说,扩张的结果,是不是必然会引起经济失调呢?

我们会看到,在这些方面存在着种种可能情况,而且也并不是互相排斥的。这里并没有理由,可以设定一个对一切情况都能适应的单一的解答。

我们研究的指导原则是,逐步地、小心地向前推进。我们并不一开头就假定有这样一种意义的周期,说繁荣以后必然是萧条,萧条以后必然是繁荣。这也许是我们这一研究的最后结论,但不能在开始时预先确定。因此,我们要从问题的最普遍的方面开始,而这些方面并不暗示着在上述那种严格意义上的周期是存在的。然后再论到那些普遍性较差的特征,这时的结论将在较大程度上取决于各个社会环境和经济环境。这样的进行步骤有一个优点,它并不会堵塞进一步扩大的理论解释。而且情形看来是这样的,除非是具有这样的初步分析基础,否则那种进一步扩大的推论就很难着手。

第8节 周期的两个经常性特征

● 生产与货币需求的平行动向

我们在每个周期中,几乎没有例外,总可以看到两个特征,虽然我们为周期所下的定义并不含有这两个特征的意义。这两个特征具有极大的参考价值,一开头就应当记在心里。第一个是,在生产与就业的周期起伏之下,同时存在的是生产与交易的货币价值的平行运动;第二个是,生产品生产与消费品生产对照下,前者的周期波动比后者更为显著。

这两种事实中的第一种是毫无疑义的,因此在这一点上无须特别加以统计上的证明。这里只须提醒一下,在高涨时期生产总是上升的,在低落时期生产总是下降的,至于一般价格(包括因素价格,特别是货币工资以及房地产与产权的价格)在高涨时期将上涨或保持不变,①而在低落时期将下降。由此可见生产与交易的货币价值,将作相应的升降。就是说,通货所完成的工作量,会随着经济周期的起伏或涨或缩。MV,即货币量乘流通速度,也就是与商品相对应的货币流量,或者是,按时间单位计、以货币为依据的商品总需求,在繁荣时期将扩大,在萧条时期将萎缩。就生产的货币价值来说,并

---

① 在高涨时期价格会保持不变,有时甚至会下跌。这方面最突出的一个例子是1926~1929年在美国发生的繁荣状态。然而,即使就这一例子来说,也只有商品价格的情况是这样,至于因素价格和证券交易所行市,则仍然是上涨的。

就商品交易的货币价值——用凯恩斯先生的措辞即"产业流通"——来说,这一论点当然是正确的。但是,如果把证券交易所的交易——根据凯恩斯先生的说法,即"金融流通"——也计入,这就不一定正确,或者至少可以说,这里会发生非正规的波动。

应当注意到,这些论点并不是根据繁荣与萧条的定义来推定的,也并不是可以不言而喻的。① 跟生产实际数量的变动结合在一起的必然是它的货币价值的平行变动,这种说法并不是一个逻辑的必然性。实际收入的变动,并不一定会表现为货币收入的变动。价格是有可能在高涨时期下降,在低落时期上涨的。② 但相反的说法也是对的,即以商品计的国民总收入有了增长时,货币收入就必然要增长,这一点具有非常重要的意义。在这一点上作出解释时,对经济周期的了解,就几乎必然是有帮助的。③

如果根据这一点就认为货币流通(在 MV 意义上的)是随着周期的一般动向而升降的,就认为货币——或者不如说是在货币政策意义上的货币量,也就是货币当局方面的行动——是生产与就业的周期性的扩张与紧缩的推动原因,那就未免过于轻率。我们作出明确的解答,只能指出货币在这里所起的作用也许是不重要的。有可能的是,在某些环境下,或者甚至在一切环境下,货币会与生产的变动相适应,而对生产并不发挥积极的影响。

● 生产品格外猛烈的波动

再谈一谈周期的第二个经常性特征,这一特征却不像前一个那样一目了然,即生产品生产的波动比消费品生产的波动要猛烈得多。就相对意义上来说,情形是这样;在许多情况下,就绝对意义上说来,情形也是这样。如果我们用总生产量的变动,或者用就业工人或失业工人总数的变动来衡量周期的振幅,往往就会发现,对总的变动情况起着较大作用的,是生产品(属于较高生产阶段的商品)生产量变动和这类工业的失业人数的变动,而不是消费品生产量变动和这类工业的就业人数的变动。从历史上来看,在资本的积累下,生产品工业同消费品工业是按比例发展的;到了现在,在许多国家,从两类工业所雇工人人数来计量,在重要程度上,前者已经接近后者,或者是已经超过了后者。然而也许会发生这样的情况,在某些国家,或者在与外界半隔绝的经济中,生产品工业还处于比较落后的地位,因此以生产波动的绝对量来说,消费品工

---

① 举个例子,关于康恩先生对本书第 1 版的评论,当他对我的意见进行答辩时,就显然忽视了这一点。(《经济季刊》第 48 卷,1938 年 6 月号,第 335 页,第 2 段末一句。)

② 如果生产量下降,是由于生产程序发生了物质上的障碍,照一般的预期,在货币方面就不会跟着发生变动。

③ 哈罗德先生在他的著作《经济周期论》(伦敦 1936 年版)里,也认为对这一点值得特别重视。

业的绝对量会大于生产品工业的绝对量。但几乎在一切情况下都是这样,用"正常"生产来计量波动振幅(即相对波动)时,生产品工业的波动振幅总是比较大的。还有一层,生产品工业不但波动振幅比较大,而且与消费品工业对照,波动情况要有规律得多,跟经济周期的一般趋势也要切合得多。

当我们谈到消费品时,指的是非耐用消费品(例如食品)和半耐用消费品(例如衣服、鞋子、家具)。至于耐用消费品(例如公寓住宅),波动往往非常猛烈,这类消费品实在应当列入资本品范畴的理由上面已经有所论述,以下还要接触到这个问题。

第 10 章 扩张过程与紧缩过程

第 1 节 引 言

在这一章里所要分析的是扩张过程与紧缩过程的相互作用。我们认为扩张过程或紧缩过程是在种种方式下开始的。我们所要研究的是,当人们说这一过程是累积性的、自行加强的时候,其间的含义是什么,确定这一累积性的是哪些因素。至于这样一个过程是怎样开始的,通常在实际开始时的情况怎样,能不能无止境地继续下去,怎样才会中断,事实上是怎样中断的,会不会自动地趋于结束——所有这些问题将在下章详细讨论。虽然在这章里为了帮助说明,总不免要提到一些。

总体来看,这一章所研究的问题不像下一章那样可以引起争论。假使说关于现代经济周期理论有什么一致论点的话,这种一致论点可以在这一章里看到。

甲:扩张过程

第 2 节 在存有未运用生产资源的假设下扩张的演进

- 供应的弹性

我们的分析,从扩张过程的起点——即萧条的终点——开始。实际上这就是说,我们在开始时所处的情况是存在着未运用的生产资源的。要分析在资源已被充分运用的情况下开始的扩张,或已经发展的达到充分运用资源情况的扩张,就比较困难。

我们在下面第 3 节里,将试图作这样的分析。①

如果存在着大量失业者,劳力供应在增势下就具有或差不多具有充分弹性。就是说,在同样的或略高的工资下,递增中的劳力需求可以完全获得满足。这时其他生产资料的供应也是弹性的,因为原料、未运用资本设备等,都有存量。在这种情况下,就没有什么技术上的理由可以解释,为什么几乎属于工业一切阶段和一切部门的生产不会在短时期内全面增长。

假如,不管是出于什么原因,扩张已经开始——譬如说,由于出现了新投资机会,在经济体系的某一点上(比方说建筑一条新铁路),在相当长时期以来,已经投放了大量资金。

● 投资与消费的相互促进

假定资金是在这样的方式下募集的,结果使货币实际流通额有了增长。具体地说,用于投资的资金并不是从别的用途汲取,而是由银行体系增发,或者是出自未运用购买力的贮藏的。关于货币方面的详情,将在第 4 节讨论。这里只要假定,不论出于哪一方式,以货币计的商品总需求有了增长就够了。于是开始雇佣工人,购买或定购原料、半成品、工具等。要注意,这里并没有保证这样投入的货币将继续在市面流通。正相反,这时会有许多漏卮(关于这点,这里无须深究),② 通过这些漏卮,或大或小的一部分新购买力会退出流通,从而处于被冻结状态。我们假定,

---

① 往往有人——例如哈耶克教授——这样说,关于周期现象的分析,必须从充分就业下的平衡状态开始。据说,我们不应从失业状态的假设开始,因为需要解释的正是这一状态。但是当发生了萧条,造成了大量失业和产能过剩以后,企业开始走向扩张时,我们就在这个时候来研究一下发生了什么,而并不先解释萧条是怎样引起,这样的处理当然是可能的,也是适当的。后一问题尽可以随后再谈。对于与周期有关的各种问题讨论的先后顺序,是一个作出解释时的方式方法问题,并不是逻辑的必然性。还有一层,扩张是否会从充分就业的情况开始,这时的事态是怎样的,开始后将如何演变?关于这类问题,我们并不是置之不顾,只是在研究过程中推迟一步。应当注意,在理论经济学中,平衡概念并没有这样的含义,即一切生产因素已被充分运用。第一,这里显然存在着例外情况,这类例外,实际上与资源未被充分运用的正常定义极为接近。(参阅庇古:《失业论》,伦敦 1993 年版,第 1 部分,第 1 章。)在任何经济状态下,能够运用而没有运用的生产资料总是存在的。这是因为运用时并不合算——如得不偿失的瘠地、不堪利用的劳力等。第二,自愿失业是不算做失业的。如果按照当前工资率,有些人不愿意工作,这部分人就不算失业者。第三,如果某生产因素如工资,由于工会把持、政府干预、传统关系或其他原因而过于高昂,就可能造成若干的失业(未运用因素),而这种现象与充分平衡是没有矛盾的。这种失业,在某种意义上也可以说是"自愿的"。(关于"自愿失业"这一概念,可参阅第 8 章第 5 节。)

② 关于这一点,康恩先生、盖尔教授、J.M.克拉克教授等论及公共工程可能产生的影响时,曾加以详细讨论。

有一部分增发货币确是在继续流通，就是说，相继的货币收入者把这部分货币花费了。这就很容易看出，这部分货币对工业的其他部门将起到刺激作用，使扩张影响扩大到经济体系的一切部门。

于是，原料和工具的生产者将增加生产。[①] 他们将提取可供自由处理的闲置资金，或向银行举借，或者在市场上发行证券，用来雇佣工人，收买所需要的原料或设备。工人方面增出的收益，其中至少有一部分将立即被花费。消费品需求提高，消费品的生产将受到刺激。这一点，对较高阶段的生产将产生有利影响。闲置的货币资金重新活动了起来，于是一切种类的商品需求将增长，由此将产生收入。这一过程在开始时大都是缓慢的，然后会逐渐增加动力。在开始时，也许很容易在不利的影响下使过程中断，过了一个时期后，有许多商品需求的增长已经经过了相当时间，扩张动向已经蔓延到了经济体系的许多部门，按时间单位以货币计的商品总需求增势将越来越显著。那些不利的影响作用，原来足以降低易购商品的货币流量，现在却只能降低些货币流量增进的速度，使一般的扩张趋势和缓些；而在高涨的初期，这类影响作用是足以根本制止扩张的。这就是"在过程中会逐渐增加动力"的意义所在。等到力量加强以后，过程自身就足以克服在前进道路上较小的障碍。

● 价格、成本与利润的提高

过了一个时期以后，就势必有别的因素相继出现并发挥作用，从而加强扩张。货币流量有了增长，在这样的起因或与这一现象并发的一些情况下，使产量有了不断的、迅速的增长。这时即使劳力供应具有充分弹性，也必然要引起在各方面的生产成本与商品价格的提高。(详见第4章第2节。)这时由于刚性的间接生产费用可以分摊到较大的产量，由于工资提高落后于价格，利润也将全面提高。

● 固定资本投资受到了刺激

需求在不断增长，价格与利润又在不断提高，在这种情况下，就必然要引起企业界对前途比较乐观的看法，尤其是将引起价格进一步上涨的预期——不管这种态度究竟有没有合理的依据。由此将诱使企业家在野心勃勃的情况下拟订投资计划，从事

[①] 这时也许是有增出的供源可供利用的，即使是出于农业来源的那些原料，如果当萧条时有所贮存，这时就可以拿出来利用。至于固定资本的生产，是否会立即有所增长，或须稍迟一个时期，须因种种情况而定。如复苏开始时是否存有剩余能量，如当前一萧条时期是否曾积存有投资机会，以及其他种种因素，以后在不同场合将陆续论及。

于对固定资本的冒险投资。为此他将大胆地向金融市场或资本市场筹措资金,或利用可以由他自由处理的闲置资金。任何时候在技术上需要继续改进的地方总是有的,尤其是在萧条末期、投资一度陷于停顿的时候。但是那些关于需要添置新设备(固定资本)方面的改进,只是在价格与成本之间保有一定比率的情况下才有利可图。还有,在当前价格与成本的比率下即使有利可图,这一有利的比率是否能长期保持,使投下的资本可以在这一有利的比率下安然收回,中间是否会发生别的干扰因素,如政府干预、社会变革、通货膨胀等,以致碍及预期利润的获得,投资者都是要加以考虑的。只有投资者在这些方面有了乐观的预期时,才会实行投资。当然,越是偏于长远计划的投资,预期因素在其间所占的地位就越加重要。

于是,扩张就在累进的形态下继续演进。但是在前进道路上,那些制约力量会越来越显著地发挥作用。关于这一点,在下面谈到高潮转折点时将加以分析。

上面关于扩张过程的分析,可以用比较偏于学术上的措辞来表达。如果我们把初发的扩张看做是由于自然利率或平衡利率与货币利率或市场利率两者之间的分歧所造成,那就得把扩张的累积演进归因于这样一个事实:由最初分歧促成的价格提高与利润提高迫使平衡利率上升,结果使两种利息率的差距有了扩大,而这一点反过来又促进了价格与利润等的提高。

还有些别的表达方式,[①] 以及措辞方面、分析方面的种种细微曲折,在这里都不必深究。我们用通常的语言对扩张过程作了如上的叙述以后,在下面第4节里还要谈到货币方面的细节。

第3节 在充分就业或接近充分就业假设下的扩张过程

● 能达到充分就业吗?

在什么意义下,扩张可以延续到超过充分就业点?它怎样能够在各种生产要素已充分被利用的情况下开始呢?提出这些问题时,意思并不是说,在高涨时期是必然要或多半要达到充分就业点的。正相反,随后我们会看到,经济体系当接近充分

---

① 读者会看到,到目前为止,所分析的一些反应情况,用凯恩斯先生的术语来说明时,应当说是,资本边际效能曲线跟弹性的灵活偏好曲线的向右移动。

就业点时，会变得越来越脆弱，结果就有了不能达到充分就业水平的可能；否则，即使达到这个水平，情况也不能持久。但是为了看到全面的情况，这个问题就必须提出来谈一谈。

情形很明显，一旦达到了充分就业以后，产量就不再能如以前进度那样继续扩大，因为这时已经不再有闲置的生产要素可供继续吸收。但是可以采用改进的生产方法，劳动者数目会增加，资本存量可以提高，在这种情况下，产量还是有扩大余地的。

当然，货币扩张仍然可以像以前那样地继续下去，但引起的结果却会跟以前不同。

● 从产量提高到价格提高

这时未运用的生产要素陆续被吸收的越来越多，于是生产要素与一般商品的供应就越来越缺少弹性，结果按货币计算的经常扩张，使产量方面的增长率越来越小，而生产要素价格与商品价格方面的上涨率却越来越大。换句话说，当扩张开始时，货币流通增额中的大部分，是被产量提高和商品周转率提高这方面所吸收的，小部分是被价格提高方面所吸收的。当逐渐接近充分运用点时，这一情况就必然要发生变化。

只要生产要素的供应是丰富的，而且是弹性的，产量就可同时全面增长。由于种种原因——这将在下面第 5 节讨论——生产品与耐用品产量的增长，比消费品产量的增长要快得多。在未达到充分运用点以前，其间的转变当然是逐渐的，不是突如其来的；在这一转变过程中，各种生产要素一个接着一个地变得越来越稀少时，要同时在各个方面继续扩张，就会越来越困难。如果某一行业对生产资料的需求有了增长，以较高的工资招募到了工人，那是诱使工人脱离了别的行业的结果。关于原料与半成品的情形也是这样。这时工业的扩张，只是在别的场合有所紧缩的代价下才会有实现的可能。

如果由于银行方面在生产目的上不断增发货币，使货币扩张得以继续演进，则情势所趋，生产品工业将在使消费品工业受到牺牲的情况下取得扩张，后者所拥有的生产要素将被前者所夺取。我们会看到，这样的现象即使当真有实现的机会，也多半是难以持久的。但继续存在一个时期是仍然可能的，因此扩张继续演进到充分就业水平以外，或从充分就业水平开始，就有了可能。

这里已大致说明了扩张过程的一般情况，以下将进一步研究过程中各个方面的情况；将在第 4 节到第 6 节里谈这些问题。

第4节 关于扩张过程中货币方面的分析

• **总需求的重要意义**

如果货币流通有了在这样意义上的扩张,即生产量的货币价值有了增长,按时间单位计以货币为依据的商品总需求的货币价值有了增长,那么(我们在上面已经看到),就应当把它认为是一个经常性的特征;还可以说是市况一度衰落以后生产迅速扩张时的一个必要条件。如果货币流通额不能想办法扩充,则就业与生产有了提高时,商品价格与生产性劳动价格,尤其是货币工资,势将在相应的程度上降低。在这种情况下,就业提高与一般市况的复苏,即使能够突现,实现时也是极其迟缓的,其间的理由这里不必细说。当然,这样的价格下降,跟衰落以后走上复苏时所发生的情况是有抵触的,是格格不入的。

• **可投资金市场**

我们已经看到(在上面第2章和第3章),用术语说明时,可以把扩张说成是由于货币利率或市场利率跟自然利率或平衡利率之间的分歧。假使前者低于后者,累积性的扩张过程(又叫做"魏克赛尔式过程")就要开始了。要为自然利率或平衡利率下一定义,这件事并不容易做到。① 因此,比较可取的办法是,对问题的研究可以从另一条

---

① 对"自然"利率这个词有很多不同的解释。有些人说,这是以商品为依据的利率,也就是在物物交换经济下用实物贷出资本时所取得的那种利率。根据这一定义,会引起许多困难,这里不必深论。还有些人,则把"自然"利率解说成是平衡利率。但"平衡"又是怎么讲的呢?我们立时会找到四五种不同的解释。就产量与就业保持稳定这一点来说,哪一种解释最适当呢?也就是说,是怎样的一种利率最适当呢?某些环境下足以保持价格水平(这个词就有几种意义,这里是就它的任何一种意义来说的)稳定的那种利率吗?是足以使总收入、按人口计算的收入、生产因素的价格水平、MV等等保持稳定的那种利率吗?这些不同解释的任何一个,都曾在某一时被认为是正确的。但我们的研究已经说明——并且还将进一步明确地说明——单凭利息率的运用,要想消弭这些量值中任何一个的短期波动,其间是否有任何可能,是有极大疑问的。无论如何,使用这样的手段时,就得使利息率发生剧烈、迅速的变动,而这一点本身可能就是一个不稳定的因素。幸而关于这类争点这里并无须加以讨论。需要说明的,如果在分析开始时,关于哪一利息率最适宜于保持经济平衡这一点,就要作出论断,那就未免言之过早,是不得当的。因此在这一研究中,我们不打算对"自然"利率或"平衡"利率这些词作任何利用。我们希望本书中所使用的一些理论上的术语,对于这些词在经济周期著作中所表示的那些意义,同样可以清晰、正确地表达出来。

略有不同的路线进行,这样跟边际分析的现代方式也比较符合。

对于可投资金市场,我们可以设想把它分成需求和供应两个方面。这跟信贷或信用市场实际存在的那种供求两方划分的情况是有些不同的,因为这里把债务与债权关系中的契约因素除去了。这里的看法是这样的,当企业家或公司以自有资金从事投资时,他们在市场上所处的地位是兼有需求与供应两个方面的,是将可投资金贷放给他们自己的。①

可投资金是在一种价格下进行供应或满足需求的,这种价格我们叫做利息率。可投资金有种种不同的类型和质量,这一层目前且不谈;利息率有种种区别,而我们姑且假定是只有一种的。试将可投资金的供应和需求用熟知的马歇尔式曲线来表示。我们设定一个直角坐标系,可投资金量是沿横轴计量的,可投资金的价格,即利息率,是沿纵轴计量的。我们可以为各项可投资金量分别确定它的需求价格。所谓需求价格,即企业家为投资目的接受某一可投资金量时所负担的利息率,我们把这类价格逐一标明后,把标明的各个点连接起来,就可以得出可投资金的需求曲线。关于这一曲线的弹性,可以作出种种假设。一般的说,假使这条曲线从左到右向下倾斜,那就可以假定,它所体现的是这样一个事实,即利息率越低,供生产用的投资的需求量就越大。同样情况,也可以为各项可投资金量分别确定它的供应价格,把表示价格的各点连接起来,就可以得出可投资金的供应曲线。在某一范围内,这条线可能是水平的,在这种情况下就可以说,在这一范围内供应是具有充分弹性的。凯恩斯先生就常常作出这样的假设。这条线也可能是垂直的,在这种情况下就可以说,供应是完全无弹性的。我们可以假定,一般说来,它总是从左到右向上倾斜的;这就是说,如果需要投资者提供较大数量的可投资金,他们将要求较高的利息率。

显然,这类曲线系所涉及的,总是某一时间或某一短时期。我们不久还要谈到这些曲线因时间不同而发生的移动,也就是在各个瞬间或各个短时期间的变动。

现在让我们研究一下决定这些曲线形态的一些因素。

---

① 我们所假定的可投资金市场是,只有一种利息率,进行得充分顺利的市场是以此作为第一近似值的,因此关于自我供应资金问题,在理论上并没有什么特殊困难之处。这里所假定的是,所投放的资金究竟是自己的还是借来的,其间并无差别。在一切情况下,机会成本就是市场利息率。换句话说,当企业家用自己的基金从事投资时,就必须将这笔资金作为可投资金在市场上出借时所能赚得的利息,如数记入他账目的借方。

当然,这一假设有许多学家会认为是不妥当的。据说由自己供应资金很容易引起"投资过度",因为人们用自己的资金投放于自己的企业时,就不会怎样谨慎小心。在别的情况下,所有权和处理权也许是分开的。在公司收入项下,仍由企业保留的部分应当是多少,决定这一点的往往是公司的董事,而不是财产所有人(即股东)。关于这类复杂情况,在上面第3章和第5章谈到维托和普累塞的理论时曾有所探讨。还有一点,关于"未分配利润税"这类措施的理论依据,跟这里所谈的问题是密切相关的。

● 可投资金的需求曲线

可投资金需求曲线与边际利润率曲线有着密切的关系。所谓利润率,指的是企业家预计可以从一宗具体投资获得的、以货币计的利润比率。我们可以这样设想,在某一时刻,存在着种种投资机会,有利程度高低不一,可以有利程度的高低为次序,画出一条从左到右向下倾斜的曲线。假定,关于投资的一切风险是由可投资金的供应者担负的(要把一切风险分配于供应者或需求者任何一方,都是很方便的),那么,这一曲线就跟可投资金的需求曲线相同,某一投资量的最低利润率或边际利润率,就跟可投资金量的需求利息率相同。①

这里对资本市场的叙述,跟上面第8章第2节所讨论的奥林教授和罗伯逊教授对信用或信贷市场的叙述实际上是相同的。奥林教授的理论纲要与我们的相对照,其间唯一不同之处,是我们在需求方面所计及的只是以实际投资为目的的需求。至于在其他目的上的信用(或信贷)需求——例如为贮藏目的,要想充实现款资源——我们认为可以从供应曲线减去而不必加在需求曲线上。②但是读者如果愿意采取奥林教授的说法,其间只需略加调整,并没有什么困难。

还可以补充一点,先是为了筹集可投资金,在市场上发行债券,然后是为了购买材料、设备、劳力等,将筹得的资金实行支出,在这两者之间存在着短暂的时间间隔:关于这一点,我们无须否认。③

● "净"投资与"总"投资

还有一点应当加以澄清。我们所说的投资,指的只是"净"投资(或"新"投资)呢,还是"总"投资?两者之差是再投资或重置需要。总投资等于净投资加再投资。总投资

---

① 读者会看到,我们并没有说起在一个国家所获得的某一利润率。当然,投资计划不同,所预期的利润率也不同。我们谈到了边际利润率,却并不说在利息率与某一利润率之间存在着差异(或均等)情况,只是说利息率相等于边际利润率。关于处理风险因素的另一方式是,为利润率下定义时把风险也包括在内。谈到风险,其间还有些复杂情况。同一风险可以计算两次,在贷出者方面和借入者方面都可以计及,或者两方也可以完全不计及。这类复杂情况,我们目前可以不谈。然而可以参阅本书第241页注①。

② 因此我们的可投资金需求,跟凯恩斯先生资本边际效用曲线相类似的程度,比奥林教授的信用需求更接近一步。

③ 这样来使用术语似乎是最"自然的",就是说,跟日常意义最相接近。但是还有着别的解释(术语)。这里应当注意到,本书所提出的说法还含有这样的意义,当可投资金——简单地说即投资——的需求获得了满足,超过了储蓄时(见下文),只是在短期间隔下,才会引起收入的增长。因此,这里的说法,跟罗伯逊教授的定义略有出入。

大致相等于生产品生产,其间唯一的差异是未经消费而以存货形式囤积起来的消费品生产,或耐用消费品(汽车、住宅)生产;但是把后者看做生产消费劳务的生产品,似乎比较适当。如果把投资的定义确定为净投资,那就必须考虑到有成为负量的可能(如果讨论的是扩张过程,就不会发生这种不经见的情况)。如果总投资不包括重置需要,则总投资与净投资之差就只是负投资——即反投资或资本消耗。由于我们所注意的是市场上实际发生的情况,而可投资金的"负需求"是一个费解的概念,我们此刻还是不要采用"负投资"这一概念比较妥当。因此在某些场合,我们是把投资理解为总投资的。① 此外还有些别的理由,说明为什么要作出这样的决定。第一,"净投资"概念的定义会有很大困难,因为它含有"使资本存量保持原样不动"的意味。② 第二,我们的假定是,人们总是在理性基础上行动的,因此当一个企业家在生产目的上支出一笔资金时,所体现的究竟是新投资还是再投资,实际上并没有什么关系。这笔资金如果作为可投资金在市场上出借,或者以灵活形态放在那里(即贮藏起来),就应当有所得;而上述再投资的预计收益,与在借出资金等情况下可以获得的收益,情形也正相似。③

我们为投资的需求方面下定义时,已经把再投资包括在内,为投资的供应方面下定义时就得小心,应使它在性质上同样广泛。以下将讨论这一点。

● 可投资金的供应

可投资金的供应,可以说来自三个源点——各项摊提款、新储蓄与广义的"通货膨胀"(不但包括增发的纸币、增发的银行资金,还包括现有贮藏资金的外流)。前两项可以总括起来作为"总储蓄",在它的作用下,商品总需求(MV)是不变的;而通货膨胀的含义是商品总需求将有所增长,M 和(或)V 将上升。

---

① 我们也可以这样说,总投资就是实际投放的那些。它必然是一个正数。重置需要是一个估计中的量,就是为了要保持资本存量就得进行投资的那个量。

② 关于这类疑难问题,可参阅哈耶克:《资本的保持》,载《经济学》,1935 年 8 月号,第 247 页起;庇古:《福利经济学》,第 1 部分,第 5 章(《使资本保持原样不动的意义何在》);又见《经济季刊》,1935 年 6 月号,第 225 页;凯恩斯的《通论》,第 38 页起。

③ 新投资与再投资之间也许还存在着心理上的差别,就公司方面的情形来说,也许还存在着制度上的差别,与上述关于自行提供资金的那些情况相似。但这里我们对于这类差别情况一概不计。

这一说法,需要从各方面加以阐明。① 首先,为什么把摊提款计入?关于这一点必须申说一下理由。这就跟那种在投资的需求一面将重置需求计入的情形一样。就各个企业说来,它从总收入内划出的摊提部分,跟磨损设备重置时的支出并不一定是随时相符的。折旧额的提存,往往是——虽然并不一定是—— 一个连续的过程,而耐用生产资料的重置则一般总是断断续续的。就整个经济体系说来,这两种过程都是比较具有连续性的,是同时并进的。不论什么时候,总有许多企业利用摊提款来累积余额或偿付欠款,这就在市场上增加了可投资金的供应;同时也有一些别的企业,为了重置它们的设备,在余额内支取款项,或向市场借入资金。为什么比较可取的办法是把重置需求列入投资的需求方面,把摊提款列入供应方面呢?理由在上面已经说明。我们现在所谈的是扩张过程,在这一过程中假定的是,资本净存量总是有所增长的(不管这一量值的确切定义是什么),因此不妨在一个方面将摊提款除去,在另一个方面将重置需求除去,由此并不会发生这样的危险,即投资,也就是可投资金需求变成负数。结果是,只要我们所讨论的是扩张问题,就可以把投资理解为净投资。② 如果为进一步讨论时的简化而采取了这个办法,关于投资供应,那就只需对两个来源——储蓄与通货膨胀——作出区别了。

- **储蓄与通货膨胀**

我们说,在某一时间或某一短时期间,在各种假设利息率下,源源而来的可投资金供额,部分是来自现时储蓄,部分是来自通货膨胀的。这个说法的含义就是,实际投资不一定与储蓄相等。处于扩张过程时,投资量通常总是大于储蓄量的,为其间的超过额供应资金的就是通货膨胀。换句话说,这时可投资金的需求很大,单单依靠现时储蓄已经不能满足,因此就不得不借助膨胀供源来弥补缺陷。

---

① 并可参阅第8章第2节。这里不可把 V 理解为"交易速度"。我没有爽爽快快地把它说成是收入速度,因为关于净收入的定义存在着困难(且不误有关计量方面的困难)。霍特里先生曾指出(见他对本书第1版的评论,载《经济学》,新号第5卷,1938年2月号,第94页),关于"商业速度"这一概念的使用,就我们的目的说来,也是不免要发生某种困难的,因为"这就要使 MV 包括商人彼此之间的一切商品购入量。但这类购入,不论是供作制造原料,或原件转手售出,商品并没有脱离市场。购入的商品仍然要在市场出售的"。霍特里先生所主张采用的是"终极购入速度",在终极购入量内,包括新投资品(例如机器)的购入。我们可以举个例子:为了制造工业的需要,购入原料(比方说煤)以后,最后将以产品形态(比方说生铁)售出;一方面为了同样需要,购入了一架耐用性不十分高的机器以后,它也将以劳务形态注入产品后售出。这两者之间,究竟有些什么分明的差别?霍特里先生似乎没有看到,这里还须考虑到关于工业的"结合"程度(见第3章第6节),由此从 MV 所排除的,正是霍特里先生所要排除的关于购入量的那些变动。

② 即使我们对净投资没有作出充分明确的定义,也尽可以这样说。

我们在第 8 章第 2 节已经看到,有许多学家采用了这一方便的说法,但由此产生了在术语上许多的争论,在那一章里已经有所论列,这里无须重复。这里只须指出我们随后要为储蓄所下的定义跟罗伯逊教授的定义是一致的也就够了。[①] 读者读过了上面第 8 章以后,如果喜欢的话,不难将以下几段内容改用另一套术语来表达——例如凯恩斯术语。在这一表达方式下,应避免把储蓄与投资之间说成是有差别的。

● 储蓄的供应

我们知道,所谓储蓄,就是收入减去消费支出。但这里还须顾到的,是时间因素。一方面是现时赚得的收入,这只是经济社会净产量的货币价值,另一方面是可供现时消费的收入;我们对这两者必须加以区别。这是因为:在实际情况下,赚得的收入是定期分配的,不是连续不断地分配的。工资每周一付,薪金每月一付,股利每季、每半年或每年一付。租金支付时在时间上的间隔情况也相类似,而农民收入在很大程度上也是一年一度的。当然,这一通则也并不是没有例外,尤其是小规模商业和手工业,在这类情况下,本利的收回实际上是一个连续不断的过程;但这种例外并没有什么实际上的重要意义,尽可以不加考虑。经这样简化以后,可以大大有利于分析时的方便。

收入是被不断赚得、不断使用的,而分配时却是有定期的。于是在赚得某一收入额的时候,与这一收入额可用于消费支出的时候,在这两者之间就形成了一段时间间隔。一般的说,工资大致须于赚得以后的半个星期才可以用于消费支出;薪金的消费支出,大致须迟于赚得后半个月,股利(假定 6 个月一付)支出,须推迟几个星期到将近一年,等等。就某一时间所赚得的一切种类的收入来说,有些几乎是立即可以用于消费支出的,有些则在时间上几乎要相隔到一年。

谈到投资与总需求在时间推移下的变动过程时,在赚得的收入与可用的收入之间应作出区别这一点是非常重要的。

● 来源于通货膨胀的供应

如果在作为一个时间单位的任何短时期间,现时赚得的收入(即消费支出与投资之和)超过了可供支出的收入,则超过额资金必然是从通货膨胀来源取得的。那就是说,在不存在国家通货膨胀的情况下,个人的贮藏与银行的准备金比例与前期比较时,必然已有所降低。

由此可见,今天所投放的资金,一部分是出于储蓄——这项储蓄来源于昨天赚得

---

① 但其间也有应斟酌之处。

而变成了今天可用的那项收入———一部分是出于通货膨胀。但今天所投放的资金全部，包括出于通货膨胀的那个部分，都是要变成今天赚得的收入[①]和明天可用的收入的。如果后者的一部分明天被储蓄了起来，它就又构成了现时储蓄，虽然从它的经过来看是出于膨胀来源的。（足以促使储蓄进度发生变动的那些力量，对扩张过程的演进多半是要产生影响的，这一点将在下面第 6 节讨论。）

储蓄与通货膨胀是可投资金供应方面的两个不同来源，由此意味着储蓄与投资是不相均等的。我们在这方面已经作了分析。现在要进行观察的是，在某一时间或某一短时期间关于供应曲线的形态。

● 供应曲线形态

我们还得进一步提出如下几个假设。可投资金的供应有时候是极富弹性的，因此将利息率略为提高以后，较高的需求就能获得满足。然而有时候它却是无弹性的，因此需求增长以后，主要是使利息率提高，而不能使供源扩大。任何这一类的关于整个供应动态的假设，都必须以构成总供应的各种组成部分的动态分析作为基础。

我们先从由现时的收入而来的储蓄供应的那个部分说起。极有可能的是，其他情形如无变化，可用于投资的储蓄量对利息率的变动不会产生强烈反应。即使有所反应，在方向上也是不明确的。当利息率上升时，人们可能多储蓄些，少花费些，但也同样可能在收入项上少储蓄些，多花费些。

另一方面，就利息率以外的其他量值和因素来说，储蓄的弹性也许是很大的。例如，一般所假定的是，当收入增长时，储蓄率将随之增长。很有可能的是，它不但会随着收入水平变动，还会随着收入变动率变动。还有些别的因素，在那些因素的作用下，会使储蓄率有可能在周期过程中显示出一种有规律的动向。我们随后还将谈到这一点。[②] 目前我们所注意的是，在某一时间或某一短时期间供应曲线的形态，这里尽可以把储蓄供应看做是一个不变的量。对于利息率的变动，感觉是迟钝的。用术语来说就是，至少在短时期间，储蓄供应关系到利息率的变动时是无弹性的。因此，人们所说的在总供应方面的弹性，就必须由总供应项下"通货膨胀"提供的那一部分的弹性来决定。

[①] 投放资金内还有一部分并不是立即转变成收入，而是转变成摊提款的，这一点是必须考虑到的一个保留条件。如果所研究的，一方面是总投资，另一方面是总储蓄（严格地说，应当这样），这一考虑就成了多余的。在这种情况下，收入原来是一个"纯量"，现在却应由一个相应的"总量"来代替；所谓总量，即纯收入加上固定资本和流动资本的摊提。

[②] 参阅第 8 章第 3 节及本章第 6 节。

出于膨胀来源的可投资金供应的弹性程度,是决定于种种因素的。关于这一点,在我们分析的种种场合还将附带提到,这里只需作出一些初步观察。可投资金供应有种种的膨胀来源——中央银行、商业银行,还有存在于各企业或个人手里的购买力的流动准备(贮藏资金)。

出于前两个来源的供应的弹性概念,并不会引起分析上的困难,决定这一弹性的一些因素,我们在大体上是知道的。当银行方面看到需求有了变动,看到它们可以索取的利息率有了变动时,它们对于可投资金的供应就随时准备改变,这种情况也是我们所熟知的。

就第三个来源——企业与个人的贮藏——来说,则情况比较复杂。所有在近来提出的属于"灵活偏好"、"灵活动机"、"贮藏或反贮藏倾向"之类的问题,都是同这一点有关的。在一般情况下我们可以假定,如果其他条件不变,则利息率愈高对反贮藏的诱惑力越大;就是说,由这一来源流入市场的可投资金供量越大。

● 曲线的一时动态与各时期动态

我们在论证中不得不附带着"其他情形不变"这一条款,由此说明我们的弹性概念的局限性。如果我们说供应具有某种弹性,这是指一个时间或一个短时期来说的。但我们所需要的是关系到时间经历的分析;对各个相继时期所发生的情况,应当进行比较。要做到这一点,可以利用供求曲线这一工具,介绍这些曲线在各个时期的运动情况。我们原来使用的好比是一个手提照相机,现在可以改用一架电影摄影机;这就是说,我们应当摄取供求曲线在各个相继期间的形态,然后观察这些曲线的动向。当我们逐步用简单的分析工具去进行分析时,这就会变得更为清楚。我们原来是以货币利率或市场利率与自然利率或平衡利率之间的差异为依据,来分析那些过程和那些情况的,使用上述方式以后,希望使我们能作出进一步简单明了的叙述。我们有许多疑难问题,到现在为止,还没能作出适当的解释,在上述方式帮助下,希望能加以澄清。

● 关于多种利率的处理

应当看到,问题经这样处理以后,还存在着别的困难没有消除。我们谈到可投资金的利息率时,好像是只存在着一种利息率,然而事实上利息率不仅多种多样,而且关系复杂。从短期到长期,中间存在着许多层次的中介利率,而且随着借款人地位、借款人经营业务的性质、提供担保的可能情况、涉及的风险等,会有多种多样的分等分级。把资本市场作为是齐一性的假设，是极端的简化办法，我们目前克服这一困难的方法是，把我们所说的市场利率作为是对现有各种利率的一个酌中平均数或混合数。如果说利率有了上升或下降，我们的意思是说，在市场上各种利率的合成值有了上升或下降。①

现在让我们运用这套工具对第 2 节和第 3 节里提出的关于扩张过程在货币方面的理论纲要来加以分析。

● 累积性的扩张过程

假定扩张过程已经在某种方式下开始。关于各种发动力量或"开端者"情况，将在关于"复苏"那一段里详细讨论。这里为了便于说明，假定新投资机会已经出现，有许多人已经跃跃欲试，准备在较大的规模下借入资金或利用自己原来闲置着的准备金。这时的情况是，对资金的需求曲线已经向右推移到这样的程度：所吸收的资金已经超过了储蓄的现时流量，不足部分，不得不求助于通货膨胀来源。这时以货币计的商品总需求有了增长，以我们的分析图式为依据，可以这样来说明这一累积过程。即商品需求的增长，使可投资金的需求曲线进一步地向右移动。如果现时储蓄不能突然上升到足以满足增长中的需求——看来这是不大可能的——如果出于膨胀来源的可投资金供应并不是无弹性的，则增出的资金将继续流入，由此将迫使需求曲线进一步向右推移，以下可以类推。

● 资金供应方面的反应

资金供应方面的变动，往往会使扩张力量进一步加强，而这种变动自身就是扩张的后果。这时在公众方面，在银行方面，都将引起反贮藏倾向，因此供量势必比以前丰富。就是说，供应曲线也势必进一步向右推移。当生产增加，价格上涨时，不但在借入者即企业家方面，而且在贷出者即银行方面，以及投资公众，都会抱着进一步的乐观态度。处于紧缩过程时，一连串的破产和倒闭，使他们越来越心灰气短，不敢放手出借。现在处于扩张过程，情形则大不相同，许多债款呆户，出人意料地开始偿付欠息，甚至归还本金。冻结中的信用开始融解，强制处理债务和通货不稳定的那类恐怖也渐渐解除。所有这些情况，都足以使贷出者提高信心，对于所保有的现款或其他方式的流动资金，愿意按较低利率出借。

---

① 参阅毕赛尔：《谈利息率》，载《美国经济评论》第 28 卷增刊，1938 年，第 23 页起。

● 时间先后问题

关于上述种种变动,在时间的先后上要归纳出一个通则是不可能的。供应方面的变动,比需求的趋于活跃也许占先一步,但是过程一旦开始,各个因素就会相互发生刺激作用。当需求增长时,人们在这一诱力作用下,如果把他们的贮藏向资本市场倾泻,则极有可能发生的情况是,在相当时间内,信用需求的增长以及价格与生产的提高将与利息率下降的现象同时存在。这一演变,表面看来似乎否定了一切获得公认的经济学理原则。[①] 1933~1936年期间,金本位集团与英镑集团的情况,似乎在这方面提供了一个很恰当的例证。在英镑集团的国家中,当市面在恢复、交易与需求在增长时,利息率却比较低平,甚至在下降。在金本位国家中,处于紧缩与清算过程时,利息率却比较高昂,资本市场也比较紧迫。[②]

● 资金需求的多变性

极为重要的一点是,从一开始就应当认识到,可投资金的需求曲线和供应曲线都是变化无常,会迅速移动的。足以影响到曲线动态的,不仅是技术因素——例如由于有了某种新发明,或由于磨损,或由于火灾,使工具毁坏,都会使需求曲线右移,一般的说,这就等于是对资金需求有了增长——还有"心理"因素(乐观与悲观),以及对某类商品需求的变化,等等。有些人认为资金的需求曲线是大致取决于技术环境的,就是说,是取决于占时间较久的迂回生产方式的高度生产力的。这个见解是错误的,也由此将引出错误的结论。假使需求曲线认为是比较固定的,则可投资金流量的变动就必然要用供应曲线方面的移动来解释;换一个说法,就是必然要用货币利率的变动而不是平衡利率的变动来解释。这一假设是不符合事实的。因此无可避免的结论是,资金需求有着高度的多变性,对一切外力的影响都是敏感的。

由这一论点必然要得出的一个重要推论是,MV 即货币流量,或以货币计的商品总需求,也是具有高度多变性的。当我们研究一些具体事例,如关于经济政策下某种措施(如新税制执行、通货贬值、兴办公共工程等)或某种自发变动(如某类商品需求的变动)的可能影响时,会引起许多使人迷惑的结论,在严格的静态分析与 MV 不变

[①] 这一现象,以凯恩斯术语来表达时,可以说是灵活偏好曲线有了移动,或者是整个社会的灵活偏好趋于低弱。在交易动机下的货币持有,比以前转强,但同时还存在着投机动机下的相反变动,前者被后者抵消而有余;M_1 有了增长,M_2 有了减退。详情见第4章第3节。

[②] 由此也说明了为什么会发生下述情况:政府为了非生产目的(例如扩张军备)借款有所增加时,金融市场和资本市场有时候不但没有拮据气象,而且会更加松动。

的假设下,就无法解释;如果估量到由研究中的措施或事件所产生或诱发的MV变动,一切疑难就可以扫除。我们以后还有很多机会来考察这一原则的有效性。①

- 货币扩张方式

所谓货币流通额的扩张,在这里使用这一名词的广义下,可以在不同方式下发生。它会在什么样的方式下发生,事实上在一般或正常情况下是怎样发生的,都有待于仔细研究。②

作为一个初步探讨,可以说足以促使货币流通发生变动的原因,不外是M或V的变动,不外是现有货币量或货币流通速度的变动。但这样的说法并没有多大帮助,因为不论是M或V,都不能在统计上加以确定(除非通过复杂的间接估计,但这种方法并不十分可靠)。我们还是从可以在统计上计量的那些量值着手比较恰当些。即:

(a) 法偿币、纸币、硬币;
(b) 使用支票的银行存款;
(c) 使用支票的银行存款的流通速度。

当然,这三者只构成了与我们研究有关的总额的一个部分。我们无法轻易地计量(a)的速度。还有,信用票据所起的作用也往往类于货币;有些交易往往用直接抵消的办法结算,根本就不用货币。(这类情况的变动,是否含有正式货币流通速度变动或货币量变动的意义,不管在这一点上有怎样的看法,都无关紧要。但是无论如何,以货币计的商品总需求的增减,是会受到这类行为的影响的。重要意义就在于这一点上。)

第5节 生产品与耐用品的生产比非耐用消费品的生产要增长得快

- "加速原理"的主要精神

有许多学家指出,由于技术上的原因,制成品的需求和生产有了变动时,会引起

---

① 当然,这里并没有说这一点是完全被忽视了的。这里只是说,关于MV的多变性,没有受到充分重视;经济周期理论与一般平衡理论之间的不相一致,其间的根源之一似乎就在于此。
② 近来安吉耳教授在这方面作了统计调查。参阅他的著作:《货币的动态》,纽约1936年版。

生产品需求和生产猛烈得多的变动。我们在前面(见第3章丙段)对所谓派生需求加速与扩大原理及其必要限制情况,已经有所论列;这一原理的主要应用方式之一,就表现在这里。至于它在扩张结构中的地位和作用,还有待于决定。

这一原理的主要精神应用到这里时,概括起来可以这样说:要使生产扩大,也许有必要立即进行大量投资,由此在未来的相当期间将继续发生效果。资本化生产是要利用耐用工具的。这一事实的含义是,现在所生产的劳务或商品,是与未来不同期间同种劳务或商品结合供应的。因此,如果预期在某一未来期间需求将增长,就将在开始时一次进行准备,情形就仿佛是把未来的供应在商品与耐用工具形态下囤积了起来。

- **对制成品需求的反应**

资本构成方面的变动会使消费需求受到深刻地影响。因此,如果将消费需求的周期波动预先假定,然后用加速原理来解释资本品生产的进一步扩大的波动,这样的推论是不适当的。

当我们利用这一原理,与进一步细密的投资理论结合在一起,从事于阐述从消费品需求到生产品生产单方面的因果关系时,我们必须小心,把这一原理放在投资理论的适当地位——至于上面谈到的关于这一原理的一些限制,那完全是另一问题。生产品的产量(为了避免计算重复,应当把它看做是在各阶段原有生产外增出部分的总值),相等于新投资与资本品重置或再投资的总计。上面已经指出,为了方便起见,可以把它说成是"总"投资,使之与"新"投资或"净"投资(它也可以成为负数)有所区别。因此,总投资只是生产品生产加上消费品存量变动的另一个说法。

我们已经看到,要为整个经济体系的新投资下一个确切的定义是很不容易的,因为由此要牵涉到所谓"使社会资本存量保持原样不动"究竟是何意义的问题。要为新投资从统计上加以计量——就是说,把一定期间内的旧资本设备的重置和资本存量的增加区别开来——就更加困难。幸而,在许多场合并不需要作出这样的区别,我们只是说"生产品生产"也就够了。但是大体上说来,生产品生产的波动比消费品生产——这被人们当做是消费的一个指标[①]——的波动来得猛烈。这一点说明,当周期处于高涨阶段时,是存在着净投资的,处于低落阶段时,净投资将猛降,甚至会出现净反投资。

---

① 这里必须有所保留的是关于消费品存量的波动。关系到列入存量项下的那部分消费品生产,是没有跟它相对应的消费的。

- 预期的作用

加速原理还关系到足以决定投资量的因素之一,即制成品需求的变动。显然,这里不可把需求的意义看得过于狭窄,不可把它只看做是实际需求。严格地说,关键是在于预期中的需求。投资者会预期自己的产品需求将源源不断,但是决定商人对未来需求预期的最有力因素之一,当然是实际需求。如果实际需求增长,如果提高了的新水平已经保持了相当时期,或者是增长趋势已经继续了一个时期,这就很可能会发生这样的预期,认为这一较高水平将继续保持,或者是认为此后将继续增长。然而并不能绝对肯定在一切情况下都必然是这样,会有种种特殊原因引起阻碍作用,使生产者心中不能产生乐观的预期。①

- 资本与劳动的比率

假定某一商品生产者对于未来需求的大致数量作出了自己的结论,决定根据他的预期采取行动,使产量作了相应的增长,那么这时加速原理所要求的就是在这一制成品按时间单位计的生产量与投资量之间有一种固定的关系。这种关系是决定于生产这一商品时所需的设备与机器的耐用性,以及机器力量跟生产过程中其他生产因素(流动资本与劳动力)对照下的重要程度;也就大致等于是说,它决定于机械化程度。

这里必须提到一个重要的限制条件。由于种种原因,这个关系并不是一成不变的。首要一点就是可能存在着剩余能量;在经过相当严重的萧条以后,当扩张过程刚开始时,剩余能量大都是存在的。如果存在着未运用或未经充分运用的机器或设备,那就只需就现有的设备多投入些劳力与原料,就可以增加生产。在这种情况下,只有生产已经增加到认为值得添置新机器的时候,加速原理才会发挥作用。但是,认为值得添置新机器这一点,并不是完全取决于纯技术条件的。一般的情况是,在现有的设备下,可以或多或少地增加劳动强度,虽然成本将有所提高。当生产者考虑到增加设备时,足以使这一决定受到影响的,除了对未来需求的预期以外,还有我们即将加以讨论的利息率和某些其他因素。

- 利息率的重要性

假定现在已经在原则上决定要扩充固定设备,其次就得决定要增加的是什么

---

① 严格地说,同样是偏于乐观的预期,在乐观程度上可以分出许多层次,或者认为需求增长只是暂时的,或者认为提高了的新水平仅仅得以保持,或者可以认为增长趋势将按不变的进度,甚至递增的进度一直继续下去。其间必须加以区别。换句话说,对于需求未来的增长,可以有多种多样的推想。

样的设备。一般的说,总是有着种种不同的生产方式可供选择的。生产方式不同,设备的耐用程度不同,耐用性较高或较低的都可以装置,通常的情况是,耐用性越高,成本就越大。换句话说,一般可供使用的生产方式,有着不同的"迂回"程度,因此也需要数额大小不等的投资。结果是,派生需求的扩大——就是由某种制成品在需求与生产某一程度上的增长所引起的投资增长——取决于种种可供利用的生产方式的选择,也取决于工具的耐用程度(或者也可以说是,取决于所选择的生产方式的"迂回"程度)。而这种选择又取决于:(a)利息率,即筹集必要资金时的条件;(b)对所涉及的风险的估计,以及一般形势。[1] 利息率越低,结果采购的工具耐用性就越高;生产的"迂回时间"越长,投资越多,派生需求也就越加扩大。还有一层,当经济生活处于宁静的发展过程,充满着乐观与信任气氛时,跟处于危惧与不安的环境时不同,人们就会比较偏重于长远打算,以大量资金从事于长期经营。

● 加速原理的作用

现在我们可以说一说,在解释扩张过程,特别是这一过程的累积性方面加速原理所起的作用。如果要进行生产某种制成品或劳务,就得设置一些耐用工具,因为要生产制成品再没有别的办法,否则成本将大大提高,或者是质量将大大降低。这一技术性事实,对扩张中的累积力量起了有力的促进作用。如果关于这类商品与劳务的需求有了增长,投资即成为有利事业。这时利润率提高了,以我们的供求图解为依据来正确地表达就是,可投资金的需求曲线有了向右方的推动。如果资金供应是弹性的,将有较多的资金投入流通,结果制成品需求将有更进一步的增长,扩张就在这样的累积力量下继续前行。

● 加速原理对耐用消费品方面的运用

应当看到,我们的论证也适用于耐用消费品。在这一情况下,所谓制成品,就是由耐用品而来的劳务。如果公寓住宅的需求有了增长,或预计将增长,则用于建筑房屋的可投资金的需求将增长。担任建造房屋的一般总是企业家,而不是未来的住户。因此对公寓需求一年的增长,将引起大于一年租金许多倍的投资。在这种方式下,我们可以说,关于未来许多年的劳务,是由企业家在一举之下来供应的。

---

[1] 参阅卡勒奇:《风险递增原理》,载《经济学》,1937年,第440页,经转载入《经济波动理论文集》,伦敦1939年版。

至于那些半耐用消费品,如汽车、家具、家电之类,与上述耐用消费品对照,存在着制度上的差异。由于这类商品通常总是由消费者凭自己的资力来购买的,不过在分期付款办法下,可以使消费者的现时购入超出他的现时收入范围,因此当现时收入略有增加时,会引起一般需求比这一增量大得多的增长。

● 无弹性供应

富有弹性的供应是一个加速因素,足以加速以货币计的商品总需求的扩大;如果在工业一切部门和一切阶段的供应都是富有弹性的,则这一因素也同样足以加速生产与就业的扩大。当接近生产因素充分运用状态时,制约力量即将逐渐出现。关于这一现象,将在谈及高潮转折点那一段里讨论。这里只需指出,当供应方面变得越来越缺乏弹性时,加速原理就难以无阻无碍地演进。这时生产就不能作全面的扩张。然而这样的情况是依然存在的:要生产商品就不得不设置耐用工具,当商品需求有了增长时,耐用工具的价格将上涨,因此购买这些工具时所需的货币量仍然会增加。投资的实际量依然不变,但它的货币价值增长了,资金需求因此也就有了增长。①

● 筹集资金方式

现在发生的问题是,生产品生产增长时,所需的资金是怎样筹集的,是从何而来的。对于从事于生产这些耐用和非耐用生产资料的工人,以及从中有所贡献的其他生产因素的所有人,必须有所报酬。这一答案实际上在上面已经提到。必要的资金,部分出于通货膨胀,部分是出于现时储蓄的。

我们已经看到,扩张之所以具有累积性,关键是在于总货币需求的增长,也就是货币流量的增长。因此为新投资筹集资金时,其中出于膨胀性的来源(银行增发货币或现有资金的加强利用)与出于主动储蓄的来源对照下,所占的比率越大,扩张进展就越加迅速。这就是说,这时的扩张主要是通货方面的扩张,如果各种生产因素的供

---

① 因此,可投资金的供应如果具有充分弹性——就是说如果利息率没有变动——则消费品需求的增长,以及由此引起的价格上涨,将扩展到生产的整个结构,以货币计的重置需求也将有类似的增长,甚至比产品需求的增长更快。如果消费需求从某一水平开始增长,由此对于以货币计的商品总需求(包括中介商品需求和重置需求),将迅速引起按比例或不止于按比例的增长。由于消费需求只是总需求的一个部分,因此消费需求有了某一程度上的增长时,会引起总需求更大的增长。这样看来,可以说加速原理仍然是在发挥作用。

应是具有弹性的,那就还有就业与生产方面的扩张。①

但由此就引起了一个很重要的问题,储蓄在扩张过程中的作用以及储蓄率变动对扩张过程的影响。近来关于经济周期的著作很注意这个问题,我们现在对这一点必须进行有系统的讨论。

第6节 储蓄与扩张过程

● 储蓄的重要性

我们在前面的论述中,曾屡次提到收入取得者关于储蓄与支出的动态。在本章第2节曾指出,工人由于投资增长而获得增进的收益,部分将立即支出,这一点是扩张过程中的一个必要环节。以后在第4节又说,储蓄是可投资金供应的两个来源之一,还有一个来源是在比较广义下的通货膨胀。因此,必须加以探讨的有两个问题:第一,整个社会收入项下的储蓄比率有了变动时,对扩张大致会产生什么后果? 第二,处于这里所研究的周期阶段,储蓄比率将有所扩大还是缩小,将有所提高还是下降,决定

---

① 这里必须附带谈一谈所谓"强制储蓄",关于这一概念产生了许多误解。如果投资资金是通过膨胀手段得来的,就是说,如果货币流量与商品对照下有了增长,使用这项增发货币的那些人就必然要为适应他们的目的而吸取一部分商品,而这部分商品原来是要为别的一些人取得的。这些别的人以实物计的购买力(实际收入)现在有了减退,由于就商品总蓄积量来说,有了新参加的分子,因此他们就据说是处于被强制储蓄的地位。储蓄是硬加在他们头上的。如果以货币计的商品总需求没有增长,价格就不会上涨,或者还会下跌,这时社会中货币收入没有因通货膨胀而发生变动的那些成员,就可以多消费些,就是说,他们的实际收入将有所增长。

如果我们假定,(a)在通货膨胀下,商品(产量)的总流量没有变动,(b)关于货币流量,除所述增量以外,没有发生从属性影响,那么这个说法听起来就觉得是十分明朗的。如果后一情况并不存在,货币流量除了最初的增量以外,还因此引起从属性的增长或减退,问题就比较复杂;但是应用于最初增量的那些推论,仍然有可能应用于这些从属性的增长或减退方面。

如果商品总流量有了变动,情况就更加复杂。假定货币流量的增长引起了商品流量同样的增长,就是说,供应是具有充分弹性的,因此商品需求有了增长时,就可以引起生产与供应在同样程度上的增长,使价格按平均计保持不变。在这种情况下,就很难说存在着强制储蓄,就很难说对某部分人有所强制征取。然而在实际上,供应具有充分弹性这一点,即使在极度萧条的情况下,也几乎是无从想象的。换句话说,商品流量与货币流量对照,前者的增长比率势必较低,某些价格比不存在膨胀性需求增长时,势必要高些;就是说,某些价格势将上涨或势将中止下跌,因此强制储蓄将在一定程度上——虽然不一定会达到货币流量增长的同等程度——强加到某些人的头上。

这一点的是哪些因素？

- **收入并不是即时可用的**

所谓收入项下的储蓄比率，指的是在可以自由使用收入的那个收益时期，没有把收入使用于购买消费品的那部分的平均比率。收入的获得时期与收入可以自由处理、可以用于消费或储蓄的时期，这两者之间是有区别的。即使没有发生任何储蓄，这也并不是说收入是一经获得就立即被用去的。我们还必须考虑到前面曾提到的一点，即收入是按期支付的，而使用时是在相继期间陆续进行的。因此，即使不谈这里所使用的意义上的储蓄，在某一时间所获得的收入，支用时也将有一个期间的推迟，就工资的形式说来将推迟一星期，就薪金说来将推迟一个月，就股利的情形说来，将推迟若干星期到一年。

- **储蓄为零时的扩张**

假定由于在银行方面有了某种信用扩张行动，或者是在个人或政府方面有了反贮藏行动，从而购入了商品和劳务，产生了增出的货币收入，因此对市面复兴也产生了刺激或"发动者"的作用。这时如果不存在储蓄，我们预计扩张将怎样演进呢？经过了一段收入分配下的时间间隔——像上面所说明的那样，决定于收入支付与消费支出习惯的——以后，这项增出收入的全部将用于购入消费品。① 在这种情况下的消费品需求增长，并不会使生产发生即时的、在同等程度上的增长。商人补充存货、生产者生产商品，都需要一定的时间。这个时候商人的存货量降低，额外的货币收入处于便于使用的形态。这项资金可以由商人存入银行，或用来偿还他对银行或对自己的供应者所欠的债务。这里所假定的是，由此对增加投资资金供应方面所发生的任何影响，也就是对投资所产生的影响，是微不足道的。最后，如果我们假定处于消费品工业部门的商人和生产者至少是愿意保持着他们的存货与流动资本的，则对消费品支出的增长将引起收入同等程度的增长，但经过一段时间以后，这一增额将仍然被支出，就这样无限期地继续下

---

① 应当看到，这一假设跟凯恩斯术语下的零点储蓄边际倾向并不是等同的，因为凯恩斯先生并没有考虑到时间间隔。（见上面第9章第4节。）当然，我们尽可以照样使用凯恩斯先生的概念，不过不可忘记，这个小小的时间间隔，由于"技术上的"原因，对货币经济来说是绝对不可少的。在日常谈话中，当我们谈到零点储蓄时，就自然而然地认为这类时间间隔是当然存在的。如果假定不存在这样的时间间隔，换句话说，如果假订货币被辗转支出时是同时发生的，那就等于是说货币流通具有无限速度，等于是把货币的效用完全抹杀而实行物物交换经济，在这种经济下，虽然有一种交易的代表物，却没有流通媒介（货币）。

去。因此,在零点储蓄的假定环境下,额外收入一旦形成以后,就永不会消失。

• 货币的收入速度

在收入的赚取与收入的取得之间、在收入的取得与支出之间的这些时间间隔,对于经济社会与货币收入对照下所保有的货币比率的决定,固然是有着高度密切的关系;然而要直接由货币总存量平均的"收入速度"或"巡回速度"的大小来推断收入最初增长与从属增长之间的"平均时间间隔",却是不可能的。反过来也是一样。这种情况的一部分原因是由于社会现款持有量的某一部分主要是一种价值贮藏准备,跟商号与个人的日常收入与支出没有什么密切关系。持有量内只有一部分是随着上述那种时间间隔所决定的收入超过支出或支出超过收入而作有规律的升降的。但是,即使在讨论中把封存在贮藏项下的那部分货币除外不计,那么对于收入与支出中的所谓平均时间间隔与边际时间间隔,也必须加以区别。我们在这里的假定是,全部收入都被支出,没有进行储蓄;在这样的假定下,就收入取得者的情形说来,在平均时间间隔与边际时间间隔之间,就不可能有差别。但是就商号方面的情形说来,极有可能发生的是,就它们的额外收入进行支出时,在这一收支之间所占的时间,与社会上一切收入与一切支出之间的平均时间间隔对照,会比较长些或短些。[①] J. M. 克拉克教授在《公共工程设计经济学》[②]里,有一段写得很有意味,他估计,在美国从最初的收入取得者到最后的收入取得者之间购买力流转的边际时期("派生效用周期"的经过期间),比较在"货币收入速度"方面所表现的平均时期,要短促得多。

过了一段时期以后,有些时间间隔的"制约"作用将逐渐消失。无论如何,资本家这时大都会想到关于收入增长后的支付的方面。商人和消费品生产者将发生关于需求增长的预期,将比需求赶先一步,从事于创造新收入。即使除了与产量增长相对应的流动资本增长以外,别无进一步的投资,收入的增长不久也将获得极大的推动。况且,关于固定资本的投资,事实上也不会处于静止状态的;正相反,它将如上面所分析的那样,与消费品生产对照下,获得更大得多的扩张。这一扩张过程会不断地获得动力,向前推进,直到出现了生产因素和(或)出于膨胀来源的可投资金短缺的现象为止。

---

① 当然,我们也可以这样说,当收入流量有了新的增量时,平均时间间隔或平均收入速度,也多半会发生变动。因此把它看成比较稳定的量是不妥当的。

② 华盛顿 1935 年版,第 87~88 页。

● 储蓄的即时效果

在这一过程中如果插入了储蓄因素,会有些什么不同呢?储蓄行为所发生的作用必然是两面的。一方面以货币升的消费品需求将低落,一方面可投资金的供应将增长。如果我们只是从降低支出这个方面来看储蓄——例如,如果我们认为被储蓄起来的货币就等于是被贮藏了起来,或者等于是消灭了——这就很明显,即使不存在货币稀少、信用限制与利息率上升,当公众方面有了把一部分收入储蓄起来的习惯时,将制止、最后扑灭货币收入的这一增长。货币每经一度流转,收入每经一度支出,就要受到一度的削减。这就很明显,这时必须通过投资,对收入流量作不断的补充,才能抵制储蓄的紧缩性的压力。于是发生了一个问题,储蓄行为本身是否会引起投资行为。对这一问题的答案,往往是属于极端性的。有些经济学家——其间凯恩斯先生是非常突出的——这样说,储蓄对投资并没有直接影响,但是由于它会引起通货紧缩,因此它的最后影响足以降低投资动机。[1] 还有些人[2]则认为,在正常情况下,储蓄将促成等量的投资。

真理也许是处于这两个极端之间的某处。出于反贮藏、信用扩张等来源的可投资金供应,即使不具有充分弹性,对于借入的价格(即利息率),大概也总是具有几分敏感的。

● 储蓄与贮藏

这一论点的正确性,在繁荣的后一阶段也许不能保持,但是,无论如何,就我们目前所讨论的经济周期阶段来说,是颠扑不破的——利息率越低,从企业家手里抽回的、在某种形式下贮藏起来的那部分资金就越多。不论什么,凡是足以降低利息率或阻止利息率上升的,都会发生这样的作用,都会增加由企业家手里抽回后加以贮藏的货币量,或降低原来准备减少贮藏、准备提供给企业家的货币量。由储蓄产生的影响,也许是足以降低利息率或阻止利息率上升的。如果没有发生这种情况,那就只可能有两种解释。或者是储蓄在最初被完全贮藏了起来;或者是对可投资金的企业需求在某一范围内是具有充分弹性的,在这一范围内的需求量正相等于提供给投资的储蓄量。就前一情况来说,储蓄被贮藏起来的即使只是一部分,情形也很明显,由这时的储蓄所引起的生产品需求的增长,绝不能与因此使消费品需求降低的程度相等。如果要使

---

[1] 然而可参阅上面第8章第3节。
[2] 例如庇古教授;可参阅他对凯恩斯先生《通论》的评论,载《经济学》,1936年5月号,第125页。

投资作同样程度的增长,就必须将全部储蓄供作投资。但是,即使储蓄者一开始就准备把所有储蓄用于投资,也不能使实际投资增进到与储蓄相等的程度;除非关于可投资金的需求是处于这样的情况——企业家原来可以吸收的是这一供额减去储蓄后的余额,现在的利息率跟在那一情况下的利息率没有变动,而企业家现存仍然可以在这一相同的利息率下吸收按照储蓄增加程度的全部供额。如果他们不能这样做,则由于利息率的下降或没有上升,部分储蓄将在贮藏下封闭起来,或者是反贮藏将减少,净余的结果是紧缩性的。

我们还可以这样设想,如果储蓄的增长是出于意料的,企业家对这一增势并没有适应计划,[1] 则投资资金需求将显得很少弹性,投资就简直不会有任何增长。否则,如果投资计划事前已经拟就,计划的实现(在有意识或无意识情况下),所靠的就是储蓄增长,则利息率的跌势将轻微得多,因此发生的紧缩现象也将轻微得多。但在一切情况下总是这样的——除非银行和资本家作出关于利息率的决定时,对贮藏与反贮藏全无感觉——储蓄的影响所及,必然要降低以货币计的商品总需求。必须注意,观察时应当进行比较的,不是储蓄以后和储蓄以前的状态,而是在某一时期、存在储蓄和假使不存在储蓄这两者之间的不同状态。极有可能的是,增出的储蓄会完全被增出的投资所抵消。但是,除非不存在这项储蓄时就不会发生这项投资,否则情况仍然是这样,储蓄是比较地具有紧缩作用的。

● 不断进行储蓄的后果

我们已经看到,如果储蓄有所增长,当这一情况出现的时候,一般是要发生紧缩作用的。反贮藏的量有了减退,社会上现时赚得的收入,比没有储蓄时就要增长得慢些。如果我们把储蓄的这一后果一直追究到以后各时期,就会发现,这种紧缩作用好像是有累积性的。目前需求的相对低落,会引起随后投资的相对低落,由此使需求进一步低落,就这样反复演变下去。

如果储蓄的增长在随后各时期反复出现,结果不但将降低扩张速度,甚至将阻止它前进,使它不能达到原来可以达到的高峰,最后将扭转局势,使之走向衰颓。这种趋向,在带些抽象的假设下,是很容易证明的。收入项下储蓄的比率越大,为了要达到某一储蓄率时提高收入水平的需要就越少。另一方面,根据加速原理,投资率是随着收入增长的快慢而进退的;并且,由于收入项下储蓄的比率越大,各项收入的扩张就越慢,这就可以推定。收入项下储蓄的比率越大,在任何某一收入水平下的投资率也就

---

[1] 参阅布里西尼·图罗尼:《储蓄论》,载《经济学》新号第 3 卷,1936 年。

越小。但是，当储蓄赶上了投资时，扩张将中止。收入项下储蓄的比率越大，将使扩张中止的那个收入水平就越低。①

根据上述论证得出的结论是，当扩张过程在进展时，储蓄足以降低扩张的进展速度。假使其他情形不变，人们储蓄得越多，扩张就进展得越慢，储蓄得越少，扩张就进展得越快。

- 几个限制条件

如果要避免发生重大误解，就得牢记：我们的分析只是就特殊环境下的某一点而言的，并经假定，这里指的是处于典型的高涨时期的特殊环境。我们假定，信用扩张这时正在进行中，出于膨胀来源的可投资金供应，具有相当弹性。处于这样的情况，储蓄率增进时，新资金（出于膨胀来源的资金）流入速度将降低，储蓄率减退时，新资金流入将加速。如果资金供应是完全无弹性的，情形就不同了，因为这个时候我们就不能假定，由于储蓄率降低，使可投资金供应不足时，这一缺额的全部或一部分，会自动地由膨胀来源弥补。不过这并不是在高涨时期的典型状态，情形正相反，作为高涨时期的一个特征是，出于膨胀来源的资金供应的具有弹性。但是资金供应的这种弹性，势将随着繁荣的进展而逐渐减退（关于这一点，随后将详细说明），储蓄的紧缩作用的显著程度，势将逐渐降低。

- 制度方面的复杂情况

还有一层，我们的通则，在特殊制度环境下也未尝没有例外。到此为止，我们所假定的是一个纯一的资本市场，这个市场具有纯一的交易对象，即可投资金。然而实际上，在这个市场里是有许多类别的，它们经营着不同类型的可投资金，它们并不是绝对可以互相替代的。我们在这里所考虑的主要是，长期信用与短期信用间的差别，也就是资本市场与金融市场间的差别。也许会有这样的情况，出于膨胀来源的供应（例如银行信用），主要流入了金融市场，而资本市场则主要取决于储蓄。诚然，在现实情况下，并不是这样划分得清清楚楚的。使长期信用需求获得满足的那部分资金，其中有一部分也许是出于膨胀来源的。银行投资对象，并不限于商业票据，也还有各种证券。个人与公司手里的贮藏资金会用于长期投资，在高涨阶段的初期，由此也会发挥巨大的作用。另一方面，短期信用与长期信用在需求的方面，在一定程度上也是

---

① 参阅哈罗德关于加速原理（他称为"关系"）与储蓄倾向（或"乘数"）交互作用的讨论，载《经济周期论》，伦敦 1936 年版，第 2 章。

可以互相替代的。固定资本的投资,未尝不可以借助于短期信用,在一再转期的方式下来获得供应。① 但是不论在需求方面或供应方面,这一可以互相替代的性质,肯定不是绝对的。如果在很大程度上情形的确是这样,这就是说,如果金融市场与资本市场的确是有着像上面指出的那种意义上的区别的,对企业家说来,短期信用与长期信用是不能互相替代的,那么当储蓄率处于低水平或是在减退时,扩张的进展也许不会因此加速,也许反而会受到严重的阻挠。这时资本市场也许会非常紧迫,在那里的利息率也许会抬高,使需要长期资金供应的投资量降低。由于不同类型的投资是互相补充的,因此长期资金与短期资金的需求,彼此是结合在一起的,通过膨胀渠道流入金融市场的新资金,就受到了在这个限度上的阻碍。要对这一可能发生的情况作出正确评价,就得记住,出于膨胀来源的资金流量,一经转变成收入并经储蓄以后,就应当算做是储蓄了。有许多学家——包括霍特里先生——认为,由于膨胀性的需求增长而产生的利润,是在周期的高涨阶段可投资金的最重要的来源。

但是,即使认为这类例外情况并不重要,即使认为在扩张过程中储蓄足以降低扩张进度这一通则依然在实际上完整无缺,也绝不能由此推定,说是为了要获得最大限度的长期生产力,在周期的高涨时期,低度的储蓄率是值得想望的。对这一问题,我们还不能作出肯定的答复。然而无疑的是,根据这一论点可以有充分理由证明,同样是扩张,有些是慢慢发展起来的,有些是雷厉风行的,前者比较可以持久,由此引起的经济失调也比较轻微。

• 扩张初期时的储蓄

现在我们可以转移到本节开始时提出的第二个问题。当扩张在进展时,可用收入项下的储蓄部分,大致要占到多大的比率?有没有任何理由来相信一个经济社会所储蓄的比率在经济周期的各个阶段上都有所不同?

不幸的是,由于缺乏统计资料,关于在周期的不同阶段上的储蓄动态,还无法进行直接的计量。② 我们所能凭借的只是一些极其笼统的论证,对上述问题并不能提供确切的答案。

就社会中的劳动工资部分来说,有种种不同的论证,所指的方向,彼此并不完全一致。当萧条时仍然获得工作的那些人的实际收入至少在高涨的初期大致是要下降

---

① 关于这一点,可参阅布累特:《金融市场与资本市场投资理论》,载《国民经济杂志》第 6 卷,第 5 编,1935 年,第 632 页起。
② 参阅《美国的消费力》。

的。这些人的收入项下的储蓄比率这时大致将降低,尤其是由于失业的危险这时已经减少。另一方面,由于萧条时失业的那些人现在重新被雇佣了,他们就获得了可用以储蓄的剩额,而且在某种情况下,为了要偿还同商人们缔结的债务,他们也会有强烈的储蓄动机。就整个工人阶级说来,他们的实际收入,在高涨时期大概是有所提高的——尤其是在战后的周期——因此可能存在着储蓄增长的趋势,但是出于这一来源的储蓄增长,似乎未必会达到多大的重要程度。

就有产阶级来说,他们收入项下储蓄比率的波动,也许要显著得多,因为他们的收入,波动范围比较广大。当繁荣时,从中吸取精粹的是他们;当萧条时,首当其冲的也是他们。他们的收入,倏起倏落,波澜壮阔,而他们生活标准的伸缩性却要小得多;考虑到这一点,就不难想象,当萧条时他们甚至会发生反储蓄行为,而在高涨与繁荣时期,却会从事于大量储蓄。还有一层,他们至少在某种程度上是有意识地对周期波动有所估计的,这就会格外加强了上述的倾向。当情况顺利的时候,他们不但为晚年生活、子女教育和遗产、意外灾害等做好准备,进行储蓄,而且还要防备到市况的万一转入逆境。公司方面,则当事业发达、利市三倍的时候,会就净收益项下抽出资金,增加公积金,以备于亏本时支出,用这样的办法来执行"股利稳定"政策。

至于有产阶级中的证券持有者部分,在某些方面跟工资劳动者的确是有些相似的,在高涨时期,他们的实际收入不免将有所减损。然而处于扩张初期时,这种情况是不会十分显著的。如果把资本家、企业家、股份持有者、产业债券持有者这类人总起来说,当扩张时期,他们的实际收入无疑是要大大增长的。如果存在着巨额国债,情况就略微不同些。这时在高涨阶段,实际收入从纳税人(包括穷人和富人)到利息生活者(多数是富人)的移转,将显著减退;原来在这一阶段发生的收入重分配,是极端有利于富人的,由此可以阻止这一趋向,在一定程度上对储蓄也会有所限制。

但是,如果我们从广义的财政(包括社会保险制度)着想,就会发现另一因素,肯定有利于储蓄的增长。当萧条时期,主要由于社会服务、救济失业、支持国债等方面实际负担的加重,政府往往不得不增加支出,发生预算赤字,我们把这一点是可以看做反储蓄的。在高涨阶段,这类赤字就不复存在,甚至收入还可以超过支出。

● 扩张后期时的储蓄

上面一些分析,当扩张处于初期或正在向高峰迈进的时候是恰当的;但是当繁荣达到了顶点时,理由也许就要不很充足。当扩张处于后期时,人们就把他们现有收入的一大部分又开始花用出去,这种看法未尝没有依据。

工人、农民和商人都是一样的,他们当萧条时期也许背上了一些债,这就形成了一种心理上的负担,对生活的安全感到一种威胁,这种不安的心情,与利息的实际货币负担对照,也许并不相称。结果当扩张时期获得了任何收入的增量时,其中很大一个部分将用来偿还债务。等到这件事完成以后,就未必会只是为了增加资本而按同样的比率进行储蓄。这时收入项下的一个较大部分将用于消费,消费品商人因此将受到刺激,如果这时还存有足够的未用资金与未用物质资源,这一刺激作用将扩大到投资品工业。这一新生力量渗入了扩张结构以后,将促使收入项下的储蓄比率进一步降低,因为这时企业界会看到,将有更多的利润可得,在相当时期内将有更多的股利可以分配,因此信心将普遍提高,这就不免心粗胆壮,要增加消费了。

还有一种情况会出现,随着有关国家的社会结构和经济结构的不同,会发生或多或少的影响。增长中的企业利润,和对于利润此后将不断增长的预期,将促使证券交易所的股票价值逐步提高。随着时间的进展,这种繁荣气氛会吸引越来越多的人从事于投机活动。他们也许要把从证券交易所获得的利益看做是增出的收入;或者他们会这样想,他们手里的股票价值已经这样高,前途尽可以高枕无忧,因此就现时的可用的收入来说,尽可以少储蓄些。

● 扩张达到顶点时的储蓄

当繁荣演进到了这样一个阶段,在这个阶段,人力与物力都逐渐感到缺乏,物价的上涨超过了生产的增加时,消费支出增进的倾向也许将格外地显著。处于繁荣后期时,工资就不再具有像以前那样的"韧性",工会组织越来越活跃,工资提高速度会跟利润的提高速度相等。还有,这时农民和原料的其他生产者,在国民总收入中所占的份额也许会提高,由于他们与工业人口比较,一般要贫困得多,因此在收入项下的消费支出,也许要占较大的比率。

在这种情况下,货币投资过度论者对于繁荣末期所预示的那种局势也许会出现。消费支出对储蓄的比率在增长。消费品工业会从投资品工业中把工人拉走,使后者发生困难。假定在物质生产资料缺乏这一点还没有成为一个严重因素之前,金融体系的灵活性已经减退到这样程度,以致即使利息率提得很高,银行也不愿大量扩充信用,个人也不愿大量进行反贮藏活动。处于这样的环境下,储蓄增长就只会引起轻微的紧缩作用,储蓄减退只会引起轻微的膨胀作用。假使像上面所提到的那样,在繁荣后期,收入项下消费支出的比率有了增长,由于信用供应的无弹性,由此发生的刺激作用将减至最低度。这时消费品需求增长而生产品需求减退,前者所增出的资金大部分是出于后者的牺牲,这就要使生产品工业陷于失调状态,由此可能促成通货紧缩。

乙：紧缩过程

第7节 紧缩过程的一般叙述

● **通货紧缩作用**

紧缩过程跟扩张过程一样，也是累积性的，自行加强的。一旦开始以后，不管是怎样开始的，即使促成这一倾向的力量已经停止发挥作用，它仍然会继续下去。

紧缩会在生产因素充分运用的情况下开始，也会在生产因素部分运用的情况下开始；不论处于哪一情况，它的活动过程在原则上说起来总是一样的。

如果我们把通货紧缩理解为以货币计的商品总需求的逐渐减退，则在这样意义上的通货紧缩，在紧缩过程中就会起主导作用。这里不能狭义地理解通货紧缩，不能把它看做只是货币当局或商业银行方面的一种蓄意行动或政策。当然，这种狭义的通货紧缩会成为紧缩过程的一个发动者，而且通常也迟早会成为过程中的一个加强因素。但是，当紧缩过程一旦开始以后，那种在经济体系下的自动或自我通货紧缩（和出于货币当局强制执行的通货紧缩相反），就可以成为一个前因，也同样可以成为一个后果。[①] 紧缩与扩张在方向上相反，而在性质上有许多方面却极其相似，因此关于后者的分析，大部分可以用来解释前者。

[①] 研究这一问题的学家，往往喜欢使用"派生"通货紧缩这个词。他们所注意的主要是经济失调，认为这是危机的原因。他们并不把萧条看做是一个累积性的、自行加强的过程，而看做是一个调整时期。他们认为在期前的高涨时期发生了经济失调，在危机中暴露了出来；而处于萧条阶段时，就是要消灭这类失调现象，使经济体系重新走向平衡。他们对于通货紧缩则看做是一个不幸的偶发事件。

但是较近代的学家却越来越认识到，上面的说法是一种误解，所说的偶发现象，实际上是萧条中的最重要因素，萧条所由开始的那类经济失调消除以后，通货紧缩还可能继续一个很长时期，即使生产结构没有发生任何故障，由于纯货币原因，也会促成萧条，而且通过萧条，并不会间接恢复平衡，正相反，它会使经济体系跟平衡状态离开得很远很远。

● 通货紧缩的蔓延

假定,不管出于什么原因(例如,在进行中的一项大规模建筑计划,由于无法筹集必要的资金,不得不中途停顿),紧缩过程已经开始。于是建筑材料和工具的需求有了减退,从事于供应这类事物的工业,生产也有了相应的缩减。如果我们假定紧缩的开端是由于货币当局执行通货紧缩政策(其间又可能有种种原因或动机),也同样可以说明情况。关于促使紧缩过程开始的可能情况或通常情况,在谈到向下转折(危机)的那一段里,将提出讨论。这里只是假定,一种纯紧缩现象已经发生,以货币计的商品总需求已经大大地降低。

当各方面的需求趋于衰退时,商人向生产者的订货量将减少,生产将萎缩,有些人将被解雇。这就削减了收入。当收入降低时,各种商品的需求将进一步减退,萧条现象将扩大到体系的其他部分。

正同扩张过程一样,紧缩过程在开始时大都是缓慢的,然后会逐渐增加动力。① 最初只是就少数几种商品的情况来说,需求有了减退,这时如果在别的方面发生了有利情况,紧缩是很容易及时防止的,甚至还可以扭转趋向。过了些时候,对于较多种类的商品需求已经减退了一个时期,紧缩现象已经蔓延到经济体系的许多部门,那些扩张力量,在紧缩过程的早期阶段,原来是足以压倒紧缩的,现在却不再能扭转向下转折的动向,充其量也只能使它前进的速度降低些。这就是我们所说的"在过程中会逐渐增加动力"的意义所在。

● 各种加强因素

紧缩过程持续了一个时期以后,就极有可能会有些加强因素开始发挥作用。价格不久将开始下降,由于工资和其他成本并不是立即可以降低的,于是到处将发生亏损。这时会有一种强烈的倾向,要减少存货,降低订货量和购入量,降低的程度,会超过销售量实际的萎缩程度。需求与价格的不断降低,必然要引起企业界对前途普遍表示进一步的悲观,不管有无恰当理由,必然要发生价格进一步下降的预期。利润率将全面下降,新投资和设备重置项下的再投资将显著地缩减。远大的投资计划没有人敢

---

① 当事机转变,由繁荣走向萧条时,金融范围内往往会发生惊人变故。但不应该让这一点掩盖了这一事实,即生产与商业的向下动向,演进时通常是需要些时间的。例如,在1929年危机以后的情况就是这样。参阅斯利克特关于1929年向下逆转现象的讨论,载《经济统计评论》,1937年2月号。在1937年秋季,虽然在金融领域没有发生惊人的崩溃状态,但是生产与就业的降落,比1929年时却要快得多。

轻易尝试。

这就会进一步加强减低商品存量、增加货币存量的倾向；后一点指的就是贮藏行为，这跟扩张时的反贮藏倾向正遥遥相对。这里必须注意的是，这样的紧缩过程，即使在货币量(M)不变的纯现金经济下，也是会发生的。在现代的银行与信用经济下，更出现了有力的、足以促进紧缩的加强因素。如果通货内有很大一部分是银行货币(使用支票的活期存款)，如果整个银行体系或各个银行发生了困难，它们将限制信用。它们将竭力收回已有的贷款，停止发放新贷款，结果是 M 将萎缩。如果发生了挤兑现象，就是说，如果存款人要求把存款转换成纸币，通货紧缩现象就更加严重。从国际范围来说，也会发生类似的情况。为了要将纸币兑换硬币或国外货币，中央银行也可能发生挤兑。这就是说，现金贮藏行为可能使紧缩现象获得发展，或者是说，资本逃避行为可能加强紧缩过程。

由于有许多成本项目是刚性的，因此以货币计的商品总需求每有一次降低，生产就跟着会有一定程度上的萎缩，而且制成品生产在任何程度上的缩减，会变本加厉地传布到先前的各个生产阶段，然后再反过来影响到制成品需求的降低，就这样周而复始，形成一个漫长、痛苦的过程。

上面关于紧缩过程这一概括叙述，也许可以看做是人们对这个问题普遍意见的正确的叙述。最关紧要的一点是，紧缩演进的深度，须取决于许多情况，其中有一部分是制度性的，有许多是——或者，无论如何，也许是——跟最初发动这一紧缩过程的因素完全无关的，或者甚至跟前期的繁荣强度也完全无关。关于使紧缩过程具有累积性的一些情况，我们现在必须进行详细的分析。

第8节 关于紧缩过程的货币分析

- 总需求的减退

累积性紧缩过程在货币上的表现是，MV 的长期下降，即以货币计商品总需求的长期减退。[①] 如果 MV 没有下降，就不会发生经济情况那样迅速的恶化，生产与就业

---

① 这里的"需求"，指的是"实际需求"或"支出"，不是"需求曲线"。

那样迅速的低落,而这些都是在周期萧条过程中事实上所看到的。① 这样说来,我们似乎可以把紧缩看做是货币现象。但是,如果我们把这一点看做是有着这样的含义(事实上也往往有这样的看法),认为 MV 之所以萎缩,总是由于银行体系所执行的紧缩政策,或者是,货币当局如果不从事于紧缩信用,或通过信用政策的通常措施,从事于扩张信用,就必然可以有效地防止MV下降;如果看法是这样的话,那么上面把紧缩看做是货币现象的说法就是错误的。固然,在现有的货币组织与银行业务所设定的限度以内,货币当局是能够调节货币供应的。但是在紧缩过程中要阻止 MV 下降,就往往需要在需求与供应两个方面从事于调节和促进;而要做到这一点,也许需要极其激烈的干预行动,然而现有制度的基础如果没有发生巨大变化。这种行动是简直不可能的。

- 投资的累积性下降

我们现在准备以可投资金供求曲线为依据,对紧缩过程作比较广泛的分析。也许由此并不能得到多大收获,但是在分析中不免要重新提到以市场利率超过平衡利率来解释萧条的那些理论的要点,以此作为一个引导,可以对问题作进一步翔实的讨论。

当一般商品需求下降生产萎缩时,可投资金的需求也将下降,就是说,需求曲线将向左移动。假使供应曲线没有变动,而且在某一范围内有相当弹性,则新的交点将在原有的左方,也就是说,投资将降低。但是我们不能假定,储蓄供应会具有与可投资金供应同等的弹性。这就是说,除了适应需求以外的那部分可投资金供应,并不会转向消费品支出,而是将移作贮藏,退出流通。因此以货币计的商品总需求将进一步下降,价格将进一步下降,生产与就业将进一步萎缩。这就要使可投资金需求受到进一步打击,需求曲线将继续向左方移动。

- 资金供应枯竭

另一方面,紧缩过程在供应的方面也必然要引起不利的反应。这时到处有亏本现象,违约行为与破产现象随时可以发生,或者实际上已经发生。结果使银行与投资公

---

① 应当看到,这并不是在萧条定义依据下的重复叙述。我们为萧条下定义时,并不是以货币为依据,并不是以 MV 为依据,而是以生产与就业的量为依据的。照理推论,就业与生产降低时,跟着发生的,也许是 MV 的提高而不是下降。这就会有这样的含义,工资与价格将迅速上升。类似的情况,在德国战后通货膨胀的最后阶段似乎曾发生。但这当然不是周期萧条下的典型表现。

众心灰意懒,格外小心。借出的风险越来越大,而可投资金的供应则越来越少。用术语来表达,就是供应曲线也在向左移动。这时尽管需求在减退,而利息率将提高,或至少将中止下降,这就格外加强了通货紧缩。凯恩斯先生和布累特先生都曾指出,同一风险因素,在需求方面和供应方面,在借入者方面和贷出者方面,会被重复计算,一件事物,在两方面发生了作用,这就格外扩大了供求两方之间的间隙。①

为了对紧缩过程的货币方面,尤其是可以统计证明的那些方面作比较详细的研究,我们可以从下面的一些考察开始。以货币计的商品总需求 MV 有了萎缩,这可能是由于货币量有了萎缩,也可能是由于货币流通速度有了减退。这时可能发生的情况是:(1)货币流通额内有一部分已经消失,或者是已经离开了本国。(2)因购买商品而发生的货币的辗转易手,不及平时那样频繁,由于有一部分货币被贮藏了起来,或者是用在别的方面。(3)除了这里所提到的足以使 MV 萎缩或者使货币易购商品的流量减少的一些因素以外,还有一种演变情况,同样会发生紧缩作用,它并不影响到货币流通,但增加了货币的任务——这就是商品周转率的提高。一般商品从最初生产者到消费者的流转过程中增加了转手层次,增加了货币辗转易手的次数。但我们并没有理由认为,生产结构上的这种分化是低落时期的一个特征或必要特征。②(4)财务方面的交易吸收了较大部分的通货,因此商品需求有了减退。

---

① 参阅凯恩斯:《通论》,第 144~145 页。布累特先生在《金融市场与资本市场投资理论》(载《国民经济杂志》第 6 卷,第 5 编,1935 年,第 654 页注释)那篇文章里,谈到贷出者与借入者对于某一项投资所涉及的、由双方分担的风险进行预计时,说是有五种可能有的方式。每一方都会认为,他将负担可能发生的损失,在这种情况下,风险就有了两重估计。两方也许都会认为,风险将单独落在债权人方面或债务人方面,在这两者的不论哪一情况下,风险就只有一次估计。每一方也可以把双方看做是风险负担者,在这种情况下是两方都没有考虑到风险因素。最后还有一种情况,两方都会认为风险是在某一方式下由他们分别负担的,这样就避免了走向极端,就实现了对风险的一次估计。布累特先生认为上述第一种情况,与其他数者对照下,最近于事实。这里也许还可以补充一点,谈到贷出者与借入者之间分担风险的问题时,就势必要牵涉到借入者的财富,和投资得失之间、利害轻重的权衡这些方面,否则这个问题是无法考虑的。有些投资,发生轻微损失的可能性很大,这时债权人就简直可以把风险因素置之度外;有些投资可能发生重大损失,虽然发生的可能性不大,但万一发生时,却非债务人的力量所能弥补,这时债权人方面就不免要多所顾虑。在紧缩过程中,债务人财富的货币价值多半将降低,获得收益的一般可能性也将降低,结果使债务人无力弥补的那种损失发生的可能性就有了提高。这时债务人将感到,他所冒的风险,主要并不是在于为了偿债将不得不变卖一部分财产,而是在于为债务所累,会迫使他宣告破产。一方面债权人将感到,他不能收回本金的危险程度在增进。在这种情况下,双重计算风险情况的出现,就有了较大可能。有些欠款是有指定的资产作担保的,在这种情况下,这一原理将在特殊方式下应用。这时由于通货紧缩,降低了借入者所能提供的担保品的量,结果他对借款将不得不增加对于风险费用的支出。

② 参阅哈耶克:《价格与生产》,第 2 版,第 118 页起。

● 通货紧缩的种种形态

现在对以下几个问题须加以解答。货币是在哪一点上漏出了流通网的？在哪里藏起来了？是谁把它藏起来的？是在怎样的形态下藏起来的？它怎样会消失的？

通货紧缩会在多种多样的形态下出现，从比较极端的、显著的情况起，到比较暗藏的、比较难以捉摸的情况止，有许多差别。并不是所有这些方式都是每次周期萧条中经常的或无可避免的特征。这里试在大体上以经常程度与显著程度的高低为次，略述各种形态下的紧缩情况。

● 中央银行直接发动的通货紧缩

由中央银行发动的通货紧缩，情形极为简单、明了，无须多加评述。当中央货币当局对金币、纸币和短期负债（中央银行货币）实行限制时，意思就是购买力的流量有了降低——除非另有别的抵消因素，如银行信用扩张，可以代替中央银行货币，又如流入中央银行的货币，如果是出于贮藏，则流通速度将增进。当危机爆发，使银行现款几乎被吸取一空的时期过去以后，有时就会发生如上面所说的情况，如1933年在美国发生银行停止付款以后出现的情况，就是一个例子。

在现代情况下，如果中央银行主动实行紧缩通货，其原因几乎总是在于一个国家国际支付的失去平衡。至于发生这种情况的原因，可能是国外信用收回，或国外资本停止内流，或国内资本逃避，或者是较高的价格与收入结构（通货估值过高）所引起的国际支付在账户上的赤字。

然而中央银行货币直接的缩减，并不是每次萧条中必然存在的特征；至少这一政策一般并不是在萧条整个过程中执行到底的。当萧条开始时，或者是在一般足以说明事机将发生转变的金融恐慌中，或者是在萧条后期发生的金融恐慌中，往往会看到纸币流通显著的增长，而商品总需求则有所减退。这一点足以证明，货币经济体系的某些别的场合被贮藏了起来，而中央银行为了防止商业银行和商号的倒闭，缓和产业流通的资金枯竭现象，不得不供应现金。

● 个人贮藏黄金与纸币

这也是造成紧缩的一个明显的情况。第一种现象是，只要纸币足可兑现的，人们将以纸币持向银行兑取黄金。因此流通额将缩减，发行的银行将受到压力，为了提高准备金比率，就不得不从事于进一步的紧缩。第二种现象是，当纸币是属于不兑换性质时，原来准备使用于易购商品的纸币将被贮藏起来，或者是收回银行存款，把它转换成纸币，这样商业银行将受到压力，它们为了保持现金准备，就不得不紧缩信用。还应当注意到，个人所能贮藏的货币数量，并不限于他自己的当前的货币收入。他可以把别的资产，如证券、房地产和一切种类的商品售出，换成现款，贮藏起来。这就会发生双重后果。一方面是货币退出了流通（除非买方能设法在支出这一价款以后并不减少他在其他方面的支出——例如，如果由银行购入证券，而银行能凭以增进存款时），而且对商品的需求有了在某一程度上的减退。另一方面是，经过处理的那项资产的价格被压低，由此也许会发生严重的反应。关于这一极端重要的方面，我们随后还要谈到。

当然，个人进行贮藏黄金与纸币，并不是每一周期萧条中所必有的特征。只是处于异常严重的萧条时，并且在特殊环境下，才会发生——例如1933年在美国，当时那个地方的银行体系处于恶化状态，又如近年来欧洲的许多国家，当发生资金逃避、易购外币的时候。如果民众贮藏货币的行为有了发展，当然将使紧缩倾向格外加强，情况格外严重。

- **商业银行紧缩信用**

直到现在，在银行组织相当发展的经济体系下，这一点大概是任何紧缩现象中一个必有的特征。这是最为人们所熟知的、被分析得最充分的萧条时期的现象之一，这里无须多作论列。

在现代的银行组织中，银行存款是一种支付手段（银行货币），因此银行借款与存款的清偿显然是一种纯粹的通货紧缩的情况。这一过程可以在缓慢的、有秩序的方式下进行，可以无须引起惊人的银行倒闭或商号破产等现象。由于自上而来和自下而来的压力，由于从中央银行而来和公众要求存款兑现而来的压力，会使这一过程的演进加速。这类纠纷情况是否会发生，因而也就是信用紧缩现象是否会拖长下去，这不仅是取决于最初使紧缩过程得以开始的那些干扰的严重程度，而且——在多数情况下，在较大程度上——还取决于制度环境和心理态度，货币当局所执行的政策，国际错杂关系，生产事业筹集资金的方式（短期信用或长期信用，普通股或定息债券），等等。作为一个例子，这里可以提一提通过银行进行间接投资的那种习惯方式，这是一个因素，足以加剧经济体系中的紧缩倾向。公众不直接持有证券而持有银行存款（储蓄存款或定期存款），而银行则持有证券或以证券为担保的放款。[①] 当证券价值低落，削弱

[①] 关于借助于持有银行存款从事间接投资这一倾向的重要意义，特别是在通货膨胀以后中欧各国及战后美国的情况，以及由此发生的后果，如果要获得一些启示，可参阅：《商业银行，1925~1933年》，国际联盟发行，日内瓦1934年版；并可参阅罗柏凯：《危机与周期》，第126~127页。

了银行的实力，因而使公众对银行的信心有了动摇，企图将银行存款转换成现金时，银行方面为了觅取资金，应付需求，就不得不售出证券。由此将促使证券价值下降得更为猛烈，这就必然要提高筹集长期资本时所负担的实际利率。也许有人会这样反驳，认为公众将存款转换成现金以后，当银行将证券向市场抛售时，如果公众并不立即用这项现金来购入证券，这就表明，公众宁可保有现金，不愿按当时价格购存证券，由此可见，即使不存在通过银行实行间接投资的现象，结果也必然会迫使证券价格下降到同样程度。这样的说法，未免过于偏重对投资者"理性"了。如果证券握在投资者手里，他是用高价买来的，当市况衰颓、市价低落，他已不再有兴趣按当时价格继续购入时，他原来购存的那个部分，极有可能还是要继续保持的。还有一层，由于银行持有证券，因此对于它们是否具有偿债能力，可能引起疑虑，从而引起"挤兑"风潮。由此说明，银行持有证券这一事实本身，就足以导致商业信用紧缩，这一点比它对证券价格的影响具有更大的紧缩作用。

在每次萧条的这一阶段或那一阶段下，几乎必然要发生在商业银行方面主动采取信用紧缩政策的现象，虽然这一点并不具有逻辑上的必然性，事实上却是如此。可是尽管这样，并不能由此推定，这一政策就必然要执行到萧条的终点，成为一个唯一的或主要的紧缩因素。但是另一方面也会发生这样的情况，在银行已经停止催收放款以后，信用紧缩政策依然存在，理由是除了上面所论及的以外，还有其他的、比较曲折的通货紧缩形态。现在我们就来谈一谈这些形态。

● 企业机构进行贮藏

在一般紧缩过程中，工商企业也跟银行一样，企图在灵活性上有所加强，也就是说，要想竭力增加现款准备，减少银行债务。（至于除银行债务以外，在其他方面的清偿，跟购买力消失这一点的关系没有像清偿银行债务那样密切。关于这一问题，在下面讨论到一般债务清偿的某些方面时，将附带论及。）在加强灵活性这一企图的背后，存有两重动机。第一，当债款到期，需要清偿时，是否能及时筹措资金，缺乏把握。在紧缩时期，尤其是在这一时期的最初阶段，要从银行方面或者从原料与其他生产资料的供应者方面取得资金通融是困难的。还有一层危险，这类贷款到期时要想通融展期，也许同样困难。此外，自己的债务人是否能如期还款，也不能确定。所有这类情况都足以表明，争取加强灵活性似乎总是最上策。第二，还存在着这样一个情况，当价格低落、处于亏本状态，并且预计还将继续亏本时，关于固定资本与流动资本的重置（再投资），以及在情势未恶化以前列入计划的新投资，都不得不暂时延缓或中止。这时进行投资或再投资将得不偿失，因此就不再作这样的打算，而从事于累积闲置余额，或者是,即使银行不再催还欠款,也宁可提早清偿。(当然,在极端情况下,进行贮藏时的主要方式,并不是累积存入银行的闲置余额或偿还银行欠款,而是保存纸币或现金。)

当人们从事于争取加强灵活性时,不管是出于什么样的动机,也不管是采取什么方式,在一切情况下,由此所引起的直接后果总是一样的。商品需求将降低,价格将下降,生产将萎缩,一般情况将趋于恶化。因此,一般灵活性初步的扩大,会引起进一步去维持灵活性的必要,从而使情况变得比过去更坏。然而,随着价格与工资的低落,和生产的缩减,资金将逐渐获得解脱——这种情况,可能发生在一连串的挫折与衰落以后——灵活性将全面增长。

不用说,中央银行和商业银行的政策,在这里是一个决定因素。它们凭着在资金增额方面的或收或放,足以加强或减轻由个人进行贮藏所发生的后果。一方面是银行与货币政策,另一方面是企业机构的争取灵活政策,这两个因素会在极其复杂的情况下交相感应。但是有一点必须注意,后者的政策,即企业机构的贮藏倾向,是一个独立因素,即使在一个设有银行货币的纯现金经济的情况下,也会发挥作用,引起普遍紧缩现象。

● 非银行债务的清偿

除银行债务以外,个人之间与企业之间债务的清偿,至少在周期紧缩的最初阶段,也会发生强烈的影响。但一般债务清偿,与银行债务清偿的情况有所不同,它跟易购商品货币流量减少这一情况之间的关系,比较复杂,比较间接。

银行对顾客的债务(即存款),通常是当做货币使用的。存款人看待存款就同现款一样,存款可以构成购买力,有它的流通速度。因此,由于银行倒闭或银行信用紧缩,使这类存款消失时,会减少购买力,降低商品需求。当然,其他债务也会发挥同样作用。一张票据,可以当做货币那样地流通,票据的结算跟存款的清偿会发生同样后果。然而在我们现代货币与银行制度下,尽可以把这一情况看做在数量上是没有重要意义的(虽然在经济史上曾有过例子,表明这类现象曾经占有重要地位)。一般的说,债务的清偿——或者,如果我们喜欢从相对角度来看的话,也可以说是信用清偿——乃是以一种比较间接的方式产生通货紧缩的作用。

但是,即便在银行债务(信用)以外的债务(信用),并不当做货币流通,也可能是具有高度流动性的资产——流动程度决定于债务人的地位和市场情况。因此,这类债务是当做灵活准备使用的;当处于普遍紧缩过程、这类债务数量减少、可售性丧失时,就不再能适当地完成这一任务,必须用货币、银行存款或中央银行货币来代替。于是对货币的需求增长,流通速度则趋于减退,总需求就在如上所述的过程中趋于萎缩。

● 债务人被迫出售资产

关于一般债务的清偿,还有一个方面,具有很大的重要意义。作为一个债务人,当他被迫偿还欠款时,并不是一定具有充分能力,可以就他的现时收入项下拨还的。一般的情况是,为了清偿欠款,将不得不变卖资产。他可能售出证券、房地产或者是各种各样的商品。这类强制变卖行动,对资产价格必然要发生不利影响,从而造成紧缩性的后果。

为什么这类强制变卖行动以及由此引起的价格低落会造成或加强通货紧缩,我们对这一点必须有清楚的了解。也许有人会这样说,这类交易本身(即这类资产的售出与购入),至少暂时是要吸收货币的,把这项货币从别的用途中抽调了出来。原来是要用于新投资或消费的那项购买力,现在却用在由处于困境的债务人向市场抛出的那些旧证券和其他资产方面。按照凯恩斯先生在《货币论》里的用语,我们可以说"是金融流通从产业流通盗窃了资金"。然而,在资产实际转移中关于购买力这一暂时的吸收,就整个体系说来,似乎只是一个次要因素。还有一个更加重要得多的因素是,由于在买卖中的这类资产价格下跌而引起的间接影响。

如果证券价格低落,就等于是利息率提高,这就必然要妨碍通过发行证券(债券和股票)为新投资筹集资金这一方式的顺利进行。银行放款往往以证券作保证,如果证券价格低落,对银行出借资金的意向与能力方面,必然不会有所促进。如果房地产价格低落,房屋建筑将无利可图,这一生产事业将受到打击,趋于萎缩。

我们也不可忽视问题的另一面。债权人方面对于资金将怎样处理呢?如果他买进债务人所售出的资产,那就很难看出,为什么价格要低落。但我们所讨论的是,处于一般紧缩过程时所发生的情况,在这种情况下,我们可以假定,债权人是不会把这笔资金即时进行投放的,至少在当时,他将使之处于流动状态。假使是这样的话,那么当然,整个过程是具有高度紧缩作用的。但在这类情况下,作祟的是贮藏者,是要收回放款、把资金囤积起来的债权人,而不是被迫出售资产的债务人。如果债权人决意进行贮藏(换句话说,是要将债务转变成现款,从而加强资产的灵活性),这时债务人即使靠了缩减消费支出,或者,假使他是一个生产者,靠了缩减生产(投资与再投资)可以清偿债务,而不必出售资产,结果也还是不能免于发生紧缩性的作用。

在结束讨论债务问题以前,还可以附带提到一点,如果债务不能履行,有了违约行为,由此发生的间接紧缩影响,比由于照约履行而发生的直接的紧缩影响大概还要严重得多;因为发生了违约行为以后,必然要扩大不安情绪,从而格外助长了要求清偿债务和进行贮藏现款的迫切心情。

- **为弥补损失出售资产**

凯恩斯先生和德宾先生提出了另一种演变情况。[1] 他们假定,有人在进行储蓄,消费品需求因此有了减退,消费品生产者受到了损失,结果售出了一批原来保有的"旧"证券(与新发行证券有所不同的),来弥补损失,借此来调换造成损失的那项储蓄。这样一个例子未免有些勉强,关于这一事例的可能演变,我们不必一一论述。我们可以考虑一些比较一般性的情况,不管损失是怎样造成的,总之是用出售资产的方式弥补了损失。

这一情况与上面所谈的很相像,不过性质更加广泛。这里的意思是说,当一个生产者发生了亏本情况时,他并不在相应程度上减少支出(不论是他个人消费方面的支出,或是在劳力、原料、半成品方面的支出),而是用一种把资产售给某些别人的方式来维持现状。在这种情况下的售出行为,必然要压低该项资产的价格,从而发生间接紧缩影响(像在上一情况所指出的那样)。但在这一点以外,还会发生些什么直接的紧缩影响,却不容易看出。[2] 这里将一笔资金由一个储蓄者移转到了一个企业家的手里,假定后者是在种种方式下把它花费了的。因此商品需求并没有减退,只是这类交易本身暂时吸收了一些资金。对这一过程我们可以这样说,公众方面储蓄的一部分,被企业家方面的反储蓄抵消;把储蓄浪费在抵补损失的方面。这样的情况当然不能持久;但无论如何,这一过程是不会发生直接紧缩影响的。[3] 甚至它所发生的直接影响,可能还是膨胀性而不是紧缩性的。如果为弥补损失而出售的资产是由银行收买的,由银行凭以增加了新存款,或者是,另有人为了购买这项资产而实行放弃贮藏,则货币流量将因此有所增加而不是减少。

---

[1] 凯恩斯:《货币论》第1卷,第173~174页;德宾:《信用政策问题》,第95页起。

[2] 指出这一点的是哈耶克教授,见《对凯恩斯先生纯货币理论的商榷》,载《经济学》,1932年2月号,第29页。

[3] 在这一点上,凯恩斯与德宾先生所提出的例子跟这里的例子,也许略有不同。在前一情况下,造成损失的原因是储蓄率有了增长,在后一情况下,所以会发生损失是别有原因的。就前一情况来说,也许可以认为,货币从成为储蓄者手里的所得那个时间起,到构成商品需求时止,所须经历的路线加长了,因为在人们决定储蓄以前,这项货币已经直接用于消费品。在决定储蓄以后,这项货币在流到消费品生产者的手里以前,还须先通过资本市场,用来购买旧证券。在它这到最后阶段以前,中途也许会发生延搁,这就相当于在易购商品的货币流转中发生了停顿。就后一情况来说,损失的发生,跟某人过去未曾储蓄而现在却从事于储蓄这一点并无关系,中间并没有插入货币周转问题,因为所储蓄的数额,在使用于实际商品以前,无论如何须先通过资本市场。这一数额,无论是用来购买旧证券以抵补损失,或是用来购买新证券,为新投资提供资金,流到商品市场的时间总是一样的。

不过两种情况之间的这种差别,未必有多大的实际重要意义。

● 为了怕价格下跌而出售资产

所以要出售证券和其他资产,如果并不是出于偿还债务或弥补亏损的必要,而是出于投机动机——出于价格降低或币值提高的预期——那么我们可以说,在这里碰到的是单纯的通货紧缩动向。这里必须注意的一点是,所以会促进货币紧缩,并不是为了这些交易而产生的货币需求,而是在于贮藏倾向,是要把灵活性较差的资产转换成灵活性较强的资产,然后把它藏起来不用。至于情形是售方按低价售出资产以后实行贮藏,还是并没有发生任何交易而资产价格已经低落,事实上并没有多大出入。当各个人对证券价格前途都抱着同样的悲观态度时,即使没有任何证券易手,价格也会全面地迅速下降。在证券交易所,这是一个常有的现象。在跌风笼罩下的市场,人人的看法一致,价格就会在"谈论之中"步步下跌。如果发生了实际交易,那是由于各人的看法还没有完全一致,买进的那些人比卖出的那些人在悲观程度上还差些。当然,悲观程度实际上是绝不会一致的;但是紧缩影响的发生,并不有赖于各方的看法是否有参差,因此并不有赖于实际交易。(如果一方的悲观预期与另一方的乐观预期可以相抵,情形那就当然不同。但是就我们目前这一例子而言,有关的只是悲观程度种种差异中的一种差异情况。

● 灵活性的等级

当周期萧条期间,发生了种种方式的贮藏,有些学家企图为处于这类贮藏行为之后的动机拟出一个一般化的通则。他们说,这是由于一般的"灵活偏好"有了提高。[1] 银行、工商企业和个人,都想提高灵活性,就是说,对于所保有的财富,其中属于现款或比以前更富于灵活性的部分,希望能有所增加。各种类型的资产,在灵活程度上高低不同,曾有人试图按这方面的高低为次序,拟出一个典型的"灵活等级"。如果从最灵活的资产开始,按照灵活性的高低依次排列,则大致情形如次:现金、纸币、银行存款、短期信贷、长期信贷、债券、股票、实际商品。[2] 但是,要把这类等级看做一成不变是不可能的。情况不同时,等次也会发生变化,一切反常状态,都是有发生可能的。例如,当处于高度通货膨胀情况时,在灵活等次上股票会高于债券,不动产会高于银行存款,等等。[3]

---

[1] 参阅凯恩斯的《通论》,以及由这一著作引起的种种评论,特别是维纳教授:《论凯恩斯先生所谈的失业原因》,载《经济学季刊》第51卷,1936年10月号,第147~168页。
[2] 参阅,例如,希克斯教授:《平衡与周期》,载《国民经济杂志》第4卷,1933年,第441页。
[3] 参阅德宾:《信用政策问题》,1935年版,第106页。

这类归纳结果,对于上面所作出的一些详细分析的内容,似乎并不能有多大增益。

第9节 生产品与耐用品的生产比消费品与非耐用品的生产为什么要减退得快些?

- 紧缩过程中加速原理的作用

假定,为了生产某一单位的产量,所需要的耐用生产资料(机器)对劳力与原料(流动资本)的比率,在一定的产量范围内,是在技术考虑下严格确定的——就短时期说来,这似乎是一个很近情的假设——那么,耐用生产品的需求和生产这类商品时必要的各种材料的需求,以及随之而来的它们的生产,为什么会比制成品的需求和生产下降得快些,这一点凭了加速原理①就很容易解释。

当处于周期的向上阶段时,经济体系的一切部门都在扩大,一切行业的生产和就业都在增长,生产品工业,尤其是耐用品工业,进展得格外迅速。当体系停止扩张,或者甚至产量趋于萎缩时,人们就当然要停止增加固定设备。由于产品需求减退,现有设备并没有获得充分运用,当处于这种情况时,就不再从事新投资,这是一点也不稀奇的。这时耐用资料的生产,将降低到为了维持能量不得不进行重置的要求限度。而在许多行业中,由于在前一繁荣时期设备已经在很大程度上有了更新,而且可以想见,新置的设备大概都是最近代化的,因此在相当长一段时间内,实在并没有什么重置需要。如果萧条特别严重,时间拖得特别长,甚至对设备的重置也会置之不顾,就听任能量逐渐缩减。

我们可以从另一个角度来说明问题。假定消费需求降低到了某一水平,生产有了缩减,促使产量降低到"消费者可以接受"(用弗里希教授制造的新词)的新低水平下所确实需要的程度,这时存量有了多余(所以有多余,是从产量新水平的角度来看的)的那些商品与劳务的生产将完全停顿,直到这类产量降低到产量新水平所需要的程度为止。上面已经指出,我们不妨把耐用品——消费品以及生产品②——看做是以后各时期准备下的一宗劳务或劳务的一宗存量。这样的"存量",比非耐用品的实际存量

---

① 参阅本章第5节,及第3章第17~24节。
② 这里对这两者作出区别时是带有些主观性的,例如我们把公寓住宅和汽车看做是消费品,把发电厂设备看做是生产品。

一般要大得多。①

● 缓购耐用品比较容易办到

由于上述一些原因,所以,即使消费支出的减退在各种类型的制成品与劳务之间分布得十分均匀,我们也可以料想的到,生产品与耐用品的生产跟消费品与非耐用品的生产对照,前者的下降将更加猛烈。但情况并不一定是这样,而且大都不是这样的。消费者对不同商品的支出,会作不同程度的缩减,而且当收入分配有了变动时,对于不同类型的制成品将引起在需求上不同程度的减退。这时不论就个人而言或就社会而言,关于"边际"支出的性质,要加以归纳,进行综合,是不容易的。我们可以把收入萎缩时在需求减退方面首当其冲的那类商品说成是"奢侈品"。但是我们看不出,为什么耐用生产资料跟奢侈品生产会有着格外密切的关系。对这一点往往有人作这样的解释,认为耐用品生产所以下降得比较快,是因为与非耐用品的情形对照下,摒除耐用品或缓购耐用品(或缓购由此所提供的劳务),比较容易。不用新汽车或不用任何车辆,总比不吃不喝要容易办到得多。认为耐用品与由此所提供的劳务处于消费支出的边缘,因此消费支出降低时,它们受到的打击最严重;这个说法在某一限度上也许是对的。但是以此作为耐用品生产降低得比较快的一个原因时,这样的原因跟上面所提出的原因对照,在性质上似乎没有那样重要,也没有那样地富于内在性。②

---

① 两者之间还存在着这样的区别。如果那些非耐用品——比方说糖或煤——存量过多,可以用减价办法,"强使"消费者去消费,从而使这项商品在市场上消除。对付耐用性商品时,却不可能用这样的办法。就一架机器或一所住宅来说,即使把它的价格(或者是它所提供的劳务的价格)减至于零,也不能使它所能提供的劳务在短时期内彻底消除。当然,用减价的办法,未尝不可使一些机器或住宅早些脱手。但由此并没有把它们消除,它们还是在那里,它的存在这一事实本身就限制了跟它们属于同类的商品的需求。只有把它们当做废料出售,当做废料利用时,它们才会在短期内彻底消除。但是,除非把价格降低到这样程度,以致不要说是增加能量,就是再生产也已不在话下,否则这样的情况是不会发生的。至于当价格普遍降低时,是否会使生产与投资全面复苏,那当然是另一问题。我们这里所注意的是另外一点,是这样一个问题:假定生产与一般活动有了减退,为什么耐用品与生产品的生产,比非耐用品与消费品的生产,要减退得快些?

② 如果把上述论点应用到生产品方面,理由似乎比较充足,然而跟上面所已经谈到的一些,实在并没有多大区别。要变更生产方式,在一定范围内往往是办得到的。尤其是机器,耐用性较强或较弱的,式样较新或较旧的,都可以使用。可是一件产物,只要是具有耐用性的,关于这一产物的前途演变、它的需求和价格等方面的预期,就要从中发生作用。如果预期是偏于悲观的,即使就成本与产量的目前情况看来——就是说,假定产量与价格的现时水平将继续保持——似乎有利可图,也不会实行设置或重置机器。这时生产者将谢绝新机器,就是说,将继续使用现有设备一直到"最适度"点的界限以外(当然,这里指的只是在长远观点下的最适度)。很明显,关于流动资本的需要,要作这样方式的变化,在多数情况下是不可能的,而且也没有要这样做的动机。

● 预期的作用

关于加速原理在紧缩过程中的地位与作用已如上述，这方面的论述必须加以补充与修正，就同论述这一原理在扩张过程中的地位与作用时的情形一样。① 严格地说来，促进设备需求的，并不是产物的实际需求，而是产物未来的预期需求。以需求与（或）价格的目前水平或最近动向（就我们现在所研究的说来，是最近所经历的下降动向）为依据，对前途演变可以在种种不同方式下进行推测，其间可能发生种种不同的预期，从比较"乐观"到比较"悲观"，可以列出一个层次分明的等级。如果需求在近来有了减退，可以引起种种不同的看法，可能认为这只是暂时性的，不久就可以回升，或者认为这一新的低水平将继续存在，或者认为将按同样进度不断下降，或者甚至可能认为进度将继续提高，跌势将变本加厉。例如，当我们认为长期紧缩以后前途必然暗淡时，我们的意思就是说，当人们眼看到近来的情况是需求在减退，就不免要发生这样的预期，认为这一趋向将以同等速度或加快速度继续下去。②

因此，照理推论，一切方式的反应，都是有发生可能的：至于哪一方式发生得最频繁，哪一种算是典型方式，只是一个事实问题当严格应用加速原理时，在这一应用下的基本假设就是，现在的水平此后仍将保持。至于生产者在这方面的确切动态，是否有加以归纳的可能，这一点很难决定。不过，为了要获得一个概括的结果，指出在某一范围内的预期有发生的可能，把其他发生的可能性极小的类型除去，这样做也就够了。如果对于在低落时期任何时间所达到的需求低水平预料将继续存在，或者是，比较悲观的预期普遍流行，将比较乐观的预期看做是绝对不可能实现的。如果情况是这样，那就很明显，累积性的紧缩过程将继续演进。③ 这似乎是一个相当合理的假设，而且即使把假设下的条件放宽些，似乎也不会使结果发生根本变化。

由于加速原理的作用，与消费者购买力对总投资（生产品生产）的依存关系，形成

---

① 参阅本章第 5 节。

② 希克斯教授曾试图将种种不同反应加以依次分类。他采用了"预期的弹性"这样一个概念；他为这一概念所下的定义是，"预期未来价格的此例上涨……与现时价格的比例上涨两者之间的比率"。据此，如果现时价格的变动，会使预期价格作同一方向、同一比例的变动，则预期弹性是一。（参阅：《价值与资本》，牛津 1939 年版，第 205 页。）他还指出了在预期弹性的依据下变动过程的累积性。在这一章的前几段里也曾指出，如果预期在现时价格同一方向下推移——就是说，如果预期弹性至少是——则将使变动趋入累积过程。（参阅同上书，第 251~252 页。）

③ 如果在各行业中大部分的情况是这样，就已经足够造成紧缩趋势的继续演进。大势所趋，偶然的例外是不能影响全局的。

了消费支出与生产支出之间的交相感应,再由此造成了累积性紧缩过程的结果。① 消费品方面的支出减少了,这一点反过来猛烈地影响到生产品生产(加速原理),于是可投资金的需求有了萎缩。MV 在上面第 8 节所说的这一方式或那一方式下减退了。于是,收入与消费方面的支出就更加缩减。情形就这样演变下去。②

---

① 我们从消费者购买力对投资的依存关系谈到消费工业的活动,这样的分析程序跟康恩、凯恩斯和哈罗德"乘数"概念的使用,是有些不同的。但在两种情况下所谈的,实际上是一件事物,而且我们可以说,乘数观念已经相当明显地包含在关于"魏克赛尔式过程"的一切叙述中。

② 这一过程在没有达到终点以前,要延续多久,将在下面第 11 章乙段讨论。

第11章 两种转折点——危机与复苏

第1节 引言

● 问题说明

在前面几个段落里,讨论了为什么我们的经济体系会遭受累积性扩张过程与紧缩过程的原因。我们说明了为什么这类过程一旦开始以后就会是累积性的和自我加强的。现在要讨论的问题是:这类过程会怎样开始,在实际或通常情况下是怎样开始和怎样结束的。

问题可以分两个部分来谈。

甲,扩张会怎样结束,在事态的正常演进下是怎样结束的?为什么不会无期限地继续下去?为什么在扩张以后,接下去的总是严重程度不等的紧缩,而不能导致稳定平衡?这个问题跟紧缩过程会怎样开始的问题密切地关联着,实际上两者几乎是相同的。因此我们把它叫做高潮转折点问题,或危机问题。[①]

乙,紧缩会怎样终止,一般是怎样获得扭转的?这个问题的性质跟扩张开端原因的性质相同。因此我们把它叫做低潮转折点问题或复苏问题。

● "偶发的"与"有机的"制约力量

在扩张与紧缩两种情况下,都会发生属于两种类型的分化或缓和力量:一种跟它所阻挠的扩张或紧缩过程完全无关,还有一种则大都是或必然是由扩张或紧缩自身

---

① 参阅本书第9章第1节。

所招致的。换句话说,足以打断扩张或紧缩过程的,一方面,可能是一些偶发变故,例如由于天时关系而发生的农产收获变化、来自国外的影响作用(与出于扩张或紧缩自身引起的有所不同的)、需求方面的自发变动等,另一方面,它也可以自身产生在经济体系中的失调(对抗力量),使这个扩张与紧缩过程像最初发生的那样受到遏制或逆转。这类失调或对抗力量是多种多样的,在性质上也许是货币的,也许是非货币的,也许可以看做是任何扩张或紧缩所难以避免的后果,也许是从属于某种环境,而这类环境并不是在每次扩张或紧缩过程中必然存在的。

多数周期理论者曾试图证明,最重要的是上述第二类力量。实际上他们一般是把这类力量的存在看做是一个定则的,至少就扩张方面来说是这样。如果这一见解可以确定成立,那么周期动向①对我们现在的经济体系在很大程度上就比第一类情况成为更主要的属性。我们对两方面的可能演变,都将加以探讨。因为,即使可以证明第二种假设是正确的——就是说,扩张或紧缩过程之所以不能无止境地继续下去,是由于它自身会产生跟它反抗或把它扭转的力量——这时也仍然有必要来证明:在这种力量发挥作用以前,一些偶发因素也可能使扩张或紧缩趋于结束;这样的论证也仍然是不可少的。用一个类似的例子就可以说清楚这一点。诚然,每个人到衰老以后迟早总要死亡;但是尽管如此,并不因此改变而且值得注意的一个事实是,仍然有许多人会由于疾病传染或意外灾害而夭折。

这一点的重要意义是在于这样一个事实(上面已经提到,以下还要详细讨论),当扩张达到了某一阶段以后,对于偶发的干扰就会比较敏感。同样情况,当紧缩经过相当时期的进展以后,就比较容易被某种刺激因素所制止或扭转。因此,扩张是否会引起紧缩,紧缩是否会引起扩张,我们对这一点即使不能作出有力的证明,基于随着时间的推移,在漫无规律的状态下发生的种种意外冲击,仍然可以用来说明,为什么繁荣时期和萧条时期扩张与紧缩会作相当有规律的更迭。

---

① 就"周期"这个词而论,顾名思义,就说明它是一个整体,说明其间一个阶段必然是由另一个阶段而来的。我们是在比较谨慎的意义下使用这个词的,指的只是由繁荣到萧条的更迭;至于这一阶段是否前一阶段的必然后果,还是应当把各个阶段之间的关系看得比较松弛,对这一点我们不加论断。

甲：向下转折（危机）

第2节 分析问题的方法

• 探讨时的三个步骤

前面曾经举例指出，当货币当局不管出于什么原因而实行通货紧缩政策时，或者庞大的建设计划受到阻碍时，都会使紧缩过程由此开始。我们现在要考察的是，这类情况是怎样具体演进的，同时还应当注意到那些别的事态或因素。作为初步探讨（见第3节），我们假定这类干扰已经发生，要追究的是，这类干扰因素是怎样发挥不利影响的，尤其要注意的是，当某一因素所直接影响到的只是经济体系相当有限的部分时，怎样会由此中断扩张，引起普遍紧缩。开始时我们可以假定，这类干扰是在与周期无关的情况下发生的。这就是说，它们可以在周期的任何阶段发生，可以在紧缩时发生，也同样可以在扩张时发生。如果发生在普遍紧缩正在演进的时候，紧缩现象将格外显著；如果发生在普遍扩张阶段，扩张的进度也许将降低，如果发生时冲击十分猛烈，扩张过程也许将由此打断。

作为探讨的第二步（见第4节），我们准备说明，当扩张已经进展了一个时期以后，为什么这时的经济体系对干扰因素会越来越敏感，为什么同类的干扰发生在高涨的后期，比较发生在初期时会引起严重得多的后果。

第三步所探讨的（见第4节），是容易在高涨时期发生的，或者是扩张过程所难免要引起的那些不利影响或失调现象。[①]

[①] 关于这一问题的著述，最需要注意的是这里列入第3项的一些内容，对于前两个范畴则比较忽视。然而就我们的理论纲要说来，第一步讨论是对第三步讨论不可少的准备。即使我们能够证明，扩张过程必然要引起生产结构失调，这时仍然须有待于证明的是，影响到产业体系一个部分的故障，怎样会推广或扩大到整个经济，以致部分的障碍会影响全局，造成普遍紧缩现象。至于失调的发生，不论是与扩张无关，还是由扩张自身所引起，问题总是一样的。（不过在量的方面也许有差别，由扩张自身引起的失调，也许可以认为是格外严重的。）

除非对这里提出的三个步骤下的问题和可能演变有清楚认识并加以分析，否则就无法组成一个理论结构，对于在现实生活中要碰到的许多复杂情况，就无法加以合理的探讨。

第 3 节　紧缩的近因

● 局部干扰引起总需求减退

对通货作断然的、蓄意的紧缩，也许可以成为向下转折的一个近因。于是商品总需求将立即下降，这时关于紧缩的进一步发展，像上面所已经说过的那样，是比较容易解释的。

然而有些干扰因素，它们本身并不会促使总需求减退，所直接影响到的只是经济体系的一部分，例如，只是工业中的某一部门，其结果并不只是促使需求从某一种或一些商品移转到另一种或一些商品，而是引起了总需求的减退。对这样的情况要加以解释，却困难得多。假使对于怎样会引起总需求减退这一点有了解释，那就可以根据上面已经分析的那些紧缩的累积力量来作出进一步的解释。

我们可以从比较简单的情况谈起，在这种情况下我们一开头就假定，总需求减退是由于可投资金供应减少。

● 由政府或银行实行紧缩通货

如果政府决定紧缩通货——那就是，通过税收或其他方式来维持一部分岁入——情况那就极为明了。但这只有在极端例外的环境下才会发生。实际上有较大重要意义的情况是，由国家的中央银行实行限制信用政策。在金融史上要找到这样的例子，并不困难。这类措施的动机通常总是在于防止国内准备金趋于枯竭，或者是在于恢复对外支付平衡。国际支付所以会失去平衡，有种种原因。由于国内扩张政策，或由于国外实行货币贬值或通货紧缩，一般价格与国外价格对照下，也许会显得过高。也许已经发生了资金逃避或资本停止内流的现象。由于关税提高或其他原因（例如某方面国外竞争者的勃兴）而失去了国外市场时，也许会使国际支付发生逆差。某一主要农作物歉收时，也许使输出有了减退，或者有了增加输入的必要。

即使没有受到国外局势或国内现金资源枯竭的威胁，中央银行由于担心长期扩张可能演成的后果——不管这种惴惧心情是否有确切依据——也会实行紧缩信用。

出于类似的理由，商业银行在没有受到中央银行压迫或警告的情况下，也会主动进行紧缩信用。

可能发生的情况还很多,尽可以推演下去;已经提到的一些情况,也尽可以作进一步详细的分析,提出许多大同小异之处。但这里似乎只须说明在一切情况下相同的一点,这就是,当货币当局抽紧资金供应时,对扩张会发生不利影响,如果抽紧时的力量十分强大,就足以阻止扩张,转趋紧缩。

就某一国家在某一时间的情形来说,扩张的进展速度为什么会降低,或者是,为什么扩张会转为紧缩,用上面的说法来解释,往往是符合实际的。但这并不是说对一切情况都可以这样解答——关于其他阻力,以下将谈到——而且,即使在某一特殊情况下的确可以证明资金供应的限制能使扩张中止,那么也并不能由此断言,假使没有采取限制措施,扩张就会长期继续下去。关于这一点,将在第5节讨论。

所有这里的一些情况,关键都在于资金供应的抽紧。造成紧缩的近因,在这里总不外是资金供额降低。但是就下面要分析的一些情况来说,关键是在于可投资金需求减退,由此走上了累积性的紧缩过程。(这一过程一经开始以后,需求减退与供应紧缩,就会像已经说过的那样,以一种累积的方式相互影响和相互加强。)

● 局部衰退所发生的后果

我们现在要讨论的是,工业中某一部门如果发生了干扰,是否会由此引起普遍紧缩现象,假使会的话,是怎样引起的。假定某一行业(比方说,汽车制造业)发生了变故,有许多工厂不得不缩减产量,甚至完全停工。

像这样一种行业的局部衰退现象,它的起因和附随状况,在不同情况下也许是有很大差别的。因此,如果没有一些特殊的假定,关于由此可能发生的后果,就无法作出任何明确的论断。衰退的原因也许是属于这样一种性质,一方面对某一行业发生了不利影响,而在某些别的方面则引起了促进作用,因此两种倾向可以互相抵消。假如衰退是由于需求的突然转变而引起的,就会发生这种情况。这时也许商品A的需求有了增长,而商品B的需求有了减退;而遏制B种行业的力量,却适足以刺激A种行业的生产。但是,即使在这种情况下,也不一定可以由此断言,就对于总需求所产生的影响来说,两种影响作用可以互相抵消。[1]况且,我们在以下的讨论中会看到,在出于不同原因的别的情况下,需求却没有如上面所说的那样同时的、自动的增长。

我们首先要讨论的是这样一类局部衰退现象:在不同环境下对总需求可能产生的影响,跟促成衰退的原因所引起的相反影响是没有关系的。至于上述后一情况,将在下一步讨论。

---

[1] 参阅本书第3章,第24节。

某一行业的产量水平降低以后,它所使用的那些因素的收益将降低,工资支出将减少,由此使工资品需求降低。当进行清理存货时,如果产品行销能够继续一个时期,则货价收入将用来偿还银行欠款及其他债务,却不会用来购买劳力、材料等,从事再投资,这就要产生通货紧缩的作用。

我们还得考虑到由此对一些附属行业所产生的影响。影响的大小,将取决于多方面的情况。产量减退可能是在意料之外的,也可能是在意料之中的,在前一情况下的影响将大于后者。如果减产的这一行业以前已经扩张了一个时期,而且原来预计将有进一步的扩张,它的附属行业也有了进一步的扩张,这时突然受到打击,影响将格外严重。具体情况可能有种种变化,还可能牵涉到国际方面的错杂关系,例如供给原料和其他生产资料的行业,可能并不处于使用这些材料的本国,而是在另一国家,这就有引起种种不同情况的反应与影响的可能。不管怎样,货币流量将缩减,总需求将降低,这样的倾向总是显而易见的。

如果有关的各企业机构对银行存在着严重的债务关系,上述倾向将格外显著。如果银行方面发生了困难,开始紧缩信用,这就发生了极其明显的通货紧缩动向。这种情况所产生的后果,本书在前几页里已经叙述过了。但是,即使遭到挫折的行业没有与银行发生密切关系,没有发生被迫清偿银行贷款的情况,当某一重要行业或某些大规模企业机构在财务上发生了困难时,也会被看成是一个报警信号,使银行提高警惕,不敢放手出借,甚至对已有的贷款也不顾展期。

● 可能发生的相反倾向

关于不论出于什么原因造成的局部衰退的后果情形,就说到这里为止。现在我们要转向上面提到的后一点,要探讨一下,局部衰退现象会不会引起相反的促进倾向。

某一行业的产量所以会缩减。可能由于需求减退,也可能由于成本提高。如果需求减退是出于通货紧缩动向的影响,那就很明显,绝不会有希望可以找到在别的方面需求的增长与之相对消。从某一行业衰退开始的通货紧缩的影响,会逐渐扩大,是不会由此发生对抗力量的。但这一情况跟我们这里的例子无关,因为我们所要解释的是这样一种情况:某一干扰的发生,与购买力总流量的缩减并无关系,并不是出于这样缩减的结果,而由此却导致了购买力总流量的缩减,这一演变是怎样形成的。如果紧缩过程已经开始,这一过程会怎样进一步发展,我们在上面已经看到,那是比较容易解释的。

如果商品 A 需求减退,是由于需求转移变成了商品 B,那么我们就同时碰到了一增一减两种现象,演变的结果,对总需求来说究竟是增是减,须取决于许多条件,这在我们分析派生需求的加速原理时，已经论及。[1] 在没有获得进一层具体资料的情况下，可以把这一情况看做是中立性的。

但是，假定由于生产者对需求的预期感到失望而使生产下降，然后由于预期需求将有某种程度上的增长，又恢复了，或者甚至扩大了生产。如果这样的需求并没有如期实现，或者是，如果预期又有了向下的转变，由此引起的生产减退对货币流量产生的影响，除非出于偶然的巧合，是不会被别处同时发生的需求增长所抵消的。这似乎是一个很值得注意的情况，当周期处于高涨阶段时，生产在各方面作漫无目的的扩张时，就格外容易发生这种情况。

● 投资反应迟滞

或者有人会这样说，当许多行业的投资有了减退时，投资资金将获得解脱，利息率将下降，这就构成了一个诱因，将在某些别的场合投放资金。但这一现象是不会在顷刻之间发生的。即使处于最有利的情况下，并没有发生因投资停顿而使企业机构倒闭的现象，银行也没有受到影响，因此也没有产生显著的贮藏动机；但是在能得到新的资金和把它用去作新的投资这两者之间，通常总是有一段迟滞时间的。投资计划并不是随时随刻预先准备好了的，并不是一等到局势有了变化就立即可以拿出来实行的。一切计划是必须从长计议的，而且，即使已经斟酌妥善，在实行订货和实际使用资金以前，通常也还须做些准备工作。因此，货币流转暂时顿挫这一现象的发生，是完全在意想之中的。

当需求有了变动时，如果需求增长，将有利于外国生产的商品，如果需求减退，将不利于本国工业，在这种情况下，以上的推论也同样可以适用。

● 由成本提高引起的局部衰退

我们现在要谈的是，由于成本提高以致使产量缩减的情况。如果由于银行被迫限制信用，或由于资本外流，因此资本的成本，即利息率提高，这样的情况是简单明了的。这里成本提高是紧缩资金供应的一个方法，由此引起的产量降低，将格外促进紧缩。在这种情况下，并不会同时自动产生足以与产量降低相抵消的力量。

成本提高，有时候是由于政府或工会方面的干预，或某项生产资料所有人或生产者的垄断行为，在这种情况下，也不会产生任何直接抵消力量。假使由于工会行动或

---

[1] 参阅本书第3章，第24节。

政府法令，使工资有了增长，从而提高了成本，引起了产量减退，从而发生了紧缩影响时，也不会同时构成别的力量对这一影响发生抵消作用。

如果由于生产者的垄断行动使原料或半成品价格提高，结果也大都与上述情况相同。

如果 A 种行业的成本提高，是由于别的行业对生产资料的竞争加剧，这样的情况跟上面所说的却略有不同。这时在别的行业生产增进的形势下，将构成足以与 A 种行业所发生的情况相抵的变动。

● 结　语

基于以上的分析，使我们得出的结论是，某一行业的衰退，至少足以促使总需求暂时降低到它原来可以维持的那个水平以下。至于由此是否会引起累积性的紧缩过程，则首先决定于干扰范围的大小，其次决定于一般局势。如果普遍扩张正在演进，还有余力未尽，而这一干扰力量又不过于强大，则干扰也许可以被克服。否则，如果扩张趋势已经失去了前进锐气，经济体系就会显得比较脆弱，就容易陷入普遍紧缩过程。关于这一点，我们准备在下一节讨论。

● 静态理论与累积过程

我们在这里必须讲一讲对局部干扰可能发生的后果所作的分析与以静态理论为依据对同类同题所作的相同的分析彼此之间存在着的关系。根据后一分析，当某一行业的产量与就业有了缩减时，将使某些力量获得解脱，这些力量就会有助于使体系恢复平衡；工资将下降，而由此却可以使失业工人重新获得工作。当然，工资也许并不会下降，工人的可动性也许是不充分的，在这种情况下，失业将持久存在。不过并不一定会由此促成普遍的紧缩。另一方面，如果某一行业由于对未来需求的预期（不管是出于什么原因）有了向下的转变而中途停止投资，或减少投资的数量，则原来打算投放于这一行业的资金将获得解脱，利息率将降低，由此将诱使资金向别的场合进行投放。

在这一推论下隐然的假定是，就货币经济范围来说，货币总流量 MV 并没有减少，因而根据这个假设，无从解释，为什么局部干扰会导致普遍紧缩。我们的分析说明，静态理论是不恰当的。它所说的好像是一种理想情况，这种情况并不是不可能发生，但只是在特别有利的环境下才会发生。购买力总的流转如果有了停顿，即使是一时的停顿，由此发生的紧缩作用，也会促使经济体系跟平衡状态离开得更远。这时足以使经济趋向平衡的一些因素，也许来不及发挥作用，即使当真在发挥作用，由于干扰力量这时也在进一步加强，因此也许无力对抗，从而使经济恢复平衡。在静态理论中的所谓同时发生的调整，结果也许是拖得很长的、痛苦的紧缩过程。这一过程可能延长到经济周期低落阶段的整个期间。在此期间，整个局势也许会发生深刻的变化。因此，最后终于达到的平衡，与那种在比较有利的环境下发生干扰后虽非立刻达到而至少也是为时不久即可达到的平衡状态，也许会大不相同。

第4节 为什么当扩张演进超过了某一点以后，经济体系越来越经不起通货紧缩的冲击？

- 扩张为什么会渐渐消沉

我们已经看到，扩张在最初阶段是有些站不稳的，因此很容易被偶发的干扰所扭转。如果让它有机会不受打扰地发展一个时期，就会逐渐增加动力，而在一定程度上就可以免受干扰。这种干扰在前面已经分析过，它是会减少总的需求而引起普遍紧缩现象的。这种免受干扰的情况，是由于这样一个事实，即：总需求已经有了如此迅速的增长，大势已经巩固，因此同一逆流，在别的环境下也许足以导致紧缩过程，而这时却不能使总需求绝对下降，只能使高涨运动缓慢下来。这时人们作出的预期，还不至于过分的乐观，因此实现的结果，一再超过预期。我们必须究问的是，这一动向为什么经过一个时期以后一定会迟缓，而终于停顿下来，以至某种任何时候都能发生的偶发干扰所引起的紧缩过程会有继续增加的危险。

- 无弹性的货币供应

一般说来，要使扩张得以顺利进展，最主要的两个条件是弹性的货币供应和弹性的生产资料供应。两个条件都是不可少的。如果缺少了一个，局势就不巩固了。假使在向上趋势中货币供应是无弹性的；至于生产资料，可能已经充分运用，也可能未经充分运用，就是说，生产资料可能是完全无弹性的，也可能不是完全无弹性的。所谓货币供应无弹性，这里的意思指的是，当可投资金需求有了增长时，并不会促使货币总供量（即 MV，也就是商品总需求的另一说法）作进一步的增长；或者是，即使有所增长，也极有限，结果是使货币供源趋于枯竭，而不会使利息率提高。但是这里要注意，不可认为在向下趋势中,货币供应也是同样无弹性的;就是说,当需求减退时,利息率将显著下降,从而使 MV 保持稳定。如果在这种情况下,发生了像上面所分析的那种局部干扰,引起了货币流转的停滞,就会使 MV 绝对降低(不仅是增进率的降低),由此就很容易酿成普遍的紧缩现象。

就一般情况说,这是很明显的。在我们所熟悉的几乎任何货币组织下,不断的扩张,实际上迟早会促使货币供应越来越缺乏弹性。关于这一点,在下面还要提到。货币扩张的潜力是在以前萧条期间蓄积起来的,经过一个时期的发展以后,潜力就逐渐消耗,更不用说抵拒(在下一节要谈到的)那些限制性的相反倾向了,这类倾向将使扩张状态更加难以支持。

● 无弹性的生产资料供应

再谈一谈使扩张得以顺利进展的另一必要条件,即生产资料具有相当弹性的供应。这里指的也是在向上趋势中的弹性,即扩张的量。在向下趋势中,至少劳力仍然可以认为是极端有弹性的;就是说,需求降低时并不会使工资显著降低到那样程度,从而使就业趋于稳定。供应在向下趋势中是有弹性的,而在向上趋势中是无弹性的;这就等于是说,工资在向下趋势中是刚性的,在向上趋势中是有伸缩性的。扩张的本质就在于,它会引起对生产因素较高度的运用,会使生产资料的供应在向上趋势中变得越来越缺少弹性。需求有了增长时,所导致的主要是工资提高,而不是就业与供应增加。劳力供应的缺乏弹性,如果是由于就业增长,失业准备趋于枯竭,那是一种值得想望的现象。不幸的是,这种无弹性状态与货币供应的无弹性,对经济体系会发生同样作用,会使它降低对紧缩力量的抵抗力;关于这一点,随后还要加以解释。还有一点使事态更加严重的是,劳力供应无弹性,跟货币供应无弹性不同,是不能借助于纯制度性(即货币的)改进来加以补救的。

试先举示一个极端情况下的例子。假定一切生产因素都已经充分运用。这时除非供应因素有了自然增长(人口有了增加),工作效率有了提高(技术有了进步),可以让产量增加,否则货币流量,MV,面对着助长扩张的那些力量,就必须保持不变;不然的话,价格就一定要上涨,将引起显然的通货膨胀。假使发生了后一情况,为什么局面就难以支持,为什么价格上涨就必然是累积性的,迟早必然要走向崩溃,原因是很容易看出的。[①] 否则,尽管资金需求有了增长,而 MV 依然不变,则平衡也许可以保持;但

[①] 这个说法也许可以修改一下——价格缓势上升也许可以持续一个很长时期,而不至于恶化到凌厉无前的通货膨胀。但是作了这样修改以后,对论点实际上并没有影响。

是,如同上面所说的那样,这时经济体系对通货紧缩的冲击将反常地敏感,只需发生些意外变故,就很容易陷入紧缩旋涡。

根据以上观察,可以清楚地看到,生产因素被充分运用时,跟劳力供应与其他生产因素具有弹性时的情况不同,同一通货紧缩性的冲击,在前一情况下比较容易酿成普遍的紧缩现象。还有一层,生产因素被充分运用时,跟生产因素总供额,因此也就是一般制成品供额还能作进一步扩张时的情况不同,如果发生了某些事态,势将引起生产上的变动时,则在前一情况下,由此会引起比较严重的干扰,因此会比较容易酿成通货紧缩性的冲击。

● 在刚性的因素供应下需求的变动

举个例子,假定需求有了变动。商品 A 的需求有了增长,而 B 有了减退。在生产因素已经被充分运用的情况下,A 的生产增长时,对其他行业生产的成本必然要发生不利的影响。但各种生产因素并不完全是易变的,并不是绝对可以相互交换的,因此,除了处于极端的特殊环境以外,我们不能假定,由于 B 种行业生产因素的获得解脱,就可以使其他行业所受到的由于 A 的生产增长形成的这一压力立即解除。

我们可以把这个例子加以推广,使之一般化。任何事物,凡是足以增进某一行业的生产的,将使其他行业的生产成本提高,从而对其他行业发生不利的影响。在生产因素已经被充分运用的情况下,某一行业要扩大生产,只有使其他行业产量缩减,在其他行业受到牺牲的情况下,才能实现;而在生产资料具有弹性供应的情况下则形势不同,任何一个行业要扩大生产到某一程度时,只需就现有未运用的劳力与闲置资源从容汲取,并不会因此使其他行业的成本提高。

● 劳力供应部分地缺乏弹性

到此为止,我们所谈的是两种相反的极端情况:一方面的情况是,一切生产因素已经被充分运用;另一方面的情况是,一切生产因素的供应都是具有充分弹性的(其间当然包含制成品一定的时间迟滞因素在内)。当然,我们在实际上所看到的,总是在这两个极端情况之间的某一处的中间状态。即使在萧条极度严重的时候,生产因素与制成品的供应也不是十足有弹性的;即使处于繁荣最高峰的时候,各种因素也绝不会被绝对地充分运用的。从技术上说来,如果我们假定生产资料具有足够的可动性,那就可以把还未经运用的因素加以运用,要使总生产增加到某一程度,几乎总是有实现余地的。但这种说法,一点也不能驳倒上述的论点;因为即使生产因素的供应并不是从某一个极端情况开始,或者也并没有达到另一个极端情况,我们已经有足够的理由可以假定,在高涨时期,供应将变得越来越缺少弹性。

由此可以获得一个极其重要的结论。经济体系在没有达到生产因素被充分运用的很久以前,对通货紧缩性冲击就已经有了很强的敏感。理由是,当存在着某一水平上的因素未充分运用的情况时,表面上看来这个水平也许显得很高,但并不能以此作为可靠的指标,就认为生产因素供应或一般产量是具有高度弹性的。换句话说,单是根据还有很多生产因素未经运用这一事实,并不能得出这样的结论,认为以货币计的商品总需求有所增长时,将引起产量与就业的增长,认为增长的程度与一般,价格略有提高的情况结合在一起的需求增长来对照,几乎是等比例的。①

● 障碍的逐渐发生

一个国家在任何时期里根据统计记录的失业工人,并不就是这样一种齐一性的后备军,从这种后备军里各个行业可以按照当时的工资率任意汲取它所需要的那种质量的工人。在这一失业总额内,包含的成分是形形色色的,有无法雇用的,有质量低次的,有不熟练的,也有熟练的。其中有很多人,尤其是最后一类,是专长于某类工作的;而且所有这些人都是附着于某一地区的,不能轻易迁移到国内另一地区。因此尽管存在着大量失业者,一点也不会由此否定这样一个事实,那就是在许多特殊领域仍然会感到劳力缺乏。当就业范围有了扩大时,自然的倾向是质量较好的将首先恢复工作;此后扩张越是向前发展,某些行业人手缺乏这一点,在共同前进的道路上所造成的障碍就越大。关于其他生产手段,除细节上不同外,情况也是这样。于是在工业结构的各个方面,都会渐渐发生障碍,结果是,如果扩张继续前进,总需求继续增长,则提高的主要将不是产量或就业,而是价格,这种情况将越来越显著。

在这种情况下,如果把供应或产量的弹性说成是一个整体,或者把劳力和一般生产因素的弹性看成是一个整体,然后用失业总数字或者用整个行业在技术上可能达到的增产平均数字来加以计量,这样的做法显然是要使人发生误解的。供应的弹性并不是齐一的,它在很大程度上取决于扩张前进时所循的路线。换个说法,它是取决于总需求增长和这一增长在各种产物中的分配情况的。有些行业工人解雇和能量过剩的情况比较集中,而有些行业则并不存在未经运用的生产因素;如果在扩张过程中需求所增长的主要是前一类行业的产物,则供应与就业所表现的弹性将比较显著。如果

---

① 关于这里的以及以下的一些分析,可参阅拉赫曼:《投资与生产成本》,载《美国经济评论》第48卷,1938年9月号,第468—481页。

需求所增长的主要是后一类行业的产物,在这种情况下将引起价格与成本的提高,这类居于有利地位的行业,将向需求没有增长的那些行业夺取生产因素。[1]由此可见,如果认为只要存在着大量生产因素未经运用的情况,由于扩张而价格迅速上涨时就不会发生危险,这样的想法是错误的。

● 结　语

我们可以把这一节所说的总结一下。从极度萧条走上了扩张道路以后,越是接近于生产因素被充分运用的情况,经济体系就越是脆弱。这就是说,一方面体系对通货紧缩性冲击将越来越敏感,另一方面某些可能发生的通货紧缩性变动,将越来越加剧。

第5节　由扩张过程自身酿成的干扰

● 有机失调

我们已经说明,随着扩张的进展,经济体系对通货紧缩性的冲击会变得越来越敏感,而且,随时可以发生的、在需求与生产方面的变动,结果会变得越来越容易偏于紧

---

[1] 德国在1933~1935年间的情况是一个显著的例证,《经济曲线》(在法兰克福公报协助下出版)对当时情况曾有所描写(载该刊1936年2月号,第237~239页),大意摘要如次:

德国于1933~1934年间发生了信用扩张现象,在形态上是纸币与存款的扩张;虽然,由于不断地进行贮藏与债务清偿,扩张后果会被部分抵消。这个时候,经济正在从严重萧条中逐渐恢复,存有充裕的原料、设备能量和势力可供利用。由于在工业生产一切部门中供应的具有弹性,因此增出的购买力可以与生产的增长完全相抵,没有引起价格的任何上涨。

可是到了1935年,由于复兴的迅速,部分也由于国外贸易方面的困难,在某些方面逐渐感到原料缺乏;商品存量减少了,各处的设备能量渐渐用完了,甚至劳力供应也感到不足。这时供应方面的弹性降低了,只是在增加成本的情况下,扩张才有可能。作者认为,可以获得抵补的信用扩张,这时已经到了限度。

诚然,这时消费品工业是落后于投资品工业的,这一情况,比以前任何次高涨时所发生的相似情况更为显著;而且扩张力量近于枯竭的迹象,也只是在投资品工业可以看到。这时政府正在厉行扩充军备,这方面的订货集中在投资品工业;如果没有这种现象,扩张的矛头也许是要指向消费品工业的。虽然有这样的可能,但是由于不断执行用信用扩张方式为投资品工业提供资金的政策,结果(作者认为)就可以获得抵补的信用扩张,转变成为通货膨胀性质的信用扩张;只是由于这个原因,就不得不越来越有赖于税收和公众储蓄,来达到上述目的。

缩性而不是膨胀性。我们还要进一步根究的是这样一种可能的演变,即扩张过程自身（或者是它的带几分经常性的特征）会引起经济体系的严重失调,这类失调并且会成为累积性紧缩过程的发动者或加强因素。现有的各种周期理论分析,提出了许多假设。其中似乎很少是断然错误的,或是在推理上不可能的。然而不能令人满意的是,有许多学家坚决认为,这些假设内只有这一个或那一个是唯一可能成立的解答,而把其余的一笔抹杀。因此,我们的任务是将各种可能成立的假设依次陈述,然后确定它们相互间的关系。

● 货币干扰与非货币干扰

可能由扩张自身引起的干扰,或者说得再明确些,是处于扩张过程时,在经济体系大都会发生的那种干扰,可以分为两个类别。（1）也许会存在着这样一种机械作用,货币扩张经过了一个时期以后,会转变为紧缩,而所以会发生紧缩,并不是由任何某一行业事前的亏本或亏本的预期所引起的。换句话说,这时也许任何某一行业都没有发生困难,各行业的成本都能与实际或预期售价相抵;但货币流转发生了顿挫,商品总需求有了减退,从而酿成了累积性紧缩过程。（2）还有一个（我们随后会看到）比较近情的假设是,由于生产结构的失调——那是认为在任何扩张过程中所不能免的——使某一行业或某类行业不得不缩减生产和就业,从而引起了如同我们在本章第 3 节所说的那种普遍紧缩状态。

上面第一种假设,可以叫做对向下转折的纯货币解释,第二种假设是属于非货币性质的。但是关于这类名词的使用,并没有什么特殊重要意义。

● 对向下转折的纯货币解释

我们先来研究一下第一种假设。在任何货币制度下,凡是含有限制法偿币数量意义的,例如金本位制,对 MV 的扩张,就有着一个最高限度（处于高涨阶段时,将逐渐接近于这个最高限度）。我们已经看到,这一点证明,为什么经济体系对通货紧缩性冲击会变得越来越敏感。但是它并没有说明,当不存在这样的冲击时,为什么紧接在 MV 扩张之后的是紧缩,而不是一个 MV 稳定时期。

我们在本书第 1 篇已经提到,霍特里先生曾试图证明,会存在着这样一种货币上的机械作用,在这一作用下,只要信用停止扩张,接着就会引起紧缩。他的理论依据是,现金准备落后于信用扩张。信用扩张停止以后,现金仍然会继续外流。在银行方面所注意的,只是它们现金准备的当前情况,并不会预见到信用停止扩张以后现金准备是会有一个时期的萎缩的。结果是扩张的时期过长，随后为了保持准备金比率，又不得不从事紧缩。

这个理论并不能令人十分信服。它的含义是，要阻止紧缩，只需由中央银行以必要的现金供给商业银行，使它们的困难得以解除，无须从事于紧缩信用。以下关于上述第二个假设的讨论，以及在这一假设下所提到的种种情况将证明，这个提法是难以接受的。况且也很难相信，银行就不会由经验中取得教训，而愿意重犯同样的错误，对于每次信用扩张以后现金的继续外流，必然要作过低的估计。以下的讨论将说明，当繁荣结束时局势是很复杂的，绝不能单单依靠调整货币供应从而防止紧缩这一点，就可以整顿全局——由此对于有关向下转折的上述的对货币的解释，也给予了切实的批评。

货币流量，在任何生产行业都没有什么特殊困难的情况下，为什么也会有规律地发生顿挫现象，除了霍特里先生所举示的原因外，还有没有什么别的原因呢？有种种在国内或国外形成的、货币性或制度性的意外干扰，会诱使某些人从事贮藏活动：要在这方面找原因是很容易的。但是却很难看出，假使这种贮藏活动并不是出于生产过程发生了干扰的结果，为什么就必然是或大概是出于扩张的结果。在高涨时期，由于对可投资金的需求有了增长，因此几乎必然会出现的情况是利息率将上升，这就助长了与贮藏相反的动机。（高利率当然也可能是出于贮藏倾向的结果。但处于高涨的初期，很少看到这种情况。问题只是在于这种贮藏倾向在繁荣末期是不是会出现的。）

● 生产结构失调

现在要讨论的是，由扩张所引起的第二类干扰，即生产结构方面的失调。失调的发生是由于这样一种情况，某些行业产品的售价低落到了生产成本以下，或者换句话说是，需求有了减退，不能在有利的价格下吸收产量。这里对于以货币计的商品总需求，即货币流量，并没有发生初发性减退；但是各部门的商品流量与各部门的货币流量不能相应，因此在某些生产行业，就发生了需求不足以适应成本要求的情况。某些人的预期落了空，虽然别的一些人有了意外收获，但整个局势并不一定可以借此相抵。

当处于普遍扩张阶段时，生产程序的许多部分会发生深刻的变化，因此生产结构会出现严重的凌乱状态，这一点初看起来似乎毫不足奇。但是在扩张阶段所看到的，并不是处于生产边际的这一行业或那一行业的小规模调整；如果情况是这样的话，那就尽可以假定，生产者方面的预料即使不完全正确，也大致与事实相差不远，关于由此发生的间接影响，则尽可以置之不顾。情形正相反，实际上所看到的却是些深刻的变化——在许多行业中,正在进行着长期投资;许多新品种正在陆续推广(虽然,推广"新"品种与改进旧品种这两者之间的界限是极其模糊的);原来只是限于上流社会消费的那些商品,现在使大众也可以有力享用;新的操作方法正在陆续实行。所有这些变化,对于任何某一行业的成本和需求情况必然要发生深远的影响。消费者对于他的支付习惯,将重作安排。各种制成品、半成品与生产因素的相对价格,都将发生变化。

在这种环境下,当扩张继续发展时,工业结构中的失调是否就严重到惊人的程度呢?在不能准确地肯定这些失调的性质之前,却可以断言,在迅速发展的经济体系下,说是扩张会顺利演进,终于逐渐平息而实现充分就业的平衡,似乎是极少可能的。①

● 加速原理的作用

如果我们接下去要究问一下,在扩张过程中多半会发生的究竟是哪一类失调,那就得注意到,扩张总是在劳力和其他生产手段被部分运用的情况下开始的。在短时期间,产量是可以而且也的确是全面增长的,就是说,消费品工业和生产品工业的产量都会有所增长,虽然增长率并不会处处相同。前人已经指出,扩张如果是从一切生产因素已经获得充分运用的情况下开始的,或者是在进展过程中已经达到了这一状态,那就不能长期支持。价格将迅速上涨。这时除非别的行业缩减产量,否则就没有一个行业可以扩大产量。这当然不是我们在高涨时期所实际看到的情况。对繁荣末期所发生的情况,如果要有一个正确看法,就得记住这一点。

我们已经看到,扩张不管它最初是怎样开始的(不管是由于消费者还是生产者开始增加消费或开始增加投资),它的特征总是投资的迅速增长。当以前的萧条时期,各行各业对于凡是需要进行资本投资的那些修理、重置和改进措施,都搁置了起来,或者可以说是,积压了起来。然后这种潜在需求逐渐变成了实际需求,从而使繁荣获得了供源。投资扩张滋生了收入和对消费品的需求。消费品工业有了扩张,这就促进了投资品的需求。由于这时还存在着闲置生产因素,所以这一过程可以持续相当时期而不受阻挠。

这是不可忽视的一个事实。如果普遍扩张能够顺利地进行一个较长的时期,则派生需求的加速原理就有了发挥作用的时间。这就是说,这时将有许多行业发展到某一水平,这个水平只是在其他行业或整个经济体系、在某一进度下继续扩张时才能保

---

① 关于严重失调极有发生的可能这一论点,熊彼特教授会特别加以重视。

持。除了由于需求不足或其他原因会有所限制、那是另一问题外,这一扩张进度,只有在未运用生产因素的供应具有相当弹性的条件下才能实现。如果扩张过程是在生产因素已经获得充分运用的情况下开始的,这一类型的失调就不大会发生,或者至少不会发展到同样程度。在那个情况下,扩张不久就会碰到以成本继长增高形态出现的坚强阻力,那时就不会有很多行业,能够凭了装置高度耐用设备的方法,获得与其他行业同等进度的扩张,那样的扩张进度,在多数行业是无法保持的。扩张的产生有两种方式,一种是在存有未运用资源的情况下,凭了对这类资源的逐渐利用,取得全面的非常迅速的扩张,还有一种是在资源已获得相当充分运用的情况下开始的。无论如何,生产结构发展到严重失调的危险,在前一方式下比后者要大得多。如果某一行业扩大了生产,因此对生产品(比方说是机器)的需求有了增长,这类机器的生产者大概是不会由此就轻易推定,这一增势将持久不衰的。因此就不会立即采用最现代资本化生产方式,从事于装置高度耐用设备——采用了这类设备以后,除非能作长期的大规模活动,否则是不能用摊提方式收回成本的。然而在各方面的生产扩张不受阻挠地继续前进得越长久,则对前途预期就越加乐观,就越加会认为这一前进趋势将继续保持,或者将在加快的速度下前进。这时许多行业的生产者,对于势难永久保持的某一水平下的需求已经习惯;或者他们还由此发生了需求将进一步增长、价格将进一步上涨的预期,这就使这类情况更加难以持久了。因此,当经济体系接近于扩张的最高限度时,达到平衡的希望是极其渺茫的。只要扩张处于停顿状态,或者甚至慢慢地降低进度,有许多行业就要遭受到严重的挫折,由此就很有可能,会导向如本章第3节所说的那种情况下的普遍紧缩过程。

● 信用紧缩对派生需求的影响

如果这里的分析是正确的话,那么下面的重要结论似乎就不能就没有理由。结论是,如果已经进展了一个相当时期的普遍扩张,由于纯货币原因而趋于结束,则这时经济体系所面临的,极有可能是生产结构的严重失调,因此扩张以后紧接着发生的,多半将是一个紧缩时期,而不是一个稳定时期。现在试将这一情况作一比较深入的分析。扩张正在进展中,没有受到生产结构方面任何失调的阻挠。这时生产仍然有继续扩张的余地,因为仍然存有闲置因素可供利用,直到这时止,也并没有发生什么严重障碍。对可投资金仍然有很大需求,资本品工业的产量在增长,因此消费品工业的产量虽然进度较低,但也在增长。可是这时货币当局由于国家所处的国际局势或其他原因,停止了信用扩张。于是以货币计的商品总需求不再增长,扩张达到了结束阶段。新信用中止注入以后,可能甚至多半会使资本品工业立即发生困难,因为有许多投资计划已经开始执行,如果没有可投资金供继续吸取,计划就难以完成。但是,即使为了完成计划而筹集必要资金这方面的困难可以想办法克服——例如诱使人们增加储蓄,从而提供必要资本——也还存在着另一个更加基本性的困难,那就是,资本品工业量的扩大,是与消费品工业量的增进结合在一起的。如果后者停止增进,前者就失去了一部分市场,这时即使能筹得资金,照样执行原定计划,仍然不得不缩小活动范围。显然,靠了主动储蓄的增加,局势是不会立即改进的,因为在这样的假定情况下,储蓄资金是不会立即找到新投资出路的。

应当注意,关于停止货币扩张这一阻挠作用,与以下几点并无关系:(1)银行方面,由于霍特里先生所举示的理由,不得不进行的任何信用限制;(2)当 MV 不再增长时(如本章第 4 节所说明的),经济体系对于偶发性通货紧缩冲击的敏感;(3)价格的显著上涨。货币停止扩张这类打击,可能发生在高涨的初期,那个时候生产因素供应还具有相当弹性,价格还没有显著上涨。如果价格上涨已经经过了一个相当时期,已经引起了各业生产者对价格进一步上涨的预期,则由于货币停止扩张、价格停止上涨所引起的失望将更大;但价格上涨,在这里并不是一个主要条件。

在这一情况下,如果能够扫除关于实行进一步信用扩张方面的障碍,则繁荣崩溃与紧缩开始,也许可以暂时避免。(至于从政治、社会和心理的观点来看,这一点是否能办到,那是另一问题,这里无须讨论。)但是当然不用说,即使信用供应能够保持弹性,也并不能由此推定,繁荣就可以持久存在。

• 生产因素不足对派生需求的影响

以上说的是,由于货币供应不足,会使扩张终结。现在且把这一假设搁开,假定扩张并没有碰到货币方面的阻碍,仍然有机会可以向前发展。在这种情况下,可能发生或多半会发生什么样的后果呢?

在前一例子下我们假定的是,由于货币流量增长在多少带些突然的情况下中止,因此使一般生产的扩张停顿。现在假定,扩张受到限制是发生在高涨的后期,这时几乎一切闲置生产因素,尤其是劳力,都已经获得运用。在这一限定情况下,就业与产量的一般增长必然已到了尽头;或者说得更确切些,增长速度将降低到由于人口增加、新发明等的作用所允许的增长程度。如果到了这个时候,许多行业活动力水平的保持,仍然有赖于其他行业就业与生产的发展——就是说,如果重置需求仍然没有好转到足以吸收机器的全部产量①——那么产量将不仅是停止扩张,不仅是停留在那个已

---

① 关于发展过程在这种情况下顺利结束的可能,本书在第 1 篇有所讨论,见第 3 章第 19 节。

经达到的水平,而且资本品工业实际上将趋于衰退,因为这类工业与消费品工业的发展是分不开的。①

显然,这时单单靠了继续进行货币扩张是不能奏效的。总生产绝不能在迄今所保持的进度下继续增进。有些资本品工业必须与较低生产阶段下的扩张相适应。因此生产方针上必须有某种程度的变化,否则资本品工业所生产的超过重置需求的那个部分,就得看做是存货,把它囤积起来,这一点我们认为是可以置之度外的不可能成立的假设。然而要防止出现这一情况,在一般生产者方面就得具有一定程度的远见,就现实情况来说,这又未免要求过奢,是办不到的。如果这一情况一旦发生,要避免对就业发生严重影响,只有实行在某一程度上的生产调整和劳力调动;但这种行动,事实上是不会发生的。

- 生产变更的无可避免

现在试将这一情况与本书第1篇里所分析的作一对照。我们是否可以把这一情况看做是储蓄不足或储蓄过度的情况呢?在本书第1篇我们曾这样说,由于储蓄不足(资本短缺)所造成的失调是属于这样一种性质的失调,如果人们可以多储蓄些,多投资些,在消费方面少支出些,这种失调就可以避免;而由于储蓄过度(消费不足)所造成的失调,是可以在与上述相反的处理下防止的。但是就我们目前所讨论的这一情况来说,在生产方面必须有所变更。如果这一点办不到,在公众方面不论多储蓄些或少储蓄些,都是无济于事的。如果在生产方面这样的变更是可能的,则下一步的后果如何,将取决于变更的方向,在这一方向下的变更是否能在技术上最便利的情况下完成。如果某些资本品工业由于处在较低生产阶段的工业不再扩大产量而失去了部分市场,可以在比较方便的情况下改变方针,从事于生产别的资本品,那么储蓄有所增长时,就可以有助于重建平衡,因为由此可以使各种行业采用进一步资本主义性质的生产方式,就是说,可以使这些行业在没有补充资源可供利用的情况下增进对资本品

---

① 如果我们对哈罗德先生的理论没有误解的话,那么这也就是他对崩溃现象作出的论断。"处于复苏阶段时,消费积极增进速度是不可能持久的。在复苏开头的时候,可以适应工作需要的人力方面的松懈情况,超过了资本设备方面的,因为前者在萧条时期仍然是在正常情况下保持和发展着的,而后者却不是这样。当复苏继续了一个时期以后,由于对消费(非常高度的)预期增长而引起的资本品需求,积极增进,这样高度的需求水平是难以持久的。等到失业工人的一个很大部分重新获得工作以后,消费的增长率必然要逐渐降低。结果必然要达到这样一个地步,对于看上去是有利的那些资本品的增购数量,将逐渐减少……这就会酿成严重萧条。"(《经济周期论》,1936年版,第165页。)哈罗德先生关于解释危机的论点,跟这里所提出的唯一不同之处,似乎是在于这一点:他把上面所说的作为是唯一解释,而这里只是把它看做是许多原因之一,虽然这是格外难以避免的一个原因。

的需求。① 另一方面也可能有这样的情况,当资本品工业改变生产方针时,比较容易实现的办法是,从事于生产某类消费品。假使是这样的话,较少的储蓄就比较适宜于迅速恢复充分就业。然而不论在哪种情况下,问题总不单是在于消费与储蓄之间比率的变动,还在于如何消费必要的商品,如何向必要的方面投资。

因此,一经涉及细节时,问题就变得非常复杂,有许多不同情况须加以区别,至于哪一个是最有可能发生的后果,简直无从决定。不过实际上可以肯定的是,在生产方面必须有重大变更,而这一变更是否能顺利实现,则绝无保证。暂时失业,几乎是无可避免的,在某一程度上崩溃和破产现象的发生,也是在意料之中的。因此,紧缩过程将由此开始的可能性似乎是很大的。

● 障碍将在何处发生

到此为止,我们所假定的是,扩张起初是进行得很顺利的,到了一切未运用因素都已获得了运用时,这一过程就在带些突然的性质停止下来。这当然是一个极端的情况,实际上也许是不会在这一纯粹的方式下实现的。至于我们的理论是否正确,也并不取决于实现的方式如何这一点上。如果扩张并不向着最方便的捷径演进,扩张前进的道路,并不是各种行业分配和调动可用资源时所决定的那一条"阻力最小之途",那么在所有未运用的因素未经全部运用以前,便会产生我们所讨论过的那种情况。出现的方式是种种障碍将随处发生,某些生产因素将越来越稀少,使某些商品的价格上涨,使这一行业或那一行业的扩张进度逐渐降低。

这样的障碍会首先出现于经济体系的任何部分。可能在消费品工业,也可能在生产品工业先出现,也可能在毫无规律的方式下散布于整个经济体系中。很难找出它们出现的场所;假如在扩张开始时可用资源进行了分配的话,这些障碍出现的场所是取决于扩张发展的方向的。这里可以大致说一些主要的决定因素。繁荣也许在较高或较低程度上集中于资本品工业。换句话说,在高涨阶段开始的迂回生产方式,所需要完成的时间也许会长些,也许会短些。时间的长短,决定于三点。第一点是利息率和可投资金供应的弹性,而这又:(1)决定于货币因素(银行政策、私营银行可投资金的供应等),(2)决定于公众对一部分现时收入的储蓄倾向,(3)在越来越大的程度上决定于政府的预算政策。第二点是技术上的投资机会,是现在已经可以采用的"企业新组合"

---

① 用霍特里先生适当的词汇来表达时,可以这样说,当可以合作的劳动资源渐渐枯竭时,资本结构的"扩大化"已经走到了尽头,就必须用"深入化"来代替。(《资本和就业》,伦敦1937年版,第3章。)这一点能否迅速实现是大有疑问的。看起来,在一定程度的迂延是难免的,这就很容易造成一个起因,使货币流转发生停顿,而由此将引起普遍紧缩(如同在本章第3节所说明的那样)。

的性质等。第三点是消费品需求的数量和方向。取得繁荣的方式各有不同,有些是被军备需求和公共工程所促成并推进的,像目前在好几个国家所发生的就是这种情况,这时在生产的全部增长中,资本品工业所占的份额非常之大;还有一些则主要是由于当前的私人消费所造成。我们不妨将这两种方式对照一下。

显然,在所有这一切情况下,首先达到生产扩张的实际限度的,可能是资本品工业,也可能是消费品工业;否则,障碍也可能在任何别的方式下发生。

各种行业彼此之间是密切相关的,许多行业销售量的进退,是以别的一些行业的扩张进度为转移的,因此当后一类行业的扩张达到了限度时,结果前一类行业也势必受到严重打击。

- **在生产因素供应方面的垄断压力**

当我们说某一行业已经达到了扩张限度时,这是在概括意义下来说的。我们的意思并不是说,这一行业实际上已经绝对没有办法增加生产,而是说生产成本已经提高到这样的程度,再增加生产就无利可图。

成本提高,也许是由于某类生产资料的供源不继。在任何繁荣的后期,往往会听到这一行业或那一行业喃喃不绝的怨言,就是这一类型或那一类型的熟练技工无法满足。然而情形很明显,这种人手不足以及由此造成的对产量扩张的阻碍,也可能是由于别的因素而不一定是由于失业者后备力量的枯竭。这里可以提一提其中的两个因素(前面曾经提过),一个是由于工会方面越来越加强的垄断压力,使工资有了提高,还有一个是效率的全面降低。

无疑的是,在周期的高涨阶段,工人组织的态度会强硬起来。诚然,即使在劳动市场完全竞争的情况下,货币工资也仍然是要上升的。但同样肯定的是,在就业增进的情况下,工会的谈判立场,在财务方面和道义方面都会有所加强,它们就利用这一点来加速货币工资的提高。工人组织的权力,也会被利用来减低工人的可动性,其方式是,当与某些行业有关的失业者后备力量已经被全部吸收以后,阻止新来的人加入这些行业。[1]

---

[1] 参阅,例如罗宾逊:《就业理论文集》,伦敦1937年版,第1节。作者这样说:"如果我们把工会政策这类问题说成是属于形式分析的一种呆板的布置,那又有什么用处;如果这样说就似乎比较得当,那就是,一般来说,在劳动市场的任何情况下,总存在着某一就业水平,在这一水平下,货币工资将提高。"(第7页)

● 工人效率降低

在高涨时期,到处会发生工人效率降低的现象,这就使效用工资有了增长,就格外提高了劳动成本。如同在本书第1篇(第4章第2节)所指出的那样,这里存在着两种倾向,必须加以区别。当产量扩大时,较次的设备、质量较差的工人等等,都勉强吸收,加以使用,这样就使按工人计算的平均产量降低。这是出于闲置生产资料的供应逐渐趋于枯竭的结果。我们现在要谈的是另一倾向,这是出于密契尔教授所指出的一些原因,使各个工人的效率降低到了原有水平之下。

这类货币成本提高的倾向,可能而且在许多情况下的确可以由于货币扩张与价格上涨而获得补偿,甚至可以获得补偿而有余。但是这一点反过来又会刺激有组织工人的要求,因此成本提高与价格上涨的循环往复,会越来越激进。

极有可能的是,有许多行业,远在实际限度没有达到以前,由于在高涨时期的工人态度和工资提高,关于就业与产量的进一步扩张,就已经遇到了阻碍。当货币供源由于种种原因而逐渐枯竭时——例如由于本国货币扩张与邻邦相形之下,感到速度过高——这一现象就格外显著。结果是,由于对工资越来越加强的垄断压力,与工人可动性的降低,远在失业工人实际存量没有枯竭以前,就人为地造成了劳力缺乏。

当然不用说,关于劳力以外生产因素供应的垄断限制,与工资以外价格的上涨,对普遍扩张进度的降低,也是有着同样影响的。

● 由于需求不足的投资减退

以上我们研究了扩张可以发展到为可以利用的生产手段的数量、分配情况和工作愿望所规定的极限的情况,或者是扩张由于货币供给不足而停顿的情况。我们已经看到,当普遍的扩张由于上述原因,而停止或迟缓到某种程度时,就会出现严重的经济失调。

我们现在要研究,在扩张没有达到上述极限以前,它是否很可能由于它酿成与上面讨论过的失调现象不同的另一种失调现象,而在较早阶段就受到阻碍。这里要谈到的一种失调是,对一般消费品,或某类消费品,或某类资本品的需求不足。这类失调也就是罗伯逊教授所说的由于一时的"欲望的满足"而引起的失调,也就是庇古教授在说下面一段话时心里所想的那种失调。他说,在繁荣时期作出的,并体现在向各个工业部门大量投资上的乐观预测,当那许多在高涨时期开始生产的东西生产出来以后,就受到"事实的考验",并且通过这种考验,被证明是不切实际的。熊彼特教授解释繁荣的崩溃时,其心目中也是这类失调。

这里的意思是说,在高涨时期,投资活动大部分集中于某些行业,如铁路建筑、汽车生产、电动机制造等。然后这样一天总是要到的,这时在这类范围内的投资机会已经枯竭;就是说欲望——或者还是说需求——已经获得了满足。关于这些方面的投资就必然要终止。就是这时的重置需求会提到这样高度,足以使整个生产设备忙个不歇,那是绝无保证的。

● 生产者所始料不及的事机转变

当这一饱和点出现时,后果如何,将在突然或逐渐发生的情况下有种种可能的演变。直接有关的那些行业,对于需求不再能增长或者甚至将减退这一点,也许会有正确的预见,从而及时调整产量,因此可以不发生困难。否则事机转变,也许是他们所冷不防的;由于"竞争下的错觉",过当的乐观,或任何其他原因,也许会使某些有关行业陷入扩张过度状态。

在上述第二种情况下,按照庇古教授的说法,将发生破产等相当烈性的"爆炸",像在前几节已经说过的那样,至于在什么时候、为什么会由此引起普遍萧条,是容易解释的。在上述第一种情况下,直接有关的那些行业,却并没有发生这类爆炸现象。它们只是降低了产量和就业。但极有可能的是,供给原料和设备的某些附属行业,对事机的转变将感到意外;因为有些行业跟发生初发性挫折的那些行业还隔开一个或两个生产阶段,说一切生产者对于某些行业将发生变故,以及由此将引起对其他各业的影响都会有准确的预见,那是不合情理的。还有一层,由此对消费品业也必然要发生不利的影响,说生产者对这方面的演变也会有所预见,那就更加渺茫了。如果生产与就业在任何一个场合有了减退,消费品需求就必然要波及,而由此反过来又会影响到较高的生产阶段。如果对某些行业产品的需求发生了最初的满足,因而引起了产量降低,由此将影响到消费商业。这一点几乎是不可避免的。只有在生产因素具有充分可动性、资本市场能顺利演进的情况下,才能使消费品工业避免波及。然而,前面已经详细说明,这两个条件都是难以实现的。我们不能假定,由于某些行业投资的缩减或停顿而解脱出来的那些资金,会立即自动地在别的投资方面找到出路。极有可能的是至少要发生某一时间间隔,这就足够使通货紧缩倾向通过消费品需求减退或其他演变的居间,开始发挥作用。

不论由哪些方面发生的这类紧缩影响,也许会由其他方面的膨胀影响所抵消,关于这一点如何演变,前面已经有了解释,这里无须重复。这样的演变,在高涨的初期是大有可能的,这时扩张的动力还没有消失,因为在许多方面,投资还在进行,或者是还在开始。但是,前面已经指出,这种对紧缩性冲击可以部分抵御的力量,当体系的脆弱性随着扩张的进展而增长时,迟早必然要衰退。如果到了那个时期,发生了如上所述的失调现象,那就很容易由此引向普遍紧缩的道路。

- 扩张过程自身引起的失调是不是难以避免的

在这一节里所谈的是由扩张过程自身引起的失调现象。我们是不是可以概括地说,在任何扩张过程中这类失调必然要或多半要发生,或者作相反的说法。情况似乎是这样,根据理论推究,以扩大趋势下的有限实际经验为佐证,还不能提出足够恰当的证明,说这类失调是在任何扩张下所绝对不可避免的后果,或者是断然作相反的说法。我们只能说,粗看起来,这类失调大概是难以避免的。我们可以在大体上预料到这样的后果,然而总脱不了以可能性与盖然性为依据。只有通过广泛的实证研究,才能证明许多有名学家的论点是否正确;一方面这一点也确是一个事实,扩张过程往往会酿成某一类型的失调,由此会使这个过程结束。

近来,卡耳多先生在一篇饶有兴味的文章里①采取了跟上述相似的观点,并且对繁荣所以会走向崩溃的原因曾加以分类。他的推论,与这里在前几段里所说的相仿,不过在某些细节上(主要是名词使用方面)有些不同。他把这些原因按大致会出现的时间先后为次序加以排比;然后把繁荣比作一种跳栏赛马,这匹马要越过一连串的障碍,但几乎总有一关是逃不过的,最后总是要摔倒的。

乙:向上转折(复苏)

第6节 引 言

- 讨论的步骤

我们现在要解答的问题是,累积性紧缩过程可能有的限度是什么,怎样才能使这一过程结束。低落通常是怎样终止、怎样扭转的?在许多方面,我们尽可以利用当讨论

---

① 《经济稳定与充分就业》,载《经济季刊》第48卷,1938年12月号,第642页起。这位学家是根据这样一个假设出发的。他认为,要解释萧条怎样会结束、怎样会转向繁荣,这件事并不困难,但仍然存在的一个问题是,相当充分就业的状态,怎样能使它继续存在。他所讨论的是后一问题。

跟它相反的问题即向下转折问题时，所举示的一些假设和论证。关于两个问题的相似这一点，不必过于深究，这里我们可以采取跟讨论前一问题时相同的步骤进行分析。

我们将把第7节看做是第一步，去讨论本章第3节中分析过的那些紧缩性冲击相对的膨胀因素。我们假定发生了某些变动，例如货币当局或其他任何方面有了偏于通货膨胀的措施，或者是在某一行业范围内情况有了好转，然后研究怎样会由此引起普遍的扩张。至于这类变动，是否在周期的任何某一阶段会比较容易发生，例如是否在萧条后期会比其他任何时期容易发生，关于这一问题，则暂时不加讨论。

我们将把第8节看做是第二步，去研究为什么在紧缩持续了一个时期以后，就和扩张进展了一个时期以后会变得越来越容易引起紧缩性冲击的情形一样，对于刺激因素会变得越来越敏感。我们将把第9节看做是第三步，去研究紧缩经过相当时期以后经济体系带来的那些有利的反应和刺激因素。在第二步与第三步之间的逻辑关系，也可以说明如次。紧缩过程，随着时间的进展，力量势必逐渐消耗，动力势必逐渐消失。这个时候的向下动向，就很容易被一些有利的刺激所扭转，而这种影响到某一行业的刺激因素，总是惯常要发生的。如果发生在较早时期，那时紧缩力量还没有耗尽，同样的刺激因素，就不能轻易发起向上动向。

以上说的是，经过了一个时期的紧缩以后，会为扩张力量的偶然发生铺平道路。此外，紧缩过程自身也会引起膨胀性的刺激。我们还会看到，在刺激冲动的两种类型之间，有时候会很难划清界限，就是说，某一事件，实际上是起了发动扩张作用的，但是如果不存在原来的紧缩现象，这一事件是否会发生，就很难确定。不过，尽管存在着这类疑难情况，却并不会影响到我们作出这一区别的正确性或有效性。

第7节 走向复苏的近因

- 两种转折点之间的参差情况

通过银行方面的限制信用，总是可以使扩张因停顿、紧缩过程由此开始。但是单单凭了使信用代价低廉和供额充裕的办法，却不一定能使紧缩迅速遏止。这时的利息率总会使人感到过高，即使是最热切的借户，也不会因此受到鼓励。当价格与需求减退中，并且预期将进一步减退时，对可投资金的需求就会衰落那样程度，简直没有一种利息率(除非是一个负数)可以促使投资复活，从而促使货币实际流通额——即按时间单位计以货币为依据的商品总需求——增进。由此可见,在高潮转折点与低潮转折点之间,存在着某种参差情况,对向上转折进行解释时,所采取的方式,跟对向下转折解释时所采取的,应有所不同。

● 生产者支出

我们准备以可投资金的供求计划为基础,在这个基础上以有组织、有系统的方式从事于探讨种种可能的假设与因素。

不论是生产者方面或消费者方面支出的增进,都可以引起扩张。在高涨的过程中,两种支出会互相促进,但这里我们所注意的是那些原始力量。我们首先要讨论的是,生产者支出增进时的可能演变,也就是,以投资复活作为扩张发动者时的情况。

对投资的刺激,可能是出于需求方面的变动;否则,对可投资金,如果仍然具有潜在需求——说是潜在需求,因为当时利息率过高,不是实际需求——也可能是出于供应方面的变动。任何事物,凡是具有使需求曲线或供应曲线向右方移动作用的——假使其他情况(包括消费品需求)不变——都会引起扩张。①

现在我们依次来谈一谈影响到供应和影响到需求的那些因素。②

● 可投资金供应增长

如果可投资金的需求在某一范围内当真是那样地缺少弹性,因此利息率变动对投资数量全然没有影响——就是说,需求曲线是垂直的——则供应方面的变动对投资以及实际货币量将毫无关系。但是,即使在极度萧条时,一般也不是这样的。某些类型的信用,例如短期信贷,也许会演变成这样的情况;但一般的情况是,如果关系到某项用途的信贷条件比较宽大,就会有某种潜在需求获得满足。关于长期信贷,以及在

---

① 按照魏克赛尔的说法就是,不论什么,凡是会提高平衡利率或自然利率,并且(或者)会压低市场利率的,就都具有一种扩张的作用。如果按照凯恩斯先生的说法,就得把一些扩张因素说成是消费倾向增长,或者是资本边际效用曲线向右移动——两者都是跟弹性的固有灵活偏好曲线(弹性大于零)结合在一起的——或者是灵活偏好曲线向下移动。(见第8章,第3、第4、第5节。)

② 我们将影响到可投资金需求和供应两个方面的因素加以区别,这样做虽然对我们的理论分析是有帮助的,但不应忽视的是,有许多措施和事件,显然会同时影响到需求和供应两个方面——例如某种税制的执行。(关于这一情况,参阅第12章。)某些力量和动机,我们叫做一般的乐观态度或悲观态度的,对借入者和贷出者两方面的心理都会发生作用,因此就会同时影响到供应和需求两个方面。如果一个商号拥有闲置资金,可供自由处理——譬如持有的是活期存款——问题是要不要把它用于扩大生产时,这个商号所居的地位是借入者,同时也是贷出者。在这种情况下,需求和供应就是由一手掌握的。

这一方式下筹集资金的那些生产部门,尤其是建筑行业,情况就格外是这样。例如私人住宅的需求,对长期信贷的利息率特别敏感,处于萧条时期,当利息率降低时,尽管收入有了减缩,而这方面的需求仍然会增长。然而,有时会发现这样的情况,当短期资金代价低廉时,人们对于长期资金的出借,会表现出踌躇。理由一般是缺乏信心,对于各式各样的风险,心怀畏惧。[①] 只是当对于长期利息率有了上升的预期时(即预期证券价格将下跌),才能解释,为什么短期利率经过相当时间,依然会远远低于长期利率。然而其他的风险(预期)和危惧心情,似乎也会产生同样结果。如果人们预计,在相当遥远的将来,将发生战争、通货膨胀、社会动乱或其他相似变故,而对于当时的利息率没有什么意见,那么他们尽管仍然会购入低利率的短期债券,却不会愿意购入长期债券——除非价格较低,使当时的收益较高——因为关于债务人将来是否有偿债能力、债款能否收回、债券是否能顺利转让等,他们感到没有把握。关于这类风险的考虑,一般似乎会发挥极有力的作用,比仅仅是对利息率前途的预期或在这方面的缺少把握,似乎要强大得多。)现代经济学家是惯于把这一事态说成是灵活升值高昂或灵活偏好强烈的。要诱使人们舍弃灵活性,宁可投资于长期而不投资于短期,在长期利率与短期利率之间,那就需要有一个很大的差异。

我们可以说,在对于各种类型和期限的贷款需求的既定状态下,不论什么,凡是足以使供应增长的,都有可能引起扩张。至于在这个方面可能发生影响的那些因素,我们无法在这里列出一个完备的细目。其中最有力的影响之一是出于中央银行和一般商业银行。在它们不论是为了要提高短期(金融)市场的灵活性而利用贴现政策时,或者是为了主要对长期市场发生影响而在公开市场采取行动时,都会引起显著的后果。然而要充分推行这样一个政策,至少就中央银行来说,除了关涉到政府证券外,在技术上是存在一些困难的。除了出于银行方面的主动措施外,任何事物,凡是足以消除风险、加强一般信心的,对资本供应都会发生促进作用。

一个国家国际经济局势的变动,往往是使资本供应作任何增长或利息率作任何降低的一个先决条件。各国之间的价格差异,以及由此产生对成本较高的那个国家在支付平衡方面的压力,往往会阻止后者无法降低利息率。战后以及最近期间出现了种种设计,目的就在于消除这类价格上的差异(例如通货贬值),或者是在于防止这种差异对支付平衡或国内金融市场发生影响(例如严格的外汇管理),或者是在于肃清资本向国外逃避的原因,或者是在于有效地制止这类现象。关于这类措施内容,这里无须详细讨论。

[①] 在第8章第3节我们曾这样说,根据凯恩斯先生的见解(卡耳多先生对这一见解极为赞同,见《经济学》,1938年12月号,第464页,注释①。

● 可投资金需求增长

现在要讨论的是,对资本需求发生有利影响的一些因素。为什么一种局部干扰原来只影响到工业某一部门的生产,而在某种环境下会引起货币流转的暂时停顿,从而酿成普遍紧缩;关于这一点要加以说明,似乎需要作出比较详细的分析。至于当某一事态引起了某一工业生产的增长时,假使这时货币供应是弹性的,为什么在多数情况下也会提高货币总流量,使它达到比在别的情况下会达到的水平为高,这一点却似乎比前一情况明显。如果某一商号或某一行业的产量正在扩大,那就要添雇工人,收买原料,订购机器和其他设备。如果为了这个目的使用了资金,而这笔资金原来是不会使用的,货币流量就因此扩大,其他商品的需求就因此有了增长。至于这项货币是由银行额外增发的,还是就闲置款项加以利用的,换句话说,总需求增长时所需要的资金,是出于 M 的增进还是出于 V 的增进,实际上当然是没有什么出入的。

● 对投资的某些刺激因素

在限制货币流量扩大作用方面,有没有一些类似于我们在讨论向下转折问题时所提到的那些抵消力量呢?在某些情况下是有的,但在多数情况下似乎不是这样。

如果 A 种行业的生产由于需求变更而有了增长,在 B 种行业的需求与产量降低的形态下,那就当然会引起一种对消性的变动,当需求有了变更,由此形成的究竟是膨胀作用还是紧缩作用,这一点取决于哪些因素,我们在上面已经有所分析。

在其他许多情况下,除了也许是处于极其特殊的环境以外,却不存在抵消力量。如果由于某项设备需要重置,使某一资本品工业的生产有了增长;或者是出于某一新发明,需要装置资本设备;或者只是由于预计需求将增长,使某方面的生产规模扩大;或者是某一行业的生产成本有了降低,譬如该种行业的工资比以前有所缩减,或所使用的某些生产资料价格下跌,因此受到了诱发,要扩大产量,对劳力与生产资料要增加资金支出——就所有这类情况来说,由于产量增长,货币流量将立即增进,但并没有什么抵消力量会发挥作用。无论如何,抵消力量总不会立即发挥作用(当然,在某些复杂、附随状况下,抵消力量也许会间接发挥作用,要作这类的设想总是有可能的)。因此,任何这类变动都会成为扩张的发动者。

然而,说整个行业的工资会普遍降低,这是一个可疑的假设。关于这一点,将在下面第 9 节讨论。

关税的征收,通常是会促进保护贸易的资本投资的,由此就提高了可投资金的需求。还有一层,由于转入减退,除了存在着某些间接的对抗作用外(如国外的报复行为),对货币供应将发生有利的影响。① 由于转入减退,银行的现金与外汇准备将有所增加,由此将使信用状态趋于松动。应当注意,关税对货币需求与货币供应分别发生的两种作用,是互不相关的。举例说,如果被保护的各业从事于装置耐用设备,在厂基建设期间对可投资金需求所产生的影响,比它在供应方面所产生的影响也许要大得多。在其他情况下,则通过资金供应对投资所发生的"间接"影响,比通过需求所发生的"直接"影响也许要大得多。

● 消费支出增长

到此为止,我们所讨论的是,在消费需求未增长以前生产范围内所发生的一些因素;虽然,这类因素随后也仍然是要引起消费支出增长的。我们现在要分析的是另一类重要现象,这类现象对投资、对可投资金的需求也会发生有力的促进作用,这就是在消费目的上需求的膨胀性增长。② 国外对国内产品的需求有所增长时,也会发生相似的作用。

我们已经看到,消费需求增长是累积性扩张过程中一个不可少的环节。有人说,如果在这一过程开始时发生了消费支出增长的现象,这一现象是难以持久的。但为什么会这样的原因却不容易看出。尽管斯庇索夫教授抱着这样的见解,然而无疑的是,假使其他情形不变,则消费需求的净增长,不但将促使消费品工业复兴,而且将促进投资——不过这里始终存在的一个假定是,货币供应是弹性的。

促成消费支出增长的,可能是各个个人的反贮藏行为。唯恐价格上涨,就先下手为强,从早买进,这类情况是这里的一个适当的例子。但是在萧条时期以后接着走上

---

① 应当注意,这里所讨论的只是短期间的影响作用,因此有许多值得考虑的事态,在关于国际贸易著作中占有重要地位,但并不影响到这里的论点。归根到底,如果输入减退,输出也将下降;但是,当输出减退并不是由于外国的报复措施时,这一程序就必然要通过货币结构来完成;就是说,一方的货币必然有所紧缩,另一方的货币必然有所扩张。我们所研究的,正是问题中这一变迁的方面。当然不用说,这里绝无意于要将保护贸易制作为克服萧条的一个政策,作出一般的建议。在最近一次萧条中,一切国家都采用了保护贸易措施,希望借此改善自己的处境。无疑,这一事实成了紧缩现象一个最有力的加强因素;虽然,假使一切国家都能避免采取这类行动,每个国家是能在一定程度上达到它改善自己处境的目的的。

② 按照凯恩斯先生的说法,这一点应当怎样表达,在第8章第3节、第4节、第5节里已经有所讨论。这里我们得这样说,当人们以贮藏资金用于消费时,这是消费倾向有了加强。这一点的含义是,如果假定凯恩斯体系的其他决定因素(货币量、资本边际效用曲线、灵活偏好曲线,等等)不变,而固有灵活偏好曲线(闲置余额需求)这一决定因素是具有充分或高度弹性的,则总需求将增长(按照我们的说法是,需求将有"膨胀性的"增长)。其实我们可以直直爽爽地说,总需求增长是已经假定了的,这样似乎比较简要。

复苏时,在这个过程中,这一例子似乎不是一个典型状态。还有一个强大得多的力量——主要不是从过去,而是从现在和将来的角度来衡量——是出于政府行动有意导成的消费支出的增长;政府可以实行公共工程建设计划,可以增加一般的与救济措施方面的支出,从而在一种筹集资金方式下,造成总需求净增长。关于这类计划在财务、行政以及政治上的无数复杂的问题,这里是无法深论的。这里可以提到的只是,从短期的经济观点来看,主要的一点是,应当在这样的方式下来为这类事业筹集资金,由此使商品需求可以获得促进,而不至于在其他方面使这一点受到限制;假使必要的资金是用征税方法来筹集的,就不免要发生这种流弊。在英语国家,还有一点不可忽略,要知道此外只有少数国家可以在市场上大量举借资金,而不至于使个人投资者感到资金缺乏,或激起心理上的反应,这类反应是容易妨碍个人投资的。当中央银行货币发生惊人的增长时,就会酿成这种局势,尤其是在德国,在那里对恶性通货膨胀的情况还有着深刻的印象。还有一层,由国家岁入减少(例如由于某种税收的豁免)造成的超支,也许与由支出增加(例如由于举办公共工程)造成的超支会发生同样的影响。减税的办法,既不至于涉及使政府活动持久扩张的危险,对许多人说来是欢迎的。①

● 结　语

这一节讨论的结果是这样,扩张性冲力和影响是多种多样的,每一种都可能成为普遍紧缩过程的发动者。至于能不能演成事实,要看在任何某一情况下,某一变动规模的大小以及当时的一般情况而定。如果当时是处于紧缩过程,那就需要一个强有力的扩张性的冲击,才能起阻止和扭转的作用。如果紧缩已成尾声,它本身的力量已经衰弱,那么一种比较轻微的刺激,也许就已经足够使经济体系走向上坡。

---

① 关于这一问题的深入讨论,参阅 J.M.克拉克:《公共工程设计经济学》,华盛顿 1935 年版;盖尔:《繁荣与萧条下的公共工程》,国家经济研究局,纽约 1935 年版;沃克:《作为复兴手段的公共工程》,载《经济纪录》第 11 卷,1935 年 12 月号。

第8节 经济体系当紧缩演进超过了某一点以后,为什么对扩张刺激会越来越敏感?

• 紧缩丧失了动力

我们已经看到,紧缩过程如果有机会作相当时期的演进而不受阻挠,力量就会加强,这时除非有极有力的扩张性刺激,否则如前节所分析的那些刺激力量,就不能把它扭转过来。所以会造成这样的麻痹状态,是由于这样一个事实,这时总需求在不断减退,到处积存着闲置能量,因此那些具有刺激性的事态,在别的环境下也许可以促使总需求增长,而这时除了降低向下动向的演进速度以外,却不能更有所作为;它们无法转变局势。我们现在要探究的是,为什么过了一个时期以后,紧缩就大都会丧失力量,结果使经济体系对于不时会发生的那些扩张力量,会恢复敏感。

上面曾指出,在扩张演进中,当接近充分就业时,经济体系会变得越来越脆弱;这首先是因为一般生产手段,尤其是劳力供应,在向上趋势下,会变得越来越缺少弹性,其次是因为总货币需求、MV 的扩张,迟早必然要降低速度,否则价格就必然要不断上涨,而这一上涨现象也是不能持久的。现在须将这一推论应用到在紧缩过程下演变成的相反局势。

• 生产因素供应恢复弹性

显然存在的一种倾向是,紧缩越是向前进展,一切种类的生产资料、劳力以及生产品(产出的生产资料)供应的弹性就越大。这时劳力供应在向上趋势下恢复了弹性;就是说,对劳力增长中的需求,又可以在不变的或略微提高的工资下获得满足,尽可以添雇新手,或放弃短时间工作办法。(上面已经说明,即使处于繁荣鼎盛时期,在向下趋势下供应也是弹性的,就是说,在这一趋势下工资是刚性的。)同样情况,企业家方面的垄断性限制——不论是借助于组织合并、卡特尔化或由生产者在其他方式下构成的有组织的联合行动,也不论是出于个人竞争者方面的麻木不仁,或者是害怕"破坏市场"——往往能够在整个紧缩过程中使某些商品和劳务始终保持着比较稳定的价格。在这种情况下,就为生产资料与处于各种生产阶段的产品创造了弹性。在衰退过程中还有一个情况,也会发生与增进供应弹性相似的效果,这就是增加那些"次边际生产动因"——地或工厂——的量;一旦需求恢复,这类动因就有了价值和用途。结果是像我们在别处已经指出的那样,关于产品需求,如果有了实际或预期的增长时,任何一个行业扩大生产时就比较容易适应,不会因此提高别的行业的生产成本。换句话说,由于某种变动而引起的不利后果,由此可以减轻,使扩张力量可以有充分的活动机会。

• 信用供应恢复弹性

使扩张过程得以安然开始、顺利演进的第二个先决条件,即弹性的货币与信用供应,在紧缩过程中也终于恢复。当价格下跌时,作为信用结构基础的中央银行货币的价值将上升。只要结构没有遭到破坏,每一个原来紧扣着的结,这时就会放松些。金准备项下,中央银行货币所占的比率将提高;各银行的现金准备,其中短期负债部分将相对地提高;公众手里的通货和银行存款,跟他们赚得的收入与持有的资本对照,也将有所提高。但这一过程不一定是一帆风顺的,也许会碰到一连串的挫折。债务负担的加重,关于避免破产的挣扎,这类现象本身就需要准备好了的现款;而唯恐破产实现与债款变成呆账的不安心理,会引起对灵活性的争取,因此即使提高准备比例,增加贮藏,也不会感到满足。如果信用状态张弛不定,趋向也就会有动摇不定的表现,在萧条过程中,灵活程度会倏进倏退。然而破产风潮总是要平息的,资金总会逐渐地累积起来为新的扩张做好准备,这不过是一个时间问题。

• MV 下降的限度

我们现在要究问的是,MV 的下降,货币的紧缩,到底有没有限度?谈到相应的货币扩张问题时,我们曾证明,MV 的上升是有限度的,超过这一限度以后,扩张能否持续就全无把握。我们看到,那种限度是在扩张倾向下所固有的,当演进到接近充分就业时,酿成的形势是,越来越易于促进价格上涨,而不是促使就业与生产增长。那么在 MV 的下降方面,是否也有一个相应的限度呢?

当然,在前一段里所分析的那些有利于扩张的因素,不论哪一个,都会使紧缩中止。(这类因素会在偶然的情况下发生;但将在下一段里说明随着时间的经过,作为紧缩过程中的一种反应,无论如何,它们的出现是可以预料的。)但是,假定这类好转现象竟没有发生,或者即使有也不够坚强,不能变更形势,这个时候有没有一个概括的理由足以说明,为什么 MV 的紧缩必然要终结呢?

照说如果不存在扩张性的冲力,紧缩就会无止境地继续下去,这一情况当然未尝不可想象;不过以人类动作一般经验为依据,我们有充分理由可以假定,这种情况是不会发生的。关于这方面,有应加考虑的一个重要事实,往往被忽视。MV,也就是以货币计的商品总需求,如果持久萎缩,则与这一现象同时存在的,必然是货币的不断消失,或货币贮藏的不断累积。这种消失过程,在具体情况下,会演进到什么程度,决定于有关国家的货币组织、制度因素和国际局势。就现在情形来说,会发生消失现象的,主要是存款货币,而不是中央银行货币。至于存款货币会消失到什么程度,则决定于银行体系的组织,并且在更大的程度上决定于一些别的因素,这些因素的表现,在各次萧条中也许不同,如处理事变时所采取的方法,如银行与在萧条中受打击格外严重的某些行业之间的特有关系,等等。银行体系是怎样通过消灭货币的手段来影响通货紧缩的严重程度的? 关于这一点,我们可以看一看,在1929~1933年萧条期间以及在以前的历次周期中,英国在统一银行制度下和美国在无数小型丧失了偿付力的银行下所分别发生的情况。将两方面的情况加以对照,就可以获得充分的说明。当时的情况怎样,是人所共知的。以上的陈述,唯一的用意只是要使关于银行体系的影响问题在我们的理论纲要中获得一个适当地位。

- **货币贮藏的累积**

等到货币消失的演进停止以后——不论在什么货币制度下,这一演进迟早总是要停止的——跟紧缩过程的持续共同存在的,必然是在各种形式下的货币贮藏的不断增长;灵活性在提高,M_2在上升。以货币单位计量时,这类贮藏的量值,在货币流通缩减的代价下将提高;由于价格下跌,以实际购买力计量时,量值的提高就更快。

这类贮藏,与实际收入以及实际财富对照,将有所增长。换句话说,人们对于他们的实际收入与实际财富,在流动的货币形态下保有的,所占比率将越来越大。应当注意到的是,当人们在增加贮藏、在从事于"争取灵活性"时,尽管生产者在投资目的上对货币的需求处于低潮,利息率(可投资金的)将仍然保持着相当的高度。在不利的环境下,这样的局势会持续一个很长时期;但在这样的局势下,既然货币贮藏的量值一直在增长,根据我们对经济行为的一般体验,就不妨假定,这类贮藏是有它的限度的。在流动资源达到了财富的某一高比率以后,对灵活性的要求会终于获得满足,这时人们就不再增进贮藏。如果这时的利息率依然很高,由于在实际投资目的上对信用仍然有需求(在贫穷的国家就会发生这种情况),贮藏者就会比利息率已经下降到低水平的情况下较快地受到诱发,把他们的资金投向资本市场。但是即使利率非常之低,这样一个关头也总是要到的,到了那个时候,贮藏已经占到收入与财富那样高的比率,将没有更进一步的余地。这时有两种情况或两者之一,势必发生。或者是向资本市场贷出的资金将增加,结果利息率将更被压低(也许开始时是短期利息率,结末是长期利息率),投资将重新活跃;或者是,假使生产者对信用需求是绝对无弹性的,人们对储蓄的兴趣将降低——按照凯恩斯先生的说法是,除灵活偏好降低以外,消费倾向将上升——对消费品的需求将停止减退,或者甚至增长。总之是不再把货币收入贮藏起来,不是用于消费支出,就是通过资本市场贷出。①

以上分析的结论是,即使不存在任何扩张性的冲力,MV 下降也会有一个限度,这一点是在广泛依据下有着高度盖然性的。② 如果作出相反的假设,那就会含有这样的意味——货币贮藏,同收入与财富对照下,是可以作无限增长的。当 MV 停止下降,紧缩结束时,经济体系对扩张冲力就会变得非常敏感,对紧缩冲击就会比较地具有防免性。③

这里的分析并不含有这样的意思,说是紧缩过程就一定或通常会演进到那样的极端限度,也不是说,听任紧缩摸索前进、达到"自然"终点是可取的方针。目的是在最寻常形式下提出问题,作为下一步研究的一个前导。足以限制 MV 萎缩的有许多因素,还有与这些因素密切关联,有时候简直难以区别的其他因素或反应,那些因素或反应是有助于 MV 的扩张的。这些我们准备在下一步进行讨论;在紧缩演进中还迟早会引起些别的扩张性的冲力,关于这类现象,我们将结合讨论。

---

① 这里的整个分析可以循另一条路线进行,不过这样会有多大收获却很难说。以这里的需求与供应理论纲要为依据,我们可以把贮藏因素放在供应的一面,也可以放在需求的一面。我们可以说,是贮藏项下的数量减低了可投资金的供额,也可以说贮藏是一项特种需求,与工业目的上的需求相竞争。这里我们把贮藏放到了供应的一面,因为我们解释需求时,是把它说成实际投资目的上的需求的。

② 当然,绝对肯定是谈不到的。贮藏的无限持续,也许有它的合理动机——这就是对价格不断下跌的预期。但无论如何,这一点仍然是颠扑不破的,随着以货币与商品计的贮藏量的增长,反贮藏动机也必然会不断增长。关于贮藏问题,维纳教授作出了饶有兴味的分析,谈到了经济体系对闲置现款的厌恶态度,以及现代金融组织所用的种种手段,希望在不提高以现款为依据的灵活性的情况下,用以满足对灵活性的需要。见维纳:《论凯恩斯先生所谈的失业原因》,载《经济学季刊》第 51 卷,1936 年 11 月号,第 147~148 页。

③ 凯恩斯先生和他的信从者们认为,这时会出现在失业与相当稳定价格下,一个相当宁静的局面。以上分析并不否定这个说法。关于这一点,在第 8 章第 5 节曾加以讨论,说明要使上述局面得以实现,货币工资与价格在向下趋势下的刚性是一个必要条件(凯恩斯先生对这类说法,有些地方未尝不同意,但没有加以充分看重)。这里我们所注意的不是在失业下的平衡状态,而是紧缩过程。紧缩在结束时,也许可以转化为在就业低水平下的相当宁静状态("在极度萧条下蹒跚而前的萧条平衡");但这里要指出的是,一旦达到了这一稳定点以后,极有可能的是体系又将自动地走向上坡。

第9节　在紧缩时期多半会发生的扩张倾向

- 有调整作用的"自然"力量

在本章第7节,我们分析了一系列的因素,这些因素是能够产生扩张的冲力,从而发动扩张过程的。在那里我们是把扩张冲力作为一个出发点的;至于在这类假设下的冲击力量从何而来,是出于天命呢还是出于政府法令,在市场结构的作用下,是不是可以希望它们会自动发生,关于这类问题都留待随后考虑。在这一节我们要探讨的是,假定(a)政府并不采取积极步骤(如举办公共工程)来促进扩张,(b)也并没有什么偶发事件(如某种新发明,或一连串的农产丰收,或来自国外的冲力),可以借此获得援救,这时经济体系是否能够使紧缩过程结束,从而转向扩张。这里要分析的就是这种有调整作用的"自然"力量,也就是体系走向平衡的倾向;我们往往会不假思索地认为,只要听任价格结构能无阻碍地发挥作用,这类倾向就自然会出现,认为它们是经济体系所固有的。我们会看到,这一类的扩张冲力的确是有的,可以相信它们迟早会自动发生,使紧缩转向扩张,这是相当有把握的。(但是,话虽这样说,我们一点也没有这样的想法,说比较可取的是坐候时机,让这些"自然力量"来推进体系走向上坡,而不必采取行动来促进复苏,也不必设法导使扩张沿着那些和听其自然的趋向有所不同的路线前进。)

我们在第7节里还说,某种事态或因素,会首先引起消费支出的增长,或促进生产者的支出(投资),由此会酿成扩张。(一旦扩张开始以后,两种类型的支出就会互相促进,投资会滋生收入与消费品需求,而消费增长,反过来又会进一步诱发投资。)当我们从事于探索自动的扩张冲力时,就会主要地在直接刺激生产者支出(投资)那种形式的因素中找到。这里的情形也仍然是这样,要把可投资金在供应方面和需求方面的变动加以区别,是很方便的;但不可忘记,有许多因素是同时会影响到需求和供应两个方面的。

- 信心恢复

我们先从供应方面的变动说起。我们假定,对可投资金的需求并没有完全消失,就是说,存在着一种带有一定利息率的潜在的需求,不过由于供应方面的情况(银行与投资界方面缺乏信心,灵活偏好较高),当时的利息率过高,因此这种需求无法获得满足。处于这种情况,当如上节所说的那样贮藏倾向停止时,不只是将使 MV 紧缩停止,而且在相当期间将酿成扩张。当银行、企业机构和个人整个说来认为已经有了足够充裕的现金准备时,换句话说,当他们认为在当时的环境下值得争取或认为必要的那个灵活程度已经达到时,[①] 利息率即将下降,因为这时必然有某一数量的资金不再从事贮藏,而投向资本市场。这时投资将略有起色;这就会使 MV 和商品总需求趋于稳定,由此也会使就业与生产趋于稳定。如果这一小康局面得以持续一个时期,没有再度发生企业倒闭或其他足以打击信心的现象,信心即将恢复,人们将受到诱发,减低他们的贮藏。当价格一旦停止下降,或者是预计价格可以保持稳定或上涨时,就会发生反贮藏的强烈动机,因为贮藏是要牺牲投资利润的。[②] 另一方面,在紧缩过程中,工业的债务负担已经用各种方法减少了,于是就又恢复了通过借款等方式为增加生产筹措资金的活跃。

关于投资扩张基础的逐渐恢复这一个过程,已经屡次谈到。在这方面,还可以作出更加详细得多的分析。诸如"信心的一般形态",或"悲观情绪"和"乐观情绪"等,即使所叙述的只限于可投资金的供应者方面,而这已经是牵涉到极其复杂的现象了。有种种不同类型的风险与危惧心理可以辨别,有些只是关系到长期投资的,有些则关系到长期与短期的各种投资类型。其间还可以牵涉到制度上的种种复杂关系。我们只能以分析过程的简单轮廓为限。这里必须记住的一个基本事实是,当信心恢复、悲观情绪消失时,由此将引起反贮藏以及可投资金供应的增长,如果对这类资金确有需求,则 MV(商品需求)以及就业与生产也将增长。

● 投资复活

再谈需求的方面。当紧缩已经持续了一个很长时期,当价格在低落,需求在减退,几乎到处都是这样的时候,对可投资金的需求已达到了接近消灭点,因此供应价格(即市场利率)即使降落到极低水平,也许仍然影响很少。没有人敢进行投资。但所以会形成这样的局势,并不是实际财富的累积已经减退到这样程度,以致事实上没有再

[①] 如果对于这里所说的贮藏与紧缩自动停止这一点不能同意,那就得把信心寄托在迟早会发生的那些积极刺激因素方面(在下面即将加以解释)。论证的其余部分,并不因此受到影响。尤其是关于 MV 一旦停止下降以后就会上升那一论点,将仍然有效;不管使 MV 停止下降的是什么因素,这一论点总是屹然不动的。

[②] 这里我们不必停下来,把这段分析改用凯恩斯先生的措辞来表达。可参阅第 8 章第 3、第 4、第 5 节。

进行投资的余地,并不是采用迂回生产方式以增加生产的办法,已经不再有推进的可能;原因实在是在于对价格将继续下跌的恐惧和信心的缺乏,实在是在于对一般前途所抱的不安心理。因此,总需求和价格一旦在某一水平下稳定以后,对可投资金的需求就会自动增长,这不过是一个时间问题。这时对价格将继续下跌的恐惧心理将逐渐消失;某些投资,原来是可以进行,是有利可图的,所以没有进行,只是由于害怕需求与价格将进一步下降,这时就会放大了胆,开始行动起来。

当处于紧缩过程、投资在停顿中时,很有可能会出现在某些方面的新发明,这类发明以当时价格为依据,尽管是可以降低生产成本的,[1] 但是由于利用时势必需要相当大的投资,而企业家在当时是预计需求与价格将下降的,因此不愿意付诸实施。在这种情况下,就积存了一宗投资机会,只要一般价格的跌势停止,亦即到了机会成熟的时候,就会引起投资支出。在萧条期同的长期蛰伏以后,出于某些人的某种企业精神,使某类行业有了建立新事业的勇气,这就打破了沉闷局面,这时在同一行业或其他行业的一些别的人就会跟着学样;关于这类演进情况,熊彼特教授在他的多种著作中曾用他的生花妙笔加以描绘。他说:"不论什么时候……如果有人有了新的建树,获得了成功,别人就会一方面在同一事业范围内抄他的老样……另一方面,在其他事业范围内也由此壮了胆,要从事于相似的活动:难关已经打破,首倡者在动作上的许多细节都可以效法,就可以把这些细节拿到他原来的活动范围以外来应用。"[2]

● 重置需求

还有一个因素,与新投资的复活密切相关,或者甚至彼此难以区别(也许会在一种新的、未经试验的结合方式下出现),这就是重置需求的增长。处于紧缩过程时,不但新投资,就是再投资也有了缩减。但是工业资本设备,有的有所磨损,有的逐渐陈旧,质量在减退中。因此,即使产量有减无增,极有可能的是,在这一行业或那一行业迟早会有设备重置的需要,由此会引起反贮藏或借入资金活动,从而使 MV 增长。

还有一点。生产者根据经验,深知价格是不会永远下跌的。当价格跌落了一个时期以后,他们也许就会越来越倾向于相反价格、相反动向的预期。因此,他们的态度也

---

[1] 参阅密契尔:《经济周期论》,柏克立1913年版,第567页。

[2] 参阅他的文章,载《经济学》,1927年12月号,第298页。并可参阅他的《经济发展理论》,英译本,1934年版;又庇古:《工业波动》,1929年第2版,第92~93页。但应当注意,熊彼特使用这个论点时所解释的,主要并不是在于低潮转折点的怎样酿成,而是在于在高涨时期经济体系是怎样进展到平衡点以外的。然而在周期过程的较早阶段,在某些情况下,这一动态因素似乎也会出现;如果说在这一阶段,这样的现象绝对不会发生,似乎就说不出什么理由。

许不是在技术观点下、在不致损及生产操作的限度内,把设备的改善与重置推得越远越好,而是趁价格还低的时候,抓住机会,及时进行设备的改善与重置。①

● 工资降低

现在要讨论的是极其重要的一种调整类型,这在竞争的价格体系下,看来是对失业的一个天然的医治良方,这就是货币工资与其他成本项目的降低。②

这里我们所注意的,不是问题的社会与道义的方面,也不是把注意力集中在降低工资是不是结束萧条的最上策这一点上(假定的是,这是一个可能实行的方法,此外也还有别的方法)。我们所注意的,是一个在性质上比较朴素的问题;虽然,对政治问题要作出任何解答,这一问题的解决,似乎是一个不可少的准备。

问题是这一点。在任何严重萧条中我们所看到的货币工资降低现象,是否应当看做是会使紧缩趋于结束的一个因素?如果货币工资有较大的伸缩性,只要失业现象继续存在,货币工资就会比较迅速地下降,如果情况是这样的话,萧条是否会缓和,复苏是否会加速?③

这是一个聚讼纷纭的问题。许多经济学者认为,工资降低是防止失业的一个不可避免、准不会错的办法;还有些人则认为是无济的,甚至是有害的。

● 货币上的含义

关于这一问题的写作,有很大一个部分都由于那些理论对货币的含义没有弄清楚而丧失效力。有许多人认为可以把 MV 看做是一个常数,或者认为,无论如何,这

---

① 关于"重置高潮"问题,本书第一篇会有所讨论(见第3章,第15节)。凯恩斯先生在对周期的分析中,也会利用这一标准工具(见《通论》,第253页)。

② 斯利克特教授对这一点曾有所分析,内容在许多方面跟下面所提出的相类似;参阅他的著作:《走向稳定》,纽约1935年版,和他的论文:《对不稳定状态的调整》,载《美国经济评论》第26卷,1936年(增刊),第196~213页。

本书第8章第5节已经指出,下面的分析跟凯恩斯先生的论调也有许多共同之处。

③ 与货币工资降低的意义相同的是,在同时不增加其他成本项目(例如资本成本)的情况下,劳动效率的提高。如果工人在工作上的强度提高,或者是在工作组织方面有所改进,因此在不增加资本设备的条件下,较少的劳动力可以完成同样的工作,就雇主方面来说,就等于是货币工资有了降低。从别的(例如社会的)立场来说,在这两个降低劳动成本方式之间,也许存在着重大差异。但就我们这里研究的问题来说,两者是一样的。

关于效率的统计计量问题,不免要引起极大困难,这里无法讨论。可以附带提到的是,关于"效用工资"的通常统计尺度——即以产量单位计的劳动成本(应付工资与产量对比)——不能作为在我们意想中的那个量值的准确计量。

是与货币工资的变动无关的;他们是在这样一个默契的假定下进行讨论的。如果当真是这样,如果总货币需求不会受货币工资降低的影响,那么当然,就业与生产在较低的货币工资下,比在较高的货币工资下将有所提高,因为在较低的工资与价格下,等量的货币可以购入较多的商品,提供较多的就业机会。还有些人,则在默契的方式下,或在没有提供适当证明的情况下假定,MV 会随着工资支出的降低作等量的(或者甚至更大程度的)减退,因此一般情况依然不变(或者甚至会恶化)。这两个趋于极端的假设,或者是介于两者之间的在这一点上的假设,在某些情况下也许是对的,而在别的情况下则不然。没有确定附随的环境,没有将种种不同情况加以区别,是无法下断语的。

我们开始时假定的是一个处于隔离状态的国家,关于由国际贸易引起的错杂情况则留在以后讨论。凡是适用于这样一个国家的论证,对于在内政方针上可以受不到国际贸易演变影响的任何大国说来,实际上也是适用的。

● **一个行业降低工资的影响**

如果有一个商号设法降低了工资,通常就可以扩大生产,而以同一行业中的其他商号为牺牲,结果其他同业就不得不跟着学样。因此不如从这样的假定开始,假定某一整个行业降低了货币工资。由此对别的行业发生的间接影响,以及在这类派生作用下对已经降低工资的这一行业所发生的反响如何,这里暂且不论;这里要问的是,工资降低以后,这一行业可能发生些什么样的典型反应。我们将试图解答这一问题,解答时要格外注意的是,MV 大都会受到什么样影响的问题。

照理来说,这里存在着彼此差别很大的许多可能情况。就某一个极端情况来说,这一行业由于成本降低,使产品价格减低有了可能,可以预计需求将有很大增长,因此可以扩大生产到这样的程度,结果就业的增长超过了工资的降低,使直接或间接通过原料与设备购置而支出的工资实际上超过了原来的支出额。(我们还假定,这一行业的劳力需求——包括通过生产资料购置而产生的间接需求——的弹性大于一,由此引起对该业产品的需求弹性,甚至还要大。)① 在另一极端情况下,产量与就业也许全然没有因工资降低而有所增长(工资需求的弹性是零),因此节省下来的资金就退出了流通——例如,用来偿还银行欠款,或因此不再向银行续订新约。银行的处境,由此有了改善;但在这里谈的是紧缩时期,因此不能假定,所偿还的资金会全部用来重

---

① 即使这一行业在工资降低以后,产量没有扩大,如果它利用节省下来的资金来改善或重置设备,也由此可以借助于成本的降低而提供较多的就业机会;换句话说,如果它原来是在消耗资本,工资降低以后,就可以使它停止这类消耗。不过这不是在萧条中的一个典型情况,因为在那个时候,就是现有设备也还没有充分利用;虽然我们不否认,资本消耗情况那时也许仍然是存在的。

新贷给别的借户。这里不妨假定,这笔资金至少有一部分,将用来加强银行准备,这样的说法应当较接近事实。

为了避免"就事论事"式的推论,上面的论点还得加以进一步明确。我们可以说,由于工资降低,就业将增长、或可能增长到这样程度,结果使工资支出(这一行业直接支出的,以及通过原料和其他生产资料的购置,间接由先前各生产阶段支出的),会增长到高于工资没有降低时所能达到的那个水平。在这一假定下,还包括这样一种情况(这种情况在普遍紧缩期间很容易发生):工资降低会诱使一个行业对就业与工资支出方面不至于缩减得过甚,不至于缩减到否则就非采取不可的那种限度,因此,在这种情况下的工资降低,并不会引起就业与工资支出与前期对照下的增长,而只是使它不致下降到更低的水平。在另一极端下的情况是这样,就业全然不会增长到工资没有降低时会达到的那个水平以上——那个水平,在普遍紧缩期间,也许要低于前一时期的水平——结果是从流通中退出的货币量,将大于没有发生工资降低时会退出的那个量。

在第一种情况下,工资降低有一种扩张性的影响,因此会减轻或者甚至扭转紧缩倾向。在第二种情况下,影响是紧缩性的,紧缩过程因此会加速和加强。

● 应付工资究竟将增加还是减退

我们现在要问的是,上述工资降低的两个可能后果,在紧缩过程中,究竟是哪一个有较大的实现可能,这一点是否可以在一个共同基础上加以确定?是否可以把货币工资降低看成是最后结果会使紧缩减轻,或缩短紧缩的时期,或者把紧缩看成是加强紧缩的一个因素?我们当然可以假定,就直接有关的这一行业来说,就业和生产由此将受到有利的影响。①

---

① 也许有人会这样说,也的确有人这样说,认为即使工资降低在原则上可以希望它发生有利的影响,而这种影响也不会立即实现,由于时间上的迁延,就足够使这一作用归于无效。如果一个企业家由于降低工资而增进他的投资,也需要相当时间才能使他的计划付诸实施。首先,他大概要观望一下,看一看形势怎样发展。其次,在实行订货、资金实际支出以前,关于计划的细节也必须有一番琢磨。在这个时候,工资已经有了降低,因此一般商品需求就已经有所减退。由此将使一般局势恶化,生产者见到这种情况,就很有可能,会放弃增加产量的计划。因此,他的投资如果不是立即实行的,结果投资计划就会完全作罢。

这一论点当然具有很大的说服力。在投资计划的酝酿(或者是某一变动的发生,使投资在原则上成为一个有利行动)与由此发生的实际支出两者之间,存在着不可避免的时间间隔;关于这一点,在我们的分析中也曾经提到(见本章第 3 节)。

然而关于这一论点,这里的情形有些不同。第一,我们所注意的,主要并不是在固定资本方面的新投资,而是在现有设备基础上生产的可能增长。第二,必须注意的是,工资降低不但可能促进产量增长,而且可能诱使雇主中止缩减生产与就业。就后一种情况来说,工资降低的影响,完全是即时见效的。

说一个行业的货币工资降低时它的反应会是少提供些而不是多提供些就业机会,这是很难想象的。但不一定可以由此推定,就业与产量就会增加到使工资支出有增无减的程度。由于种种原因,工资降低的扩张影响,在萧条时期,尤其是在萧条的初期,不见得会比在周期的高涨阶段更为显著。当萧条期同,许多行业的能量过剩(设备有余),原料和半成品也许有着大宗存量可供利用,这就是说,产量尽可以提高,而不需要大量增加新投资。如果需要对固定资本进行新投资,将难以筹集必要的资金。这时正普遍存在着悲观情绪,人们大都不愿意冒险从事于较长期的投资。但是,我们已经看到,当紧缩有了足够深入的演进时,这类情况就会逐渐变化。另一方面,工资降低,对工商业者必然会发生有利的影响,促进他们的投资意向,也必然会促进银行方面的出借意向。这就会使紧缩趋向缓和。

- **在竞争与垄断下成本降低对货价收入的影响**

还有很重要的一点应当提到。当生产者利用由工资降低节省下来的一部分,来加强自己的灵活地位或偿还银行欠款时,这一情况表明,货款总收入并没有发生与工资支出同等程度的降低。换句话说,如果价格下跌得那样厉害,以致由工资降低的所获,全部移转给了消费者,那就说明,生产者的地位并没有因工资降低而有所改善,就他来说,这时并没有增加贮藏的余地。这只有在完全竞争的情况下才会发生,而且即使在这种情况下也不至于发展到充分的程度。即使假定处于经济理论严格意义上的完全竞争状态,这时每个生产者都把他能够出售的价格看做是市场化的,跟他自己的行动无关,从而把他的生产扩大到那样的限度,使他的边际成本与价格相等;即使根据这样的假定,他的总收入也不会降低到工资支出的降低程度,除非是处于未必会有的一种情况,即边际生产成本是不变的,也就是说,边际成本曲线是水平的。总之,在边际成本提高的任何情况下,由于工资降低而得以实现的总生产成本的降低,只有其中的一部分会移转到消费者方面。① 换句话说,总利润将增加——虽然,净利得依然是一个负量,因为总利润不包括固定资本摊提——因此是有余地可以增加贮藏或偿还银行欠款的。如果不存在经济理论严格意义上的自由竞争,在垄断或半垄断状态下(或者只是由于摩擦或唯恐破坏市场的戒惧心情的结果),价格没有能跌到相等于边际成本的程度——换句话说,生产者没有能扩大生产到边际成本与价格相等的程

---

① 还可以补充一点,我们常常会听到这样的论调,认为要工资削减能发生促进作用,除非价格也能有相应的减低。这个说法一般是不正确的。即使价格一点也没有减低,如果企业家对于他原来所忽视的设备的重置,受到了诱导,或事实上能够恢复进行,则由于工资降低的结果,也能够多提供就业机会。

度——情况就更加是这样。

因此我们得出的结论是，竞争越是自由，价格越是富有伸缩性，工资降低有利的影响作用就越大，加深紧缩的危险性就越小。这一结论，比我们原来所预计的不多也不少。然而并不能由此断言，就是即使在最严格意义的竞争下，也不会由于工资降低，加强贮藏倾向。

- 对其他行业的影响

假定某一行业，由于货币工资降低而就业与产量有了相当增长，但没有增长到工资降低的程度，因此这一行业的工资支出比前减少。这样的就业与产量的增长，当然是符合愿望的；但是我们还要考虑到由此对其他行业产生的影响。这一点取决于对（总）利润增加的处理情况。假定利润的一部分被贮藏了起来，这时对其他产品的需求将减退。[①] 这一直接有关的行业就业的增长，部分或全部将为别处就业的减退所抵消。这一点甚至会反过来影响到最初那一行业，使那里原来的就业增长效果，部分化为乌有。

我们还可以看一看在略微不同的情况下的演变，也许是有帮助的。也许某一行业的工资并没有降低，这一行业的就业与产量将较小，在工资等方面将支出较多的资金。这项资金从何而来呢？筹措的办法不外是向银行多借些，或停止偿还银行欠款，或停止设立资金准备，或者是使用可供自由处理的闲置资金（即降低这项资金的流动性）。

- 如果许多行业降低工资

到此为止，我们是从某一个行业的立场来分析情况，假定其他情况是没有变动的。假使工资降低在许多行业同时发生，由此形成的总的后果如何，就更加难以论定。如果各个行业所发生的最初影响，总的说来，并没有使 MV 发生变动，某些行业的贮

[①] 当然，工资支出增加，不一定会使工资品需求立即有所增长，因为工资劳动者也许会把一部分工资贮藏起来，或用以偿还债务。另一方面，当工资降低时，也会由于使用贮藏资金或举借债款，使那种由降低所产生的影响暂时被抵消。这里我们把这类情况置之度外，认为在量上是不重要的。

藏倾向跟别的行业的反贮藏倾向①足以相抵，则净余的结果，总就业将有所增长。如果某些行业的反贮藏超过了其他行业的贮藏，则结果就业将有更大的增长。但不一定会发生这样的情况。贮藏与反贮藏两种倾向相抵的结果，也许由前者占优势。可以肯定的是，由 MV 减退足以证明的某一数量净贮藏的存在，总是跟就业与产量的增长相应的。但是贮藏的演进如果超过了某一程度，货币工资降低的促进作用也许会受到破坏，需求与价格的下降将跟工资的下降同时出现。这时就业与产量就不会有所提高，甚至比工资没有降低时还要低。

- 工资降低使现金的灵活性提高

在这样不利的、也许是不大会出现的情况下，货币工资降低将发生加深紧缩的直接影响；但即使在这种情况下，这一政策如果能长期贯彻，就足以造成一种局势，在这一局势下，并不需要外来的任何特殊扩张冲力，市面复兴（新的扩张）是迟早要出现的。

这个说法是由这一节和前一节的论据而来的。在那里我们指出，随着紧缩的演进，银行和各个商号会越来越持有灵活的款项。由于物价跌落，以货币为依据，尤其是依货币的购买力来讲的货币贮藏的数量会越来越多。现在情况很明显，如果工资降低，并且价格比工资没有降低时下跌得更厉害，则这一贮藏的进度将加速。换句话说就是，货币工资与价格的下降，减少了货币作为不同生产阶段下商品与劳务交换中的一个中介者所要完成的工作量。货币在这一范围内的使用被解脱了出来，于是就可以用来进行贮藏。②跟价格下跌同时发生的是，现有的货币贮藏（M_2）的实际价值有了增长，这就迟早会达到一个限度，到了这个限度时，即使是最谨慎小心的人，也无法抵抗一种诱力，要停止贮藏，从事于反贮藏。

我们还可以用另一方式来说明问题。暂时假定，与货币工资的动向无关。灵活现

---

① 有些学家不大喜欢"贮藏"这个字眼（例如康恩先生评论本书第一版时，在论调中就有这样的倾向）。还有些学家则认为，各家对这个字眼在著作中使用时的意义不同，使它有了种种新意义，因而使概念含糊，而没有说明所指的是哪些学家（见罗宾逊：《贮藏的概念》，载《经济季刊》第 48 卷，1938年 6 月号，第 231~237 页）。如果只是说"'贮藏'这个字眼，除包含在'灵活偏好'概念以内者外，别无示因意义"（前引著作，第 236 页），那就很难看出，它究竟说明了什么。这里所使用的"贮藏"这个字眼的意义，在第 8 章第 3 节曾加以明确规定，指的并不是如罗宾逊夫人所单独标出的"示因意义"。但它当然是具有表示原因上的重要意义的，因为个人决定是否从事于在这一意义上的贮藏时，对前途演变具有重大关系。至于怎样将这一点用凯恩斯先生的说法来表达，前面已经屡次指出。在这里也许有助于说明的是，可以把"反贮藏"这个字眼改成"较多的支付"，不过要附加一个条件（这是指"反贮藏"，不是指"支付"这个字眼说的），支出增加，指的是整个社会总支出的增加。

② 按照凯恩斯先生的说法，这时只需较少的资金就可以满足交易动机，因此可用于"投机持有"方面的资金比前充裕；M_1 减少了，M_2 增加了。

金有一个一定的水平,在经济体系能够重新走向上坡以前,必须先达到这个水平。在这一情况下很明显,工资与价格能够让它们下降得越快,所想望的灵活水平就实现得越早。这就是说,我们可以把货币工资的伸缩性和作为实现这一伸缩性的一个手段的劳动市场竞争看做是有利于恢复充分就业的一个因素。但是问题并不这样简单,因为必须争取的那个灵活水平,并不一定是与货币工资动向无关的。如果工资的伸缩非常大,如果这种伸缩性是具有初发性的作用的(像上面所说明的那样),由此也许会发生干扰,动摇信心,这样就比在较刚性的工资下,可能需要较高度的灵活性。但是,即使在这一不利的情况下——这绝不是唯一可能的情况,甚至也不是最有可能发生的情况——论点也仍然是站得住的:因为总在某处有着一个较高的灵活水平,那就是在一切情况下总是有足够高的一个水平。

• 结　语

我们在开始时提出的问题是,在一般的失业情况下,货币工资继续降低,是否应当看做是足以促使紧缩结束的一个因素。根据以上分析,如果要使论证获得逻辑的断定,答案就必然是肯定的。然而必须再一次着重指出,这一结论的含义并不是说,局面就是这样摆定了的,紧缩过程就必然或甚至在多数情况下走向它"自然的"终局。在这里以及在以前各节所分析的那些扩张冲力,往往会在中间插进来。还有一点,我们作出肯定答复时,也并没有这样的意图,在不存在自发的扩张冲力下贸然断定,说由政府在这一或那一干预方式下来制止紧缩的任何企图是得当的,或是不得当的。要答复这一问题,就要牵涉到许多外在的应加考虑的问题,这些问题有些是非经济性的,这里无法讨论。但是就这里所涉及的问题,即货币工资动态的影响问题来说,可以得出以下的结论。

• 一些政策方面的问题

在削减工资政策下,有时候在没有对就业与产量发挥有利影响以前,会在某一限度内加深紧缩:虽然这一点无可否认,但使货币工资继续上升的孤立政策是非常危险的。当若干行业降低了货币工资时,由此紧缩过程是否会发生这种暂时的加深状态,事先很难论定。如果我们有理由可以相信,即使工资没有降低,MV 仍然会不断紧缩——在谈紧缩过程的那一章里我们已经看到,MV 在某一程度上的萎缩,是周期萧条中一个无可避免的并发现象——那么如果不允许工资下降,当然就要增加失业,拖长紧缩。如果在某一个国家的紧缩是由国际局势所引起的,情况就更加明显。这时如果要防止失业增进,产量低落,就必须听任工资与价格下降。(至于用通货贬值方法来缩短这一调整过程,是否可能,是否适当,以及应当在怎样的环境下实行,那是另一问题。)

另一方面,如果一个国家可以无须考虑到国际经济局势,可以放手决定自己的货币政策,这时对于工资降低,要消除它可能发生的紧缩影响,同时要使它的扩张影响不受到阻碍,就比较容易在有把握的情况下进行。所需要的只是,一面实行工资降低政策,一面采取扩张措施(例如用通货膨胀方式筹集资金,举办公共工程),把两者结合起来进行。由于工资降低,也许会使工资总支出减少,从而使消费品需求减退。在上述情况下,这类流弊就可以预先防止。

除工资以外,还有些别样的在垄断操纵下或国家干预下支持的价格。以上对工资的论证,对这类价格也同样可以适用。

第 12 章 经济周期的国际方面

第 1 节 引 言

● 以前关于国际方面的讨论

在前几章里从事于分析经济波动时,对于这类波动的国际方面没有给以充分的注意。凡是提到"国家"时,这些国家所处的经济状态,在我们心目中的,诚然不是完全与外界隔绝的经济,但是所谈到的有关经济周期的一切特征——货币需求升降的摆动,消费品需求与生产品需求的交互作用,就业程度与生产因素稀少程度在时间经历上的变化——主要是在国境以内起作用的。关于经济关系对国外发生的反响,从国外引起的干扰,在论证中也曾随处提到,但只是偶然附及的;只是把它们看做孤立的事例,没有加以进一步的分析。现在应当把这类涉及国际方面的情况在有系统的方式下进行讨论。现实世界,既不是一个大范围的经济个体,也不是许多与外界隔绝体系的一个集体,而是个人之间在各种经济关系上的一个复合体系。论证在必要时就得与这一实情相配合。个人跟他们的近邻和他们自己的同胞有着极其密切的关系;但即使跟世界最偏僻的角落——有时是直接的,而经常是间接的——也是连成一片的。

有两派经济理论——国际贸易理论和经济变动理论——往往是互不相涉的。上述论证的配合,却附带地把这两者结合了起来。①

● 讨论方式

对国际错杂情况要有步骤、有组织地进行讨论,有两种方式可供我们采取。一种是,从两个或两个以上完全独立、孤立的经济体系假设下开始,然后把我们在现实情况中看到的各种类型的经济关系(商品与劳务的交换,资本移动,各种类型的货币关系),一个一个地引进来,从而研究这类关系在各国周期过程中产生的影响,以及由此在有关各国引起繁荣时期与萧条时期更迭现象的类似程度。

还有一种研究方式,也就是下面所采取的,是从包括整个世界无空间的与外界隔绝的经济这一假设下开始,然后把分割和分化这个经济的种种情况一个一个地引进来。叙述这些分化因素时是这样安排的,光从最普遍、最自然和最难避免的那些具体事实开始,然后再从这一点继续进展到那些比较不自然的人为的设计;这是因为说明前一类因素作用时,可以不涉及后一类因素,而述及后一类因素时,却不是与前一类无关的。

第一个要提到的分化因素是运输成本,换句话说,就是商品与劳务的不完全可动性。第二个因素是投资、信用与银行业务的地方化,也就是资本的不完全可动性。第三个因素,也许是最重要的,就是国家通货自主。这样就有了一系列的情况摆在我们面前,这些情况所体现的是使我们越来越接近于现实。在每一个接近阶段的讨论中,对于我们意想中的各个"国家"资源(从这个词的广义上来说)的分配情况,必须加以进一步的区别。这些分化因素之所以具有重要意义,无非是由于经济资源与经济活动在地理上的分布不均。假使每一地区或国家都拥有足量的一切类型的资源,则彼此与高度运输成本的存在,就没有什么关系。

不用说,有些分化因素——尤其是第一个,但在一定程度上也包括第二个——不但在被政治界线分开的各个国家之间,而且在同一政治领域以内的不同地区之间也

---

① 关于专门讨论经济周期国际方面的著作。除奈舍的《经济周期的某些国际情况》(费拉德尔菲亚1936年版)一书外,还可以提到的是,摩根斯滕:《国际经济局势的比较与分析》,载《政治学报》第2卷,1927年;莫伦费尔斯:《国际经济周期关系通论》,载《国民经济与统计年鉴》第130卷,1929年,第75页。关于讨论国际贸易问题的文章,近年来的倾向是越来越具有"周期意识",在文章里常常提到周期问题。参阅奥林:《地方贸易与国际贸易》,1933年版;努兹:《国际资本移动》,1935年版;哈罗德:《国际经济学》,1933年版;艾弗森:《资本移动理论》,1935年版;维纳:《国际贸易理论研究》,纽约1937年版,特别是第7章,第5节。

起着作用。因此，当我们只是简单地说到"国家"的时候，这个词是含有这里所提到的这种补充意义的。

第2节　运输成本的影响——商品的不完全可动性

• 扩张与紧缩的地方化

在一切分化因素中，最自然、最难避免的是运输成本的存在。所谓运输成本，应当从广义上来理解，它不仅包括各地区生产者之间或从生产者到消费者之间商品移送的种种费用，而且还包括使消费者移动到商品与劳务所在地的种种困难和费用。这里假定，资源是在很大的程度上地方化了的，不管是由于自然因素或是由于劳力方面的许多原因所造成的。还有一点必须记住，在论证的这一阶段，我们仍然假定，整个世界的货币与信用体系是缺一的。

在资源的某一地理分配的假定情况下，运输成本的作用是容许货币需求有累积性的向上或向下的波动的，这类波动不是完全限于某些地区，而是集中于某些地区的。假使不存在如上规定的那种意义的运输成本，则由于各地区之间资源分配的不均衡，某些地区某些行业的专门化，将充分发挥作用。假定在这种情况下有某一部分人对某类商品的消费有了意外的增长，因此从事于生产这类商品的工人和企业家将首先增加自己的收入。像这样能够先得到增加自己收入的情况，大致将使某些地区比其他地区受到较多有利的影响。但是，当这种先得到增加的收入被花掉时，又会引起收入的派生的增加。这时并没有理由可以相信，这一增势将限于享有先得到增加的那些地区，更没有理由可以相信，将限于发生消费意外增长从而推动整个过程的那些地区。我们绝不能臆断，这一累积性的扩张过程将局限于或集中于它最初的起点。事实上它将在无规律的状态下散布到整个的经济领域。

以上说的是不存在运输成本这一因素时的情况，如果加上了这个因素，各地区之间的专业化与分工将趋于缩减。这时我们看到的是，当某部分人的消费有所增长时，多半总是那些和他们住得较近的人能够先得到就业和先得到增加收入。而能够从先得到增加收入的受益者那里获得派生的增加收入的人，也总是在居住与工作方面和这些受益者接近的那些人，以下可以类推。

- 资源不均衡分配的对消力量

当然,累积的扩张动向,并不一定只限于某一个特殊地区。运输成本的力量会在这方面有所限制;但是,另一方面,资源不均衡分配的力量会支持地理上的分工,促进地区间的交换,从而保证某一地区某些个人收入增加的一部分,在紧接着进行各种"输入"以后的那个期间,将被花费掉。因此,各地区关于各个类型的经济活动,分工得越是严格,地方性或局部的货币扩张与货币紧缩的范围就越小。

要从某个国家或地区的角度来观察经济扩张,我们必须记住这样的事实,那就是:每个地区都占有地球表面上不同的经济资源的分布。各个地区,关于各式各样的商品与劳务的生产,都各有它持有的潜力,关于影响到对其他生产中心的交换运输成本,都各有它特有的背景。结果是,某一地区对商品与劳务的需求有了偶然增长时,影响所及,也许只是限于那个地区;而另一地区的需求有了增长时,却会很快地越出它自己的境界。①

比如像英国这样一个国家,收入有了先得到的增加以后,大部分将用于一些产品(食品、织品等)的消费方面,而这些产品在最初阶段的生产是处于国外的。因此,属于派生和相继收入增加项下支出的一个很大部分,将被农业国家所吸取;而由于英国输出所产生的有利的反应也许很轻微,在时间上也许很迟缓。同样的论证也可以适用于像新西兰这样一个国家,那里的居民以收入的任何增加的一个很大的部分用于购买美国和欧洲的制造品。另一方面,我们也可以举美国为例,像这样一个国家,消费者收入有了增加时,其间只有极小的一个部分会流到国外。

然而我们应当注意到的,并不单是消费品支出,还有投资品支出,这是在某一程度上从属于前者的。在没有重工业的落后国家,通过消费与投资相互促进的货币扩张过程——所谓魏克赛尔式过程——是很少有重要意义的。如果英国工业由衰转盛,这就为建筑与设备扩充提供了刺激力量。世界资本市场(在论证的这一阶段,仍然假定这个市场在顺利演进中)的存住,保证了可投资金的无限供应,因此在利息率提高的情况下,投资仍然可以无阻碍地向前进展。可投资金将用于英国重工业产品,于是货币收入流量将增长。否则,如果繁荣的动力是出于中国的某地区,由此也许认为可以利用机会来发展铁路建筑事业。在这种情况下,投入资金的一个很大部分将流向欧洲或美国,用来购买所需要的资本品。

---

① 参阅佩希一篇饶有兴味的文章:《银行政策与国际支付平衡》,载《经济学》新号第3卷,1936年11月号。

● 地方扩张的后果

我们绝不能认为,任何国家为偿付输入而流向国外的支出比率,在周期动向的一切阶段中都是相同的。当发生了——地方的扩张或紧缩时,收入与支出的分配将发生变化,由此会促使由国外购入量提高或降低;但没有理由可以预计会发生任何有规律的动向比较重要的是已经提到的一点,即投资品需求的量的变动,跟消费品需求的量的变动是有关联的,对外支出将在这一变动下或增或减。因此,就各个事例来说,在对外支出的或增或减方面,是可以预计将发生某种有规律动向的,但是我们不能一般地说,动态将趋向哪个方面。

然而我们可以这样说,一地方的扩张越是向前进展,资金流向别的地区的可能性就越大;这是由于另一个即第三个原因。这时输入将不仅是随着收入作同等程度上的增长,而且将作更加迅速的增长。当扩张在进展时,资源存量被陆续吸用,失业工人重新获得了工作,设备能量受到了进一步的充分利用。因此工资与价格将上升,在古典派对国际贸易理论所阐述的机械作用下,不论是国内与国外对当地产品的需求,都将转向国外代用品。价格高涨阶段是一个危险阶段,这种情况对一地方的繁荣来说,比在普遍繁荣下更加显著,这一点所预示的就是繁荣结束的前兆。否则如果价格能比较稳定——例如,当繁荣是出于技术进步的结果时——繁荣的寿命就可以相对延长。

● 繁荣与萧条共存的可能

然而,运输成本的影响,并不只限于控制繁荣与萧条从一个区域蔓延到另一个区域。它们也有可能在同一时期之内使一个地区产生累积性的紧缩过程,在另一地区产生累积性的扩张过程。造成这种现象最简单、虽然不是最常见的一个原因是,在世界范围内人们的爱好或收入分配有了变化,从而使原来对某一地区产品的需求移转到了别一地区的产品。假使是处于一个"无空间"的经济体系下,这类"横的"需求变动,对直接有关的行业及其从属行业说来虽然是有影响的,但是对经济体系的其他部分说来,却没有什么重大关系,除非是出于这一变动的结果会引起纯粹的扩张或纯粹的紧缩现象。但在现实世界的情况不同,由此产生的影响,也许会在某一地区酿成高涨,而在另一地区酿成低落。

还有一个相似的情况是,由于在生产或运输方式方法上的革新、制成品新品种的推广等所产生的影响。然而在多数情况下,由此对新行业所提供的促进作用,将与原有的竞争行业所受到的不利影响两相对消。所谓原有的竞争行业,指的是从事生产那些被新方式认为是旧的或多余的设备或材料的行业,或者是所生产的产品,由于有了新发明品种,已经不再能适应需求,已经失去了市场。旧行业遭遇到的这种挫折,在新方式没有实施以前,也许还不十分严重;但是等到新方式流行以后——在"无空间"的经济体系下——就不免要由此酿成高涨现象。但是,如果新行业与它们的居于劣败地位的对手双方并不处于同一地区,则后一地区的艰难处境,也许不致使前一地区的持续繁荣受到多大阻挠。在一个国家由过度预期所引起的危险,并不是一定会把整个世界都拖倒的。

● 关税的影响

以上谈的是关于运输成本的影响,所谈的内容,其中很大一个部分对于关税壁垒和国际贸易其他方面的障碍也同样可以适用。关税与运输成本格外相似,因为它对商品移动硬加上了一道阻力:但是在输出与输入两个国家之间如果存在着足够大的价格差异,这个阻力是可以克服的。因此在这里提到这一问题是适宜的;虽然跟下面要讨论的其他分化因素比起来它似乎含有更多的"人为"的成分。

运输成本的作用,是以增进对较近或较易接近地区所生产的商品与劳务的需求比率,而关税——是只在政治边境征收的——的作用,则足以把产品的需求限制在本国,或限制在输入受关税影响比较小的其他国家。这一点的含义是,关税往往会成为足以促使货币扩张与货币紧缩地方化的一个附加因素。然而也并不一定是这样,因为关税的影响所及,也会使需求从较近的供源转移到较远的供源。对于住在接近于政治边界,也就是接近于关卡的那些人来说,情形就是这样。实行高度保护关税的结果,会使属于同一国家——或者也许是同一统治领域——的各地区同时处于繁荣时期与萧条时期,而在别的国家,同时发生的情况就不会这样明显。

● 关税变动的影响

关税变动与运输成本变动,后果完全相同。在上面第 11 章第 7 节,关于实行保护政策的国家在关税征收下可能发生的扩张影响,我们曾作了简短的分析,可以参阅。(如果有关的两个国家双方都废除这种关税保护,则后果如何,也很容易根据上述分析推论。)

另一方面,关税与运输成本的情况也有所不同。关税可以通过法律,加以变更,因此在整个周期过程中,可以把它作为一个政策问题进行有步骤的变动。任何国家可以用提高关税的办法,顺利地使那些对国外供源的需求转向国内供源(虽然,还应当注意到,在这样方式下,由国外购置转向的需求,其间一部分也许会在贮藏形式下冻结起来）。因此，未尝不可设想的一个情况是，国家可以使用它的权力来变更关税，以此作为一个手段，来减轻本国工业波动的猛烈程度；当受到了别的国家通货紧缩的威胁，或者本国出现了通货紧缩倾向时，可以提高关税。如果处于相反的情况，不论是起源于本国或别的国家，发生了通货膨胀危险时，可以降低关税。

虽然从19世纪末叶开始国际商业政策越来越倾向于保护政策，但某种周期动向仍然是相当明显的。每逢严重萧条，就会引起贸易主义保护的高度活跃，而处于繁荣阶段时，一般就会暂时恢复比较自由的贸易主义倾向。

就一个国家的立场来说，处于大规模国际经济周期下，为了要防止来自这方面的冲击，于市况恶化时提高关税，好转时降低关税，也许可以获得一些成就；但是如果一切国家都同时实行这样的政策，结果将适得其反。提高关税的意思就是，限制了那些潜在的进口商人的投资机会。被阻止出国的资金，一部分会被贮藏起来。由此使国外产品的需求减退，而减退程度将超过国内产品需求的增长程度；如果每个国家都实行这样的政策，将造成在整个世界范围内情况更加严重的萧条，就各个国家来说，情况也是这样。基于同样理由，在高涨时期降低关税的政策，如果由一切国家同时实行，并不会使总货币需求达到稳定，实际上将使各个国家的扩张动力受到进一步的刺激。

第3节　投资、信用与银行业务地方化的影响
——资本的不完全可动性

● 利息率均等化

在上一节，关于周期动态的描绘，我们提到了(a)资源和(b)商品与劳务运输成本不均衡分配的影响。然而，直到现在，我们所假定的是，在我们所考虑的整个区域内流通着的是一种共同货币。这一假定，在本节将继续有效。过去我们还假定，资本是具有完全可动性的。这一假定现在准备放弃，将另设一个假定来代替，认为投资与银行活动是相当充分地方化的；换句话说，所假定的是资本不完全可动性。

让我们先来探讨一下，所谓资本不完全可动性及其相反情况的确切含义。所谓资本完全可动性，我们的意思指的是可贷资金的完全可动性；就是说，在这种情况下，可贷资金将流向世界上需求最大的那些地区，或者说得更恰当些，将在这样的情况下在各国间进行分配，分配时，一般的利息率——或者，再具体些，是属于

同样期限、同等风险的各种不同类型贷款的各种利息率——在任何地区是完全一样的。

● **资本可动性与商品可动性**

应当注意，资本完全可动性，意思也就是利息率在各地区之间的充分均等化，跟一般商品——特别是资本品——的高度，甚至非常高度的运输成本（包括人为的成本，如关税），并不是不相容的。假定在两个国家 A 与 B 之间，关于一切种类的资本品绝对无法运输，因此两国间的贸易完全以消费品为限。假使两国的通货都稳固地以黄金为基准，关于债务人信用、对投资者的法律保障以及在投资监督方面的种种可能设施，两国的情况都一样，那就没有理由，为什么在利息较低的那个国家的投资者，不会转到另一国去进行投资。结果利息率将完全趋于均等化，资本最后将在消费品与奢侈品形态下进行转移。除了任何商品或劳务交换都不存在的那种极端例外情况以外（关于这一情况，这里可以不必顾到），商品的不完全可动性并不会直接降低资本的可动性。然而，这也是无可否认的，如果关于商品与劳务移动时的限制加强，资本的移动将间接受到限制，使国外投资的风险越来越大。如果在两国之间存在着广泛的贸易关系，存在着多种多样的实际的与可能的进出口品，则对于某一数额可投资金（货币资本）转移时所引起的反响就比较轻微。这时一个国家，只是发生了与另一国对照下比较轻微的扩张时，[1] 就足以使资本输出国获得出超。否则，如果双方的贸易量比较小，则同样数量的货币资本移动，在一个国家将引起猛烈得多的扩张，价格将显著上涨，在另一国家将引起紧缩，价格将显著下跌。同一事态，也可以用另一个说法来表达：两个国家，如果贸易数额巨大，经济关系密切，则由这一国流出、向那一国进行投资的资金，不久将通过出口增加或进口减退的方式重新回到本国。如果贸易数额较小，则资金就流回得没有这样快。这时资本输出国的经济衰退倾向，也许会促使利息率上升，从而至少在一时之间，消除了资本移动的动机；甚至会由此激起资本逃避现象，酿成危机。

假使处于上述极端情况，两国之间的商品与劳务没有移动可能，则货币资本的转移，对一个国家来说将全然是膨胀性的，对另一国家来说将全然是紧缩性的。[2] 固然，即使在这种情况下，资本转移也未尝没有可能，虽然很难看出，怎样才能够持久实现

---

[1] 这里并不一定会使资本输出国发生绝对的紧缩，也许只是使它的扩张进展速度降低了些。也许资本输出国根本不会发生紧缩现象，甚至比较紧缩的情形都不存在；如果将贷款收入直接用来购买那个国家的商品，就会发生这样的情况。

[2] 参阅艾弗森：《资本移动理论》，第 47 页。

利息率的均等化，除非认为利息率在通货膨胀下可以永久压低，在通货紧缩下可以永久抬高。

总括起来说是这样。双方之间的贸易额越小，由于某一数量货币资本的移动，在借入国所引起的通货膨胀与贷出国所引起的通货紧缩就越加猛烈；否则，如果汇兑率允许变动的话，这方面的波动就越加猛烈。如果这类演变没有能直接制止资本移动的倾向，至少将引起政府注意，进行干预，采取外汇延期偿付之类的措施，由此对国外投资间接予以有效的打击。

● 各地利息率差别很大的原因

题外的话就谈到这里；我们还是回到本题。大家都知道，在不同国家之间利息率的均等化，并不是我们在现实世界所看到的典型状态。我们所看到的适得其反，是差异状态的持久存在，有时是在差异程度上非常大的。资本的可动性，距离完全程度，通常总是远得很的。人们一般总是把资金投放在国内的地产、实际资本、财产权、债券等方面；尽管同样投资，在国外可以获得的利息率要高得多，但对他们的动作并没有因此发生影响。理由是很明显的，部分可以说属于实际性的。交通运输费用，为本人亲自进行督促管理造成了障碍，而关于实际资本方面的投资，要获得最高收入，这样做一般是必要的；对于别的国家的商业情况与政治局势要获得直接情报时，由此也增加了困难，而关于经营设计以及产权价值方面，要获得确切把握，扫除疑虑，这类情报的掌握是必要的。但总的说来，在国际借贷与投资方面的障碍，主要还是在于政治、社会和制度方面，而不是在于实际方面。诸如对国外语言的隔膜，法律保障的不充分，限制权利移转或直接没收的风险，还有对汇兑不稳定的疑虑等，在今天当然是比实际距离造成的困难更加重大的一些因素。

● 资本可动性的变化

我们在这里所注意的，并不是资本的不动性对世界经济结构和对资本输出国及资本输入国经济发展方面的长远影响。在19世纪和20世纪的大规模资本移动如果没有发生，则今天的世界将变成什么样——像这类问题，我们并不准备答复。我们所注意的是：（a）在设置或清除、加强或减轻国际资本移动方面的障碍时所发生的直接影响，和（b）只是由于投资、信用与银行业务在一定程度的地方化这一事实的存在，因而对扩张与紧缩的短期周期所发生的限制作用。

本书对周期性扩张、紧缩的性质与起因已经作了分析，以此为依据，对上述第一个问题要作出解答是比较容易的,当然,这种答案不能采取简单而概括的形式。每一种情况都必须分别处理。但是我们可以大略地指出,必须加以考虑的是哪些因素。

显然,对资本输出国的影响和资本输入国的影响,首先必须加以区别。变动发生时是处于周期的哪一阶段,在各个情况下必须加以肯定。像上面所说的两个国家的可投资金在供应方面和利息率方面将发生什么样的影响呢?情形很明显,对资本移动设置(或消除)限制时,将降低(或提高)资本输出国的利息率,提高(或降低)资本输入国的利息率。供应方面有了变动时,可投资金的需求将发生什么样的变动呢?这一点将取决于所处的周期阶段。

因此,最后结果如何,会因环境的不同而发生差异。但就任何一种情况来说,决定后果的是哪些环境这一点,却是能够指出的。

- 对当地繁荣与萧条的挫抑作用

再谈第二个问题,即投资、信用与银行业务在一定程度上地方化的影响。假定地方化的趋势是这样的强烈以致绝对不容许在地区以外或国境以外进行放款或投资,那么这方面的影响就会极明显地表示出来。在这种情况下,资本(或可投资金)的世界市场,就在不同地区或不同国家之间,划分成了若干完全隔绝的地区。各个国家将各有一个不同的利息率(或一套不同的利息率),这是完全取决于当地需求与当地供应的。当地供应将主要取决于国家的货币供应。还可以假定,在这个基础上,一个相当发展的信用结构已经建立了起来。在这样安排下,对于在各个国家发生周期的时间长短与波动幅度方面,将引起什么样的后果呢?这里的答案仍然是不能一言而决的。

一方面是,信用的地方化,对当地的繁荣与萧条会发生挫抑作用。假定,某地区由于输出品需求增长,或者是由于投资受到了纯粹在国内发生的刺激,因此在当地突然掀起了一个繁荣浪潮。这时如果有一个国际市场在发挥作用,就可以从整个世界吸取资金。利息率的提高,比在单单倚靠当地资金的情况下要缓和得多。在资本具有不完全可动性的情况下,当地萧条也可以因此获得轻减或使萧条时期缩短。当可投资金需求处于低潮时,由于这类资金不能流出国外,这就会使利息率显著降低,从而助长了复苏机会。

- 原则的几个限制情况

另一方面,这一原则也有许多限制。一次繁荣的兴起就像一场火灾一样,如果易燃材料有限,就比较容易熄灭;但是促成起火的原因本身,也有可能在同时提供易燃材料。如果促成繁荣的原因是国外需求增长,则资金流入以后,可投资金的供应以及需求都将提高,在信用地方化的制度下,也许将压低利息率,压低到资本可以输出时的那个利息率以下。同样情况,由于国际需求相反动向而引起的萧条,在资金由国内流出,使可投资金供额减少以后,会格外加剧。

但是,即使我们将信用地方化的缓和作用这一概念加以限制,认为只是指没有外在原因或外在原因不重要的那种繁荣与萧条而言的,那么,这一概念也只能适用于相对的繁荣与萧条,就是说,只能适用于,在没有资本移动时某一国家与其他国家对照比较繁荣的那种情况。在世界范围的繁荣过程中,有些国家,虽然在周期的高涨时期欣欣向荣,如果在投资方面的发展前途逊于其他国家,而资本移动是有可能的话,则这个国家的资金也许会陷于枯竭。由此可见,凡是足以阻碍这类资金移动的,在某种情况下,也许会使某些国家的繁荣延长,而使另一些国家的繁荣受到限制。同样情况,信用的地方化,可以使萧条在受到打击最重的国家获得制止,在受到打击较轻的国家拖长下去。

关于上述原则,还有一个限制情况必须考虑。有时候资本的输出与输入,不但是一个周期现象,而且是一个趋势现象。有些国家可投资金的供应,一般的说——包括周期的一切阶段——总是超过需求的,这就要把利息率压低到其他国家的通行利率以下。这时资本输出如果是可能的,这一情况就会发生。如果是不可能的,则资金的一部分将投放在国内,从而压低利息率,而还有一部分,则将在贮藏与现金准备的形式下被冻结起来。年景有好有坏,平均地说起来,如果信用是地方化的,贮藏量将比不存在这一情况时为大。但这类贮藏当繁荣时期是可以用于国内投资的。因此,由于这类贮藏的存在,就足以保证出于国内来源的投资资金供应会具有相当弹性。还有一个可以设想的情况,由于信用地方化,促进了先进国家贮藏资金的累积,从而避免了将会发生的资本输出现象,因此会使这些国家可供企业家利用的可投资金供应,比在允许国际资本移动的情况下具有较大的弹性。

● 对周期动向的"传布"的影响

关于信用地方化对各个国家周期动向的影响,已略述如上,现在可以再谈一谈信用地方化对于这类周期动向在各国间传布时所产生的影响。假定国家 A 出现了投资机会,造成了繁荣状态,利息率在上升。这时如果有一个完全的世界资本市场,则这一点的意思就是,将从各国吸取资金,使各国的利息率上升。各国对 A 的出口贸易这时也将增长,从而使可投资金的需求增长,供额减退。至于前者的膨胀影响是否会超过后者的紧缩影响,一般却不能断定。否则,如果资本移动是不可能的,在国家 A 的繁荣所产生的影响如何,那就毫无疑问。A 的贸易逆差将扩大,资金将外流,结果可投资金的供应与需求,在那里都将有所增长。

由这一论点似乎可以推定,信用地方化是足以使繁荣与萧条由一个国家传布到另一个国家的一个因素。但是,即使就以上所考虑的情况来说,也不一定是这样。我们在前面曾指出,一般的说——虽然例外情况是有的——信用地方化的结果是限制繁荣与萧条的进展。它既具有这样的影响,对于国家 A 处于高涨阶段时发生的输入增长现象,就也会发生限制作用,从而使国外的商业受到刺激的程度也有所限制。如果资金可以由国外转移到 A,前往那里投资的增进对输入将发生影响,将引起对国外商品需求的增长。另一方面,由于资金转移,将使国外可投资金的供应减少;但可以设想的是,后一影响当不及前一影响显著。当萧条时期,可贷资金供应具有高度弹性,面对着极低度的需求,利息率达到了(由制度环境决定的)最低水平时,情况就多半是这样。这样看来,信用地方化,由于对繁荣本身所起的阻碍作用,就很容易对繁荣的传布发生阻碍作用。①

- 需求在国际范围内的转移

当需求由一个国家转移到了另一国家,因而发生了种种变动时,由于世界资本市场的不同组织,会引起一系列新的可能的反应。世界各地区的信用发展程度高低不一,结果在贸易差额方面的任何变动,如果有利于在信用结构上比较有高度发展的一个国家,而其他情形不变,则在整个世界范围内将发生纯粹膨胀的作用。②

但是,除了由于这种信用发展不均衡而产生的影响以外,由于商业趋势变化,使资金由这一个国家的信用市场流向那一个时,也会发生一种纯然的作用。至于这种作用是膨胀性还是紧缩性的,须取决于中央银行政策,银行的信心与流动程度,工业对信用需求的弹性。所有这些情况自身,又大部分取决于当需求变动发生时有关国家所处的周期阶段。但是,当各国之间的需求发生了极其猛烈的转变时——例如在世界范围的经济周期过程中发生的, 或者是由战争或农产收获大规模波动引起的——作用就大概是紧缩性的。损失资金的国家也许不得不走向紧缩,而赚得资金的国家一时将无法以所得的资金用于投资。③

---

① 说到这里,使我们联想到前文第 3 章第 16 节开头提到的新马克思学派关于帝国主义的理论。
② 参阅,特别是维纳:《国际贸易理论研究》。
③ 这一因素也许具有极大的实际重要意义,托马斯·巴拉夫博士对这一问题作了极有力的分析,见《中欧信用与移转危机的理论研究》,载《国际形势》第 11 卷,1932 年 5 月号。

● 资本的部分可动性

为了便于推论，到目前止，我们提出了两个形成对照的极端情况：在一个情况下是不存在任何国际借贷与投资的，在另一个情况下是这样一种世界经济，在这个体系下，可投资金从任何一个地区流向任何别一地区时，没有任何阻碍。当然，我们所实际看到的情况是，虽然总的说来人们惯于比较集中地在国内出借资金与投放资金，使各国的利息率无法实现完全均等化，但某与数量的国际借贷与国际投资，通常总是存在的。

对这类中间状态要作出比较细致的研究，就必须放弃可投资金市场是齐一性的那种简化假设。实际上存在着许多分支市场。一种类型的债务是不能用另一种来完全代替的。因此某些类型的债务比其他类型，在市场上会具有显著得多的国际性，这一点并不足奇。

例如，某些政府债券可以在世界市场上推销，而小商人则只能向相识的人借贷，如果债务到期不还，债权人是可以依法进行追索的。为了安全起见，某些类型的债务，是完全由借入者的本国人所保有的。

还有一个因素，与债务偿还的安全可靠密切相关的，是灵活性，或转让时的迅速便利。由于这一性质，使债务在一定的程度上成为货币的代用品。我们在当地银行开一个往来存款户，比在国外银行开户，显然要便利得多。人们喜欢购买当地证券，这一点本身就是个上好理由，说明为什么凡是要使财富一部分处于"灵活"状态的，总愿意以当地债权形式保持着那个部分。

● 短期资本与长期资本的可动性

因此情况依然是这样，即使具有相当规模的国际资本移动在进行着的时候，如果在往来账户上资金由国家A流向国家B——B对A发生了商品与劳务的出超，须由后者偿付时——将使A现有的可投资金供额减少，使B现有的可投资金供额增加。如果资本市场的一切分支结构都是国际性的，就不会发生这种现象。这时B的可投资金供额将增加，但这项增额是任何国家的企业家都可以利用的。事实上，B的资金增额将存入银行，由此将使银行对工业、对证券市场的贷出额扩大，也将使银行的证券保有额增长。如果B的证券市场广有国际声望，则在那里贴现率的降低，将引起A和别处的输出者集中于B，希望从低度贴现率获得利益。同样情况，B的证券，由于银行方面的收买，价格将上涨，这就会使别的国家在B发行证券比较方便，此外还会诱使B国证券的持有者从事于易购别国的证券。在A则将发生相反的情况。在这种情况下，在 A 往来账户上支出资金的一部分，将通过资本账户"遛"回，而并不至于完全抵消 B 方可供借人者利用信用供应的有利影响或 A 方的不利影响。

我们不妨将情况加以简化，假定关于长期债券与股票有着一个世界市场，而流动资本则须由各国就其本国来源分别提供。假定就 A 和 B 两个国家来说，在 A 出现了吸收长期资金的机会，至于这类机会的内容，也许关系到实际投资，也许与证券交易所市况突然好转的现象有关。不论处于哪一种情况，结果是可贷资金将由 B 流向 A，在 A 的收入将增长，对外贸易方面或将发生逆差，而流入 A 的资金或者可以超过这一逆差数额。这时的情况是，如果资本市场的一切部门都是属于国际范围的，则在 B 的商人，由于 A 对可贷资金需求的增长而使利息率上升，将因此受到损害，而由于 A 对 B 商品需求的增长，将因此获得利益。然而在这一假定下，在 B 的商人还会遇到一种不利情况，由于资金由 B 流向 A，将促使 B 的银行从事于限制信用，结果将使 B 的流动资本比 A 为紧缩。

- 在周期过程中的资本动向

即使在资本市场比较地属于国际范围的那些部门，它们的国际化程度所由取决的一些因素——例如政府政策，个人信心——也是随时变化的。也许可以提出这样一个通则，当世界经济周期处于低落阶段、投资者的信心正在低落时，由于国外出借总比国内出借有着较大的风险，因此将格外避免，于是在萧条趋势下，首当其冲的将是借入国家，而通常居于资本输出地位的那些国家，通过国际支付情况的改善，将获得一些补救。然而在世界经济周期过程中，资本动向大部分是取决于汇率演变的，关于这一问题，将在下面讨论。

- 结　语

根据这一节的分析，大体上获得的结论是这样。投资与信用的地方化，对周期动向所产生的影响是多种多样的。有时候对当地繁荣与萧条会发生挫抑作用，而有时候则相反。任什么都须取决于在一般经济背景下的具体情况。关于运输成本的存在（也就是实际商品在一定程度的地方化），我们可以说，它肯定是要搅乱世界周期动向的一致性的，从而使局部繁荣与局部紧缩有了可能；但是关于一般投资与信用的地方化，却不能作出这样的概括推论。在运输成本与资源地理分配已定的情况下，并不能断言，资本可动性增长以后，就会有助于一切国家周期动向在步调上的一致，并且也不能作出相反的论断。

第4节 不同程度的国家通货自主和它对周期动向的影响

● **通货不同的独立程度**

到目前为止我们是假定整个世界只采用一种基本货币的,一切价格与债务都用它来表示,纸币与存款所约定支付的也是它,这是唯一的流通媒介。现在我们准备使这一种统一的、世界范围的制度,跟许多统一程度较差的制度对比,从而说明这一假定对周期过程充分重要的意义。

进行时对于前面所谈到的或暗示的,部分将不得不加以扼要地重述一下。进行的步骤是,对于各国货币制度在彼此独立程度上递增的一系列不同的情况,逐步依次加以分析。在分析中最后说到的是,与世界币制完全统一相反的另一极端,即各国币制完全独立,即国际汇兑完全自由。①

● **在资本具有可动性的情况下统一的货币制度**

当我们在与外界隔绝的、无空间的经济体系的假设下进行讨论时,是假定存在着某种基本货币的,如金币和纸币,这是由中央银行在基本货币的依据下发行的。中央银行货币(包括中央银行存款)又成为商业银行建立信用结构的基础。显然,关于中央银行货币供应,这里必须提出某些假设,就是说,发钞银行在任何某一时间所企图建立的纸币流通额与金准备间的比率如何,关于这方面的政策必须加以确定。

当我们假定了资源的某种地理分配以及商品与劳务方面的运输成本,从而最初提出空间因素时,是保持着上述关于某种基本货币存在的假定的。在这一假定下,到处流通的是同一货币,由中央银行、商业银行及其他来源提供的可投资金供应条件,是到处一样的。我们在这种情况下看到,尽管可投资金供应条件是一致的——就好像是构成了一个市场,一切地区的未来借户,都有着同样的接近机会——而地方的繁荣与萧条仍然不能排除,因为,由于实际资源在一定程度的地方化,可投资金需求会集

---

① 约翰·H.威廉斯教授曾有相似分析,见《国际货币组织与货币政策》,载《货币的经验教训》,纽约1937年版。并可参阅维纳:《国际贸易理论研究》。

中于某些地区。

我们可以这样设想,中央银行货币是由一个机构供应的,它在各地设立分支机构,执行着同一政策。这些机构,在同一的票据贴现率下,同样的条件下,发行纸币,或者是按同样价格买卖证券。现金(黄金)准备,假使有的话,则集中在一处,并不由分支机构分别保管。

- 在资本具有可动性的情况下分散的银行制度

如果我们坚持着这样的假定,认为可投资金具有完全可动性的含义就是利息率百分之百的均等化,那么如果进一步假定,在各地区的货币是由各地独立机构发行的,就不会由此引起什么根本的新问题。各地各有它的中央银行,但这些银行所发行的是以同一单位表示的货币,是到处通行的。所有这些银行都必须执行同一政策。假使其中之一规定的贴现率比别处低,则所有别处的需求将转到它那里,使它穷于应付。这时除非重新提高利率,否则别处银行为拉拢顾客,就不得不跟着将利率降低。各处可投资金的供应情况仍然跟原来一样,一个国家要想通过资金供应的操纵,单独实现当地扩张或紧缩是不可能的。只是从需求的方面才有可能引起各国在繁荣程度上的差异。(要在任何国家通过政府干预,引起人为的需求增长,当然总是可能的;例如由政府借款举办公共工程。至于由此酿成的繁荣是否会限于一个地区,或将地方化到什么程度,在这种情况下将取决于资源地方化、运输成本与购买力的流动;就是说,将取决于增发货币在相继的收入者手里、在本国产品与输入品之间分配时的流动方式。)

这时依然存在的问题是,出借的限度将如何决定,[①]在这一点上是一切发钞银行必须一致的。这里可以想到的,有好几种制度。在实际上最重要的制度是,使纸币流通额与金准备之间的某一比率——不一定是不变的——成为一个决定因素。这些银行里任何一个金准备比率,如果减退到了认为是最低限度的那个水平,这个银行就应当限制贷出。但是由于我们仍然假定资本是具有完全可动性的,因此结果只是使借户转向别的银行,只是使借户在各银行之间进行了一次重新分配。这时没有一个银行可以索取差别利率,因为我们是假定有一个可贷资金的完全市场的。

- 在信用地方化情况下的中央银行政策

这一分析显得也许有些别致,有些陌生。我们实际看到的金本位制,情况当然是

[①] 在"无空间"经济的情况下,如果存在着好几个发钞银行,或者是在"无现金"经济的情况下(如某些学家所想象的),以银行存款为唯一通货时,也会发生同样问题。

大不相同的。理由是,我们对于可贷资金具有完全可动性这一假设,实际上并不习惯,虽然我们对于这一点并不是全无理会的。可贷资金具有完全可动性这一假设,的确不符合实际。这个时候如果放弃或放松这一假设,就可以使我们与金本位实际经历中所见惯的情况接近得多。

我们将继续在金本位基础上进行讨论,继续假定在这个制度下货币可以在任何地方兑换黄金,货币流通与金准备之间是保持着一个最低比率的。但是现在我们准备进一步设定,信用,尤其是中央银行信用,是具有相当充分的地方化性质的。这就使货币当局有了比较广阔的回旋余地,可以借助于可投资金供应的变化,实行扩张或紧缩政策,而不必顾及别的国家的演变情况。这时任何一国的中央银行,如果把利率降低到别的国家的通行利率之下,就无须害怕信用需求会立即蜂拥而至。当然不用说,对一个独立政策说来,还存在着其他限制,因为仍然在假定中的是一个共有的货币基准,即黄金。决定这类限制的是(a)信用地方化程度,和(b)商业关系的接近程度,而这一点是取决于资源地方化、运输成本与货币的连续收入者使用货币的方向的。① 凭了提高关税和对商品输入设置其他障碍的办法,可以使这类限制放宽到一定程度。

在这些限度以内,一个国家的中央银行可以设法抵消来自别的国家的扩张力量或紧缩力量。举个例子,如果支付平衡方面发生了不利倾向,中央银行的现金被提运出口,它可以购入别种形式的资产,如政府证券,从而保持甚至增进它的负债量。但是,作为一个采用金本位制的国家,要坚持抵消黄金内流或外流影响的政策,在时间上是有限度的;在黄金外流情况下,以中央银行所有的黄金存量为限,在黄金内流情况下,则以它的除黄金以外的可售资产存量为限。而且即使在这些限度以内,遇到由国际原因引起的货币在流转方面的波动时,货币当局也许无法使国家处于"隔离"状态。他们可以使用限制信用政策来制止扩张倾向,他们在这方面的力量很少人会怀疑;但是如果贸易差额方面发生了不利变动,从而引起了紧缩倾向时,也许来势非常凶猛,不是任何纯货币政策可以消弭的。如果只是保持着中央银行货币(纸币与存款)的现有量,虽则可以使商业银行无须实行积极的信用政策,但是要凭这一点抵消在逆势的支付平衡下引起的紧缩影响,大概是不够的。除非这种支付上的逆差,是由在购买外汇或售出政府证券形式下的资本输出引起的,否则上述办法就不能完全抵消这类影响。如果逆差的原因是需求有了转变,由本国商品转向国外商品,那就可以断定,靠了较高价格的政府证券和银行方面继续出借短期资金,是不能——无论如何不能立即——防止由商人对前途预期方面在心理上的恶化所造成的紧缩后果的。

---

① 参阅佩希:《银行政策与国际支付平衡》;他是第一个采用"边际输入倾向"这一概念的。

前面已经谈到,这样一个制度的主要优点是在于能够防止"派生性的"失业,否则在国外需求暂时减退时,这种情况就难免要发生;还有一个优点是,能够在很大程度上防止资本输出,防止资本输入减退。它的主要缺点是,对于金平价的能否继续保持,会引起疑虑,从而助成大规模的资本移动,而这一点反过来又会为保持金平价这一任务增加困难。

- 不同的各国货币单位

我们提到了各国之间汇兑比率变动的可能,这就在我们分析中引进了一个极其重要的新因素。对这一点现在必须作进一步深入研究。到目前为止,我们是假定一切国家使用着同样货币的。我们现在要假定的是,每个国家都有它自己的货币——美元、英镑、法郎等。这些货币,用以偿付商品与劳务、税款等时,在各自国境以内到处可以通用,但在国境以外,一般是不接受的。

只要我们能够假定,这些不同类型的通货是跟一个共有标准密切结合在一起,彼此之间是有着一个不变比率的,并且能够假定这些货币汇兑率的稳定,在任何地区都是没有问题的,没有人会发生汇兑率将有变动可能的任何预期,则在我们分析中加入了不同的国家货币单位这一因素以后,就不会发生具有任何重要意义的新问题。

但是当我们假定各国间的汇兑率是有变动可能的时候,在分析中就出现了具有重大意义的一个新因素。① 这类汇兑变动,甚至无须在实际上发生。只要在这一点上发生了预期,或存在着任何不安心理,就足够引起从这一通货到那一通货之间投机性的资本移动。人们所遵循的,当然是预期将升值的那种货币(与以货币表示的债权),而不愿预期将贬值的那种货币(与以货币表示的债权)。资本的移动,也可能影响到有关两国的股票以及债券,除非有理由可以相信,在通货预计将贬值的那个国家的股利将相对地提高。

- 外汇投机

外汇投机,跟一切投机一样,会发生双重作用。它对于由别的来源所发生的干扰,会起抵消作用,也会起加强作用。如果相信汇兑率不会发生变动,那么当有关支付平衡的其他项目对汇兑率将起干扰作用时,就会引起具有稳定作用的短期资本移动。这时,如果对国家 A 的商品需求转移到了国家 B,因而引起在同一方向下长期不断的资

---

① 如果不提出各国不同货币单位这一点,这个新因素显然是也会发生的;不过把前一情况与后一情况一并提出,在讨论中似乎方便些。

本移动,则由 B 到 A 的投机性资本移动,也许会在相当时间抵消由此对汇兑率所产生的影响。但在以后将发生的,或者是货币(黄金)由 A 流向 B,或者是 A 通货与 B 通货对照下贬值,两者必居其一。如果认为在 A 方面由贸易逆差引起的不利演变,在严重与持久程度上足以引起黄金由 A 到 B 那样的大规模移转,以致将使 A 不得不放弃金本位时,即将发生由 A 通货到 B 通货的"逃避"现象,由此将加速黄金出口,结果不是促使放弃金本位措施提早出现,就是迫使 A 通货贬值,贬低到比在其他情况下可能发生的更加严重程度。关于外汇动向发生了某种预期时,这一预期自身就会促使它所预料的结果实现。如果在 A 方面对于贸易逆差有了不愿意使用紧缩压力的任何迹象,或者是在 B 方面有了这样的货币贬值行动,以致对 A 的对外贸易将发生进一步不利影响,则势必由此引起同趋向的悲观预期,发生同趋向的不幸后果。

在金本位制下出现了如上述类型的资本移动时,是个不吉之兆。这一现象的意味是,认为制度将面临崩溃危机。另一方面,如果国家政策已经不再把保持外汇稳定看做是凌驾一切的首要同题,如果即使各国内只有一个重要集团,已经决定把对于汇价变动的利用看做是经济政策下的一个工具,那就情形不同了,那时关于汇价前途动向的投机,以及由此发生的资本移动,就应当看做是经济生活中正常的、难以避免的特征了。

● "汇兑本位制"

如果以汇兑率变动作为经济政策下的一个工具, 在这种情况下经济周期将如何演变;在讨论这一点以前,似乎应当先考虑一下,关于保持汇兑率稳定的一些别的方式——即金本位制以外的方式——与经济周期的错杂关系。到现在为止,我们所假定的是,各个国家都主张用它自己的货币按照不变的比率兑换黄金,各自保有金准备,这项准备与货币流通额的比率互有高低。还有一个保持汇兑率稳定的方法是,按照一定比价从事买卖国外汇兑,把对外支付手段与债权(国外余额)看做是代替黄金的另一项准备。这些就是众所周知的"汇兑本位制"——"金汇兑本位制"、"英镑汇兑本位制"、"美元汇兑本位制"等。这里为方便起见,我们把那些由中央银行持有以另外一个国家或几个国家的货币单位来计算的资产作为自己准备资金的国家,叫做"汇兑本位国家";有些国家的外汇是作为上述那一类国家的货币标准的,我们把这些国家叫做"准备国家"。① 有些国家("汇兑本位国家")是以在形态上属于别的国家("准备国

---

① "金汇兑本位"这个词似乎意义太狭窄了些,因为它表明"准备国家"是以黄金为准备的,或者是随时准备以黄金兑换它们的通货的。实际并不一定是这样,例如"英镑集团"就不是这样的。

家")的资产作为自己准备资金的,我们可以把这类国家叫做单一的"货币集团",例如"英镑集团"。为了保持货币集团的统一,在这个集团内必须只有一个准备国家,这个国家自己的货币是独立的,是作为整个集团的标准的,否则有着不止一个准备国家时,这些国家就必须有一个共同的本位,例如金本位。①

从各个汇兑本位国家的立场来说,是把它的汇兑"钉"在某一别的国家的通货上的,它的外部货币结构,跟处于金本位制下时完全相同;关于阻止外来的扩张或紧缩影响,在行动上的潜力以及所受到的限制,在原则上也跟处于金本位制下时一样。如果由中央银行执行的政策是,以外汇代替黄金,作为对负债项下的准备,从而构成国家的基本货币,则这时的情况,跟处于普通金本位制时,也并没有什么两样。如果执行政策的是不发行货币的政府某一别的机构,如汇兑平准基金会,则在细节上略有不同,结果仍然是一样的。②如果中央银行售出外汇,就减低了它对公众(包括商业银行)的负债,就加强了信用限制。如果汇兑平准基金户售出外汇,从而增加了它在中央银行的余额,则公众余额必然在这个程度上减少,结果将助成信用限制,跟前一情况一样。

然而,从整个世界的观点来看,宁可采用汇兑本位而不采用金本位,对货币供应也许会造成极大的差异,从而影响到周期动向。

在金本位制下,每个国家都必须保有在货币流通额某一比率下的金准备,而在汇兑本位制下,有许多国家可以不必保有黄金,因此从前一制度转变到后一制度时,对整个世界说来,必然要发生膨胀影响。如果作相反的转变,则必然要发生紧缩影响。

• 汇兑本位制的作用

单单是汇兑本位制的存在——不是这一制度的采用或放弃——对于有关各国的货币供应,已经难免要发生某种影响。在金本位制下,任何一个国家,如果扩张进度超

---

① 如果是属于双边的或相互的汇兑本位制,所采取的就是这样一种处理方式,属于集团的每个成员,须约定把一切其他成员的债权(外汇)看做是准备。显然,在这样一个制度下,凡是实行通货膨胀政策最积极的国家,将使所有其他成员在政策上不能不跟着调整,跟着实行同等程度的膨胀政策。

② 设立各种平准账户的主要目的,据说是在于"抵消"国际支付平衡对国内局势所产生的影响(参阅,例如霍尔:《汇兑平准账户》,1935年版);但是中央银行如果不另设这类基金,这一政策也同样可以执行,而且实际上也常常是这样执行的。不过这一点也是事实,另设一个基金户,自有它在心理、法律与行政上的理由以及其他优点,从这些方面看来,这一措施是具有重要意义的。关于英国设立这项基金的政策,可参阅佩希:《英国汇兑平准基金,1935年》,载《经济学》,1936年;同上著作,述1935~1937年情况的,载《经济学》,1937年。哈里斯在他的著作《汇兑贬值,1936年》里,讨论了美国方面的经验。关于各种技术性问题,并可参阅巴拉夫的文章《关于黄金问题理论研究》,载《经济学》,1937年,和国际联盟经济研究组每年出版的《货币与银行摘要》。

过了别的国家,将损失黄金,因而不得不停止扩张。根据前几节里所说的,经过某些补充以后,我们可以说,在金本位制下,整个系统不得不跟着在扩张道路上进展得最慢的那个国家走,那个国家是调整着其他成员的步子的。在汇兑本位制下,许多国家属于如上所述定义下的一个货币集团,这一制约力量就不再在一个方向下发挥作用。一个或若干准备国家,即使它们自己是以黄金为本位的,也无须害怕黄金会被从属的汇兑本位国家所侵夺。但这一制约力量在对方却依然是有效的。如果汇兑本位国家的扩张进度超过了准备国家。则前者的货币准备——也就是它们存贮于后者的余额——将降低。

然而,出于汇兑本位制的机械作用,会自动提供某种足以代替黄金的制约力量,虽然这是一个薄弱的、不大可靠的力量。假定在准备国家发生了扩张现象,结果使它们的支付余额与汇兑本位国家相对之下处于逆势。后者的中央银行准备,将因此有所增加。此后的演变如何,大部分将取决于这类准备内容究竟是属于何种形态。如果所保有的准备是存于准备国家的活期存款,汇兑本位国家——虽然它们自己的现金和其他准备没有减少——将产生在某一程度上的通货紧缩。一部分货币将退出流通,就好像是在活期存款方式下被冻结了起来。如果它们的超额准备是投放于金融市场或证券的,则这种紧缩影响将减弱到几乎等于无。无论如何,在准备国家的扩张,总不会充分尝受到在贸易逆差进展下的那类"制约"力量——即金准备降低和因此而引起的银行的信用限制。

否则,处于金本位制下,如果一个国家有了扩张倾向,使它的一部分存金流向别的国家,则后者的金准备加强,将由此发生扩张作用。在汇兑本位制的作用下,则这种扩张影响就不会由汇兑本位国家传布到准备国家。如果某一汇兑本位国家有了扩张倾向,准备国家的基本货币供应并不会由此增长。另一方面,在相反方向下的扩张影响,则仍然会发挥作用。当准备国家趋向扩张时,汇兑本位国家的货币供应将增长,从而诱使它们也将走向扩张。

根据这一论点,似乎可以推定,在一个准备国家出现了高涨(或低落)时,这类倾向比较容易扩大到世界其他地区,会比在金本位制下有更进一步的演变,因为这时汇兑本位国家在贸易方面、在准备方面都将有所得(或将有所失),而准备国家却并不会像处于金本位制时那样,在准备方面有所损失(或增益)。另一方面,当汇兑本位国家出现了高涨(或低落)时,与处于金本位制时的情形对照,则扩大到其他地区的可能性较低,影响较小。

但是,我们不能毫无保留地这样推论下去,无论如何,当我们所考虑的是在金本位制下信用并没有完全地方化的情况时,就不能不顾及其他方面的演变。举个例子,假定在准备国家 A 有了扩张倾向。A 对汇兑本位国家 B 的贸易差额有了减色;但由 B 到 A 的资本移动却有了这样的增长,因此使 A 对 B 的支付关系不但没有恶化,实际上还有改进。在金本位制情况下,在 A 方面尽管贸易发生逆差,金准备将增长,这就有助于 A 银行体系流动程度的提高与资金供额的扩大。但是在汇兑本位制下,会使这类出于资本移动的影响不起作用。当资本由 B 移向 A 时——就是说,当 B 的人民从事于购买 A 的证券时——B 的中央银行将不得不就准备项下变卖一部分。如果它的准备金是属于投放于 A 的政府证券,这时它将出售这类证券。因此基于 B 方资本移动而对 A 发生的有利影响,大部分将被抵消。

- **汇兑率变动**

现在可以讨论一下在这一节前段所提到的一个论点,即如果以汇兑率变动作为推行政策时的手段,或者是听任汇兑率在市场力量的支配下随时变动,对周期动向将发生怎样的影响。

我们可以看到,如果不把汇兑率稳定这一点看做是一个应当遵守的原则,则由此引起广泛的与无规律的资本移动,将在经济体系中发生极其显著的,甚至可以说是干扰性的后果。所谓"无规律的资本移动"的意思是说,不是由利息率差额引起的移动,因此,移动的方向不一定是从资本有余国家到资本不足国家,有时是相反的,或者可以说是"逆流而上"的,还有也许是最具有干扰作用的一个特征是,容易发生迅速波动和波动的突然转向。

当然,关于汇兑率的前途是存在着不同程度的不安心理的。对于汇兑率的未来变化,不同地方的居民会发生不同强度的反应。有些比较小的国家,惯于经营外汇交易,有些地方的居民(例如在中欧的),对通货的剧烈贬值,印象还很深刻,在这类情况下,汇兑率如果稍有变动,或有了发生这类变动的危险时,对这些人说来,就有了比较重大的意义,将引起比在别的国家格外猛烈的反应。还有一层,汇兑率变动对国际资本移动的影响,常是和那些与汇兑率变动往往有连带关系的其他因素分不开的,这些因素是外汇结算延期、部分违约等。因此,关于反应的具体情况与范围大小,不能一概而论,必须就各个事例本身来考虑。在一般情况下,我们只能这样说,不稳定的汇兑率必然要碍及正常的国际借贷。对国际利息率的均等化说来,这一点是最有力的障碍之一。由此引起的无规律资本移动,形成了一个难以捉摸的因素,可以使周期动向受到很大的干扰,有时候会使它发生完全出于意料的转变。

作了这一些概括性的考虑以后,现在准备讨论两个问题:(1)确定的通货贬值行动——即故意促使汇兑率发生显著的变动——对经济周期的影响,(2)在"自由汇兑"

制度下——即在听任汇兑率随市场供求变动而变动、不加以任何节制的制度下的某些特征(但不作悠远的推论)。

● 通货贬值

关于故意促使汇兑率发生显著变动的措施,近年来提供了许多例子。由于现在作为标准的仍然是通货的金值,并且由于采取这类行动的几乎总是通货贬值国家,因此一般总是把这类变动说成是这一国家的通货与其他国家对照下的贬值——虽然,一种通货的贬值,它的意义必然是其他通货的升值。关于这类变动对有关各国国际贸易与国内贸易的影响,结合近年来的经验事实,曾由学家们作了广泛的讨论。[①] 对于在不同环境下的通货贬值,或者赞成,或者反对,可以提出,并且已经提出了许多论点,在这方面我们不准备逐一加以复述。这里准备把我们的分析针对着周期动向,从而探索汇兑率变动对有关国家经济发生扩张或紧缩影响时所通过的主要渠道,并指出产生最后结果的一些有关情况。

我们假定,在实行贬值以前或以后,有关国家所采取的是稳定当前汇兑率政策,无论如何,暂时所采取的是这一政策。如果听任汇兑率随着供求变化而波动,那就是"自由汇兑"制度,关于这个方面将在随后讨论。为了使读者对以下的分析比较容易领会起见,我们把实行通货贬值的那个或那几个国家叫做"国家 D",或简称"D",把货币升值的国家叫做"国家 A"或"A"。

● 通货贬值对商品交换的影响

首先可以讨论一下,通货贬值措施对商品流动,也就是对国际贸易的影响。(至于由资本移动的刺激而产生的影响,则暂时不去管它。)就我们讨论的情况来说,在国家 D 方面,由此产生的影响显然是扩张性的。出口受到了鼓励,进口则增加了困难。出口行业以及与进口竞争的那些行业将获得利益。这些行业对可投资金的需求将增长,或停止减退,或者是,至少不至于减退得那样快。这一点对其他各业将发生有利的影响。这时进口原料价格,以国内通货为依据时将提高,但这一点当不致完全抵消上面所说的利益。出口品使用到这类原料时的代价将提高,但这一增势只能抵消由通货贬值所造成的出口升值的一部分。制成的商品如果是供国内使用的,则由此发生的不利影响也许比较显著。

[①] 哈里斯对这一问题作了详尽研究,见《汇兑贬值》,剑桥(马萨诸塞州)1936 年版。

通货贬值对可投资金所产生的影响,不但在需求方面,而且在供应方面也是有利的。供应方面的增长是由于金准备有了增长;后者所以增长,不单是由于贸易差额有了改善,而也是由于现有的准备以当地通货为依据时的价值构成的关系。如果中央银行的金准备原来是相当紧迫的,这时受到的压力将减轻或消除;因此在复兴道路上的障碍可以肃清。

由于同样的原因,就商品、劳务的进口和出口所受到的影响来说,汇兑率变动对国家 A 所起的作用是不利的。

● 通货贬值对整个世界的影响

这时对整个世界将发生什么样的影响呢?就国家 A 和国家 B 总的影响作用来说,究竟是扩张性的还是紧缩性的呢?就通过可投资金供应方面所产生的影响来说,是可以归纳出一些通则的。假使贬值的发生是出于黄金供额降低的压力——这种情况是极有可能的——而国家 A 的金准备充裕,则总的影响就必然是扩张性的。结果国家 D 方面的困难可以减免,而国家 A 却并不会感到过度紧缩。假使两方的处境不同,结果将适得其反。

我们也可以这样来说明问题。假使由通货贬值构成的动向是趋于"国际平衡"的,则获得的是扩张性的结果,假使构成的动向是脱离平衡,则获得的将是紧缩性的结果。这里充作国际平衡准据的是,没有黄金的不断移动和没有因对汇兑率涨跌的预期而酿成的资本不正常的移动。

还有,如果通货贬值是纠正了贬值通货的"估值过高"或升值通货的"估值过低"的,那么将获得扩张性的结果;如果由此格外扩大了这种差离状态,那么将获得紧缩性的结果。① 这里的估值过高与估值过低的准据是对上面所说的平衡水平的差离。② 当然,通货贬值也可能发展到那样极端的程度,以致造成相反意义的差离。过去曾一再发生这类情况,因此已成为一般的常识。

就通货贬值通过可投资金需求方面所产生的影响来说,由此对世界将引起什么样的后果,要作出任何肯定的论断却困难得多。在国家 D,由于出口受到鼓励,进口受到打击,将促进对可投资金的需求。在国家 A,则即使存有充裕的金准备,可投资金供应一点也没有受到影响, 需求方面也将遭受挫折。至于在 D 方发生的扩张影响与 A

---

① 关于"估值过高"与"估值过低"名词的讨论,参阅惠耳:《不存在国际本位制下的国际贸易理论》,载《经济学》,1936 年 2 月号,第 33~34 页;并可参阅哈里斯:《汇兑贬值》。

② 以两个国家的价格水平或价格水平变动的比较为依据,从而计量"购买力平价"时,只能提供在估值过高与估值过低方面一个极其粗略的、不可靠的准据。

方发生的紧缩影响,究竟是哪一方占优势,却无法断定。这一点在很大程度上须取决于某些在时间上的迟滞情况。

举例说,如果在 D 发生的累积性扩张过程,在 A 开始发生紧缩倾向以前已经获得了进展,则对 A 将发生有利的影响,由通货贬值发生的初期压力,A 就可以幸免。

- **通货贬值对资本移动的影响**

然而总结果究竟如何,很有可能会受到其他因素的决定性的影响;现在可以谈一谈这类因素。这里所想到的是由汇兑率变动通过资本移动、还可能通过"心理"作用所发生的一些影响。(应当考虑到的,实际上当然还有些别的因素,即属于通货操纵或商业政策范围的某些报复措施的可能的演变。还有,国家 D 自身在国际经济政策中所引起的影响也应当考虑。通货贬值可以使一个国家放松国际贸易上所设置的障碍,如输入限额、关税或汇兑限制。这类问题有时候会具有很大的重要性,但不在我们这里的讨论范围以内。)

通货贬值对资本移动必然要产生重大的影响,由此也许会使贬值对商业趋势的基本作用难以辨认。由于通货贬值是不大会无端地突然发生的,因此可以假定,在国家 D 事前大都会有资本外流现象。等到贬值措施完成以后,这类资本移动多半将停止,甚至发生相反的动向。事情很明显,如果发生了这种情况,如果事态的发展,跟国家 D 与 A 通过商品、劳务的进口和出口所引起的基本影响并不相违背,则这种影响将愈演愈烈,从而产生对这一演变趋势的预期。在这种情况下,从国家 D 的立场来看,通货贬值措施就要算是成功的。要取得这样的成果,须有赖于对某些方面的预期得以产生,尤其是关于在相当时期内贬值倾向是肯定的这一预期。然而这样一种预期却并不是一定会产生的。也可能把通货贬值看做只是行动的初步,以后还会顺着这个方向发生别的事端。在那种情况下,也许会引起离开国家 D 的资本移动,由此在 D 经济下可投资金供应方面的有利影响将延缓发生。

某一个国家实行通货贬值时对世界局势所产生的影响——通过贸易额变动与有关各国金准备的价值重估——在一般情况下,整个说来,可以认为总是扩张性的;然而由此引起的资本移动对整个世界所产生的影响,也许是紧缩性的。结果这种紧缩性的影响,也许会比扩张性的影响更为强大。

- **资本逃避的紧缩性的影响**

一般说来,资本移动——那就是由于各国间利息率或利润率的差异而引起的移动——总应当看做是扩张性的，因为在资本输出国家，由于利息率较低，一部分资金原来是处于贮藏状态的，现在则由于资本输入国家利息率较高，在那里将以较大部分用于投资。

如果资本移动的动机是在于预计汇兑率将有变动而借此图利或避免损失，则上述假设即不能适用。如果由此发生的资金移动规模相当巨大，则甚至会发生相反的影响。当人们完全陷于惊慌失措的状态时，这类"反常"资本移动的可能发展限度，比"正常"资本移动可能达到的要大得多；由此会使资本输出国的存金发生严重的枯竭状态，严重的程度会远远超过由于贸易逆差而在短期间所造成的情况。结果，极有可能的是，资金将由高利率国家流向低利率国家。

这一点就使资本移动具有紧缩影响这一见解有了成立的可能。但此外还须考虑的是，接受资金国家对于这种非常的资本输入所采取的态度。应当看到，像这样性质的资金，大概是一出现就要被收回的。拥有国外存款的银行，把这类存款看做是"不能派用场的"或"流浪的"资金，因此除较小部分外，不会把它们重新贷出。如果有关的银行在这一点上不审慎处理，中央银行大概会认识到，由于这类国外资金流入而引起的金准备增长是靠不住的，是不久就会消失的，因此不会基于这一增长而扩充中央银行货币。结果这类资金流动，一方面使流出国家的投资大量减少，另一方面在流入国家却大部分冻结了起来。

• "自由汇兑"

现在要讨论的是在我们讨论范围内的一个极端的例子，是在各国通货完全独立的情况下彼此之间可能存在的一种情况。这是与世界货币制度完全统一恰恰相反的一个情况。我们可以把这种制度叫做"自由汇兑"，由此引起的许多特殊反应，跟我们所熟悉的在金本位制下的经历，形成了鲜明对照。这并不是说，像这样一种制度，曾经地地道道地在世间存在。然而研究一下由此发生的可能后果是有帮助的。这首先是因为，有些货币上的措施跟这样一种制度很相近，或者是，其势将使我们跟这一制度相接近；其次是因为，基于金本位制经验而形成的一些习惯见解的某些含义，可以在对照下显得格外清楚。①

首先让我们说明一下，所谓"两种国家通货彼此完全独立"的确切定义是什么。当然，所谓"独立"的意思是不存在国际标准。汇兑率可以随着市场上的供求情况而自由

---

① 参阅惠耳富于启发性的一篇文章：《不存在国际本位制下的国际贸易理论》，载《经济学》，1936年2月号，第34和38页。

变动。这里不存在为了使汇兑率稳定于任何某一水平而发生的中央银行或其他机构方面的干预。在金本位制下,如果发生了汇兑市场供求之间的不均等,就会使黄金在各个国家(或地区)之间流动;而在"自由汇兑"制下,却不可能发生这样的流动情况。在金本位制下,通过这一国家资金的外流与紧缩和那一国家资金的膨胀,国际支付平衡就可以终于获得恢复;而在自由汇兑制下,这种平衡作用是通过汇兑率变动来实现的。自由汇兑制也可以用如下的方式来说明。在某一个国家流通的货币,是严格限制在这一国家领域以内的。这里并没有一种办法,可以使一个国家的资金移转到另一个国家,用以偿还债务或购买商品;这里并不能直接或间接以中央银行或平准基金为居间,保持着一宗外币,按照与本国货币对比下相当固定的价格出售,从而使一个国家的货币流通额缩减,使另一个国家的货币流通额扩大。① 任何人要想购入国外支付手段,用以购入国外商品或在国外从事投资时,就必须通过市场,向为了同样理由愿意出售国外支付手段的那些人取得。

● 汇兑率的影响

当我们所考虑的是这样一种情况,是要借助于汇兑率变动来恢复国外汇兑市场的平衡时,我们在一开头就会碰到一种困难。② 在任何时刻,根据当时契约未经清偿的国际支付,总是有一个数量存在着的。如果在某一时刻,在国家 A 的余额上存在着亏欠,这就没有把握,是否可以借助于汇兑率的任何变动来勾销这笔亏欠。这一点是否办得到,取决于某一时刻到期的债务所由表示的通货。"如果在两个国家间所约定的一切支付都是以两者之一的通货为依据的,这就很明显,汇兑率无论怎样变动,也不能改变双方账户上的关系。"③ 如果国家 D 的一切贷方项目都以 D 通货表示,一切借方项目都以 A 通货表示,则 D 通货贬值时,在一时间 D 账户上的亏欠将加大(虽然,如果让贬值有时间对出口与进口发挥作用,也未尝不可恢复平衡)。当 D 通货升值时,这笔亏欠就可以立即勾销。但是在这里所假定的情况下却很难看出,怎样能在市场作用下产生这样的升值。因为如果 D 的余额上有亏欠,则 D 对 A 的货币需求将增

---

① 我们会看到,如果由这一点得出结论,认为在任何一个国家,由于物资交换或资本移动的波动而引起的国际交易,发生了变动时,以货币计的商品总需求(MV)将保持不变,这样的看法是不正确的,由此将引起极大的争论,种种重大的可能演变,将被排除于考虑范围之外。

② 格雷姆曾注意到这一困难,见他的文章:《自我限制和自我激动的汇兑率变动》,载《经济学季刊》第 43 卷,1929 年 2 月号,第 221~249 页。并可参阅他的著作:《恶性通货膨胀下的汇兑、价格与生产——德国,1920~1923 年》,1930 年版,第 136 页起;又惠耳的文章:《不存在国际本位制下的国际贸易理论》,载《经济学》,1936 年 2 月号,第 27~28 页。

③ 惠耳,同上刊物,第 27 页。

长,从而 A 的货币将升值——我们可以看到,这将使事态更加恶化。(这就是格雷姆所说的"自我激动"的汇兑变动。)只有当 D 的借方项目以 D 通货规定,贷方项目以 A 通货规定时,才可以希望通过 D 通货贬值,由汇兑市场自动地顺利完成调整工作。

- 在"自由汇兑"条件下需求的转变

我们不妨把已有的假设放宽一些,假定为了防止这类短期波动而由私人或官方进行一些交易是可能的,从而避开这个困难(这一困难也许是没有什么重要意义的)。假定,除了上述一时的交易所涉及的资本移动外,全然没有在其他情况下的资本移动。处于这种情况时,假定需求发生了由国家 D 到国家 A①的转变,原因是(比方说)在 A 和(或)D 的消费者的爱好有了变化,或者是 A 采用了新税制,或者是 D 出口行业的生产成本有了提高或 A 竞争行业的成本有了降低。在这样的假定情势下,D 的通货价值与 A 相对下,必然要降落。降落得越厉害,D 的商品以 A 通货计算时,并与 A 的商品对照时,就越是低廉。如果对进口品需求的弹性以当地通货为依据时,可以假定在 A 和 D 都是大于一,则 D 对 A 进口品所支出的 D 货币为数将减少,A 对 D 进口品所支出的 A 货币为数将较多。这样一来,汇兑率将促使 D 进口(A 出口)与 A 进口(D 出口)的价值趋于平衡。结果是,A 和 D 对于彼此产品的相互需求越是富有弹性,D 通货与 A 通货相对下贬值的必要性就越少。②

发生了这样的变动时,对 A 和 D 的国内局势将引起怎样的后果呢?在"自由汇兑"制下,彼此之间是不允许有货币流动的。需求有了变动以后,D 的银行系统在流动程度上比以前不会有减色,A 在这一方面也不会有进境。因此在两个国家的可投资金供应,没有会发生变动的理由。可投资金的需求,因此将怎样受到影响,也是不清楚的。需求的最初转变,将使直接受到影响的 A 的一些行业获得较多利润,D 的一些有关行业获得较少利润;但是汇兑率的变更,会在刚好正相等的程度上,使 D 的各业受到鼓励,A 的各业受到挫折。这里必然获得的结论是,如果由于需求由 D 转向 A,而不论对 D 或对 A 发生了任何有利或不利的影响时,其间的原因必然是在于有关各业自身的某些特有情况。就这两个国家来说,发生的是需求方面横的转变,结果如何,将取决于许多因素,这类因素在前一章里已经有所分析。如果因此预计在 A 将发生高涨,

---

① 我们把两个有关国家叫做 A 和 D,是为了便于记忆,国家 A 的通货是要升值(appreciate)的,国家 D 的通货是要贬值(depreciate)的。

② 如果我们假定两国之间有着密切的商业关系,彼此的各种工业都富有竞争性,在出口与进口方面都富有潜力,那就尽可以认为需求弹性是大于一的。当一个国家面对着其他各国时,这一点就更加明显。

在 D 将发生低落,则作出这样预计时唯一可以言之成理的依据是,需求方面的这种最初转变已经为有关各业事前所料及,而预期的变动程度,却超过了整个出口行业由汇兑率变动而引起的反作用的程度。

● 与金本位制对照

我们会看到,这种情况,跟我们在金本位制度下所惯于看到的情况完全不同。例如,我们曾这样说,在金本位制度下实行征收关税时,对征税国家会发生扩张影响,对商品受到前者的市场排斥的国家,会发生紧缩影响。在自由汇兑制度下,这个通则就不能适用。如果我们换一个方式来说明,还可以使两种制度的差别更加明显。假定不发生资本移动,则在自由汇兑制度下由国家 A 到国家 D 的出口有了增长时,将立即引起进口方面的同样增长。在金本位制度下,在效果显露以前,须经过相当时间。在这一期间,资金将由 D 流向 A;或者不如就是,在一方或双方的汇兑本位的条件下,资金未必有实际上的流动,而在 A 的中央银行,将在对 D 余额有所增长的基础上从事扩张。在自由汇兑制度下,这一中间步骤可以省免,因此就可以避免发生这一国扩张与那一国紧缩的现象。①

● 繁荣与萧条充分地方化

根据与上述基本上没有什么不同的推论,还可以证明,在不存在资本移动的自由汇兑的条件下,是不会有繁荣或萧条从这一国传布到那一国的倾向的。另一方面,就国内的一切行业来说,这类现象,比在金本位制下,将传布得更加普遍,更加彻底。

假定在国家 D 发生了扩张过程,价格与收入都有所增长,进口将增加,D 通货与 A 通货对照下将下跌。但与进口增长同时发生的是,出口将增长,由此可以向国外吸收资金,而 D 的繁荣仍然可以维持不坠。另一方面,国家 A 的出口也将增长,它的增势并不亚于进口。至于这两种变动的结果,究竟是属于扩张性还是紧缩性,与上述需求方面横的变动属于扩张性还是紧缩性的情形相同,将取决于同样的一套因素。在金本位制下,一个偏于形成扩张方面的有力因素是资金的流动;而在自由汇兑制度下,这一有力因素是不存在的。根据相似推论,同样可以说明,紧缩过程在这一制度下,也失去大部分的感染性。假使把繁荣与萧条看做是一种病害的话,传布这种病害的最有

---

① 有一点很值得注意,主张自由贸易者往往有这样的论调,认为进口降低,出口也必然要跟着降低,反过来也是这样。其实这种论调(作为一个适应于短期的论点),只适用于自由汇兑制,并不适用于金本位制。

力的带菌者是跨过国界的资金流动；在自由汇兑制下,则从国际经济交换中除去了这一带菌者。

• 在自由汇兑条件下的资本移动

现在可以研究一下,在自由汇兑条件下资本移动的影响作用。假定由于不论何种原因,在国家 D 的人们,要想在国家 A 进行投资,或者是在国家 A 的人们,要想从国家 D 借入资金。没有资金可以容许移动,但是 A 货币的需求有了增长,因此 D 通货的价值将下跌。于是 D 的出口增加,进口减退,增减程度就相等于在国外投资数额。由此完成的资本移动,立即使 D 的贸易差额发生了出超,这在 A 的立场上看来就是一项入超。

这一移动,在 D 方——资本输出国——产生的影响,很有可能是扩张性的。对整个商品的需求当然没有减退。向国外进行投资的资金,其中即使有一小部分是出于贮藏,或者是,假使资金不可能向国外移转,这项小部分资金就会被贮藏起来,则对整个商品的需求还可能是有所增长的。

就资本输入国 A 的方面来说,产生的影响是相反的,即紧缩性的。在国家 D 的人们,要想以资金在国家 A 进行投资,只有通过使 A 发生入超的方式来实现；就是说,投放的资金是从 A 产品销售减退中得来的。在A 提供出售的商品有了增加；但商品总需求并没有增加。我们可以看到,这时 A 的处境是,即使在最好的设想下——就是说,D 的投资者在 A 可供利用的资金,的确是用于商品方面的,即的确是用于投资的——所产生的影响,也仍然是紧缩性的。也可能发生投机性资本移动,假使是这样的话,假使有一部分资金是处于流动状态,紧缩性影响将格外显著。

• 与金本位制的显著差别

从我们习惯于金本位制的立场看来，说是由于资本移动的结果资本输出国会受到有利的影响,资本输入国会受到不利的影响,显得是何等奇特！

两个制度运用方式的不同,还可以这样来说明。在金本位制度下,资本输出一般是不会立即产生相应的商品移动的。① 首先将引起资金流动,然后才会由此促成商品

---

① 在特殊情况下,也可能发生这样的现象,由 D 出借给 A 的资金在 A 支出时,是完全用于 D 或 A 的出口品的,因此贸易差额的变动出现时没有发生摩擦；就是说,在贷出国家没有发生相对或绝对的紧缩,在借入国家没有发生相对或绝对的扩张。(参阅努兹:《国际资本移动》,维也纳1935年版,第121~122、第124页。)然而,由于运输成本以及商品需求地方化的关系,说移转数额会百分之百地发生这种情况,是很少看到的。

流动。在自由汇兑制的作用下,这一中介状态是可以省免的。

根据在自由汇兑下资本移动影响作用的这一分析,我们可以再度考虑一下,当需求由 D 商品移转到 A 商品时的情况。D 的通货将贬值。由此也许会引起投机性资本移动。假定,对汇兑率的变动认为是暂时的,不久是会扭转的——当属于季节性变动时,就会发生这种情况。在这种情况下,将发生由 A 值(货币、债务和证券)移向 D 值的动向。资金的这一动向是与需求的最初移转相背驰的,将在某一程度上缓和 D 货币的跌势。由此也将使 D 产生入超。结果是跟我们所熟悉的金本位制经验相同,需求转变以后,将有利于需求转入的那个国家的商业,不利于需求输出的那个国家的商业。这里所表现的是,投机的资本移动代替了黄金移动,来发挥同样作用。

然而同样明显的是,事态演变也许会完全不是这样,在自由汇兑的条件下,也许会全然不照抄金本位制度下反应的老样,而跟它相反。国家 D 的人们,也许会担心到他们的币值将继续下降。假使是这样的话,资本将由 D 移向 A,D 的通货将进一步下跌。这就像上面所说明的那样,在最初商业受到打击的那个国家 D,通过资本输出将受到有利的影响,而原来在商业上占到便宜的那个国家 A,将陷入紧缩状态。

- **由周期引起的资本移动**

我们在以上假定的是,不管出于什么原因而发生了的资本移动,从而研究这一移动对两个有关国家一般经济局势与周期波动所产生的影响。但是周期变动自身也会引起资本移动,再反过来影响到那些国家的周期。要对这种相互影响进行分析,对前面所讨论的那一情况,①就须再作一番考虑。我们在那里所假定的是不存在资本移动的,由此得出的结论是,在自由汇兑制下,繁荣与萧条在各国间进行传布时的最重要渠道已被堵塞。现在,我们在分析中将谈到由资本移动发生的后果,因此这一结论现在必须改变。

假定在国家 D 由于出现了新的投资机会,突然掀起了繁荣浪潮。如果由此足以吸引国外资本,则这种扩张冲力将立即传布到别的(资本输出)国家,而首先发生冲力的国家 D 的扩张,将受到阻碍。②否则,如果 D 的扩张是由低利贷款政策引起或助成的,如果因此资本由国家 D 被驱出(利用国外较高的利息率),则 D 的扩

---

① 见上面"繁荣与萧条充分地方化"一段。

② 就这一情况来说,D 的通货究竟是升值还是贬值,因为有两种对抗力量在发生作用,是无法在一般依据下确定的。资本流入会抬高 D 货币的价值;而价格与收入上升,会压低它的价值。我们或者可以假定,前一因素大致将首先发挥作用,因此它的通货将升值。但是从原则上来说,结果如何,与汇兑率变动的趋向应当是没有关系的。参阅本书第 329 页注①。

张,由于资本外移,将格外有所促进。这时外界对于 D 的繁荣,非但不能得到一点阳光的照耀,反而将感到那里的寒气袭人,甚至还会陷入通货紧缩的恶性旋进过程。[①]

这里不难设想到其他情况,沿着上述路线进行分析。然而可以得出的一般结论已经显得很明显——如果资本可以自由移动,则我们以前获得的答案,认为在自由汇兑下各国的周期动向是互不相关的这一说法,必须加以修正。不过,如果不加补充(如有时候有些人所说的那样[②],只是说资本移动会引起与金本位制下相同的情况,这样的说法是不十分正确的。正相反,由此也会发生与国际金本位制下的情况截然不同的结果。在资本可以自由流动的自由汇兑下,各国的周期动向并不是彼此无关的;在这一点上,具有资本自由可动性的自由汇兑制,是与金本位制的情况相似的。然而,在金本位制下,一个国家的扩张(或紧缩),会使别的国家发生扩张(或紧缩);而在资本可以自由移动的自由汇兑制度下,一个国家的扩张(或紧缩),可以使别的国家发生紧缩(或扩张),也同样可以使别的国家发生扩张(或紧缩)。

● 以上分析的局限性

以上分析,内容指的是属于短期的这一点,应当记牢。我们所谈的,只是资本移动一时波动的影响,不是在资本输出或输入长期不断的动向下对一个国家经济演变的最后影响。还有一层,即使是属于资本不断流动下各个支流——一些有关的国家对于这类支流已经相适应——的短期影响,跟意外波动下所产生的影响也是全然不同的。我们作出了似乎有些离奇的结论,认为在自由汇兑制下资本的输入和在国际金本位制下资本的输出,多半会发生紧缩性的影响;而根据古典派论点,则认为西欧各工业国与美国对世界其他地区的资本输出,不但对后者的迅速发展说来是必要的,而且对整个世界,包括资本输出国自身,也是有利的。这两种说法尽可以共同存在,后一说法一点也没有因前一说法而受到影响,使之无效,也不是说在国际金本位制存在的条件

[①] 应当看到,这并不是由于 D 通货的价值下降,而是由于 D 资本的输出。当 D 通货在升值时,同样可以使它的繁荣转变为别的国家的萧条。假定现在所研究的这一事例,情况进一步复杂,发生了由 A 商品到 D 商品需求的意外转变,假定这一转变有力到足以与资本由 D 外流时对汇兑率所产生的影响相抵而有余,因此 D 的通货实际上有了升值现象。从我们在上面的分析可以推定,这时除了那些意外的在两方面都会发生作用的情况不计外,需求的这种转变是中性的;它既不会对需求转入的那个国家发生促进作用,也不会对需求转出的那个国家产生不利影响。这里当然不用说,汇兑率波动会从中产生影响,引起投机性资本移动。不幸的是,这类投机性资本移动将向哪一方向演变,要概括地加以论定是不可能的。

[②] 参阅惠耳:《不存在国际本位制下的国际贸易理论》。

下,后一说法才能成立。① 还有一点应当看到,上述这种紧缩性影响,性质究竟如何,是要根据当时存在的情况决定的。如果当时情况是迅速的货币扩张正在进展中,则由于资本内流而引起的紧缩性抑制,也许是极其有益的。在比较贫困与工业落后的国家,未运用生产因素的供额往往很有限,而且缺乏弹性;就这类情况来说,上面的说法就格外贴切。我们要再一次请求读者注意,不可漫无区别地把扩张性影响一概看做是好的,紧缩性影响一概看做是坏的。

● 根据以上分析可能有的引申

读者不妨把这一章内容看做是关于分析方法的一种说明,而不是在明确结论方面有所提供,可以在不作进一步研究的情况下应用到具体事例。在这样的审慎态度下,就有可能把对资本移动影响的分析加以必要的变更以后,应用到其他类型的单向支出,如利息与股利支出、赔款支出、战债等。但是在论证方面作这样的引申时,必须十分小心,要顾到一切假设,尤其是出于膨胀来源的可投资金供应弹性的那类假设。我们分析的结论,就是以此为依据的。②

---

① 至于不存在国际金本位时,是否会增加向国外贷出资金时的风险,以致使这类贷出行为大大受到限制,这当然是另一问题。

② 极有可能的是,比方说,从一个国家向另一个国家做出的赔款支付,对"消费倾向"或"储藏倾向"(借用凯恩斯先生的用语)所产生的影响,跟普通商业下资本移动所产生的影响,会有所不同。在收款国家,消费倾向也许会受到鼓励。如果是这样的话,则由此发生的结果,势必不同于由普通商业下资本移动所发生的结果。

PROSPERITY AND DEPRESSION

3

影响经济稳定的货币因素与实际因素
——对现代经济理论某些倾向的评论

第 13 章 影响经济稳定的货币因素与实际因素①

第 1 节 引言

本篇的论断是,时下的经济理论有很大部分对"实际"因素过于着重,而对"货币"因素以及与之密切相关的制度的价格刚性与工资刚性的现象,则略而不论,或者是对于它们的重要意义在大体上没有加以重视。解释一般经济活动和对外支付平衡的不稳定时,所依据的是实际的刚性、生产的不变系数、供求之间顽强的无弹性,而不是有欠完善的货币措施与货币政策,也不是价格刚性与工资刚性以及一些类似的因素。

第 2 节 "不稳定"的意义

首先让我解释一下,"不稳定"的意义是什么。所谓"不稳定",我指的是总产量与总就业的波动。然而,即使在稳定的总产量与总就业下,在相对价格以及价格水平(就这一意义含糊的名词的任何一种可能有的解释来说)变动的意义下的价格不稳定,仍然是有可能的。价格不稳定引起收入分配不稳定,由此也许会造成极其严重的社会问题和经济问题。对外贸易方面的剧烈变动,是属于国际范围的一个例子,对高度专业化

---

① 本章原来是 1956 年在罗马举行国际经济协会第一届代表会议时宣读的一篇论文,嗣后曾加以删节,并且内容略有改动。全文载该协会会报,伦敦麦美伦图书公司出版。

的农业生产国家,是一个特别严重的问题。但毫无疑问,在全国范围或国际范围内,经济体系各个重大部门之间商业的剧烈变动,在多数情况下,是由于工业国家的总产量和总就业发生波动的后果或并发现象。

由于这个原因,在这篇文章里,我将集中全力于短期波动,即工业发达国家的经济周期方面的讨论。

在"不发达的"国家,经济不稳定在很大程度上是工业国家经济周期的反映,或者是自发的通货膨胀政策的后果。有些因素,如需求变动、技术革新,工业国家足以破坏高度专业化农业生产国家的对外平衡的输入政策,都受到了很大的重视。这里并不打算完全否认这些因素的重要意义。然而,我敢说,从世界观点来看,不稳定的这类起因,跟经济周期与通货膨胀比较,是属于次要性的。

至于通货膨胀,我随后还想谈一谈,这绝对不是一个无关紧要的问题。正相反,我认为长期的(继续不断的或断断续续的)通货膨胀,不但会引起价格不稳定,而且也是严重阻碍经济发展的一个因素。但是从理论方面来说,急进的长期通货膨胀问题,①跟这里要谈到的经济周期问题比较,引人注目的程度应当要差一些。

关于经济周期这个词的意义,我所采取的是以国家经济研究局所使用的为依据的,指的是经济总的活动的盛衰起伏,说得再具体些,就是总产量与总就业的升降,就是由就业变动引起的产量变动。②(当然,产量发生变动时,就业并不一定跟着发生变动——收获量变动就是一个最显著的例子。但是构成经济周期的总产量短期变动,显然不是属于这一性质,而这一点却并不否认,收获量变动以及其他外生的干扰,对周期也可能具有重大的因果意义。)

密契尔和伯恩斯把周期定义为可察觉的、最短期的经济活动的波动,我同意这个说法。换句话说,"经济周期时期从一年多到十年以至十二年不等,并且不能再划分成和这种振幅相近而性质相同的更短的周期。"③而且我也并不想找到一系列式样整齐的"小型的"或"大型的"经济周期(像汉森所相信的那样)。当然,历次发生的周期,在时间久暂方面和振幅方面,彼此之间有巨大的差别;发生的萧条,有些是比较温和的,而还有一些是比较严重的;发生的高涨,有些是坚强的,而还有一些是比较软弱,过早

---

① 现在有许多发达的国家,正在发生一种慢性的、形迹不大显露的通货膨胀,而有许多不发达的国家所遭受的,却是急性的、显而易见的通货膨胀;前者是一个比较难以捉摸的过程,加以诊断、加以评价时比后者要困难得多。

② 这里我把经济活动的波动跟总产量与总就业的波动等同了起来,这个说法跟研究局的那些大师们的意见是有出入的。但在这一点上的分歧,意义并不重大,因为根据他们的关于"活动"以及关于总产量与总就业的历年记录,两者几乎是完全相配合的。

③ 参阅伯恩斯、密契尔:《怎样计量经济周期》,第3页。季节波动是不属于"同类性质"的。

就中断了的。① 但是在《怎样计量经济周期》里,在这方面作了极其细致的调查研究,从而使我相信,所谓有规律的、呆板的周期方式,实际上并不存在,或者是,无论如何在世上还没有发现;使我相信要把相续发生的不同时期与不同振幅的周期说成是基于时期长短不同的种种独立或相互依存的周期(熊彼特的三周期式体系)的重叠,那是不可能的;使我相信,要把种种不同的半独立的周期历程归因于不同的重叠的周期,这种说法更加难以成立。每一次周期或萧条,就某种意义来说,是一个历史上的独一无二的事例,就是说,是内生力量与外生力量的共同产物。周期历史、历史环境与外在干扰彼此之间交互作用的结果,是一个复杂的化合物,不是一个机械的混合物,它的组成部分是不能借助于多少带些机械性的统计方法来分开的。关于周期与趋势的时间级数的统计分析,是一个无法解决的问题。② 但绝不由此否定这一点:用外生力量或内生过程来解释某些周期或某些演变阶段(萧条或扩张),或者用某些有力的加强因素或减轻因素来解释某一次萧条的轻微或严重,来解释某一次高涨的软弱或坚强,往往是有可能的。这里且举示一两个例子,随后将继续加以引申。例如朝鲜战争爆发以后发生的高度繁荣,是基于由战事引起的政府支出和私人支出的浪潮,只举出这一点就够了。③ 又如20世纪30年代在美国发生的一次严重萧条,不管其间较深远的原因是什么,无疑的是由于银行体系崩溃而大大增加了萧条的强度。

经济学者们没有能正面看这一切事实,是不无遗憾的。但使我们感到安慰的是,不同学家在理解和解释的方面虽然存在着很大的分歧,但关于周期转折点发生的时日,关于短期周期的某些基本特征,意见是一致的。例如国家经济研究局极其细致的调查研究、埃得温·弗里凯④费尽心力的观察成果与熊彼特所使用的使人发生深刻印

---

① 这一点使我对于国家经济研究局所采用的"平均程序"的有效性发生了疑问——尽管由《怎样计量经济周期》的名学家们作了种种解释,种种保留。

② 也许比较正确的说法是,可以认为这个问题是没意思的,至少就其通常所构成的意义来说,情形是这样;或者不如说,就其过去通常所构成的意义来说情形是这样,因为这已不是一个当前活跃的争点。问题往往是在带些因果性的方式下提出的——怎样把由造成趋势的那些起因的结果,跟由造成周期的那些起因的结果分开来。进一步的假设是,认为这两套结果是可以相加起来的。这一假设当然并不能获得保证。造成周期波动的那些起因,对发展的体系进行冲击时跟对静止的体系进行冲击时所产生的结果,彼此也许会全然不同。同样的道理,有些经济与我们所处的不同,不会发生周期波动,发展因素在那类经济体系下将产生不同的结果。因此,如果我们能够进行一种试验,从会受到两套起因的共同影响的实际体系中,先把造成周期的那些起因抽出来,然后把造成趋势的那些起因抽出来,那时就可以看到,两套起因所产生的两种结果的和,跟我们所看到的总变动对照,双方并不相等,前者也许将大大超过后者。

③ 但是应当看到,当1949年年中,在1948~1949年的轻度衰退以后,低潮转折点已经发生。因此朝鲜战争所起的作用,并不是把美国经济从萧条的深渊中挽救出来,而是使已经单独开始的高涨有所加强。

④ 弗里凯:《美国的经济波动》,剑桥(马萨诸塞州)1942年版。

象的方式方法,彼此之间几乎完全一致。(由于实际情况的复杂,关于转折点发生的时日,有几个月之差的见解上的分歧,这是不足奇怪、无关紧要的。)

这样看来,短期经济周期的外表轮廓相当明确,在这方面的见解也是大体上一致的——关于这类周期进一步的特征,有助于说明作为其起因的货币作用的,下面将加以讨论。而长期"波动",所谓康德拉季耶夫周期,即派生周期或趋势周期,却是一个在形态上要模糊得多的事物。这类周期主要是在批发价格和利息率下获得表现的。关于它们的时间记录,在不同的学家与不同的国家之间,彼此往往相差极大;至于价格的升降,跟产量与就业的升降,是否始终结合在一起——就短期周期来说,那是必然的现象——也不大清楚。

为妥慎起见,我们不必把长期稳定同题与假设下的长期周期——这一措辞所体现的是内生的机械作用和具有一定程度的规律性,而这一点事实上是不存在的——看做一件事。我们不妨假设存在着或在无规律的间隔时期重复出现着一些价格涨落的趋势,以及另一些趋势,它们在若干短期的周期中发生作用,并能够或不能跟物质生产中同样的趋势结合在一起。

第3节 短期周期的一个显著特征

短期周期最显著、最有启发意义的特征之一是,产量与就业的进退起伏总是同价格水平的升降密切相关的。再说得确切些,实际量值(产量,就业,实际收入)的波动,同货币流量(货币收入,产量的货币价值)的波动,总是平行的。应当看到,这并不是靠实际的依据给周期作定义时得出的结果。可以推想得到的是,价格以及货币价值同实际产量是可以互不相关的,或者是可以在相反的情况下互相关联的。

在我看来,这种实际上几乎是绝对的[①]平行关系,不可能是一个偶然现象。事实上已经有越来越多的经济周期分析者,公开或暗含承认,产量与就业波动的近因,是总支出或实际需求的波动。诚然,谈到引起总支出周期波动的那些较深的力量和原因

[①] 我说"几乎是绝对的",这是因为处于转折点时,一方是价格变动,另一方是实际活动的变动,这两者之间有时也会发生一时的偏差。但是要知道,即使价格与实际量之间在定时关系上不是分毫无差,货币流量(价格乘数量)与物质量之间仍然有可能(而且情况大都是这样)存在着完全吻合的相互关系。

就假设的长期周期来说,这种平行关系的密切程度当然要差得多。这一点肯定是这样一种事实的反映,即价格与工资的伸缩性,就长时期来说,要比短时期的大得多。

时,是存在着很多不同意见的。然而最重要的意义是,种种极端分歧的理论,对支出波动的作用这一点,意见却是一致的。这里所说的这种理论,不仅包括各种类型的周期的货币理论,还有一切现代的"资本存量调节理论",这种理论认为乘数与加速原理的某种相互作用建成内生的振荡作用;即使是熊彼特那种逻辑结构完全不同的理论,也属于这一类。所有这些理论用不同的方法说明,为什么支出会作周期式的波动;然后就很容易看出怎样会由此产生产量与就业的周期——进行解释时简直是那样地容易,因此关于价格刚性与工资刚性某种必要的假设,很少有所说明。这里还可以提到一点,当预测企业的未来进程时,时下所使用的方式,有很大一部分是在于对支出流量的种种类型——企业在投资方面的支出(厂基与设备,存货)、消费支出、政府支出、国外需求等——的大致倾向作出评判。

假使说总实际需求与总支出的波动是经济周期的近因,这一论点并不是说,造成支出波动的总是出于货币因素,总是由于货币当局或银行方面的货币政策的积极措施。虽然在我看来很少怀疑,货币因素对周期的不稳定所起的作用往往的确很大,巧妙的货币政策也可以有助于制止由"实际"因素引起的不稳定,然而因果的演进方向却并不一定总是由货币因素到实际因素的。[①] 假定我们的经济体系是不会发生周期波动的,这个时候要借助于货币措施来产生经济周期,就应当是一件简单易行的事;一般经济周期惯有的特征是同价格与总需求的升降结合在一起的、产量与就业的扩张与紧缩时期的更迭,而这类周期关于这些特征也可以应有尽有。要造成这样的结果,所需要的只是扩张信用和紧缩信用,或者是使政府预算产生为数充分巨大的剩额或缺额。

第4节 处于总支出波动之后的

● 实际因素与货币因素

关于总支出周期波动以"货币"因素与"实际"因素及其相互作用作出的种种解

[①] 对这一点现在简直已经没有什么人怀疑。在这一方面,情况跟大危机爆发时是不同的。但是要知道,这并不是说对"作用金融"(functional finance)的本义已完全接受。然而对后者的批评(参阅,特别是密尔顿·弗里德曼的富有说服力的批驳),主要是在于认识到由迟滞与不确定造成的对政策的诊断与定时方面的困难,而不是在于对基本论点的否认,批评者并不否认在正确的时机选择下、在适量的配合下注入货币,是能够制止(虽然不一定能够完全抵消)总的实际活动的波动的。

释,为了可以获得一个概括观察,让我把它们列举出来——从"纯货币"起因的例子开始,然后随着"实际"因素在各个例子里成分的增长,逐步进行阐述。

在一个极端下,是对周期的纯货币解释。这里假定,实际经济体系本来是稳定的,所以会不稳定,是由于货币上的行动错误与处理失当。(应当注意,所以说纯货币,是指因果作用而言;至于被研究的对象,即周期,则用实际的依据来解释。)

谈到主张纯货币解释的现代学家,我们立刻会想到的是欧文·费希尔和霍特里。费希尔断然否认像周期这样一件事物的存在,在他意念中的只是一种准周期式的不稳定,那是由货币不稳定引起的,而所谓货币不稳定,他所指的是货币购买力变动。霍特里教授的内生理论,内容含有货币流通、现金枯竭与银行信用政策的迟滞交互作用的动态历程,有短期利息率变动、包括存品投资变动;这一理论是名盛一时的。①

还有用货币因素来解释周期的一个学派,是从魏克赛尔开始的,它把利率划分成两个形态,一方是市场利率或货币利率,另一方是自然利率或平衡利率。魏克赛尔本人并没有提出纯货币理论,但密塞斯和哈耶克(这里姑且只提到两位)是抱着这种主张的。他们认为周期的起因,总是可以在货币方面、在货币的供应方面找到的。过度的信用供应(就是说,信用创造超过了"自愿储蓄"——至于"过度"的确切准则,则并不完全一致)把市场利率或货币利率压低到平衡水平以下;这样就引起了魏克赛尔式的累积过程,最后必然要走向危机和萧条。

这类理论所着重的是货币的供应方面的变动,所显然或暗含假定的是,货币与信用的需求——或者用另一说法,自然利率或平衡利率——是决定于资本的(实际)边际生产率的;资本的边际生产率有时是相当稳定的,虽然它也可能随着固定资本的增加而逐渐下降。

一旦人们认识到货币与信用的需求(或平衡利率)既不是稳定的,也不单是由资本的实际生产率所决定的时候,非货币因素就开始出现了。

投资需求之所以不稳定,或者用魏克赛尔学派的用语来说,平衡利率(如果在这样的不稳定情况下,仍然容许我们设想在任何某一时刻某一平衡利率是存在的)之所以有变动,其主要助成因素,大体上以"实际性"的递增程度为次,列举如下:"心理因素",即乐观心理与悲观心理的起伏;投资变动,那是由加速原理(包括卡耳多的说法)的种种变式假定下的收入变动或消费变动引起的;新发明与新技术,以及熊彼特所描写的由革新投资的集中而形成的那些力量;投资的"迟钝",那是由于资本设备所具有的耐用性与不可分割性,由于加速原理发生作用时的不均齐,以及基于资本品是耐用

---

① 我们不妨说,他的理论如果用数理形式提出来,似乎可以使人获得更加深刻的印象。

的这一事实而来的重置浪潮及其影响。谈到投资的集中与迟钝时,我们不可忘记所处的环境,在这个环境下,足以引起投资高度集中的一个最有力的外在因素是战争和战争准备。

所有这些因素,都曾被分别地或共同地用来解释经济周期。但所有这些理论,虽然已经不再是属于纯货币的,而货币因素在其间总占有若干重要地位;这不仅是由于这一平凡事实——在货币经济下,与物物交换经济不同,一切事物总是要披上一件货币外衣的。

这些使用了上述种种"积木"的理论,不但在内容上差别很大,而且在形式完整的程度上也是大相悬殊的。

关于后一点,这里且略说几句。早期理论所凭借的,是言词上的分析和量值的粗略估计。自从弗里希的创作《动态经济中关于传播与刺激的问题》[①]和伦德堡的名著《经济扩张理论研究》问世以后,特别是,自从乘数与加速原理正式结合以后(两者原来是在不明确关系下共同存在的),经济周期的理论研究有了重大变化。理论是在完全内生的时次模式下,使用了差分方程与微分方程构成的。早期的模式是属于线性的,但不久就出现了附有 "最低限度"(floors)、"最高限度"(ceilings)、"不对称"(asymmetries)、"推测变数"(stochastic variables)、"外生冲击"(exogenous shocks)等说法的非线性模式。于是从各个学者的书房、从统计研究室陆续产生的,不但有种种的数理设计,还有在充分发展形态下、附有在统计上加以评价的常数与参变数的计量经济模式,内容关系到各个国家,甚至整个世界,它们就像一辆一辆的汽车一样,从制造厂里不断外流。

这类现象当然是一种极有意味的演进,这种研究方式无疑是值得尝试、值得加以不断改进的。但现在看来,已经不再有什么疑问的一点是,到目前为止所取得的成就,极其令人失望。已出现的模式是多种多样的,彼此之间在不等的程度上互相矛盾,其间有许多是以表面上言之有理的假设为依据的,如果是属于计量经济式的,则对它们所产生的那些事实依据而言,也相当配合,但超出了那个事实所采取的时期以外时,没有一个是经得起外推法的考验的。这当然不能算是足以激起信心的一个现象。

现在让我再回到关于在周期中货币力量的作用这一本题。时下的倾向是这样,纯货币解释已经越来越不受欢迎,虽然大多数流行理论未尝不存有货币因素与实际因素交相感应的观念,但对前者越来越不加重视,已经把它贬出到从属的或可有可无的地位。这样的论断似乎可以说是有正确依据的归纳。

---

① 载《纪念卡斯耳经济论文选》,伦敦1933年版。

这里可以举一个例子,希克斯的《对经济周期理论的贡献》,是许多同类理论体系中最高明、研究得最深入细致的。

　　他的主要模式差不多完全建立在"实际"基础上:消费支出是实际收入的一个函数;投资是实际收入变动率的一个函数;这里存在着一个实际上的最高限度,这个限度也许会达到,也许不会达到,并且由于要使耐用资本先用完后被磨损这一层在实际上的不可能,因此加速作用在上坡过程中较强,在下坡过程中较弱。工资经假定是十足刚性的,价格也是这样(除不重要的限制情况以外)。

　　在基本模式里,货币所起的作用是纯被动的。货币流通在周期的高涨时会自动扩张,在低落时会自动紧缩。① 货币只是一层遮幕,或者说是一种手织物(密塞斯就是惯于这样说的②)它忠实地反映经济主体和它的一切变动,但并不扭曲它的外貌。

　　虽然希克斯把"实际"模式看做他理论的中心,认为他的理论是对事实的恰当描写,但他是一个异常认真的现实主义者,以致不能完全依靠他理论的"实际"部分来解释实际周期经验。在他那部书的最后两章里,他采用了"货币因素"作为一个极其活跃的分子,这就使他的理论比表面上所显示的,或者是比他自己所承认的,有了更大的改变。但是,这里我们不妨再大略谈一谈所谓的"实际"模式。

　　在这类模式里,虽然货币是不起积极作用的,由于要解释周期中的高涨阶段时,并无须借助于有计划的通货膨胀措施,或涨势价格、跌势利息率、或降低了的信用标准,要解释萧条状态时,也无须借助于一切与上述相反的演变,但货币仍然是一个不可缺少的因素。因为除非货币供应是弹性的,就是说,除非在利息率没有显著上升的情况下,M 或 V 也会提高,否则高涨就无法演进。③ 如果没有足够的回旋余地,使 V 得以扩大,则货币当局就必须容许 M 作必要的扩大;如果 V 能够扩大,这时货币当局只需避免使用促使 M 紧缩的手段,从而阻止 V 增长,就足够应付了。

　　至于向下转折,据说完全是出于"实际"作用,而货币作用处于低落时甚至比处于高涨时更加无关紧要;因为货币当局总可以设法使扩张中止或趋于缓和,而要减轻紧

---

① 然而,基于货币的错杂情况,在实际周期经验中有一个特征要求解释,这在希克斯看来,是不能用他的"实际"模式来说明的。他看到,当发生了向下转折情况以后,产量萎缩的演进速度往往会超过人们基于乘数~加速作用所预料的程度。因此他采用了庇古在好多年以前所说的(见他的著作:《工业波动》,1926年版,这部书直到今天,仍然觉得异常新颖),在高涨开始以前企业的破产与倒闭,作为一个加强因素。希克斯对现实的这一让步,随即引起了卡耳多的反驳,后者认为周期的这一特征也是可以用"实际"作用来解释的。

② 不用说,密塞斯并没有接受这样的见解,说货币只是一种手织物的机制仿造品。

③ 诚然,近来有了轻视利息率的重要意义的显著倾向,但是绝没有发展到这种程度,说是即使当利息率猛烈上升时,对扩张也不会起制止作用。

缩则一无办法,或者即使能有所作为,力量也是极有限的(虽然,当他们要加深紧缩时,大都是办得到的)。当"实际"力量"注定要走向紧缩时",MV 将坚决趋于萎缩,这时货币当局如果采取行动,阻止 M 萎缩(或者使之有所扩大),结果只是 V 继续减退,与当局所希望获得的效果相抵消。

这种说法,跟重大周期倾向产生时的实际经验对照,对货币因素的重要性无疑是大大地作了过低估计的。使人怀疑的是,这种推论对现实事态的歪曲程度。我知道,提出周期的实际模式的那些学家,有许多是准备承认这一点的——通过了货币因素的作用,他们所描绘的周期演变,也许要发生若干变化。然而我仍然认为现代周期理论在大体上过分低估了货币因素的重要性。不但在经济周期范围内,而且在其他场合,谈到必要的调整时,对"结构上的"与"实际上的"不稳定及故障,不免过于着重,作了过高估计,而对货币因素以及与之密切相关的价格刚性与工资刚性则过于轻视。这是一个极其重要的问题,对政策趋向具有深远影响。①

第 5 节 处于萧条阶段时的货币因素

处于萧条阶段时,货币力量的作用特别显著。但萧条的种子是在繁荣时播下的,而种子也并不是完全属于"实际"来源的。

且让我举几个例子,说明货币因素即使没有引起萧条,却大大加深了萧条程度。

美国在 20 世纪 30 年代发生的那次严重萧条,由于银行倒闭、银行货币崩溃而造成的大规模破坏,大大加深了萧条的严重程度,否则萧条是绝不会获得那样的猖狂发展的。当然,在实际周期中处于萧条阶段时,银行体系崩溃并不是一个必然的特征。然而与银行体系崩溃相似的现象,在别的国家也会发生,如金本位制崩溃、金汇兑本位制破灭、对资产流动的国际攘夺,实际上是在国际水平下同样的货币作用。

使我们感到安慰的是,像希克斯教授那样一个"实际"周期理论的突出拥护者,对于那次严重萧条的货币本质也会加以特别着重,从而断然放弃了对 20 世纪 30 年代那次事变的"实际"解释,放弃了他的乘数——加速理论以及"长期萧条"论点。

他有一段很恰当的叙述。隐藏在一则注释里,转录如下:

---

① 因此有必要来"再发现货币政策"。参阅艾利斯的名著《货币的再发现》。海耳佩林教授也会创造性地使用这一得当的措辞。

繁荣与萧条
PROSPERITY AND DEPRESSION

"我认为并没有恰当理由可以把1927~1929年间的实际繁荣全然看做是一次非常的繁荣;假使发生着影响的只是加速作用而没有别的,那么接着发生的就不应当是一次非常的萧条。但是当萧条向货币局势进行冲击时,当时的货币局势却是非常不稳定的。所以会造成这种不稳定的主要原因,并不是如纽约在1928~1929年间发生的纯表面的、投机的过度扩张,它的根源要比这个深远得多。当1914~1918年战争以后,货币收入水平发生了变化,而当时的世界货币结构却绝对没有能充分与这一变化相适应;它只是在某一定量的黄金供应下试图敷衍、弥缝,而这一供额所依据的工资单位却是极端不适当的。战后关于汇兑率调整的困难(加上由战争造成的主要各国债权债务地位的重大变化),使相应而生的弱点特别集中在某些地区;某些中央银行,如英格兰银行、德国国家银行,特别难以执行它们的作为'最后贷出者'的正常任务。"①

对那次严重萧条提出的这类解释,久已为欧洲大陆经济学家所倡导,尤其是已故的查理·里斯特,但英美经济学家对这个说法很少支持。

这里需要进行两种概括的观察。首先应当着重的是价格刚性,实际上主要是工资刚性,这是任何货币解释的一个必要的先决条件。但对这一说法不可作这样的理解,以为只需使工资具有伸缩性,一切问题就可以解决,周期不稳定就可以避免。由于固定货币契约的存在,由于在具有充分伸缩性的工资与价格制度下可能发生不利的、有力的预期性反应,问题要复杂得多。

其次,大家知道,在整个19世纪,英国的货币体系是在极其狭小的金准备下运行的。这种货币基础的狭小,促成了敏感的信用政策,因为它迫使英兰银行逢到现金略有不足时,就不得不显示机警、敏锐的反应。这样,在整个19世纪,它就助长了货币的不稳定。② 到了20世纪,工资刚性不断加强,这就使这种制度无法继续存在。

由于货币上的处理失当,即第一次世界大战以后英镑重新估值时没有能同时作出工资的必要调整,这就造成了20年代英国经济的半停滞状态;③ 这一点虽然是人所共知,但往往被忽视。

---

① 《工业波动》,第163页。这一解释与美国的情况并不十分吻合。虽然美元以金计时随后有了贬值,但并没有充分理由说当时美国的货币(黄金)基础是过度狭小的。当20世纪20年代后期投机的嚣张,也并不是像希克斯所说是表面性的;这类活动与银行体系的崩溃显然有重大关系。

② 关于这类情况,可以参阅特别是维纳的著作《国际贸易理论研究》,第5章。

③ 凯恩斯会准确地预见到这一结果,见他的小册子《丘吉尔先生政策的经济后果》,1925年版。哈耶克教授曾指出(见《货币的国家主义与国际稳定》,伦敦1937年版,第44页),凯恩斯的警告是以正统派学说为依据的。百年以前(1821年),李嘉图在给惠特利的一封信里曾这样说:"我绝不打算劝告政府恢复一种比照平价已经贬值30%的通货,我要建议的是……通货应当固定在已经贬低了的价值上。"(《李嘉图文选》第9卷,斯拉伐版,第73页。)处于20世纪工资刚性的情况下,多数的经济学家就会说,当发生了10%的过高估值时就说它是通货紧缩未免过甚,不如说它是币值减低。

19世纪70年代的一次严重萧条,与20世纪30年代所发生的,有许多相似之处。后者无论在美国或欧洲,也是由于货币因素而大大加深了严重程度的。在美国当南北战争时期有了亏欠以后,跟着发生大量预算剩额,黄金升值于1865年达57%,到了1879年,即萧条的末一年,已逐渐降至于零[1]——这一现象,有许多方面与20世纪20年代的英国情况相似。诚然,以19世纪的美国与20世纪的英国对照,一般经济背景是完全不同的;然而正是由于周围情况不同,使演变结果相类似这一点就更加突出,因此足以支持这样一个假设,即就两方面的情况来说,货币因素都是具有决定性的重要意义的。

这些都是比较明显、比较突出的实例,说明萧条是由于货币因素而加深了严重程度的。此外相似的、虽然在明显与严重程度上较差的货币干扰,从而引起信用紧缩、悲观预期与争取灵活性(V的减退)的动机的,除极度轻微的萧条以外,实际上在一切萧条中都可以找到。)

第6节 处于经济周期高涨时的货币因素

我们已经举出了一些例子,说明由于货币因素以及萧条期间的货币政策,大大增进了萧条的严重程度,我们也已依据庇古与希克斯的论点,对于在严重程度上比上述事例较差的情况大胆作出推论,说明这类萧条也是由于金融危机方面的货币反应而加深了严重程度的;在萧条的一面要作出这类论证时似乎比较容易,至于处于周期高涨阶段或繁荣阶段时的货币因素作用,却是一个争执较多、疑问较大的问题,要加以论定,困难要大得多。

假使说是使 M 或(在某种意义下)MV 或一般价格水平保持不变,凭了这一点,就可以使高涨趋于静止以及继之而来的萧条避免发生,我相信现在是没有人会支持这样的论点的,我自己当然也不会这样。因此繁荣之所以不能持续存在,繁荣以后所以必然要跟着发生萧条,造成这一现象的原因,不能归之于货币或货币政策的没有能遵从任何某一规律。要发现一种货币规律,说是在高涨时假使遵守了这个规律,繁荣就可以保证永久存在,这件事是困难的,或者简直是不可能的;但是不能基于这一点就

---

[1] 参阅费尔斯:《1865~1879年间美国的经济周期》,载《美国经济评论》,1951年6月号,第325~349页。

断定,当处于高涨阶段时货币的或货币政策的动作,对随后发生的紧缩的严重情况就不会起重大作用。

萧条时期的长短和严重程度,部分取决于前一阶段的繁荣期间"实际"上失调的轻重程度,部分则取决于如上所述使事态恶化的货币与信用因素——金融机构以及其他分子的争取灵活性、银行倒闭后银行货币的毁灭以及在国际范围内的相似事变。

处于高涨阶段时的货币措施与货币政策,大概是不能完全防止实际失调的发生的——也许能防止高涨自身的发生,那是另一情况——而轻率鲁莽的货币政策却必然能使事态的恶化程度加甚;还有一层,当向下转折时往往会发生的金融恐慌以及萧条期间的金融纷扰,部分就是出于前一阶段的扩张期间发挥作用的那些货币力量与货币政策的后果。

所谓"实际失调",不可在狭隘的、专一的意义下来理解。① 这种失调有许多不同类型,我并不认为可以贸然推定,说是无论哪一次繁荣都会引起同样的灾害。关于可能发生的灾害,这里且举示两三个类型。

哈罗德与希克斯的理论说明(作出相似观察的也还有些别的学家),扩张会一直走向充分就业的顶点(这不一定是一个界限分明的关口,可能是一个大有伸缩余地的障碍地带),这时诱发投资将趋于崩溃;② 这里所说的只是实际失调情况之一。

还有一类失调是熊彼特所描写的。这类失调的特征是,在繁荣所集中的某些领域,投资机会一时将趋于枯竭。至于现时储蓄的投资出路说是会普遍地、长期地告绝(与某一范围内投资机会一时告绝的情况不同),实际上这种情况从历史经验看来极其牵强。发生的可能性极少,我们尽可以置之不论。③

这类实际失调是跟发展和扩张本身密切结合在一起的,要加以诊断或企图避免是极其困难的(除非设法防止扩张本身的发生);然而在多数高涨时期的特征是在不

---

① 就经济学范围内的种种著作来说,哈耶克的周期理论是与"实际失调"的意义切合的。但哈耶克用"生产时期的过度扩张"(这一概念从效果上的依据来说,很不容易使意义明确)来说明的"实际失调",只是可能发生的许多种失调中之一,而且这一种失调也并不是最有发生可能或最容易加以确定的。

② 换句话说,"资本扩大化"这时将中止,而由于"资本深入化"不能及时制止这一衰落现象,总投资势必减退,于是跟着就要发生萧条。

③ 但这一点并不能变更这一事实,即每逢发生严重萧条时就会看到,不论在外行或内行的圈子里同样会流行一种论调,认为大多数(即使不是一切)的萧条是长期缺乏投资机会的后果——只是等事态有了变化,转入了高涨阶段,许多人的心理有了转变,认为经济周期终于被克服,终于进入了持久繁荣的"新"时代时,这种现象才会消除。这一点说明了在经济思想上"周期意识的束缚";有些人格外着重经济周期发生时的"心理"因素,这一点可以看做是对这些经济学家的说法的有力证明。近年来约安教授在他关于经济周期的不朽的名著中,详细阐发了这类"心理因素"。

同程度上的趋于过度,这类过度现象,至少在事后看来是不必要的、不愉快的,是可以避免的,虽然当事态正在演进时,要将这类现象跟上面所说的失调划出一条清楚的界线,却并不一定办得到。

所谓过度现象,我指的是在实际领域以及金融领域内的投机过度——属于工业的某些行业在过剩生产方面的过于乐观和房屋的过度建筑,投机性的地产繁荣,以及对存货的投机性的过度投资;[①]还有在金融领域内对证券的过度投机。

在高涨时期货币与货币政策的重要意义,主要就在这个方面。这类"不健康"发展,如果不借助于过度的信用扩张,在实际上是不可能发生的,或者至少是不会大规模发生、成为严重干扰的。当然,当发生了这样的演变时要加以诊断,往往非常困难,要凭货币政策来防止膨胀过度而不致危及扩张本身,是一项极其困难的任务。例如单凭了某些对一般价格水平的轻松规定是不够的。然而我相信这是一个事实,在一切较显著的高涨阶段,上述的演变过程必然要发生,由此将造成金融上的动荡和激变,从而加深了继起的通货紧缩与萧条的严重程度。

第7节 在周期中货币因素与实际因素的比重

我的总的结论是,关于经济不稳定的形成,货币因素与货币政策具有重大作用。经济周期的"实际"理论的倡议者,将他们的理论应用到现实社会的周期时,在应用以前的某阶段,虽然大多数认为有提出货币因素的必要,使理论臻于完整;但总的说来,现代周期理论中的很大一个部分有一种倾向,那就是过甚地轻视货币因素,偏重"实际"因素。

试提出一个关于量的问题:假定上面所列举的那些有碍稳定的货币干扰因素,通过制度改革和高明的货币政策,竟可以避免,由此将使周期大大减弱呢,还是对事态进程将仍然没有多大影响?换句话说,不附有所谓货币干扰因素的"实际"周期,果真是具有高度严重意义的问题吗?

这当然是一个极其复杂的问题。这是需要审慎考虑、仔细推敲的,在短短的一篇文章里是无法进行的,更不必说要提出有根有据的答案了。

[①] 我感觉到以乘数与加速作用为依据的"非投机"存货周期(在梅茨勒的名作中,在那样精巧熟练的方式下加以分析的),所体现的只是实际演变中的一个小部分;存货周期而不附带价格投机和货币刺激(这些因素在梅茨勒理论中都是没有地位的),总是一些轻微的、不足注意的迹象。

但是对于这个大问题的一部分,这里且大胆提出一些假设性的答案。

当萧条时期,由于银行倒闭、银行挤兑、在金融范围内的信心缺乏以及在国际范围内的同类现象而造成的大规模灾害,假使可以避免——这是货币改革的一个最低纲领——那么20世纪30年代的那一次大祸临头的萧条就可以消除。当第一次世界大战以后英镑的重新估值以及关于货币扩张的拘束政策(这里谈的不是财政政策,是货币政策,即,当萧条时关于反周期的预算赤字的形成)那类错误行动,假使可以避免发生,则如20世纪20年代在英国经济所发生的那种半停滞状态的长期存在,就极少有出现的可能。

此外,假使在周期扩张中过度通货膨胀与过度投机能够及时防止,并且能够采取一种温和的反周期的预算政策,则周期不稳定就可以降低到有相当节制的地步。换句话说,在我看来,不附有(在广泛界说下的)货币纠纷的"实际"周期,在性质上实在是相当轻微的。

假使这类"货币纠纷"今后能够避免,将有怎样的演变呢?我相信大多数经济学家会同意,这时反萧条政策是很有操胜算的把握的。那种一发而不可收拾的通货紧缩,如20世纪30年代所见到的,无论在何处,即使在最高度资本化国家,将完全不可能发生。还不只是这样,就反萧条政策说来,在多数国家,推行政策时较大的危险,将不在于行动的迟缓或不够彻底,而在于操之过切,行之过当。是不是这就是说我们已经达到了经济稳定的理想境地呢?这时就就业这一点说来,由于实际需求不足而引起的长期大规模失业,或者很少发生可能。诚然,这并不是说这时就不会发生由于缺乏合作因素而引起的失业,但发生大规模颠倒错乱的机会应当是极少的。①

---

① 战后在受到战事破坏的国家,由于缺乏原料、机器和运输设备,这类情况曾经发生。有些国家,如英国,当处于严重的支付平衡失调阶段时,曾引起将发生在这类情况下的失业的恐慌,但始终没有成为事实。有些理论家曾怀有这样的见解,认为这类失业在不发达国家是在伪装形态下经常(!)存在的。这是以生产的固定系数的假设为依据的,就是说,生产与劳动只能在一种或两种固定的比率[矩形(rectangular)或者至少是角形(angular)的生产函数]下结合。资本不足,因此有很多劳动力只好搁置不用。说是这种情况会长期存在,而且还不只是存在于某种狭义下的工业操作,而是存在于整个工业或工业的某些广大分支部门;这样的假设在我看来似乎是不现实的,甚至是不合理的。然而必须指出,构成有名的哈罗德—杜马经济长期发展模式的基础的,就是这个荒谬的假设。

通过这类理论,就构成了过分着重实际因素的现代倾向的其他极端例子,在这类情况下所探求的是完全属于实际方面的刚性,而不是货币因素和工资刚性等。(关于对哈罗德—杜马模式的有力批判,可参阅伊格尔:《关于发展经济的某些问题》,载《美国经济评论》,1954年3月号。

第8节 长期通货膨胀

但是,除就业方面外,经济稳定的其他方面,例如价格稳定,情况就不能这样简单明了。对于失业感到难以忍受,当经济活动有了些微的实际或想象中的低落现象就会猜疑到将发生严重萧条的那种强烈倾向,关于实行反萧条措施的那种迫切愿望——所有这些,再加上进行投资、要求发展的踊跃心情,有组织的劳工要求提高工资(在某些国家,还有有组织的农民要求提高价格)的经常威胁,这就助成了一种趋势,要走向长期的、断续的或不断的、迂回的或急促的通货膨胀。

继续不断的急性通货膨胀可以在某些不发达国家看到,在智利所表现的也许就是一个最极端的例子。这种现象足以降低经济的分配效能,打击储蓄,因此即使剧烈的不利反应可以避免,也无疑是要妨碍发展的。

在工业发达国家,则长期通货膨胀的危险表现在缓慢的、断断续续的价格上涨。在这一趋势下,就长时期来说,价格将按每年百分之几的平均率提高,提高的过程不是稳步前进而是波浪形的,经过迅速上涨的时期以后,跟着会发生比较短促的价格稳定或者甚至略趋回跌,使涨势暂时被间断。整个说来,这是一个事态欠分明的过程,它的本质究竟如何,很难加以诊断,至少当一年的平均涨势不超过比方说 2%~3% 时,经济学家对于由此所造成的后果,彼此意见就很难一致。

至于长期通货膨胀每年的平均提高速度,达到怎样的程度才会造成严重后果,在这一点上我不打算进行推测。我准备讨论的是,所以会造成这一情况的因果作用的一个方面,及其在国际范围内所发生的后果之一。

布朗斐布里纳曾指出,[①] 关于在西方工业国家出现的长期缓慢的通货膨胀倾向,有两种解释。一派的见解是,把责任归之于有组织工人与有组织农人的压力集团;还有一派则归咎于货币政策,认为在当代凯恩斯思想的影响下,政策不免趋于松懈。按照前一说法,价格水平是被继长增高的工资所逐渐抬高的,按照后一说法,则是被货币政策所抬高的。

当然,不论在哪一理论体系下,货币总是在起着作用。除非货币政策方面无所抵抗,否则工会是不能抬高价格水平的。还应当看到,要使长期通货膨胀得以实现,并无

---

① 见《关于长期通货膨胀被忽视的几个方面》,载《凯恩斯以后的经济学》,1954年版。

须由工人组成一个庞大集团(像在某些国家实际所看到的那样),从而迫使整个工资水平一下子就显著提高;要使通货膨胀得以顺利演进,只需由规模较大的工会组织分头在这里和那里迫使大宗工资陆续提高,就已经是一个足够的条件。这样就可以倚仗竞争力量和别的工会的继起行动,使工资增势迅速普遍化。向上动向一旦开始以后,总会你拉我扯,互相牵引着共同前进的。因此两个学派的论调似乎可以化而为一,似乎是有殊途同归之效的。

但是两派之间在效果意义上仍然存在着一个重大差别。虽然两派一致认为,假使货币政策坚持不变(在金本位制下,就不得不这样),尽管在工资方面受到工会压力,价格水平仍然可以保持;但压力集团派断言(或者是含有这样的意思),假使货币政策坚持不变,工资(或某些部分的工资)不论怎样总是要提高的。结果将酿成失业,这时货币当局将处于两难境地,势必在两者之间择一而行,或者是听任形成某一数量的失业,或者是容许价格水平至少作间歇性的、不时的提高。

另一派则抱着比较乐观的态度。按照这一派的说法,并不存在这种两难情况。假使货币当局态度坚决,工资就不会提高,或者即使提高也是有限的。当发生了少量的失业,或者只是有了将发生失业的危险预兆时,就足以说服工会,使之断除奢望,不再提出使工资增势超过整个劳动生产力逐渐增长程度的要求。

假定在我们这个时代对失业这一现象是不大能忍受的,这就使两派之间见解的分歧缩减成为这样一点,即人们对工会的力量与政策以及对雇主的反应这两方面如何估计。显然,这一问题跟舆论与政府政策也是有密切关系的。

我对这一争点的态度是比较偏于悲观论调的。[1] 当然,对这一问题不能有所武断,不宜采取主观独断态度。关于工会的势力与政策,关于雇主的行动、舆论的反应以及政府政策,在各国是互不相同的;虽然在自由世界到处所看到的趋向是工会在"劳动社会"(斯利克特的用语)的势力越来越大,但这一趋向显然须取决于政治力量和社会力量,而这种力量的未来进程是难以逆料的。经济学家当然并不具有能够在这方面有所预见的特殊技术条件。

---

[1] 布朗芬布里纳也是偏于悲观论调的(见《关于长期通货膨胀被忽视的几个方面》),美国的"劳动经济学"权威斯利克特也是这样。至于乐观论调的代表人物是"芝加哥学派"的成员。参阅,例如,弗里德曼的《论在经济政策上工会的重要意义》,载《工会的压力》,纽约1951年版;摩顿:《工会主义、充分就业和通货膨胀》,载《美国经济评论》,1950年3月号。

第9节　国际支付平衡的不稳定

现在我要谈到最后一个论题,由此足以深切说明那些结构上的缺点,以及考察那些破坏稳定平衡的顽强的实际上的障碍;而对现在的不平衡或不稳定现象可以提供圆满解释的,实在是那些欠妥的货币政策和某些基本价格的刚性。

在与外界隔绝的经济中,它具有统一的货币与银行政策,资金可以自由移动,劳动力具有相当程度的可动性,这时在每年提高2%~3%的长期的通货膨胀下,在相当期间,或者不至于发生有害的影响,至少不至于发生显而易见的有害的影响;但在现实世界,并存着许多国家,各有它自己的货币体系与货币政策,资本金与劳动力根本不具有可动性,或者即使有也很少,这时的通货膨胀率,在各国之间如果稍有参差,就几乎会立即引起支付不平衡的现象。

关于长期通货膨胀的进度在各国之间有了参差时的结果是这样。当然,关于周期的演进以及其他短期的扩张与紧缩,在时间方面,规模方面,各国之间如果有了参差,结果也是这样。还有一层,如果支付不平衡最初是由于国际需求有了变动(不管是怎样引起的)而发生的,那么从分析上说,这恰恰就是同样问题的另一面。在这一情况下,不平衡的持续可以说是由于货币的机械作用没有能使剩额国家与缺额国家之间的扩张进度趋于平衡的分歧。① 而就前一情况来说,则引起支付不平衡现象的是同类的不平衡分歧的出现。

这里且让我们看一看长期通货膨胀的情况,因为它最能说明我要说的一个特征,那就是,现在存在着一种过于侧重"实际"因素而忽视货币因素与制度上刚性的倾向。

有人认为有许多国家所以会发生长期的(不断的或断续的)对外支付上的短缺,也就是所谓"美元短缺",基本原因是在于缺额国家基于种种原因,与剩额国家比照时,有较高的"膨胀倾向"。现在同意这一论点的,比几年以前已经大大增加。(但是应当着重说明,单提美元短缺,是出于极大的误解。这种短缺情况,同样适用于加拿大元、墨西哥比索、委内瑞拉的博利瓦(Bolivar)、瑞士法郎,还有比较后起的德国马克、

---

① 这种促使趋于平衡的机械作用,可能是属于金本位类型的(稳定的汇兑率,剩额国家稳定的扩张与缺额国家稳定的紧缩),或者也可以使用有伸缩的汇兑率的手法,在这一方式下,各地的通货流通就没有必要从事扩张或紧缩。关于由价格刚性与工资刚性引起的以及内相因而生的就业变动或投机性资本移动引起的种种错杂情况,这里无法进行讨论。

荷兰盾以及可以相当自由地兑换美元的其他通货。)

当然,所以会具有通货膨胀的高度倾向,理由是种种不一的。有些是属于"观念的"、"政治的"和"社会的"性质,有些是与国家较近代或较久远的历史发展有深切关系的,还有一些是属于高度"实际"性的。例如,处于战后期间受到战火蹂躏的那些国家,几乎无法防止通货膨胀(无论是属于"奔放的"或"在抑制下的"类型),为什么会这样是很容易明白的;还有,这也是势所必然的,有些国家对于失业的存在觉得很难忍受,它们拥有相当发展的社会福利制度,高度的直接税率,态度积极的工会,会不断地企图解除束缚,争取自由;另一方面,那些贫穷落后的国家,当它们一旦振作起来,决意要在仓猝之间迈步前进,赶上比较发达的国家时,就不免要不断受到引诱,从事于过多的支出,超过自己所有的贫弱资源,过着入不敷出的日子。

我们拥有极其丰富的说明资料,从而提供了无限机会,使一般经济理论家心底上极其珍爱的那些新词妙语,如"倾向"、"不均齐现象"、[①]"实证效果"等的蕴蓄意义得以充分发挥;我真不懂,有了这些工具以后,为什么还有人认为有必要去追求那些牵强附会、使人难以置信的假设,例如在20世纪40年代突然出现的一种说法,即国际需求(属于整个大陆的,或者是属于许多国家的)顽强的实际的无弹性,又如在20世纪30年代或40年代出现的同样离奇的理论,认为支付平衡(与商业条件)的演变,必然有利于进展最迅速的国家。

第10节 结 语

我的主要结论是:广泛定义下的货币因素,对于短期的经济不稳定,也就是通常的经济周期(也是在广泛定义下的)以及支付平衡不稳定和长期失调之所以会形成,是负有重大责任的。

所谓"货币因素",我的意思指的不只是通货膨胀政策和通货紧缩政策——后者从大危机发生以及凯恩斯思想兴起以后,已经几乎不在话下——还有金融恐慌下的货币反应,这类现象往往是周期中出现高潮转折点的标志,或者是在低落时期发生的;至于向下转折本身的发生是否能归因于货币因素,这一点并无关系。例如,20世

[①] 参阅,例如金德耳伯格:《支付平衡上的不均齐现象》,载《经济评论》。1954年版,第166~189页。

纪30年代美国银行体系的崩溃,金本位制的瓦解,跟着发生的金汇兑本位制的突然颠覆,国际信用的收回,热烈的货币流转以及争取灵活性的普遍展开——所有这些以及属于国内范围与国际范围的相似事变,都是货币因素。如果这类演变可以避免,像1929年开始的那次大危机就无从发生,其他周期过程在剧烈程度上也将大大降低。

如果对"货币因素"概念给以进一步广泛的定义,就是说,假使通过货币政策,除了能防止上述的那些货币干扰外,还能使货币与信用的供应具有一种低度的反周期职能,使现有的不稳定倾向部分消失,把这样的政策效果也包括在概念的定义以内,则货币因素对经济不稳定所应负的那部分责任将更大。换句话说,如果能使广义下的货币因素不再发挥效力(这当然需要货币当局方面的积极行动和消极行动),则周期的振幅将锐减。

但这一点的意思并不是说非货币因素是没有重要意义的。

第一,货币因素是在某一环境下发挥作用、对某一体系进行冲击的,而这种环境或体系是具有某些非货币特征,从而使体系对货币因素发生感应的。我们很难想象,说是会有一种经济体系,在这个体系下货币因素不会使产量与就业发生巨大振荡,只会使价格发生波动(后者是一个比较不严重的事态)。比方说,假使通货紧缩并不引起悲观倾向,通货膨胀也并不引起过度乐观倾向,① 还有,假使工资与价格都是有伸缩性的,也并不存在巨额固定的货币契约,那么货币不稳定对总产量与总就业产生的影响,比在现实世界中产生的影响将小得多。

所谓"货币"因素、"心理"因素和"刚性"因素,严格地说是补充性的,是有相互加强作用的。由此形成的不稳定是它们的共同产物,因此我们尽可以说,对现在的经济不稳定,这些因素每个都负有很大一个部分的责任,但是这些部分所发生的共同作用,是远远超过各个部分所分别发生的作用的总和的。②

第二,我并无意于完全否定——就短时期来说——在加速原理下所假定的资本系数的固定性;虽然,即使在短时期间,资本与产量以及劳动与产量的比率,也并不是像许多现代经济周期模式所假定的那样固定不变的。③ 我也并不顾忽视乘数作用。但是加速原理加上乘数作用,除非跟货币因素、心理作用与刚性相结合而因此有所加

---

① 当然,一息不停的和过于急进的通货膨胀,也会产生悲观反应。
② 这一点在好多年以前就已为庇古所指出,见他的著作:《工业波动》,伦敦1929年第2版。
他在那部书第一部分第22章里这样说:"可能有的情况是,多种因素会共同成为波动的一个主要起因。理由是,如果把这个起因除去,波动的振幅就会缩减到微不足道的程度。"
③ 如果认为这类比率就长时期来说是固定不变的,或者认为这类比率只会受到由技术改革引起的自发变动的影响而不会受到平衡调整方面的影响,这样的说法在我看来似乎是极不现实的。

强,否则所能产生的就只是些轻微的、若断若续的波动,是不能比此更进一步的。出于所有这些因素的共同作用,就会使我们的经济体系发生累积的、自我加强的扩张与紧缩过程。

第三,总需求会发生自发的变动,尤其是在投资需求(包括耐用消费品需求)衰退以后的一个期间,或者是受了技术革新的影响,最重要的是受了战争与军事准备的影响,还会集中发生这类变动。这类"实际因素"对经济不稳定显然是有促进作用的。但在我看来,它们主要是作为累积过程中的发动者、加强者和妨碍者,从而发挥破坏稳定作用的。这就是说。"传播问题"重于"刺激问题";经济受到外界刺激发生反应时所凭借的就是传播作用,而在这一作用发挥的过程中,货币因素是占主要地位的。

这里所以会作出这一假设性的评价,其间一个重要原因是出于历史经验——现代经济对外界事物的反应是没有一定准则的,对极大的刺激和冲击往往会泰然渡过,不以为意,而有时候对于并不显著的冲击,又似乎会发生强烈的反应。在近代历史上,这类事例不胜枚举。这里可以提一提从和平到战争以及战争到和平的过渡,后者会促使政府支出突然作剧烈的降低;还有一个例子是受到战事破坏的国家,如德国、意大利、奥地利从事复兴工作,然后使战后经济逐渐趋于正常化的发展过程。这类冲击,跟那些经假定为促成那次大危机的力量对比,肯定要严重到不知多少倍,但当时绝未引起惊扰,人们对付这类冲击的态度是非常安详的。

我敢断言,反应作用比猛烈的外在冲击更加值得重视,而在反应作用中,货币因素是占有首要地位的。

附录一　略谈经济周期理论的当前发展形态[①]

一

对于经济周期理论的当前发展形态要加以评述,现在比以前任何时似乎更为困难;因为我们可以一点不夸张地说,在经济学的演变过程中,从来没有看到过像今天这样的情况,关于经济周期问题,讨论得从来没有像今天这样地热烈(许多、也许一切的经济问题,情形也是这样),关于讨论方式(理论的、逻辑的、数理的、计量经济的、统计的、历史的、心理的等),也从来没有像今天这样地多种多样,或者可以说,从来没有在这么多的不同观点下来讨论的。

由于这种多样化的情况,对于要进行评述的种种理论就不得不加以严格选择,要对问题作出全面讨论是不可能的。还有一点,我们不妨先回忆一下某些基本事实和关系情况,这样做对我们是有好处的。

所谓经济周期,我的意思指的是产量与就业的波动。但是跟季节性变动与属于极长时期的变动截然不同,并不是任何种周期变动或准周期变动都可以看做是经济周期的;例如由罢工、战争、国外贸易停顿或自然灾害直接引起的产量与就业的减退,就不能设成是周期萧条或景气变动。当然,这并不是说这类变动就不能间接影响到经济周期,但影响所及,在某种意义上跟我们对直接影响所预料的往往相反。

有一点极其重要,在经济周期中,货币流量与商品流量,除极少例外,以方向而论两者总是相同的,但就进展程度来说却不是这样——价格波动的振幅,一般会远远超

[①] 本文最初发表于《经济理论与经济政策——艾尔弗雷德·阿蒙纪念集》,伯尔尼1953年版。

过产量波动的振幅。在经济周期的高涨阶段,产量与就业继长增长,价格也不断上涨,更不必说支付量(货币流量)了。在低落(萧条)阶段,也同样存在这种方向一致的现象。不过处于周期中的转折点时,也会发现难得碰到的、时间短促的例外情况。这里必须再度着重说明,我们的讨论并不涉及长期变动;虽然我们所说的方向一致现象,在所谓长期波动(康德拉节夫所说的周期)中,似乎也可以看到。

方向一致这一事实,使我们推想到这并不是偶然的巧合,其间应当存在着必然的因果关系。例如,这时就自然会看到,货币流量(换句话说,也就是支付量或"实际需求")的波动,是商品流量与就业水平的波动的直接起因。

这一假设并不具有片面的、货币的经济周期理论的含义。有些人认为实际需求波动的原因完全在于货币交易与货币环境,就是说完全在于中央银行方面处于扩张或紧缩阶段的某一时间的政策——只有在这样理解下的理论,才能算是具有上述含义。但无可否认的是,假使并不存在经济周期,要借助于货币(信用)政策和财政政策(那就是信用扩张与信用紧缩交相进行)来创造这样一个周期,是很容易的。

还有一点也很明显,实际周期往往会受到货币政策与财政政策的决定性的影响。然而多数经济周期理论家则认为,关涉到"实际"因素时,周期波动的主要原因是在于实际需求,也就是货币流量(支付量)以及由此引起的产量与就业的变动。

这种由实际需求变动直接引起经济周期的适中假设,与许多非货币理论并无冲突,后者是隐然含有这一假设意义的。一切出于凯恩斯启发的现代理论(这方面的理论家,但举示其间最显著的几位,就有汉森、哈罗德、希克斯、卡耳多、卡勒奇、梅茨勒、萨缪尔森等),总不出于这两派。此外直接以凯恩斯理论为依据的那些理论(密塞斯、哈耶克和瑞典学派的理论),甚至以全然不同的方式构成的熊彼特的理论,也与上述假设无所抵触——技术改革的作用会促使支付量扩大,然后接下去就会引起紧缩(所谓"自发的紧缩")。[①]

包含在我们所谈这一问题之下的,有许多观察经济周期的方式方法,有种种对经济周期的预测——为了要确知此后的投资支出水平,要确知消费者打算从事储蓄或支出的是多少,须进行广泛调查;此外政府支出、政府税收等,也在研究范围之内。所有这些工作的最终目的,在于估计总支出(实际需求)的大致趋向,而在这一点上是随着不同的见解而有差异的。

这类理论在经济政策上当然也有影响。由此可以推定,政府增加支出政策(在不

---

① 这里自不用细说,所指的只关系到熊彼特理论的一部分,这个部分在他自己或者并不认为是他理论的最主要部分。

变的收入下)或降低收入政策(在不变的支出下)会促进产量与就业,因此可以用来作为反抗萧条的一个手段。在这样审慎构成下的论调,很少有争论余地。然而这并不是说就不再有更高明的经济周期政策。况且还有一个重要问题依然悬而未决,即依靠了赤字财政,对充分就业究竟可以接近到什么程度,而不至于引起危险的通货膨胀(这里的定义是价格上涨)。

支付流量与商品流量(或就业水平)据说是平行的,并且是存在着因果关系的;这也许已成为惯说的套话。但说它们是平行的,并不等于说它们彼此是属于同义的,它们也许可以有不同的表现。只是当价格与工资具有绝对刚性时,才能说它们在意义上是相同的。

假使一切价格与工资都具有充分伸缩性——在普遍的、自由的竞争下,情况就会这样①——我们的断语就应当大大修改。而且有一点是显而易见的,当处于充分就业时,实际需求的增长将导致价格上涨,而不是生产的进一步扩大。(我们无法进行探讨一切的有关问题,例如有一点是很重要的,从普遍失业到充分就业的转变,并不是突如其来像凯恩斯的简化模式所假定的那样,而是要经过许多曲折的;还有,当处于充分就业时,通货膨胀在某些环境下,通过过度就业或强制储蓄,可以使生产提高,但是在另一类环境下也可以带来相反的结果;还有,价格上涨可能远在充分就业未实现以前,或者在未经过许多曲折以前,就已经开始。)

我们未尝不可用"供应弹性"概念代替"价格刚性与价格弹性"概念,来表达这些关系情况。假使总供应是弹性的,则总需求的波动,就会引起产量与就业的同样波动;供应的弹性越小,产量的变动就越大;供应的弹性越大,则价格的变动就越大。因此,关于产量与就业的短期周期波动可以直接追溯到实际需求波动这一论点含有这样的假设,即从短期的角度来看,总供应是极富弹性的。

很少疑问的是,这个说法对低阶段说来是对的——换句话说,工资以及种种价格,处于低阶段时是刚性的。价格的刚性或供应的弹性,当处于高阶段时,即使在充分就业未实现以前,也是较小的。

还有个待解决的问题,讨论的很多,在讨论中甚至对问题的初步结论也没有获得一致。问题是这样——在经济周期与价格刚性或价格伸缩之间,究竟存在着什么样的关系情况?刚性或伸缩性价格,垄断或竞争,能不能制弱萧条或制止高涨,从而防止投资错误?

---

① 至于垄断和价格伸缩两者是否可以并行不悖这一疑难问题,这里无法深论。这里只须指出,我们绝不可以把垄断和价格刚性看成是等同的。但是在某些形式下的垄断和卖方独占可以促成价格刚性。

在凯恩斯启发下的现代经济周期理论,甚至凯恩斯的《通论》自身,①并没有谈到这类问题。概括地说,所有这类理论,都是从刚性工资与刚性价格这一假设出发的;然后在这一假设的依据下证明,演变过程是趋向失业或就业与产量的周期波动的;然后再加上些说辞,其意是在于证明,假使将刚性价格这一假设撤开,原来获得的假设并不需要修改,或者即使有所改变也是有限的。

在下一节里我们的讨论也将从这一假设出发,即工资与价格是刚性的,商品与劳动的供应是具有十足弹性的(直到充分就业所树立的限度)。至于有关价格伸缩的问题,则随后再谈。

二

以凯恩斯理论为依据的现代经济周期理论,到目前为止写得最好的是希克斯的简短著作《对经济周期理论的贡献》。自从《通论》问世以来,关于经济学的著作,再没有像希克斯这部书获得那样热烈的反应的。关于希克斯的理论纲要,这里假定我们都已经熟悉,不再列举,并且,关于他著作的特点也不再加以评述。这里只需指出,他的独到之处主要在于说理清楚,善于把已知的一些定理在一个有机体内结合起来,其次在于凭借新的分析工具丰富了他的理论内容。我们认为在许多同类理论中,希克斯的理论是说理最精当的一个范例。

希克斯从哈罗德、汉森和塞格尔森那里,吸收了乘数作用与加速作用的相互关系理论。②显然,这一简单的相互作用,按照两个系数即边际消费倾向与加速作用大小的不同,会构成不同种类的变动(边际值的逐渐降落,指数的变动,转弱的、爆发的和不变的波动)。

关于问题的形式数学方面——即得出的结果须取决于两个系数所假定的量值以及其调整时迟滞现象的存在——在有关的各项著作中曾经广泛地讨论过。

---

① 一方是凯恩斯在《通论》第22章里所谈的经济周期,另一方是在凯恩斯启发下的种种模式,在这两者之间必须划清界限。在凯恩斯理论中,乘数作用与加速作用的和谐一致是没有疑问的——关于加速的概念,在《通论》中简直一点暗示都没有,据此几乎可以断言,他是一定不会接受现代经济周期理论的。关于经济周期,他极为偏重实践的一面,他对复杂的机械模式是毫无信心的。

② 希克斯的论述非常清楚、畅达。他并且证明,怎样使乘数原理与加速原理能加以概括,而不致损害到结果。

这类变动可能有的变化千差万别,至于变动结果究竟属于哪一类型,往往取决于假设的细微差别,这些都是事实。但可能有的和似乎可以言之成理的假设几乎无穷无尽,其间究竟哪一种假设与现实相符合,这一点跟上述事实并无关系。至于通常提出的不变系数的假设("线性假设"),也并不能获得经验上的支持。要从一大堆千差万别的假设中选出能够在经验上证明正确的一个,这件事是非常困难的(至于非线性模式在数理讨论方面的困难,姑且不谈)。

希克斯的理论阐述在这方面所遇到的障碍,比在他以前的作者们所遇到的要少些。如果情况是这样,要引起指数变动(或爆发性的周期),而两种系数都感到过大时,他认为这种情况是正常的。因此,当经济体系重新脱出了充分就业的障碍时,就可以解释为高涨转折点已经发生;这就是说,他的说法已经越出了线性假设范围。① 这样就有了一个很大的优点,无须再从系数内将波动排除。消费函数与加速作用假使一直是大的,大到足以使累积过程(向上的和向下的)继续前进,那么这两者就可以自由变更。

乘数作用与加速作用是理论中两个主要支柱,两者在理论中究竟处于什么地位呢?乘数所表达的是投资支出增长时对消费支出的影响,在这方面的争论比较少。关于不变的消费函数这一假设的可争之处似乎较少,与不变的资本产量或资本收入假设情形不同,后者的比率是以加速原理的假设为依据的。但消费函数也曾经被判明,并不是像凯恩斯学派所想象的那样稳定,那样地可以凭经验来推定的。②

关于消费函数与乘数作用,这里只准备提到两点。第一,很少疑问的是,投资支出增长(或减退)以后,必然普遍引起消费支出的增长(或减退)。第二,根据希克斯理论与累积过程理论的观点,上面已经提到,这一比率的大小并不一定是不变的。

接下去要谈的是,困难得多、争论要热烈得多的加速作用问题。众所周知,所谓加速原理,按照它严格的、机械的意义来说,所断定的是,净投资与产量(收入)的增长率是成比例的。在谨慎的措辞下,它所表明的只是这样:如果其他情形不变,产量(有些

---

① 这个说法并不是创见。它所体现的是重新回到累积过程理论,这一点在本书里也曾提到。在本书以及哈罗德的《经济周期论》里是这样说的:萧条可以说是对充分就业的最高度的猛烈攻击。

然而在本书里,我并没有把这一点看成是唯一可能的情况,而是许多可能有的情况之一。并且在我看来,累积过程并非完全是乘数与加速的交互作用下的产物,而是一个复杂过程,其间还含有其他因素。

② 凯恩斯自己对这一问题的态度并不是始终一贯的。在讨论确定消费率的一些因素的那几章里,他兼论及收入水平时提到了许多别的决定性因素;这一点显然说明,收入率、储蓄率与消费率是不能假定为不变的。然而当他应用理论时,却假定了一个不变的边际消费倾向,他的门生一般也跟着这样做而毫不踌躇。由此得到的后果根本错误的预测——并不是没有迹象可寻的。参阅凯恩斯:《消费支出的不稳定》,国家经济研究局第32次年报,纽约1952年版,以及该文内所引证的著作。

人说成是消费,还有些人如希克斯则说成是收入)增进率的变动会诱发投资。由此说明,除被诱发的投资外还有这样一件事物,即自发投资,支配这种投资的是收入变动或消费变动以外的一些因素,如利息率波动、新发明等;而且它演变时所依据的,并不是投资与收入(平均收入或边际收入)之间的严格比率,两者只是在同一方向下变动的。

至于加速原理是否可以接受,经济周期理论家们的态度并不一致。有些人接受时差不多认为是理所当然的,而有些人则竭力反对。我认为通过对这一原理含义审慎的解释,这种在意见上的分歧可以大大缩减。如果要使理论与事实相印证,在作出任何尝试以前,这一步骤是绝对必要的。

这一原理在严格的、完全机械的应用下,显然是没有疑问的。但是这一原理的拥护者们曾指出在种种形态下的"不稳固"(dis-turbing moments)。当处于低落阶段时,不可能使资本存量充分灵活地与降低的产量相适应,因为对固定资本进行反投资是一个缓慢的过程;因此在高涨的初期,一般总是存在着过剩能量。一方面当处于高涨的后期阶段时,障碍开始发生,使资本存量无法实现迅速的向上调整;这时对前途作出的预期也许是不利的,或者是,为进行投资筹集资金时是要引起困难的。直到出现了数理模式的现代设计者,才一切不顾,假定这一原理是机械地发挥作用的。

但是在希克斯方面,这类缺陷没有这样严重,在他的理论体系中,他留下了某些情况(在高涨与低落之间的不均齐现象,以及迫使投资越过充分就业关口的不可能)存在的余地,从而阻止了加速原理机械地发挥作用。还有一点,只要加速作用是大得足以使累积过程继续前进的。他就不再利用任何别的绝对不变的加速作用。[①]

至于就简单的、不存在最高限度的乘数——加速模式说来,在加速原理应用上的缺陷当然是无可救药的。[②]

[①] 在累积过程理论中,并不需要设定一个加速原理。如果采用了"投资倾向"假设——认为投资支出是收入(而不是收入的变动率)的一个函数——理论就可以运用自如。"消费倾向"与"投资倾向"的和,相等于"支出倾向"。假使后者大于一,经济体系是不稳定的,就是说,每逢体系脱离了平衡,就会引起累积过程。

不用说,在支出与收入的不变比率下机械地发挥作用这样一种假设是不适当的。它的不适当程度,与消费倾向不变的假设相比,正不相上下。

[②] 如果认为这类模式的设计者都把他们的模式看成是对现实的适当写照的,因而一概加以非难,那是有欠公道的。然而像梅茨勒那样的想法未免过甚,是其间比较特殊的一个例子——当他说旧理论对高潮转折点与低潮转折点也有特加解释的必要原因而加以驳斥时,却把"现代"理论(即简单的乘数——加速模式)说成是能够在一个原理下解释一切方面(包括两种转折点)的。(参阅:《经济周期与现代就业理论》,载《美国经济评论》,1946年6月号;《凯恩斯与经济周期理论》,载《新经济学》,哈里斯编,1947年版,第436页。

存货投资是另一个领域，在这个领域内对加速原理的顺利发挥作用所提供的条件是最有利的。梅茨勒所提到的存货周期理论，词意极其透彻，① 是以乘数与加速原理应用于这类投资的理论的代表著作。关于问题的证验方面，曾由阿布腊莫维茨在他极其重要的一部著作中，就现有资料所允许的范围，作了尽可能详尽的探讨。②

得出的结果是这样：存货净投资的周期波动（即存货量的变动）是与收入（或产量，或销售量）的波动平行的，并不是像根据加速原理所预计的那样走在产量波动前面的。换句话说，净投资的高潮转折点与低潮转折点是与产量的相应转折点一致的，前者并不居于领先地位。

库兹涅茨和廷柏根也曾试图从统计上来证明加速原理在固定资本投资方面所引起的作用，得出的也同样是否定的结果。两位学家因此不接受加速原理，认为它是错误的。

这种拒绝接受的态度是否完全合理呢？对于附有一切保留条件、在审慎措辞下的加速原理说来，这一主张是难以成立的。梅茨勒和努兹③曾指出，加速原理只能适用于"符合愿望的"，不能适用于"不符合愿望的"存货变动；换句话说，只能在"事前的"、不能在"事后的"意义下来理解这个原理。

至于这一些解释，是否足以完全消除理论上的预计与统计上的结果两者之间的矛盾，简直不可能作出明确决定，因为"有意的"与"无意的"存货变动，这两者之间的区别，是难以在实际上加以确定的，更不用说从统计上加以计量了。④

还有要考察的是这一点：只有当我们把收入与产量的升降起伏想象成为波状的，或者，说得更确切些，想象为一条正弦曲线，才能根据加速原理的正式定义，推定净投资曲线的转折点是在收入曲线的转折点之前出现的。然而我们并不能确定，正弦曲线所体现的是周期变动的一个确当图景。统计级数往往是极端不规则的，因此同样地容易把它解释为有支线的曲折线。很明显，在这种情况下，收入曲线的转折点跟诱发净投资的转折点是一致的。况且，还可能有别的解释，因此我们觉得经济周期理论家对于正弦曲线所显示的图景不宜过于拘泥。

总之，下面的说法似乎未尝没有理由——理论考察以及统计研究结果都说明，

---

① 梅茨勒：《存货周期的本质与稳定性》，载《经济研究评论》第 23 卷，1941 年 8 月号。
② 阿布腊莫维茨：《存货与经济周期》，国家经济研究局，纽约 1950 年版。这部书是对于现实的、定性的经济周期理论的最重要著作之一。
③ 参阅他对于阿布腊莫维茨的著作很有意味的评论，载《经济学季刊》，1952 年 8 月号。
④ 努兹曾告诉我们怎样来从事计量，那就是向企业家探问他们对于所拥有的存货的意向所在。关涉到固定资本时，则非蓄意的投资或反投资这一概念甚至更加难以捉摸。不过有人并不喜欢壁炉，而说是他会特意置备一具，这样的事总是很少可能的。

对加速原理不容许作机械的应用。希克斯的保留条件还不够。在审慎措辞下的加速原理是避免极端论调的,只是说明,如果其他情形不变,增长中的收入(或消费)会刺激投资活动,而反过来投资活动又会被减退中的收入所削弱(在收入变动率与投资活动之间并不设定明确比率)。在这样的审慎措辞之下,这个原理就很少有争论余地(实际上像这样的"加速理论"现在似乎已不大适用)。讲到累积过程理论,假使高收入具有充分强的刺激作用,那么这样的审慎措辞已经足够应付。至于反应的强弱,需决定于许多情况,这里只能提到其间的少数几个,然而在任何相当完整的理论中,对于这类情况是有必要加以有系统地讨论的。关于这类情况,举例如次:金融方面的可能演变,这是决定于多种因素的,其间格外有关的是信用政策、利息率、银行资金的流动程度以及经济体系其他部门的情况;投资倾向,这是决定于心理因素(乐观或悲观)、一般企业情势等,以及"能量过剩"或"能量不足"现象的存在。

还有一点必须提到的是,有关的一些著作所提出的投资理论,往往与略加修改的加速原理极其接近。举个例,廷柏根认为投资量是取决于利润水平的,这一点跟加速原理几乎已经是同一事物。因为利润在很大程度上是取决于总需求波动的。

卡耳多提出的理论[①]认为投资量取决于两个因素:(1)生产量或收入,(2)资本存量。这个理论也只是一个修改了的加速原理。在稳定的收入下投资量会减少,因为资本存量有了增加(当然,在新发明或利息率降低的影响下——即发生了所谓"资本深入化"时——情况将有所不同,但这里所讨论的理论对这类情况是不予考虑的)。其间显然含有这样的论断,认为投资过程迟早总是要走到尽头的,除非受到收入进一步增长的刺激,或者受到对这类模式说来是外生的那些因素如利息率降低或新发明等的刺激。

假定收入有了增长,投资活动将再度开始,然后又将逐渐减至于零。这一理论与涉及调整迟滞的加速理论显然是相同的。后者认为,当收入增长时,在资本存量获得调整以前必须经过一段时间。

然而这里不可不注意的是,上述这类理论所论及的只是"资本扩大化"问题,而完全忽视了"资本深入化"问题;而那些旧理论,如哈耶克的理论,却是把"深入"过程作为解释经济周期的基点的。

这种重心上的转移自有其适当的理由。然而,看来未免过于急进。无论如何,我们对于那些被代替了的理论不妨加以批判分析,借此来防止发生偏差,这样总比较安全些。

---

① 卡耳多:《一个经济周期模式》,载《经济季刊》,1940年3月号。

上面提到的一些模式,没有一个可以看做是经济周期的恰当理论。它们对于圆满解释的提供未尝无所贡献,但仍然有待于从各方面加以补充、加强。

三

现在有一种看法已经相当普遍,认为凯恩斯理论以及在凯恩斯启发下的一切理论的唯一弱点,是在于价格刚性与工资刚性的假设。讲到静态的凯恩斯理论体系——大家知道,《通论》本身的大部分是属下静态性的——这种刚性假设是必要的。在失业下的静态平衡,跟价格伸缩与工资伸缩制度——例如处于普遍自由竞争时期,① 这种制度就可以存在——是不相容的。我们在对于所谓庇古论点的讨论中,充分证明了这一点。②

但庇古论点在短期的经济周期中是否也发挥作用,是一个疑问。庇古自己在他讨论经济周期的那本书《工业波动》(1929 年第 2 版)里,并没有使用这个论点,虽然他对于价格(特别是工资)是刚性的这一点,在他对经济周期的解释中不是不给以重要地位的。至于希克斯的理论,如果要容纳庇古论点,那就毫无疑问,必须大加修改。希克斯的所谓"平衡线"——按照他的说法,经济周期就环绕着这条线摆动——是处于充分就业线之下的。因此在自由竞争和非刚性价格的情况下,就不存在平衡线。在我看来,希克斯的理论似乎不妨略加修改,使所谓平衡线与充分就业线相一致,这样似乎并不致破坏他的理论。假定,在开始时价格与工资是刚性的。然后,当达到平衡时,失业仍然存在,这并不是不可能的。这时如果出现了竞争,价格与工资将下降,按照庇古论点与凯恩斯论点,③ 平衡线将向上移动,直到与充分就业相一致。

在我看来,这一论据似乎一直追究到了问题的根源。症结不是在于它所证明的很少,而是在于所证明的实在太多了!因为我们可以自问一下,根据庇古的理论是不是可以推定,处于自由竞争时期,周期的(短期的)失业——甚至经济周期自身——也是

---

① 然而,如果把不论哪一种形式下的垄断或脱离自由竞争,都说成是跟价格伸缩与工资伸缩不能相容,那是错误的。但这里对这一点无法深入讨论。
② 我的论文《再谈庇古论点》,载《政治经济学报》第 60 卷,1952 年 6 月号,以及该文所引证的著作。
③ 所谓凯恩斯论点,我指的是凯恩斯所提出的假设,当以稳定的购买力计量的货币供应因价格下跌而有所增长时,将降低利息率,从而对投资量产生不利影响。另一方面,根据庇古论点,是通过消费函数产生这种影响的。

不可能的。很少经济学家会认可这一结论,拒绝接受的理由应当说是基于经验。我们知道,当价格与工资认为是有伸缩性的时候,是曾经发生经济周期的。对这一点我们可以理直气壮地作出这样的答复:即使在19世纪也只有长期变动,在工资方面,在许多价格方面,并没有短期变动。否则更恰当些可以这样说,当发生了失业的时候,工资并不是立即降落,而是在相当时间间隔以后降落的。

但在这一论据下,问题仍然悬而未决——如果使工资在比较短时期间具有伸缩性,是不是可以防止周期的失业呢?多数经济学家对这一问题的答复是"不"。但对于否认的理由,从来没有人能有所证实——除了用庇古论点来反驳凯恩斯的论点。不过要知道,这个问题是纯理论性的,因为要使工资与价格在短期间具有伸缩性是实际上办不到的。然而,假使工资与价格在短期间具有伸缩性这一点果能使之实现。则周期将受到何种影响,这却是一个在理论上足以使人迷惑的问题。关于这一点,在有关著述中简直不能找到任何线索。

在我看来,答复这个问题时应当这样说:把短期的价格伸缩与工资伸缩这样一个因素纳入经济体系,在体系中将是一个过于显著的不确定因素,由此对投资倾向可能发生不利影响。酿成的结果也许是这样,在一个短时期间,普遍失业未尝不可以防止,但劳动市场上供求的均衡,将在某些环境下、在实际工资过低的水平下实现。

但是价格、工资及其变动,并不只是通过庇古论点和凯恩斯论点来影响经济周期的进程的。从经济周期的立场来看,具有重大关系的并不只是绝对的工资与价格水平的变动,还有相对价格的变动,即价格与工资之间、批发价格与零售价格之间、价格与成本之间等的变动。

例如,不容怀疑的是,价格投机在累积过程中往往会发挥重大作用。如果在高涨时期价格上涨,则存货将不单是出于加速过程的结果而增长,并且将由于对价格继续上涨的预期而增长。处于经济周期的低落阶段时情况也是这样,不过形势相反。

价格所起的这种作用,显然可以与希克斯类型的理论相结合而不致发生困难。

至于相对价格变动对经济周期进程所产生的影响,能不能构成一个概括的理论,对这一点我是有些怀疑的。但无可否认的是,这类影响往往有其效果上的意义。因此,如果把它们完全置之不顾,肯定是不相宜的。例如,极有可能的是,某一行业的成本(比方说劳动成本)会被抬高到那样程度,以致使这一行业势将处于停顿状态或转趋萎缩。

或者有人会这样回答,认为处于这种情况时,一个行业所遭遇的或将蔓延到许多行业,从而潜伏着发生整个经济周期的危险;情势既然是这样,那就必然有可能用促进总需求的手段(那就是在支出不减的情况下减低税收)使周期现象趋于稳定。在某些假定条件下,这个说法无疑是对的。这类假定条件约略说起来是下面一些:促进需求的政策能及时实行：① 繁荣在整个经济体系中分布得相当普遍；通货膨胀的后果（价格普遍上涨）不致过于猖獗，价格上涨的反应不致过于迅速。

这里提到的情况近来似乎曾在许多国家发生：工资与薪金被强有力的工会，并在社会立法的凭借下不断抬高，而且其进度比一般生产力的增长更快。② 这时如果实际需求没有跟着增长，如果价格没有上涨，就会很快地走向普遍萧条。

当成本提高而借助于提高实际需求以求得补偿时，这样的政策决不能持久进行，不受阻碍，因为越来越多的团体这时会成为具有"膨胀意识"的分子，会使用自动调整它们的收入的办法来保卫自己。换句话说，这里存在着走向"奔马式的"恶性通货膨胀的危险。

最后还必须注意到如下的最重要的一点：假使成本提高（与价格对比）是相当均衡地分配在整个经济的，③ 就尽可以用财政与货币政策下的综合措施来防止可能由此酿成的萧条——不过结果是价格上涨。

但是如果成本提高只是限于某些方面的（如资本品工业或军备工业），则目的在于提高一般实际需求的综合措施就不能防止——或者，即使能够的话，也只是在不均衡的价格上涨的代价下取得的——这里所讨论的是在经济体系各部门展开的萧条。④

---

① 采取反萧条措施时将经过很多延搁，这一点实际上是难以避免的。牵涉到政府财政政策，即增加支出（公共工程）或降低收入（降低税收）时，情况就更是这样。原因首先是由于要事先能作出诊断，这件事极度困难（当交易数量略有减退时，任何人绝不能辨别，这究竟是一次真正萧条的开端，还是一次一时的、偶然的干扰）；其次是必须使政府和议会信服，而这一点必然是需要时间的。特别是弗里德曼，曾确切说明，当预计将出现萧条而对抗措施迟迟不决时，极容易招致与意向相反的后果。当问题所针对的不是在于严重的长期的萧条时，对抗措施很容易会来得过迟，结果不是使萧条趋于和缓，而是使继萧条而起的高涨火上浇油。（参阅弗里德曼：《使经济得以稳定的货币与财政基础》，载《美国经济评论》第38卷，1948年6月号，后转载入《货币理论选编》，费拉德尔菲亚1951年版。并可参阅巴赫：《再论货币与财政政策》，载《政治与经济学报》第57卷，1949年。

② 这里还必须提到一点，由于政府的过分干预，由于政府所属各部门的膨胀以及某些工人团体的官僚主义倾向，有许多职工会脱离生产活动，而且从事生产的那些个人的生产力也会有所降低。还有一点，这种情况在通常的生产指数内往往不会有正确的反映，因为"出量"（Output）往往是用"入量"（input）来计量的。例如生产指数内的"政府部分"就隐伏着这种情况。

③ 就"分配不均衡"说来，它的可忍受程度，决定于劳工及其他生产因素的"可动"程度。假使生产手段是完全自由的，是可以迅速移动的，我们就可以用"一般生产因素"——在长期静态理论的抽象水平上，这个词是惯见的——为讨论对象，上述的分配问题就完全没有讨论必要了。

④ 假使从纯理论方面来说，就是说，假使把有关诊断与执行方面的一切"实践上的"困难都置之不顾，或者假定政府是无所不知、无所不能的，那么即使碰到如上述那样一种情况，也未尝不可克服而不必引起通货膨胀。但这时不仅对购买力注入的所在有必要加以精确断定，而且必须当心，经这样注入的购买力重新流出时，不可使之在别的场合引起通货膨胀。因此，关于购买力的投入与退出，必须有一个良好的管理制度。

这里显然存在着一个在程度上有差异的问题——高成本的分配对生产因素的可动性以及对需求,其间的比例越是不均衡,引起通货膨胀的可能性就越大。旧理论是在"生产结构对需求结构的失调"这一标题下引起对这一点的注意的,对这一点绝不可孤立地来理解,必须在与需求、与生产因素的可动程度的对比下来理解。

　　这一论点的思想内容非常丰富,而现代理论则往往对它过于忽视。凯恩斯理论在研究过程中使用了为数过少的巨大综合量值(收入、消费、储蓄、投资),这一倾向已经受到很多批评,上述情况就是出于这一倾向的结果。近来从事于理论分析的往往力求"分化",即复归到少数几个广泛的量值;我们对生产结构与需求结构的失调这一概念,不妨重新加以重视,加以掘发,这样做未尝不能适应上述要求。诚然,这样一个理论所能直接解释的只是部分萧条。但是只要部分萧条获得了解释,进而对总萧条进行解释,这个任务就比较容易完成。

附录二 再谈庇古论点①

一

时人对于所谓庇古论点仍然在聚讼纷纭中。②但有很大一个部分的讨论似乎不能免于两个缺点：一点是把不同的抽象水平混在一起；还有一点是对这一定理加以不必要的、从历史观点上说来不正确的理解，把它看成是相当严格的、专门的政策建议。③

就庇古论点的信从者们来说，在现代经济学家中我还没有看到一个抱有这样的见解，说是反萧条政策应当凭了庇古论点，完全在于或主要在于使工资与价格具有伸缩性，就是说，对于由价格下跌导成的现款余额，应当提高它的实际价值，从而刺激支出，使之足以解除普遍失业的困境。可以肯定地说，《工业波动》的著者自己就绝对没有要推荐这样一个政策的任何企图。④

我们不可忘怀，庇古发表他的《财富—储蓄关系》（借用梅茨勒教授对庇古论点的

---

① 转录自《政治经济学》，1952年6月号。
② 最近发表的极有意味的评论有：汉森的《谈庇古论点》，载《政治经济学报》，1952年12月号；梅茨勒的《财富储蓄和利息率》，载同上刊物，1951年4月号。并可参阅顿·巴廷金的名著：《价格伸缩与充分就业》改定本，载《货币理论选编》，费拉德尔菲亚1951年版。
③ 这一批评不适用于梅茨勒教授的论著，他在讨论中始终不越出他的抽象理论模式范围。
④ 参阅，特别是，第11章，"工资政策"，见《工业波动》第二部分。庇古教授在他的《在充分就业下的错误》的序言里特意说得明明白白，他并不"赞成用处理工资的手段，宁可用处理需求的手段，来解决失业问题"（见第5页）。庇古论点是在两篇文章——《古典派下的静止状态》（载《经济季刊》第5卷，1943年，第343～351页）和《在稳定环境下的经济进步》（载《经济学》第14卷，1947年，第180～190页，经转载入《货币理论选编》）——里正式提出的，内容显然是高度抽象与理论性的，著者特意避开任何直接政策意义，甚至断然否认——这在我看来未免过于拘谨——他的模式与现实世界有任何关系。

巧妙形容)时,所处的是什么样的学术环境,是在什么目的下提出的。当初的用意是在于对凯恩斯以后的长期萧条论点①进行反驳,而这个论点是以在劳工市场的竞争条件下(即在伸缩性工资下)的"就业不足"平衡这一凯恩斯观念为依据的当凯恩斯主义全盛时期,一般认为竞争下就业不足的平衡是可以用静态的凯恩斯模式来证明的。庇古谈到汉森教授在《财政政策与经济周期》里提出这一理论时曾指出,这一理论是在这样的抽象水平下提出的,在这个水平下所假定的是劳工具有充分的划一性与可变性。因此,充分就业所显示的情况是,在当时的(同一标准的)工资率下找寻工作时,人人可以如愿以偿。它并不含有在时下广泛流行的著作中所赋予的带些神秘性的意义,时下的论调认为充分就业与大量"由摩擦而起的失业"是可以共同存在,并行不悖的。在这一篇文章里,我所遵行的也是这样一个抽象水平。②

庇古论点所据以构成的是虚拟的、静态的环境,在这类环境下,所有由悲观的预期、劳工的不动性、生产程序中的故障、固定货币契约带来的沉重负担这类现象所引起的种种干扰都一概撇开,因此是属于凯恩斯自己所选择的环境。我们还得牢记,在这种静态的、凯恩斯式的环境下,同时存在的是竞争的、有伸缩性的工资,这时即使没有在庇古论点下所发挥的作用,充分就业也仍以可以切实保持——除非是处于某些极端情况,在这类情况下,灵活偏好在正的利息率下是具有无限弹性的,或者,关涉到利息率时,资本的边际效用是完全无弹性的。除了这些极端情况以外,正同凯恩斯自己所认可的那样,充分就业就可以凭着"凯恩斯论点",即通过利息率的下降而获得保证。要实现充分就业,并无须借助于庇古论点;只是当处于上进的极端情况时是例外,而在静态的世界,这类极端情况是否会实际发生,是一个极大疑问。这样就把过去常常受到歌颂,称为凯恩斯最大成就的——即在静态的、竞争下的就业不足平衡这一可能情况的证实——剩下来的一点狭小基础,有效地推倒了。(照说,这样的论调对凯恩斯肯定是不够公平的。但是任何理论,对运用自如的自由价格制度的实行的可能性加以怀疑时,似乎总会受到人们的热烈欢迎。)

这样说来,那些凯恩斯主义者们之所以要想改弦易辙就不足怪了。他们觉得在静态的凯恩斯世界情况过于简单、显露,简直没有什么可容躲闪之处,较好的办法还是离开这个环境,到现实世界中去别谋藏身之地,在那里是充满着制度上的、动态的复杂情况的。

---

① 这里所以说"凯恩斯以后",是因为关于长期萧条论点,凯恩斯本人究竟是把它当做现实情况看待的呢,还是当做将来也许会发生的情况看待的,并不十分清楚。要从《通论》里找到根据,说明他对这个论点和别的论点一道,是在相反的方向下接受的,这件事并不困难。

② 见《古典派下的静止状态》,载《经济季刊》第 5 卷,1943 年,第 343 页。

二

汉森要我们注意到一个事实,在现实世界,产量与就业的周期波动跟价格水平的波动是密切配合的。因此处于经济周期的低落阶段时,庇古论点实际上是起着扩张因素的作用的,对于"产量与就业的萎缩与减退"的制止,可能有相当助力。但是它"自身决不能使经济恢复到充分就业",因为一等到就业与产量越过低潮转折点以后,"价格与工资就停止下降,(货币)资产的实际价值就停止增长。"①

价格的确是随着经济周期变动的(除了处于转折点时偶然的、短期的落后或率先情况),这一现象并没有什么疑问,因此实际的周期高涨阶段,不能用支出函数的不断向上移动——那是由现金与政府债券的实际价值的不断增长促成的——来解释。然而我们还没有看到任何经济学家曾提出这样一个循环扩张理论。这跟庇古的思想肯定是全然不合的。

但是在静态的凯恩斯模式环境下工资与价格的演变情况不同——如果在工资劳动者中间存在着"彻底竞争"(庇古用语),则(同一标准的)工资率以及价格将不断下跌,一直跌到充分就业点。② 现实情况跟凯恩斯模式为什么不相符合呢? 导致的原因是种种不一的。首先,工资(和某些价格)绝不是具有很大伸缩性的,即使在强有力的工会出现以前,工资在向下趋势下还未曾具有近于十足的刚性的时候,情况也是这样。③ 况且,工会不但使工资在向下时具有刚性,还具有要把它抬高的倾向,即使当还有很多失业者的时候也是这样。

其次,即使工资具有高度伸缩性,由于劳工具有不动性——非竞争集团的存在,④ 以及在某些行业内材料与设备的不足———旦总的实际需求有所扩大,某些价格即将上

---

① 《经济季刊》第 5 卷,1943 年,第 535 页。
② 如果我们假定的是不变的国际成本,则价格与工资将按同一比率下跌,而实际工资依然不变。如果边际成本上升,则价格将跌得没有工资那样快,实际工资将下跌。
③ 汉森认为,"只要存在着任何失业现象,劳资之间的摩擦就会阻止工资继续下跌"这一点,跟另一事实,即使失业现象很严重,在周期的高涨时期依然会上涨,这两者之间并不存在着任何关系。我不能同意这个说法。工资刚性并不是问题的全部,但肯定是问题中的一个重要部分。汉森说:"即使在具有极度伸缩性的市场,乐观预期也会提高价格与工资。"(同上刊物,第 535 页)我看不出,当存在着大量非自愿失业时,在具有充分伸缩性的一个劳动市场,预期怎样会促使工资提高。
④ 这里假定,就各个非竞争集团内的成员来说,彼此之间是有竞争的。

涨。就价格稳定这一点说来，农业总是一个重大的妨害者，在这一范围内，即使处于萧条时期，就业也可以安然保持，正是由于失业这一现象进展的迟钝，当需求有了增长时，就可以预料价格将随即上涨。当扩张继续演进，充分就业在经济的其他部门相继实现时，这类妨害者在数量上、重要程度上将逐渐增长。但是，只要在别的行业中仍然存在着失业，那么处于竞争的环境下（工资与价格是有伸缩性的），在已达到充分就业的那些部门（即所谓妨害者部分）的价格上涨，也许与仍然存在失业的，因此价格依然在下跌的那些部门的价格，只是处于相对的关系。换句话说，这时价格水平也许仍然在下降或保持不变。

诚然，这并不是周期中高涨的典型写照。在现实世界的周期中，价格水平是要在产量与就业转向上坡的当时或不久以后开始上升的。但是这一点跟庇古论点和凯恩斯的不存在刚性则就业不足下的平衡就无法实现的论点并无抵触。为什么呢？第一，我们在现实世界看到的价格动态大部分是出于刚性作用的影响。第二，如果经济体系越过了低潮转折点，扩张的累积过程已经发动，并且在惯有的方式下前进，则由于货币周转加速与银行放款增加而获得了所需的资金，这时就无须借助于庇古论点来"使经济回到充分就业"。除非处于静态的凯恩斯体系的极端情况下，是没有人会认为有借重这一论点的必要的。第三，即使是个别部门的（非自愿的）失业（即"萧条范围"内的失业，与一般的、广泛的失业不同），与竞争下的平衡①也是不相容的。

如果在某些孤立范围内失业现象继续存在，所产出的产品是无弹性的，工人是不愿意或不能够移转到别处的，这时如果要恢复充分就业，工资将降低到难以忍受的水平。在这种情况下，我们就无法借助于庇古论点来消除失业，不过即使总货币需求有了增长，也无济于事。这两个类型的政策在理论分析上的等势依然存在。

三

我们且从静态模式再离开得远些，向现实世界的复杂环境行进。我们把齐一的、可动的劳动这一假设丢开。现实世界情况的复杂还在于固定货币契约的存在以及价格低落会引起悲观预期这一事实。由于这两个原因，要想通过庇古论点，完全依靠价

---

① 不用说，这里我并无意于轻视这类情况的严重性，也不是要想建议，碰到这类情况时，除了使工资具有伸缩性外就无须别有所为。

格与工资的紧缩来去除萧条是愚不可及的。让我再说一遍,我还没有看到任何学家曾建议这样的政策。

然而这并不是说工资与价格的刚性是无关紧要的或不值得想望的,也不是说财富-储蓄关系在现实世界是不值得考虑的。

毫无疑问,使相对的工资与价格具有某种程度上的伸缩性是值得想望的。当处于普遍萧条时,相对工资与相对价格的变动所表现的形态,主要是工资与价格的有差别的低落。如果到处存在着失业与过剩能量,那就没有人会提出这样的建议,说是必须使某些行业的工资与价格的减退与别的行业的工资与价格的增长相抵消,从而使工资与价格的水平保持不变。但是如果由于工资与价格有差别的减退政策而导成了普遍紧缩,要借助于货币与财政的扩张措施来防止这一紧缩过程的加强,却应当是简而易行的。

还有一层,某些行业(例如建筑业)的投资或某些商品的消费,往往可以通过成本与价格的降低而受到很大鼓励,却不一定会发生别的行业的对消性变动——说是类似这样的显著事例未曾有过,我却觉得难以置信。由于要用过分的工资要求来削弱或摧毁一个行业或用过高的价格来抑制对某些商品的需求都显然是可能的,因此"反其道而行之",也必然是可能的。我敢断言,使相当价格具有伸缩性这个办法是可取的,不但从资源正确分配的角度来看是这样,而且作为总支出的兴奋剂时,它也是一个应手的工具。①

至于财富—储蓄关系的重要意义,并不只如庇古论点通常所指出的那样,就是说,并不只是限于因价格下跌而使现金余额与政府债券的实际价值增长的影响。假定由于减税或政府移转支付关系,使货币量有了增长,而政府支出依然不变,由此发生的缺额,则使用向中央银行借贷或直接印发纸币的方法来弥补。② 这时根据财富—储蓄定理——且不谈凯恩斯论点(那就是通过利息率发生作用的)——货币量有了增长以后,消费与投资的支出将增长。如果说演变的结果可能不是这样,我觉得这个话是很难使人信服的。而且还有一点,按人口计的实际财富的长期增长,也许会逐渐推进消费函数,从而抵消增长中的收入对储蓄水平所产生的影响。

---

① 一方是相对价格与相对价格的变动,另一方是总需求变动,这两者之间存在着密切关系,近年来觉察到这一点的越来越多。但是关于这一关系,还没有发展成为一个完整理论。然而可以参阅阿克来与丹尼尔·B.苏伊茨的文章《相对价格变动与总消费需求》(载《美国经济评论》第40卷,1950年12月号),作为研究这一问题的一个开端。

② 谈到公开市场活动,它的情况是不同的,因为由此引起的只是用这一类型的资产代替了那一类型;至于公共工程(政府支出增加)所引起的,当然是直接使商品与劳务的需求增长。

按照我的想法,在实际的周期结构中,庇古论点未必有很大作用。在这一点上,我完全同意汉森的看法。但这个论点的确能有效地处理长期萧条假设,不但在静态的凯恩斯模式的范围内是这样,就周期支配下的现实世界来说也是这样。长期萧条论点应用到周期支配下的现实世界时就等于是说:由于实际需求的长期不足,即使处于繁荣的顶点,也无法接近充分就业。① 这里可以用希克斯的理论②来说明我们的观点。除非价格与工资是刚性的,否则希克斯的"平衡线"(就是在他的第12和第13图里的"E线",载所引著作第97页及第121页)就不可能是一条平衡线。如果工资是具有伸缩性的,则实际现金余额的趋势值将增长(价格在萧条期间将作较高度的下跌,在繁荣期间将作较低的上涨),希克斯的平衡(E线)将促使充分就业水平(F线)向上移动。就我所能看到的说,经过这样修饰以后,希克斯理论的其他部分,并不会受到任何影响。对于相似的(非线性)模式,例如古德温与哈罗德的模式,这一论点也同样可以适用。③

四

最后,我准备对梅茨勒极有意味的论文加以评述。他的主要论点是这样:承认财富——储蓄关系的理论,跟由李嘉图代表的正统的古典派论点有所不同,因为平衡利息率已不再为"实际"情况所单独决定。梅茨勒试图证明,如果承认财富——储蓄关系,这

---

① 如果说长期萧条论点指的只是周期围绕着次于充分的倾向演进,这样的说法在我看来是不正确的。这一倾向(周期下的平均出产率),其势是不得不低于充分就业水平的,因为不可能想象,在繁荣的部分期间可能存在的过度的充分就业会在任何处接近萧条期间的失业的同样等次、同样规模。(所谓"过度的充分就业",我指的是这样一种情况:人们由于,比方说,爱国热忱或存有货币幻觉或其他类似感觉,因此暂时从事于较长时间的工作,超过了他们原来的打算,或者是担任了原来不打算担任的工作。)如果我对希金斯博士的论著没有误解的话,他似乎也得出了同样的结论,参阅他的文章:《长期萧条的概念与规范》,载《收入、就业与国家政策——阿耳文·H.汉森纪念文集》,纽约1948年版。

② 《对经济周期理论的贡献》,伦敦1950年版。

③ 我知道这里依然存在着严重的困难,因为即使是周期的(短期的)失业,要使它跟具有充分伸缩性的工资与价格的体系相调和也是困难的。当然,在这个短注里对这一问题是无法作详细讨论的。但是不妨这样设想,最简单的——虽然不是唯一的——解决似乎是在于作出这样一个假设,即工资与价格虽然在相当长时期是伸缩性的,但就短时期说来是刚性的。不过必须着重说明,这一点的意思并不是说,只要使工资与价格在短时期间具有伸缩性,总产量的周期(短期)波动就可以消除(实际上甚至减轻波动也是难以想望的)。

时要使利息率作持久变更,就必须假定某些类型的货币量变动。特别要提到的是,如果由中央银行向公开市场买进证券,使货币量有了增加,则平衡的、充分就业下的利息率将降低。

这一有些出人意料的结论是基于以下三个前提:(1)在公开市场购入证券,减低了私人保有财富的实际价值;(2)根据庇古论点,由此将使储蓄供量增加;(3)却没有理由认为储蓄(投资)的需求会受到影响。因此,储蓄与投资是在比之前降低的利息率下达到平衡的。①

我们且考察一下这三个前提。首先,在公开市场的购入会促使私人保有财富的构成发生变动——证券(代表实质财富的普通股)存量降低了,而货币存量则有所增加。但货币量增加以后是要抬高价格的,货币的实际价值将因此低落,结果是总的私有财富价值将降低。在我看来,就梅茨勒模式的范围以内说,这是由正确的推论而来,这一点是无可怀疑的。第二前提是出于储蓄—财富关系的显然结果。至于对第三个前提,我最初是有些怀疑的,但杜生柏立教授的论证使我信服,这一论点是正确的。梅茨勒显然假定总的私人收入依然不变(在政府方面,对于它所获得的证券利息,仍然会通过降低租税或移转支付,重新纳入私人收入的流量),②因此似乎并没有什么讲得通的理由,为什么会使投资动机发生向这一方或那一方的变化。

这样,梅茨勒就似乎已经证明了他的论点——某些货币政策的确是可以影响到平衡利息率的。但是我不相信,说是站在古典派立场上,就应当把这样的说法看成是捣乱性质或离经叛道的结论。因为,正如梅茨勒自己所指出的那样,即使是十足的"古典派"学家,对于利息率大体上是决定于"实际"情况的这一争点,也认为有加以考虑的必要。举个例子,如果信用膨胀促使收入分配发生了这样的变化,以致使社会的储蓄倾向有了增长,则实际的平衡利息率将下降。③依我的推想,即使李嘉图自己,也未尝不会接受这个论点。

---

① 这里值得注意的是,凯恩斯曾风靡一时,经过一个长期间隔以后,我们又回到了被凯恩斯所猛烈攻击的旧有的古典派立场——储蓄与投资依然是通过利息率而获得均等的。诚然,其间的作用过程跟以前已不完全一样,论点比以前更加曲折繁杂——又加上了财富-储蓄关系。但让我重复一遍,财富-储蓄关系只是在极端情况下才有援引的必要,而这类极端情况实际上也许是难得碰到的。

② 假使他所假定的是由政府将这项利息用来适应它自己的需要,从而降低了私人收入,他就没有把握可以说私人储蓄将增长;私人收入降低以后将降低储蓄,这就会与财富降低导成的增长相抵消。

③ 我敢断言,还比这个重要得多的是熊彼特所注意到的动态变化。如果靠了膨胀的信用扩张,使熊彼特式的革新者得以实行他们的计划,而使感觉迟钝、行动缓慢的那些生产者受到排挤或被迫采取行动,也许会由此引起深刻、持久的变化。

以梅茨勒而论，情形正与这里所说的相同。他认为通过在公开市场的活动使财富分配有了变动，这种变动有利于一个经济单位，即政府，它的行动规范跟其他经济单位是有所不同的（即，当财富有了增长时，并不会少储蓄些）。因此使总的消费需求有了变化。

梅茨勒的模式与原始的凯恩斯模式比较，虽然无疑是后来居上的，但对现实世界的写照仍然过于简化，关于像这里所考虑的这样复杂的问题，要保证能够由此得出可供实际应用的结论，还是远远不够的。我相信，梅茨勒自己对这一说法也一定会同意。我敢断定，他决不会想推荐膨胀性的公开市场购入（或以物品计的资本课税，他曾指出，这跟公开市场购入实际上是相同的，因为它也会降低私人财富），借此来促进储蓄，降低利息率，从而加速经济发展。还有一点要郑重说明，以上一些评述对梅茨勒的文章一点也没有加以非议的意思。这篇文章的伟大理论价值是毫无疑问的，但它的长处似乎主要在于分析方式的高明，说理异常透彻，而不在于阐明货币影响的具体结果或关于利息率的其他政策。

译名对照表

三 画

马尔萨斯 Malthus, T. R.
马吉特 Marget, A. W.
马沙克 Marschak, J.
马克路普 Machlup, F.
马兹格雷夫 Musgrave, R. A.
马歇尔 Marshall, A.

四 画

韦尔 Ware, O. F.
比克达克 Bickerdike, F.
比恩 Pean, L. H.
巴廷金,顿 Patinkin, D.
巴拉夫,托马斯 Balogh, Thomas
巴赫 Rach, G. J.
方诺,马科 Fanno, Marco
贝佛里季 Beveridge, W.
瓦士 Wash, C. M.
邓洛普 Dunlop, J. T.
乌丁斯基 Wortinski, W.

五 画

卡弗 Carver, T. N.
卡耳多,尼古拉 Kaldor, Nicholas
卡勒奇 Kalecki, M.
卡斯耳 Cassel, G.
卡钦斯 Catchings, W.
兰格 Lange, O.
布里西尼-图罗尼 Bresciani-Turroni
布朗斐布里纳 Bronfenbrenner
布累特 Breit, M.
弗里希,勒格纳 Frisch, Ragnar
弗里凯,埃德温 Frickey, Edwin
弗里德曼 Friedman, M.
弗莱明,马克斯 Fleming, Marcus
尼克松 Nixon, R. A.
史密斯,维腊 Smith, Vera
史塔尔 Staehle. H.

汉森,阿耳文·H.Hansen, Alvin H.
汉德逊 Henderson, H. D.
卢森堡,罗莎 Luxemburg. Rosa
古德温 Goodwin
艾利斯 Ells, H. S.
艾伯索尔 Ebersole, J. F.
艾弗森 Iversen, C.

六 画

多布林 Doblin, E.
吉尔波尔 Gilboy, E. W.
吉斯特拉姆 Jasteram, R. W.
西托夫斯基 Scitovszky, T. de
西斯蒙第 Sismondi
西蒙斯·亨利 Simons, Henry
安吉尔 Angell, J. W.
安德森 Anderson O.
安德鲁斯 Andrews, R. W. S.
亚当斯 Adams, A. B.
米利肯,玛克斯 Millikan. Max
米恩斯 Means, G. C.
米德 Meade, J. E.
伊姆里·得·韦 Imre De Vegh
伊格尔 Yeager, L. B.
伦德堡,埃里克 Lundberg, Erik
托宾 Tobin, J.
托马斯 Thomas, D. S.
托马斯,布林利 Thomas, Brlnley
托普 Thorp, W. L.
华格纳 Wagner. V.
毕赛尔 Bissel. R. M.
约安 Johr, W. A.
讷克斯,勒格纳 Nurkse, Ragnar

七 画

肖 Shaw, E. S.
杜干—巴拉诺斯基 Tugan-Baranowski
杜生柏立 Duesenberry

杜马 Domar
希夫 Schiff, E.
希尔革特, 福耳克 Hilgerdt, Folke
希克斯 Hicks, J. R.
希金斯 Higgins, B.
庇古 Pigou A. C.
麦卡洛克 McCullo'h
麦克菲 MIacfie, A. L.
劳尔森 Laursen, S.
劳德戴尔 Lauderdale
苏伊茨, 丹尼尔 B.Suits, Daniel B.
沃克 Walker, E. R.
廷柏根 Tinbergen J.
克劳福德 Crawford, J. G.
克拉克 Clark, J. M.
克拉克, 科林 Clark, Colin
克罗斯特, 马丁 Krost, Martin
努兹 Nurkse, R.
伯尔尼 Berne
伯恩斯 Burns, A. F.
利曼, 弗里茨 Lehman, Fritz
里温提甫 Leontief, W.
里斯特, 查理 Rist, Charles
库普曼 Koopman, T.
库普曼斯 Koopmans, J. G.
库兹涅茨, 西蒙 Kuznets, Simon
阿夫坦利翁 Aftalion, A.
阿布腊莫维茨 Abramovitz, M.
阿达卡 Adarkar
阿克来 Ackley, G.
阿蒙, 阿尔弗雷德 Amonn, Alfred

八 画

杰文斯 H. S. Jevons, H. S.
杰文斯 W. S. Jevons, W. S.
拉文顿 Lavington, F.
拉波德, 马赛耳 Latordere, Marcel
拉普拉斯 Laplace
拉斯明斯基, 卢易斯 Basminsky, Luis
拉赫曼 Lachmann, L. M.
庞巴维克 Bohm Bawerk

林达耳 Lindahl, E.
佩希 Paish, F. W.
罗伯逊 Roberton, D. H.
罗柏凯 Ropke, W.
罗宾逊 Robinson, J.
罗宾斯 Robbins, L
奈舍 Neisser, H.
奈特 Knight, F. H
金, 威尔福德·L.King, Wilford I.
金德耳伯格 Kindlelberger.C.
依格 Egle, W.
凯恩斯 Keynes, J. M.

九 画

哈凡尔摩 Haavelmo, T.
哈迪 Hardy, o. o.
哈伯勒, 戈特弗里德 Haberler.Gottfried
哈里斯 Harris, S. E.
哈姆, 佐治 Halm, Georg
哈罗德 Harrod, R. F.
哈耶克 Hayek, F. A.
哈恩, 艾伯特 Hahn, Albert
哈钦森 Hutchinson, T. W.
洛夫戴伊, 亚历山大 Loveday, Alexander
洛克菲勒 Rockefeller
柯尔 Cole, C. D. H.
柯克 Kirk, J. H.
柯里 Currie, L.
威尔逊, 托姆 Wilson, Tom
威尔逊, 罗兰 Wilson, Roland
威廉斯, 约翰·H.Williams, John H.
科姆, 格哈特 Colm, Gerhard
施密特 Schmidt, Fr.
柏森斯 Persons, W. M.
费尔斯 Fels, R.
费希尔, 欧文 Fisher, Irving
费拉德尔非亚 Philadelphia

十 画

海尔佩林 Heilperin, M. A.
埃纳森, 约翰 Einarsen, Johan

格雷姆 Graham, F. D.
爱维生 Iversen, Carl
莱德勒, 埃米耳 Lederer, Emil
莫伦菲尔斯 Muhlenfels. A.

十一画

盖尔 Gayer, A. D.
盖茨克尔, 休 Gaitskell, Hugh
密尔达尔 Myrdal, G.
密契尔 T. W. Mitchell, T. W.
密契尔 W. C. Mitchell, W. C.
密塞斯 Mises, L.
基耳伯特 Gilbert, R. V.
陶西格 Taussig, F. W.
陶特 Tout, H.
得克斯 Dirks, F. C.
理查逊 Ri hardson, J. H.
康恩 Kahn, R. F.
康德利夫 Condliffe, J. B.
康德拉季耶夫 Kondratieff, N. D.
勒讷 Lerner, A. P.
梅茨勒 Metzler
梅森 Mason, E. S.
萨缪尔森 Samuelson, P. A.
萨兰特 Salant, W. A.
萨伊 Say, J. B.
维托, 弗朗西斯寇 Vito, Francesco
维拉得 Villard, H. H.

十二画

斐尔尼 Fellner, W.
惠耳 Whale, P. B.
惠特利 Wheatley
斯利克特 Slichter, S.
斯庇索夫 Spiethoff, A.
斯拉伐, 皮厄罗 Sraffa, Piero
斯奈德, 卡尔 Snyder, Carl
斯特里尔 Strigl, R.
斯维济 Sweezy, P. M.
斯腾堡, 弗里茨 Sternberg, Friz
提拉纳, 里非特 Tirana, Rifaat
腊格耳斯 Ruggles, R.

道格拉斯 Douglas, P. H.
普累塞 Preiser, E.
渡尼阿息, 门特尔 Bouniation, Mentor
奥皮, 勒德浮斯 Opie, Redvers
嗒西斯 Tarshis, T.
鲁斯 Roos, C. F.

十三画

路茨 Lutz
塞力斯基 Szeliski, V. V.
奥林 Ohlin, B.
雷迪斯 Radiee, E. A.
福新特 Foster, W. T.

十四画

熊彼特 Schumpeter, J.

十五画

德宾 Durbin, E. F. M.
摩根斯滕 Morgenstern, O.
摩顿 Morton, W. K.
摩萨克 Mosak, J.

十六画

霍夫曼 Hoffman
霍尔 Hall, N. F.
霍尔特洛普 Holtrop, M. W.
霍尔敦 Holden, G. R.
霍布森 Hobson, J. A.
霍特里 Hawtrey, R. G.
穆尔 Moore, H. L.

十七画

戴伊 Day, E. E.
戴维逊 Davidson, D.
魏克赛尔 Wicksell, K.
维纳 Viner, J.